법철학강의

법의 기초에 관한 이해

변종필 지음

RECHTSPHILOSOPHIE

박영사

사랑하는 어머니께

서문

– 실천철학으로서의 법철학 –

올해로 대학 강단에 선 지 어느덧 25년째에 접어들었다. 배움의 길에 들어선 때가 엊그제 같건만 쏜살같이 지나간 세월을 돌아보니 그동안 대학의 위상과 모습도 참으로 많이 달라진 듯하다. 자유, 정의, 진리의 전당임을 자부하던 옛 모습은 점차 사라지고 어느 땐가부터, 경쟁도 경쟁이지만, 각기 자신의 이해관계에 따라 열심히 현실을 쫓아가는 듯한 대학의 모습이 이제는 낯설지 않은 것을 보면 말이다. 철학 등 인문학은 그 필요성과 중요성에도 불구하고 날로 퇴조하고 있는 데다, 법학 역시 그 암울한 미래가 점쳐질 만큼 그 방향성을 상실한 채, 마치 길잃은 양처럼 유리방황하고 있는 것 같아 안타까운 마음 금할 길이 없다. 현재 우리 법학과 법학 교육의 현주소를 바라볼 때 아마도 많은 이들이 이와 비슷한 심경에 있지 않을까 짐작된다. 그런데도 좀 더 나은 방향으로의 개선을 위한 움직임이나 노력은 뚜렷이 보이지 않는다는 점에서 때로는 학자로서, 교육자로서 심한 자괴감이 들기도 한다.

법학 교육에서 장밋빛 미래를 안겨줄 듯하던 법학전문대학원의 법 교육 역시 그 본래의 역할을 제대로 감당하고 있다기보다는 여러 문제 상황으로 심각한 위기에 처해 있는 듯 보인다. 법과 관련된 근본 문제를 논의하고 학습하기보다 법 실무가 낳은 판례를 중심으로 교육이 이루어지고 그에 따라 변호사 시험에서도 그 부분에 큰 비중이 실려 있다. 이에 각 법전원 역시 변호사 시험 합격자 수를 늘리는 데 혈안이 돼 있음도 주지의 사실이다. 법도그마틱과 연계된 정치한 이론적 탐구와 그에 따른 체계적 배움의 과정은 점차 실종돼 가고 있다. 법철학, 법이론, 법사상사, 법사회학, 법제사 등 기초법학은 '기초'라는 말이 무색할 정도로 여지없이 무너져내리고 있다. 아니, 이미 무너져내렸다는 표현이 더 정확할지도 모르겠다. 그런데도 사회적·제도적 측면에서 볼 때 구렁텅이로 점점 더 깊이 빠져드는 법학을 살려내려는 의미 있는 시도는 행해지지 않고 있다.

　이런 현상이나 태도는 향후 또 종국적으로 법학의 몰락으로 이어질 가능성이 매우 크다. 이것이 필자만의 기우에 그쳤으면 좋겠지만, 이런 추세나 경향이 지속된다면 단순히 헛된 염려로 그치지는 않을 것이다. 법학에서 기초법학과 이론이 몰락하고 퇴조하면 그와 맞물려 법학의 본질과 학문성 역시 붕괴 위험에 직면하게 될 것임은 불을 보듯 뻔한 일이다. 이처럼 학문으로서의 법학이 갈 길을 잃거나 무너지게 되면 그다음은 어떻게 될 것인가? 그것 역시 어렵지 않게 예상할 수 있다. 그것은 바로 사법부와 입법부 등 법 관련 기관의 역할 비등과 그로 인한 법의 권력 종속성 심화라는 현실일 것이다. 큰 또는 거시적 구도에서 법 및 법 실현과 관련하여 핵심적인 비판적 역할을 담당하는 영역이 제대로 그 힘을 발휘하지 못하는 상황에서 이와 같은 현실이 초래되리란 점 역시 거의 자명하다고 할 것이다. 물론, 필자의 이러한 우려에 동의하지 않는 사람도 혹 있겠으나, 그렇다면 그에겐 그 과정을 지켜보는 일만이 남아있을지도 모르겠다.

　필자가 이 책을 집필하고자 한 데는 바로 이러한 현실 인식이 적잖은 동인이 되었다. 책 한 권 출간한다는 것이 무슨 그리 큰 의미를 지닐까 싶지만, 법의 근저를 이루는 기본 문제들과 배후의 근본 원리나 사고에 관한 인식이나 이해 없이는 법학은 물론 법 실무도 적절히 영위되기 어렵다는 생각이 한몫한 것이다. 현재 우리의 법철학적 논의는 다소 광범위하게, 특히 다른 학문분과와 연계하여 다양하게 이루어지고 있다. 이들 논의는 분명 법의 모습과 본질 및 그 역할을 규명하는 데 도움을 줄 것이다. 하지만, 필자는 평소 법의 실천성에 맞추어 법철학 및 형사법을 강의해왔고, 그에 따라 이 책의 내용이나 서술에서도 그러한 측면에 초점을 두었다. 역사적으로 형성되었거나 현재 새롭게 부각하는 다양한 사유 형태나 이론을 배우고 익히는 것도 필요하며, 그 자체 의미 있는 일이다. 하지만, 주지하다시피 법학이 실천과학이듯이 법철학 역시 실천철학으로서 성격을 강하게 띠고 있다. 법철학은 하나의 특별한 철학적 시각이나 사유체계로부터 출발하여 이를 토대로 법을 말하거나 다룰 수도 있으나, 필자의 생각에 그 주된 출발점을 이루는 것은 현실 또는 현실의 문제라고 본다. 즉, 법철학 역시 사회생활에서 현실적으로 발생하는 (구체적인) 법적 분쟁이나 문제를 해결하는 데 또는 최소한 그러한 해결에 어떤 실마리를 제공하는 데 봉사할 수 있어야 하며, 그럴 때 비로소 의미를 지닐 수 있다고 생각한다.

　이 책은 모두 12개의 장으로 구성돼 있다. 법철학이란 무엇인가(제1장), 법이란 무엇인가(제2장), 법이 추구하는 이념은 무엇인가(제3장), 법과 도덕은 어떤 관계에 있는가(제4장), 법의 효력과 그 근거는 무엇인가(제5장), 자연법론이란 무엇인가(제6장), 법실증주의란 무엇인가(제7장), 한스 켈젠의 순수법학(제8장), 하트의 법이론(제9장), 불법과 불법 상황에 대한 대응(제10장), 법규범과 법체계(제11장), 그리고 법적 결정과 논증(제12장)이 그것이다. 이미 명칭에서 엿볼 수 있듯이, 이들은 대부분 전통적 법철학에서 다루어온 핵심 논제이다. 하지만, 이들은 법의 근간이 되는 문제로서 오늘날에도 법학에 관여하는 사람들이 기본적으로 알고 숙고해 봐야 할 여전히 중요한 주제임은 말할 나위도 없다. '법의 기초에 관한 이해'라는 이 책의 부제 역시 이런 점을 고려하여 붙인 것이다.

　그런데 각기 별개의 장으로 분리되어 취급되고 있는 이들 주제는 전체적으로 보면 모두 연결돼 있다. 즉, 그 외관을 달리하여 논의되고 있지만, 그 안을 들여다보면 이들은 대부분 법 관련 본질적 사유나 시각을 둘러싸고 전개되는 논의의 부분에 불과하다고 할 수 있다. 가령 그러한 사유의 핵심을 이루는 것으로는 자연법적 사고, 법실증주의적 사고, 그리고 절차(이론)적 사고를 꼽을 수 있다. 필자는 법의 정립을 의지의 작용으로 이해하면서 권위나 연원에 따라 법을 규정하려는 실증주의적 태도를 취하지는 않는다. 이와는 달리 법의 도덕 관련성을 인정하며 법의 정립과 실현을 이성, 특히 실천이성(또는 의사소통 이성)의 작용으로 파악한다. 이런 점에서 필자의 법철학은 전통적 의미의 자연법론은 아니지만, 기본적으로 실증주의적 접근방식을 따르지 않는다는 점에서 약한 의미의 자연법론 혹은 비실증주의의 계보에 속한다고 볼 수 있다. 한마디로, 필자의 법철학적 인식관심은 자유적 절차주의(liberal proceduralism)에 있다고 할 수 있는바, 이는 필자의 법적 사유가 전통적인 실체적 정의론이 아니라 주로 (특히 하버마스와 알렉시 등으로 대표되는) 절차적 정의론에 기대고 있음을 뜻한다. 이점은 이 책의 여러 곳에서 충분히 확인할 수 있을 것이다.

　이 책은 필자의 법철학 강의안을 토대로, 이미 발표한 바 있는 법철학 관련 논문들을 참고하여 작성되었다. 법철학에 처음 접하는 독자들이 보기에는 꽤 어렵다고 생각될 수도 있을 것이다. 혹 그렇게 느껴진다면 이는 필자의 역량 부족과 능력의 한계에서 기인한 것이리라 여기며 널리 양해해주기를 바라마지 않는다. 앞서 언급했듯이 독해의 어려움은 교육 제도와 풍조에도 적지 않은 원인이 있다. '기초'법의 하나임에도 그에 대한 배움의 기회는 오롯이 개인의 선택에 맡겨져 있음이다. 기초가 부실하면 집을 튼튼히 세울 수 없다는 건 상식 중의 상식이다. 법학 역시 마찬가지다. 제도를 손질·보완하는 이들은 물론이거니와, 이 책을 접하는 법학도나 독자들도 깊이 숙고해야 할 점이다.

비록 어려움은 따를지라도 독해를 향한 달음질을 쉽게 중단하지 않는다면, 이 책은 특히 법철학에 관심을 가진 독자들에게 법이 무엇인지를 둘러싸고 펼쳐지는 각종 물음, 가령 법과 관련된 근본적 문제들은 무엇인지, 왜 그와 같은 문제들에 주목해야 하는지, 그러한 문제들이 현행 실정법 체계와는 어떤 관련이 있는지, 그리고 그러한 문제들이 법 해석·적용 등 법의 전체적 실현과정과 어떻게 얽혀 있는지 등에 관한 나름의 답을 찾아가는 데 도움을 줄 수 있을 것이다. 이로써, 지금 여기서 우리의 삶과 일상을 규율하는 법이라는 존재를 좀 더 깊이 성찰해보는 계기도 마련될 수 있을 것이다.

끝으로, 이 자리를 빌려 이 책이 나오기까지 물심양면으로 도움을 주신 분들에게 감사의 마음을 전하고자 한다. 먼저, 법철학과 형법학의 길로 이끌어주신 존경하는 은사님들[(얼마 전 작고하신) 심재우 교수님, 그리고 김일수 교수님과 배종대 교수님]과 학문적 대화를 통해 법철학적 사유에 많은 도움을 주신 고려대 이상돈 교수님께 깊이 감사드린다. 또한, 같은 길을 걸으며 언제나 곁에서 힘과 위로가 되어 준 친구들(강원대 최희수 교수, 전남대 박달현 교수, 한경대 신동일 교수)에게도 감사드린다. 그리고 늘 가장 가까이서 함께 하며 격려와 응원을 아끼지 않은 가족들에게도 감사의 마음을 전한다. 마지막으로, 이 책의 출간 요청을 흔쾌히 수락하며 독려해주신 박영사 안종만 회장님과 출판과정에서 수고를 감당해주신 직원분들께도 진심으로 감사드린다.

2022년 8월 8일
동악(東岳)의 연구실에서
지은이 **변종필**

차례

제1장 **법철학이란 무엇인가?**

1. 법철학의 특성 ·· 3
   (1) 철학과 지혜 _ **4**
   (2) 철학과 과학 _ **5**
   (3) 철학의 근본 조건과 사유적 특성 _ **6**
   (4) 철학(학)과 철학함 _ **8**

2. 법철학함의 근원 ·· 10
   (1) 존재에 관한 경이로움과 신뢰 _ **10**
   (2) 불신과 회의 _ **11**
   (3) 실존적 동요 _ **12**

3. 법철학의 의의, 소속 및 과제 ·· 14
   (1) 의의와 소속 _ **14**
   (2) 과제 _ **15**
   (3) 요약 _ **16**

4. 다른 부분 분과와의 비교 ·· 17
   (1) 법철학과 법도그마틱 _ **17**
   (2) 법철학과 법이론 _ **18**
   (3) 법철학과 법사회학 _ **20**

5. 법철학적 논의의 핵심 분과 ··· 22

제2장 법이란 무엇인가?(법개념론)

1. 법개념의 다의성 ·· 27
2. 법의 어원학적 의미 ·· 28
3. 법개념에 관한 다양한 시각 ··· 29
  (1) 토마스 아퀴나스의 법개념: 공동선 _ 30
  (2) 토마스 홉스의 법개념: 안전 _ 31
  (3) 칸트의 법개념: 자유 _ 35
  (4) 헤겔의 법개념: 자유의 보장 _ 38
  (5) 마르크스와 엥겔스의 법개념: 지배의 수단 _ 43
  (6) 막스 베버의 법개념: 사회학적 진단 _ 45
  (7) 구스타브 라드브루흐의 법개념: 법이념과 연계 _ 46
  (8) 알렉시의 법개념: 법효력과 연계 _ 47
4. 법개념과 주된 구성요소 ·· 48
5. 법규범과 다른 규범의 관계 및 차이 ······································ 49

제3장 법이 추구하는 이념은 무엇인가?(법이념론)

Ⅰ. 법적 안정성 ·· 54
1. 인간과 사회적 안정의 추구 ··· 54
  (1) 인간의 본성에 관한 이해 _ 54
  (2) 인간 존재의 경험적 대립성과 결핍성 _ 55
  (3) 인간의 본성 이해와 법 내용 규정상의 한계 _ 56
2. 사회적 안정과 법규범 ·· 57
3. 법적 안정성과 평화 ··· 58
4. 법적 안정성의 제 차원 ·· 58
  (1) 법의 실정화 _ 58
  (2) 실정화 이후의 법적 안정성 _ 59
    1) 법의 정향상의 안정성 / 60   2) 법의 실현상의 안정성 / 61
    3) 법의 계속성 / 61   4) 법적 결정의 안정성 / 62
    5) 법적 사실의 안정성 / 62

(3) 법개정상의 안정성 _ 63

5. 법이념으로서의 법적 안정성 ···································· 63
  (1) 일반적인 고유한 법가치로서의 법적 안정성 _ 63
  (2) 도그마로서의 법적 안정성의 위험성 _ 64

Ⅱ. 정의 ··· 65

1. 정의 문제를 둘러싼 난맥상 ································ 65
  (1) 정의의 보편성과 의의 _ 65
  (2) 정의 이해의 다양성과 착종 _ 65
  (3) 정의 탐색의 전제와 주안점 _ 67

2. 정의 구상의 다양한 시각과 차원 ···················· 69
  (1) 몇 가지 정의 구상 _ 70
    1) 플라톤의 정의 이데아 / 70   2) 아리스토텔레스의 정의와 중용 / 72
    3) 노직의 자유지상주의 / 73   4) 롤즈의 정의 원칙 / 75
    5) 벤담과 밀의 공리주의 / 79
  (2) 형식적 정의론: 카임 페를만(예시) _ 83
  (3) 정의의 제 차원과 상호간의 착종 _ 87

3. 정의와 형평 ·· 88
  (1) 형평의 필요성 _ 88
  (2) 형평의 이념 _ 89
  (3) 양자의 관계 _ 91

4. 정의와 법감정 ·· 91

5. 정의와 법적 안정성의 충돌 ······························ 94
  (1) 라드브루흐의 공식 _ 94
  (2) 라드브루흐 공식과 국가범죄 _ 95

Ⅲ. 합목적성 ··· 96

1. 인간 존재와 법의 목적성 ··································· 96

2. 합목적성의 여러 차원 ·· 96
  (1) 법과 합목적성 _ 96
  (2) 법적 합목적성 _ 97
  (3) 이념적 합목적성 _ 99

3. 검토 ··· 100

제4장 법과 도덕은 어떤 관계에 있는가?(법의 도덕성)

Ⅰ. 법과 도덕의 구분: 개별표지에 따른 구분방식 ·················· 106
  1. 관심의 방향 ······························ 106
  2. 목적의 주체 ······························ 107
  3. 의무의 방식 ······························ 107
  4. 타당성의 근원 ···························· 108
  5. 형성의 근원 ······························ 108
  6. 제재의 방식 ······························ 109
  7. 소극적 금지와 적극적 요구 ············ 109

Ⅱ. 법과 도덕의 관계: 법의 도덕성 ·························· 110
  1. 일치설: 법과 도덕의 일치 ·············· 112
    (1) 규범의 내용에 기초한 이해 _ 112
    (2) 법의 정당화 근거이자 기준으로서의 도덕 _ 112
  2. 분리설: 법과 도덕의 분리 ·············· 113
    (1) 규범의 형식에 기초한 이해 _ 113
    (2) 법 외재적 비판척도로서의 도덕 _ 116
  3. 검토 ·································· 117
    (1) 취할 점과 버릴 점 _ 117
    (2) 일치설과 분리설의 지양 _ 119

Ⅲ. 법의 도덕성에 관한 절차적 이해 ······················ 121
  1. 하버마스의 관점 ························ 121
  2. 절차적 합리성에 기초한 도덕적 정당성 ··········· 122
    (1) 실정법의 도덕적 정당성 근거 _ 122
    (2) 합리적 대화 조건과 절차의 합리성 _ 123

Ⅳ. 입법 절차와 도덕적 정당성 ·························· 126
  1. 몇 가지 고려사항 ························ 126
  2. 입법 절차와 논증 대화적 절차 ·············· 127
    (1) 현실적 입법 절차의 특징 _ 127
    (2) 입법 절차와 논증 대화 _ 127

Ⅴ. 법 해석·적용 절차와 도덕성 ·· 128
  1. 전통적 방법의 한계 ·· 128
  2. 법적 결정에 전제돼 있는 평가와 평가의 도덕 관련성 ············ 129
  3. 평가의 도덕 관련성과 선이해 ······································ 130
    (1) 평가의 선이해 의존성 _ 130
    (2) 선이해에 대한 합리적 통제의 필요성 _ 131
  4. 평가의 객관성과 합리성 문제 ······································ 131
    (1) 기존의 방법들과 그 문제점 _ 132
    (2) 새로운 방법의 모색 _ 133

제5장 법의 효력과 그 근거는 무엇인가?(법효력론)

  1. 법의 효력과 그 근거 ·· 137
    (1) 법의 효력 _ 137
    (2) 법의 효력 근거에 관한 견해 _ 138
      1) 사회학적 효력설 / 139   2) 철학적 효력설 / 140
      3) 법률적 효력설 / 141
  2. 통합적 이해의 필요 ·· 142
    (1) 법효력 문제의 체계적 내재화 _ 142
    (2) 효력 요소 간의 충돌 완화 _ 143
    (3) 절차적 차원으로 전이된 정당성 이해 _ 144
  3. 법의 효력과 실효성의 관계 ·· 145
    (1) 켈젠의 입장 _ 146
    (2) 그 밖의 견해들 _ 148
  4. 통합적 관점에서 근본규범의 재설정(예시) ······················ 149

제6장 자연법이란 무엇인가?(자연법론)

Ⅰ. 자연법론에 관한 이해 ·· 156
  1. 자연법의 근원과 경향 ·· 156

2. 자연법의 유형 구분 ·· 158
   (1) 절대적 자연법과 상대적 자연법 _ 158
   (2) 추상적 자연법과 구체적 자연법 _ 158
   (3) 이념적 자연법과 실존적 자연법 _ 159
   (4) 보수적 자연법과 혁명적 자연법 _ 160
3. 자연법론의 특징과 역할 및 기능 ······················· 160
   (1) 자연법론의 이행과정 _ 160
   (2) 자연법론의 성격과 특징 _ 161
   (3) 자연법론의 역사적 기능 _ 162

Ⅱ. 법존재론에 기초한 자연법(예시: 마이호퍼) ················ 163
1. 이중적 존재로서의 인간 ································· 163
2. 개인으로서의 자기 존재 ································· 164
3. 사회인으로서의 직분 존재 ······························ 165
4. 직분 존재와 자기 존재의 충돌·긴장 관계 ············· 165
5. 검토 ··· 166

Ⅲ. 자연법론에 대한 비판 ······································ 168
1. 방법론적 문제점 ··· 168
2. 순환논법 ··· 170
3. 이데올로기적 성격 ······································· 171

Ⅳ. 자연법론의 공적 ··· 172
1. 존재하는 법의 정당성에 대한 문제 제기 ·············· 173
2. 의무 지우는 당위라는 진리 내용의 제시 ·············· 173

Ⅴ. 자연법론의 미래 ··· 174

제7장 법실증주의란 무엇인가?(법실증주의론)

---

1. 실정법과 실정법 체계 ······································ 179
2. 법실증주의의 개념과 특징 ·································· 181
   (1) 개념의 의미 _ 181
   (2) 공통된 특징 _ 182

3. 법실증주의의 유형 ··· 182
    (1) 국가주의적 실증주의 _ 183
    (2) 심리학적 실증주의 _ 187
    (3) 사회학적 실증주의 _ 188
    (4) 미국의 법현실주의 _ 189
4. 법실증주의의 강점과 공적 및 한계 ································· 192
5. 자연법론과 법실증주의를 넘어서 ····································· 193

제8장 한스 켈젠의 순수법학

Ⅰ. 순수법학의 색채와 국가 이해 ··· 198
    1. 규범적 법이론 아니면 사회학적 법이론? ······················ 198
    2. 법과 국가의 동일성 ··· 199
Ⅱ. 켈젠의 법이론 ··· 200
    1. 법단계설과 그 구조 ·· 200
    (1) 규범체계의 구분 _ 200
    (2) 법질서의 단계구조 _ 201
    (3) 종국적 근거 지움과 근본규범 _ 203
    2. 근본규범 이론 ··· 203
    (1) 방법론적 출발점 _ 203
    (2) 근본규범의 성격과 체계적 기능 _ 204
    (3) 근본규범의 내용 _ 204
    (4) 근본규범의 역할: 범주 전환 기능 _ 205
    (5) 근본규범 이론에 대한 비판 _ 205
    3. 정당화 근거로서 근본규범의 체계적 위상 ····················· 207
    (1) 근본규범은 자연법 규범인가? _ 207
    (2) 순수법학은 법형이상학인가? _ 209
Ⅲ. 켈젠의 정의관 ·· 211
    1. 정의와 정의 규범 ·· 211

2. 합리적 정의 규범 ·· 212
  (1) 합리적 정의 규범의 형태 _ 212
  (2) 정의 규범의 공허함 _ 213
3. 켈젠의 정의 규범 ·· 214
  (1) 켈젠의 정의: 가치 상대주의에 입각한 민주주의의 정의 _ 214
  (2) 자연법론과 가치 상대주의의 연결 가능성 _ 215
Ⅳ. 평가 ··· 215

제9장 하트의 법이론

1. 『법의 개념』과 방법론 ·· 221
2. 『법의 개념』의 중요 주제 ··· 222
  (1) 1차 규칙과 2차 규칙의 결합으로서의 법 _ 222
  (2) 승인규칙과 그 문제점 _ 225
3. 사법 재량의 허용 문제 ·· 226
  (1) 법현실주의의 거부 _ 226
  (2) 법관의 입법자로의 역할 인정 _ 227
  (3) 비판: 다른 방법의 가능성 _ 228
4. 법과 도덕의 관계 ·· 229
  (1) 법·도덕 분리론 _ 229
  (2) 법·도덕 일치설에 대한 비판 _ 229
  (3) 실정법에 대한 비판척도로서의 도덕 _ 230

제10장 불법과 불법 상황에 대한 대응

1. 법적 항의 ·· 235
2. 양심 거부 ·· 236
3. 시민불복종 ·· 238
  (1) 시민불복종의 의미 _ 238

　　　(2) 시민불복종의 본질: 다수결 원리의 침해 _ 240
　　　(3) 시민불복종의 정당화 문제 _ 241
　　　　1) 체계 초월적 정당화 / 241　　　　2) 체계 내재적 정당화 / 243
　　　(4) 낙선운동의 정당화 가능성(예시) _ 246
　　4. 저항권 ·· 250
　　　(1) 저항권의 의의와 유형 _ 250
　　　(2) 저항권의 규범화 문제 _ 252

제11장　법규범과 법체계

Ⅰ. 법체계의 구성요소로서의 법규범 ································· 257

Ⅱ. 법규칙·법원리 구별 논의 ··· 258
　　1. 법실증주의에 대한 비판 ··· 258
　　2. 권리 및 정답 테제와 법원리 ··································· 260
　　3. 법원리의 역할과 사법 재량의 부정 ······················ 260

Ⅲ. 법규칙과 법원리의 관계 및 구별 ································ 261
　　1. 원리와 정책의 구분 ··· 261
　　　(1) 원리와 정책, 원리 논거와 정책논거의 구분 _ 261
　　　(2) 판결하기 어려운 사안과 원리 논거 활용의 근거 _ 262
　　　(3) 구분의 실천적 의의 _ 262
　　2. 양자의 관계: 세 가지 테제 ···································· 263
　　3. 양자의 구별 ··· 264
　　　(1) 드워킨의 구별방식 _ 265
　　　(2) 알렉시의 구별방식 _ 266
　　　(3) 검토 _ 271

Ⅳ. 법규칙, 법원리, 법체계 ··· 273
　　1. 규칙 모델 ··· 274
　　2. 규칙–원리 모델 ··· 275
　　3. 규칙–원리–절차 모델 ··· 276
　　4. 평가 ·· 277

제12장 법적 결정과 논증(법적 논증 이론)

Ⅰ. 법적 논증의 필요성과 중요성 ·························· 281
  1. 실천적 측면 ·························· 282
  2. 이론적·방법론적 측면 ·························· 283
  3. 법학의 학문성의 측면 ·························· 284

Ⅱ. 법적 논증 이론의 발단과 성격 ·························· 285
  1. 위상과 발단 ·························· 285
  2. 성격 ·························· 287
    (1) 법철학·법이론의 한 분과 _ 287
    (2) 전통적 법학 방법론과의 차이 _ 287
  3. 실천적 의의 ·························· 288

Ⅲ. 재판절차와 법적 논증 ·························· 289
  1. 법적 결정에서 법적 논증의 의의 ·························· 289
    (1) 법적 논증의 의미 _ 289
    (2) 법 해석·적용과 논증 _ 290
  2. 사실인정 과정과 논증 ·························· 290
    (1) 적나라한 사실과 구성된 사실 _ 291
    (2) 법관의 사실확정 _ 291
    (3) 사실 주장의 상이와 논증 _ 292

Ⅳ. 논증 이론의 유형 ·························· 293
  1. 다양한 접근방법 ·························· 293
  2. 툴민의 모델 ·························· 293
    (1) 논리학에 대한 새로운 자리매김 _ 293
    (2) 논증의 구조 _ 294
    (3) 의의 _ 297
  3. 알렉시의 모델 ·························· 298
    (1) 법적 논증의 합리성 _ 298
    (2) 정당화 구상과 논증 규칙 _ 298
      1) 내적 정당화 / 298   2) 외적 정당화 / 299

3) 정당화 구조 / 303

Ⅴ. 판결의 논증 구조 및 방법 ·· 304

　1. 준강도죄의 미수·기수 판단기준과 논증 ······················ 305

　　(1) 사실관계 _ 305

　　(2) 쟁점과 법적 판단 _ 305

　　(3) 검토 _ 307

　2. 실화죄 관련 해석과 논증 ·· 308

　　(1) 사실관계 _ 308

　　(2) 쟁점과 법적 판단 _ 308

　　(3) 검토 _ 309

　3. 법규칙·법원리 구별의 활용과 논증 ···························· 310

　　(1) 사실관계 _ 310

　　(2) 쟁점과 법적 판단 _ 310

　　(3) 검토 _ 310

　4. 목적론적 해석 카논의 활용과 논증 ···························· 311

인명색인 ··· 315

사항색인 ··· 317

법철학이란 무엇인가?

1. 법철학의 특성
2. 법철학함의 근원
3. 법철학의 의의, 소속 및 과제
4. 다른 부분 분과와의 비교
5. 법철학적 논의의 핵심 분과

법철학이란 무엇인가?

개요 법철학은 법의 영역에서 성찰의 지혜를 구하는 학문분과이다. 이런 지혜를 얻으려면 우선 전통적으로 법철학에서 다루는 기본 주제와 대상을 학습하는 것이 필요하다. 하지만 이에 못지않게, 아니 이보다 더 중요한 것은, 그러한 학습을 사유의 수단으로 삼아 일상의 법적 삶 속에서 법철학을 하는 것이다. 이를 위해서는 법철학이 지닌 사유적 특성과 법학에서의 그 실천적 역할을 제대로 이해하는 것이 중요하다. 법철학이 법의 영역에서 담당하는 임무와 역할은 그것을 법학 내의 인접 분과인 법도그마틱, 법이론, 법사회학 등과 비교해봄으로써 좀 더 분명하게 파악될 수 있다.

1. 법철학의 특성

법철학(Rechtsphilosophie, philosophy of law)은 법을 대상 또는 소재로 하여 철학적 방법(철학적 사유의 눈)으로 고찰하고 탐구하는 학문의 분과이다. 그렇기에 법철학을 하려면 법에 관해 혹은 법이 무엇인지를 알아야 할 뿐만 아니라, 동시에 철학의 조류와 특징도 이해해야 한다. 철학의 조류에 따라 법 또는 법의 본질은 달리 파악될 수 있다. 하지만 이러한 조류를 모두 고찰하는 것은 결단코 쉬운 일이 아닐뿐더러, 굳이 필요하지도 않다고 본다. 법철학은 철학의 입장에서 출발하는 것이라기보다 법(학)의 측면에서 출발하고 요구되는 것이라 할 수 있기 때문이다. 다만, 철학의 특징을 적절히 짚어보는 것은 필요하고 중요한 일이라 생각된다. 법철학 역시 그 사유의 근본 특징에 있어 철학과 유사한 요소를 공유하고 있다고 여겨지기 때문이다.

철학을 지칭하는 그리스어 philosophia는 philos(사랑)와 sophia(지혜)의 결합어이다. 이에 따르면 철학이란 지혜를 사랑하는 학문의 분과이다. 그렇다면, 법철학 또한 법과 관련하여 혹은 법의 영역에서 (각종 실천적 문제를 해결하기 위한) 지혜를 찾고자 하는 학문의 분과라 할 수 있다.

(1) 철학과 지혜

지혜(wisdom)란 통상 사물의 이치를 깨닫고 사물이나 일을 정확하게(또는 바르게) 처리할 수 있는 정신적 능력을 말한다. 삶에 있어 이러한 지혜는 대단히 중요하다. 이는 지식(knowledge)과는 다르다. 지식이 인간·사회·세계·역사 등 대상에 관한 앎이나 앎의 체계로서 인간과 삶의 지적 차원과 관련된 것이라면, 지혜는 단순한 앎의 차원을 넘어 지식을 구체적인 맥락이나 생활 속에서 유용하게 활용할 수 있는 미덕으로서 삶의 전체적 차원과 연계된 실천적·통합적 능력이다. 가령, 지식이 많을지라도 지혜가 부족하여 자기의 삶을 그르치거나 망치고 타인마저 불행하게 하는 사람이 있는가 하면, 지식은 적을지라도 지혜가 많아 건강하게 자기 삶을 영위함은 물론 타인에게까지 유익을 끼치는 사람도 있다.

그런데 이러한 지혜는 인간의 내적·도덕적 자질이나 소양과 밀접하게 관련되어 있다. 즉, 지혜는 건전한 마음과 개방성에서 나온다. 건전한 마음이란 상황을 진단하고 사물을 판단함에 있어 자신의 이욕(利慾)을 좇아 어느 한쪽으로 치우치지 않고 불편부당한 태도를 견지하려는 마음을 뜻한다. 그렇기에 지혜는 (정의의 여신 디케처럼) 좌나 우로 치우치지 않는 균형 감각이나 중용의 도[1]와 연결된다. 혈연이나 지연, 출신 성분 등 자신의 이해관계에 치우치지 않는 중립성의 태도 역시 이런 마음에서 나올 수 있다. 또한, 지혜는 근원적으로 개방성에서 비롯된다. 즉, 그것은 외부(타인)의 의견과 내면의 소리를 귀 기울여 듣는 경청과 성찰의 태도에 친화적이다. 예컨대 이스라엘의 왕 솔로몬이 자신이 믿는 신에게 구한 지혜는 곧 이 '듣는 마음'을 말한다. 순수한 믿음이 있어도 지혜가 없으면 어리석어 구렁텅이로 떨어지게 된다는 불교 경전의 문구 역시 이런 지혜의 중요성을 갈파한 말로 보인다. 이처럼 인간의 개인적·사회적

---

1) 이는 (비판적) 자기성찰을 통해 내적으로 형성된 가치이자 미덕이라는 점에서, 외부의 사정이나 영향 등에 의해 어쩔 수 없이 일정 부분을 서로 주고받는 방식의 정치적 야합이나 협상 또는 외견상 양극단을 적당하게 짜 맞추어 중간 지점을 모색하거나 지향하는 단순한 절충과는 다르다.

삶에서 열린 마음과 태도는 매우 중요하다. 열린 마음과 태도를 견지하는 사람들이 많으면 많을수록 열린 사회도 가능할 것이며,[2] 그런 만큼 그 사회는 더 건강하게 유지될 수 있을 것이다.

요컨대, 철학이 삶의 모든 영역에서 성찰을 통한 지혜를 구하는 학문분과라면, 철학은 그러한 지혜와 결부돼 있는 이들 요소를 근본 토대이자 특징으로 삼을 수밖에 없을 것이다. 이점은 법철학에서도 마찬가지다.

(2) 철학과 과학

철학은 학문의 시초로서 전체적 과학, 과학 중의 과학이라 불린다. 고대에는 모든 학문이 철학으로 통했다. 그러다가 역사적으로 철학의 영역이 과학으로 인해 점차 침탈당했다. 특히 근대 자연과학의 비약적 발전으로 종래 철학에 편입되어 있던 학문영역이 철학에 반기를 들면서 그 독자성을 주장하며 개별영역으로 분화되었다. 이러한 경향은 19세기 실증주의에서 절정에 달했으며, 오늘날까지 주류를 형성하고 있다. 이러한 영향 아래 우리의 경우 최근 철학은 점차 세간의 관심에서 멀어지고 있다.

하지만 이런 경향이 결단코 바람직한 것이 아님은 재론의 여지가 없다. 철학이 과학을 외면해서도 안 되겠지만, 철학이 과학에 그쳐서도 안 된다. 과학(특히 과학기술)은 전체적인 사회현실의 한 부분에 불과하며, 과학이 진보한다고 해서 사회의 다른 부분 또는 사회 전체가 진보한다고 볼 수는 없다. 오히려 과학의 이름으로 현실적으로는 비합리적·비인간적 일들이 끊임없이 또 거침없이 행해져 왔고 지금도 행해지고 있다. 과학기술은 인류 공영의 공유물이지만, 그와 함께 지배의 수단으로 끊임없이 남용·악용되고 있는 것 또한 현실이다. 특히 현대 위험사회, 정보화 사회, 디지털 사회에서 과학기술의 위험성, 이로써 인간이 과학기술의 전적인 지배 대상으로 전락하는 인간의 도구화 경향은 종래보다 훨씬 더 심화·증대되고 있다. 예컨대, 유전공학을 통해 가공된 농산물 등이 인체와 건강에 미칠 위험성, 제4차 산업 혁명에 부응하여 장밋빛 미래를 가져다줄 것으로 미화되고 있는 각종 인공지능(AI)의 개발과 그 활용에

---

2) 가령 열린 사회의 대표적 형태로는 자유민주주의 사회가 있다. 여기서는 모든 개인이 각기 자신의 의견을 자유로이 표출하며 관용이 중시된다. 하지만 여기서도 그러한 열린 사회를 근원적으로 가로막거나 붕괴시키려 하는 자들은 사회의 적으로 여겨진다(이른바 방어적 민주주의). 이러한 대응 방식은 열린 사회의 지속적 보장을 위해 불가피한 조치로서 정당화될 수 있다.

내재한 위험성,3) 이른바 빅테크(Big Tech)와 특정한 정치세력이 자신들의 이익을 극대화하기 위해 디지털 소통망을 감시와 지배의 수단으로 활용하는 행태, 디지털 조작을 통해 부정선거를 획책하는 시도 등은 과학기술의 역기능을 첨예하게 보여주는 대표적 예들이다.

이러한 데는 여러 원인이 있을 수 있겠지만, 사유적 측면에서 볼 때 과학은 사회현실의 부분 영역(좁은 전문분야)에만 몰두한다는 점(과학의 특수성), 그리고 다른 사회 분야(특히 인문·사회과학)에 대해서는 이를 무시하거나 그에 무관심한 태도를 보인다는 점[과학의 중립성(몰가치성)]을 주된 이유로 꼽을 수 있을 것 같다. 하지만 일반의 대체적 관념처럼 과학이 그 자체 중립적이라고 보는 것은 적절치 않다. 과학 역시 과학을 하는 자의 주관이나 이론 및 태도 등에 영향을 받지 않을 수 없기 때문이다. 과학기술의 지향성과 과학자의 태도에 대해 엄격한 윤리적 기준이 필요하고 강화되어야 할 뿐 아니라, 과학기술의 발달에 힘입은 맹목적 진보주의나 낙관주의를 끊임없이 경계해야 하는 이유도 바로 여기에 있다.

(3) 철학의 근본 조건과 사유적 특성

또한, 과학적 탐구만으로는 하나의 완결된 세계 인식에 도달할 수 없다. 이점을 분명하게 인식하고 의식하는 것이 철학의 근본 조건이다. 가령 야스퍼스(K. Jaspers)는 철학이란 특수한 것, 부분적인 것, 이러한 끝없는 모든 것을 넘어서 존재 자체를 탐구하는 것이라고 말했다. 또한, 과학철학적 진단에 의하면 자연과학적 진리 역시 상대적·가변적이다. 예컨대 토머스 쿤(Thomas Kuhn)은 정상과학(normal science) 이론을 통해 이 점을 잘 보여주고 있다.4) 그에 따르면 정상과학이란 과거의 과학적 업적에 기초를 두면서 특정한 과학자 사회의 연구 활동에 당분간 근거를 제공하는 과학 형태, 즉 과학의 지배적 형태를 말한다. 이러한 정상과학이 정립되는 과정(즉, 과학의 발전과정)은 아래 [표]에서 보듯이 전(前) 과학 → 패러다임의 출현 → 정상과학 → 위기 → 과학혁명 → 새로운 정상과학(→ 이후, 이러한 과정이 반복됨)의 과정을 거친다. 이것이 하나의 이론인 이상 달리 설명하는 다른 이론도 제기될 수 있겠으나, 아무튼 이러한 설명은 자연

---

3) 게르트 레온하르트, 신이 되려는 기술: 위기의 휴머니티(전병근 옮김), 틔움, 2018.
4) 토머스 S. 쿤, 과학혁명의 구조(김명자 옮김), 까치, 1999.

과학이 제시하는 진리 역시 — 비록 사회과학적 진리와 비교해 상대적으로 오래 지속될 수 있다고 하더라도 — 잠정적일 뿐, 영원불변의 진리가 아님을 잘 말해준다고 하겠다.

[표] 과학의 발전과정

전(前) 과학 →	패러다임의 출현 →	정상과학 → 위기 →	과학혁명 →	새로운 정상과학
• 과학의 초창기 • 문제 되는 현상이나 연구방법론에 대해 서로 충돌하는 견해를 피력하는 여러 학파 존재(→ 혼란스러운 양상 전개)	• 여기서 패러다임은 특별한 과학자 사회가 채택한 이론적 가설 및 그 응용 방법에 대한 지침 등으로 구성 → 시간의 경과에 따라 단일 패러다임을 전범(典範)으로 수용 → 과학의 체계화(정상과학을 가능케 하는 토대)	• 정상과학 → 수수께 끼 풀이에 비유 • 지배적 패러다임에 부합하지 않는 예외 발생 → 기존 패러다임에 적응시키려는 노력 → 패러다임에 대한 심각한 도전(예외가 정상과학에 대한 평범한 수수께 끼 이상의 차원으로 인식되면) → (정상과학의) 위기[비상과학(非常科學, extra-ordinary science)이 시작]	• 위기에 대응하기 위한 패러다임의 경쟁적 출현 → 논쟁 → 설득력 있는 새로운 패러다임으로 대치(→ 과학·자연관의 변화)	• 새로운 형태의 지배적 과학이 적용

철학의 사유적 특성으로는 다음 몇 가지를 들 수 있다.[5] 이는 철학하는 사람이 지녀야 할 자질이자 태도이기도 하다. 첫째, 개방성(Offenheit)이다. 철학은 어떤 제한된 영역이나 사유 안에 갇혀 있지 않고 존재하는 모든 대상(세계 자체)에 대해 열려 있으며 오로지 성찰적 사유 자체만이 한계로 작용한다. 그렇기에 철학은 특정한 사유나 의식을 절대화하여 완결된 것으로 보고 이를 통해 역동적 현실을 일의적으로 해석하고 관철하려는 시도에 대해 거침없는 비판을 수행한다. 가령, 열린 사회의 측면에서 플라톤의 전체주의와 마르크스주의를 비판한 칼 포퍼(K. Popper)의 시도[6]는 그 좋은 예에 해당한다.

---

5) 세계철학대사전, 고려출판사, 1992, 1069-1072쪽.
6) 칼 포퍼, 열린 사회와 그 적들 Ⅰ: 플라톤과 유토피아(이한구 역), 민음사, 1982; 열린 사회와 그 적들 Ⅱ: 헤겔과 마르크스(이명현 역), 민음사, 1982 참조.

둘째, 전체성(Totalität)이다. 철학은 사회현실의 부분이 아니라 전체를 문제 삼는다. 즉, 철학의 모든 이론과 문제는 나머지 모든 영역과 연관된다.[7] 이런 점에서 철학은 (부정적 측면에서, 가령 장님 코끼리 만지기에 비유될 수 있는) 개별 과학과 차이가 있다. 물론 부분과 전체는 해석학적 순환을 이루고, 이로써 전체에 관한 이해는 부분 영역과 그 성과를 반영할 수밖에 없다.[8] 그렇더라도 철학은 (일정 시점에서 개별과학을 통해 확인된) 부분을 여과 없이 항구적 진리로 승인하기보다 늘 전체적 관점에서 조명하고 문제 삼는다. 이런 점에서 존재의 전체성을 하나의 렌즈로 조명하고 설명하려는 (극단의 이데올로기적) 시도와 여러 영역을 아우르며 존재의 전체성을 끊임없이 추구하는 (철학적) 태도는 엄격히 구별해야 한다.

셋째, 비판(Kritik)이다. 철학은 과학처럼 현존 사회현실의 요구에 기계적으로 봉사하려 들지 않고 오히려 그 사회현실 자체를 (언제든지) 전면적으로 문제 삼고 비판한다. 즉, 그것은 철학 외부에서 형성된 모든 확신을 합리적으로 지지하게 하거나 철학적 논증이나 성찰이 없었다면 당연하게 여겼을 어떤 것에 안주하지 않고 도전하게 해준다.[9] 이런 점에서 비판은 언제나 철학의 몫이다. critic(비판)이라는 말은 희랍어 크리네인(crinein)에서 유래한 것으로 선과 악, 참과 거짓, 법과 불법을 나눈다는 뜻이다. 예컨대 종교(성경)에서는 비판받지 않으려면 비판하지 말라는 말씀도 있으나, 철학에서는 (비판을 위한 비판은 제외하더라도) 오히려 비판을 받을지언정 비판하라는 말이 더 잘 어울린다. 인간의 인식능력과 그 한계를 고려할 때 이런 태도는 불가피해 보인다. 물론 (특히 오늘날) 비판은 비단 철학만의 전유물은 아니며, 진리를 추구하고 탐구하는 모든 학문에서 요구되는 기본적 자세이기도 하다. 그렇더라도 비판이 철학의 영역에서 더욱 중요한 의미를 지님은 여전히 부인할 수 없는 사실이다.

(4) 철학(학)과 철학함

철학을 알고자 할 때는 철학의 기원, 철학자와 그 사상, 역사(철학사) 등을 학습하

---

7) 마이클 로젠, 존엄성(공진성·송석주 옮김), 아포리아, 2016, 13쪽.
8) 이런 태도는 전체를 단순히 부분들의 합이나 총화로 보려는 시각과 구별됨은 물론, 부분들의 합을 통해 대상이나 존재를 파악하려는 시도에 반대하면서 전체를 부분들의 합 그 이상으로 보려는 전체론(holism)과도 구분된다.
9) 마이클 로젠, 앞의 책, 12쪽.

고 살피는 것이 통상의 방법이다. 하지만 이러한 평면적 학습보다 더 중요한 것은, 스스로가 주체가 되어 현시점에서 이들 기초 내용을 토대로 그 연장선에서 혹은 새로운 측면에서 현재의 당면 과제를 해결하기 위해 비판적 성찰과 사유를 중단 없이 수행하는 것이다. 즉 '철학하는'(philosophieren) 것이다. 이런 점에서 마틴 하이데거(M. Heidegger) 역시 철학적 학설에 관한 앎은 아직은 철학이 아니며 기껏해야 철학학(哲學學)일 따름이라고 피력한 바 있다.

　이점은 법철학에서도 마찬가지다. 법학 고유의 영역에서 철학적 문제를 제기하지 않고는 진정한 의미의 법철학을 할 수 없다. 이에 법철학도 구체적인 현실의 법적 문제로부터 출발해야지, 하나의 완성된 철학 체계를 갖고 법의 영역으로 접근하려는 태도는 바람직하지 않다. 법학의 측면에서 철학에 관심을 기울이고 이를 배우는 이유도, 과거의 학설이나 사유 자체를 익히는 데 중점이 있다기보다 그것이 현재 우리의 삶 속에서 발생·제기되는 법적 문제를 해결하는 데 실천적으로 유용하기 때문이거나, 어떤 실마리를 제공해 줄 것이라는 기대가 깔려 있기 때문이다. 이런 점에서 법철학은 현실 관련적이며 높은 실천성을 지닌 학문분과이다. 따라서 현실의 당면 법적 문제에 무관심하거나 그러한 문제 해결에 아무런 기여도 할 수 없는 법철학 또는 법철학적 논의는, 혹 개인적 차원에서는 어떤 의미를 지닐지 몰라도, 법적 논의로서는 그다지 의미 있다고 보기 어렵다. 가령 각 시대는 그 시대의 법학을 새롭게 기술(記述)해야 한다는 라드브루흐(G. Radbruch)의 언급에도 이런 생각이 우회적으로 드러나 있다고 볼 수 있다.

　요컨대, 법철학을 공부하는 목적이나 주된 이유도 법철학 관련 학설이나 내용 그 자체를 학습하기보다 법의 존재 의의와 법철학함의 중요성을 깨닫고 일상적인 법적 삶 속에서 각자가 실제로 법철학을 하도록 하는 데 있다. 다시 말해, 법과 법 관련 현실(가령, 법의 제정, 법의 내용, 법의 해석·적용, 법 현실의 문제, 법의 전체적 실현과정 등)에 관한 이해를 토대로 현재의 법적 현실을 진단하고 그에 대한 해결책을 찾기 위해 합리적이고 비판적인 사유 및 성찰 능력을 함양하는 데 있다. 이로써, 궁극적으로는 우리의 법과 법 현실이 좀 더 바람직한 방향으로 정립·영위되도록 봉사하는 데 있다.

2. 법철학함의 근원

야스퍼스(K. Jaspers)는 철학함의 주된 근원으로 세 가지 요소, 즉 존재에 관한 경이로움과 신뢰, 불신과 회의, 실존적 동요를 제시한 바 있다.10) 그런데 이들은 법철학함의 근원이나 계기를 설명하는 데도 매우 적절하고 유익한 요소이다. 법철학에 관심을 가지고 법철학을 하게 되는 근본적 동인 역시 크게 이 범주에서 벗어나 있지 않다고 볼 수 있기 때문이다.

(1) 존재에 관한 경이로움과 신뢰

첫째, 존재에 관한 경이로움(wonder)과 신뢰(trust)이다. 이에 기초한 철학적 경향으로는 존재론(Ontology)을 들 수 있다. 존재론은 서양 전통 철학의 근저를 이루는 사조이다. Ontology는 그리스어 ontologia[onta(존재하는 것)와 logia(법칙·학문)의 합성어]에서 비롯된 말로서, 존재하는 것(존재자)의 일반적인 근본구조와 그 최종적 근거를 문제 삼는 분과이다. 존재에 대한 신뢰를 기초로 하기에 존재자는 무(無)가 아니라 존재한다는 데서부터 출발하여, 인간의 주관적 의식이 아닌(의식과 분리된) 객관적 존재를 지향하며 이를 탐구의 대상으로 삼는다. 따라서 사유의 경향상 객관주의와 연결된다. 역사적으로, 이는 확실한 토대 위에 서 있고 스스로에 대한 신뢰를 지니고 있었던 시대에 등장하여 풍미했던 철학적 사조이다. 즉, (주로) 정신적·문화적 전성시대에 지배력을 지녔던 사유 형태이다. 가령, 고대 그리스·로마전성기의 아리스토텔레스의 목적론적 형이상학, 중세 스콜라철학 최고기의 토마스 아퀴나스의 법신학(창조 질서의 존재론), 독일관념론 절정기의 헤겔 철학(역사철학으로서의 법철학)이 그 대표적 예이다.

그런데 법의 영역에서 이러한 경향은 법존재론(Rechtsontologie)의 형태로 나타난다. 여기서는 정당한 법(正法)이 무엇인가라는 핵심적 물음 아래 그러한 법이 존재함을 신뢰하면서 이를 발견하고자 하는 데 초점을 둔다. 법철학에서 이러한 사유 방식

10) Karl Jaspers, Einführung in die Philosophie, 25.Aufl., 1986, 16쪽 이하; Arthur Kaufmann, Rechtsphilosophie, Rechtstheorie, Rechtsdogmatik, in: Arthur Kaufmann/Winfried Hassemer(hrsg.), Einführung in Rechtsphilosophie und Rechtstheorie der Gegenwart, 5.Aufl., 1989, 12-17쪽. 여기서 세 가지 근원에 관한 아래의 내용은 기본적으로 카우프만의 글에서 언급된 바를 토대로 이를 소개하는 차원에서 제시한 것이지만, 필요에 따라 필자가 좀 더 보충하여 추가하기도 했음을 밝혀둔다.

을 대표하는 것이 바로 자연법론이다. 자연법론은 존재에 대한 신뢰를 바탕으로 할 때만 가능한 사고이며, 그렇기에 존재와 세계에 대한 신뢰를 지닌 자만이 자연법(론)에 눈을 돌릴 수 있다. 가령, 이러한 경향을 대표하는 현대적 예로는 독일의 법철학자인 마이호퍼(W. Maihofer)의 사물의 본성에 기초한 법존재론11)을 들 수 있다. 이런 식의 사고에 대해서는 순환논법이자 이데올로기라는 비판이 가해지기도 한다.

(2) 불신과 회의

둘째, (존재에 대한) 불신과 회의(doubt)이다. 이는 위의 요소와는 상반되는 근원이다. 이에 기초한 철학적 유파로는 인식론(Erkenntnistheorie)을 꼽을 수 있다.12) 인식론은 철학의 가장 중요한 분과의 하나로서 앎(인식) 및 앎의 체계에 관한 문제를 다루는 영역이다. 이는 우리가 안다는 것이 정당화될 수 있는가, 앎이란 과연 가능한 것인가의 물음에 관심을 주목한다. 인식(앎)의 명료성을 문제 삼고 우리가 안다고 생각하는 모든 것에 의문을 제기한다. 예를 들어 회의주의적 합리주의자인 데카르트(Rene Descartes)의 '나는 생각한다. 고로 나는 존재한다.'(Cogito ergo sum)라는 명제는 이 점을 잘 반영해 준다. 여기서는 외부에 객관적으로 존재하는 사물이 아닌 인간의 주관적 의식 또는 사유하는 주체에서 출발하며, 의식과 분리된 객관적 존재는 인정하지 않는다. 원초적인 것은 인간의 의식이지 객관적 존재가 아니며, 존재는 의식의 산물일 뿐이라고 본다(의식 철학). 요컨대, 인식론에 있어 근본 문제는 사물이나 대상이 (객관적으로) 존재하는가가 아니라, 외계에 대한 인식은 주체의 의식으로부터 비롯되는바 과연 그러한 외계에 대한 앎이 가능한가, 가능하다면 어떻게 가능한가이다. 따라서 이는 사유의 경향상 주관주의와 연결된다. 역사적으로, 이는 (주로) 퇴보와 붕괴가 진행됐던 시대, 즉 해체적 경향을 띤 시대에 나타나 영향력을 가졌던 사유 형태이다.

그런데 법의 영역에서 이러한 경향은 정법(正法)의 문제가 아니라 법의 인식 문제(법을 어떻게 인식할 수 있는가)에 주목하는데, 이는 법철학에서 법실증주의 사고와 깊이 연결돼 있다. 개별 존재에 앞서 있는, 객관적으로 존재하는 질서에 관한 경이로움이 아니라 도대체 그런 질서가 존재하는가 하는 회의가 출발점을 이루기 때문이다. 법실

---

11) 베르너 마이호퍼, 법과 존재: 법존재론 서설(심재우 역), 삼영사, 1996.

12) 인식론의 역사에 관해서는 D. W, 햄린, 인식론의 역사(이태하 옮김), 소나무, 1991 참조.

증주의가 (종래의) 자연법론에 대해 그것을 단지 이론의 산물이거나 의식의 한 유형일 뿐이라고 비판하는 이유도 바로 여기에 있다. 이런 사조의 대표적 예로는 가령 세계 대전 이후 질서가 광범위하게 무너지고 혼란이 극심했던 때에 출현했던 한스 켈젠 (Hans Kelsen)의 순수법학(규범적 법실증주의)을 들 수 있다.

(3) 실존적 동요

셋째, 실존적 동요이다. 이와 밀접하게 연계된 철학적 사조로는 실존철학13)을 꼽을 수 있다. 여기서 실존(實存, existence)이란 개별자로서 자기 존재를 자각적으로 물으며 살아가는 주체적 존재로서의 인간 또는 그러한 존재 상태를 말한다. 실존철학에 의하면 인간은 세계 내에 던져진 존재[피투(被投) 존재]이다. 즉, 자기 존재를 구속하는 어떠한 선험적 본질이나 특별한 목적성 없이 단독자로서 세상에 내던져진 존재이다. 실존으로서 인간 존재의 이러한 성격은 "실존은 본질에 앞선다."라는 사르트르(J. P. Sartre)의 유명한 말에 잘 담겨 있다.14) 실존철학에서 세계는 크게 주변 세계(Umwelt)와 공존 세계(Mitwelt)로 나뉘는바, 전자는 사물과의 관계에서 이루어지는 세계를 말하고 후자는 동료 인간과의 관계에서 이루어지는 세계를 말한다. 요컨대, 실존철학에서 인간은 이러한 세계 속에서 자신의 책임 아래 자기 실존을 의미 있게 가꾸어 나가야 할 (자유로운) 주체적 존재로 파악된다.15)

이러한 실존으로서의 인간은 누구나 삶의 과정에서 자기 존재의 한계와 자기 세계의 비궁극성에 직면하게 된다. 예컨대 죄, 질병, 죽음을 비롯하여 전쟁, 문화의 쇠

---

13) 실존철학은 19세기의 합리주의적 관념론 및 실증주의적 조류에 대한 반동으로 생겨난 사조로서 주체적 존재로서의 인간 실존을 중심개념으로 하는 철학적 입장 및 이를 계승한 철학 유파를 말한다. 넓게는 키에르케고르, 야스퍼스, 하이데거, 마르셀, 사르트르, 메를로 퐁티 등이 여기에 속한다. 여기서 실존은 (관념론과 달리) 일반적인 것에 해소될 수 없는 개별적이고 구체적인 존재이며, (실증주의와 달리) 객관적 파악을 인정하지 않는 내면성으로서 성립하는 존재이다(임석진 외 21인, 철학사전, 중원문화, 2009 참조).

14) 인간 존재에 대한 이러한 이해는 가령 개개의 인간을 신의 뜻에 따라 특정한 소명을 띠고 이 세상에 보내진 존재로 파악하는 기독교적 인간관과는 확연히 구별된다. 이런 점에서 기독교적 세계관에 의하면 사르트르의 언명과는 정반대로 '본질은 존재(실존)에 앞선다.'라는 언명이 타당하다고 하겠다[장 디디에 뱅상·뤼크 페리, 생물학적 인간, 철학적 인간(이자경 옮김), 푸른숲, 2002, 277쪽].

15) 그렇기에 여기서는 '사회적 평균인이 되어라!'라는 일반적 기준보다는 '자기 자신이 되어라!'라는 격률(格律)이 삶의 지배적 기준이 된다. 이런 점에서 실존철학의 인간 이해는 사회적 존재로서 인간의 차원을 중시하는 경향에 의해 반질서적 인간상이라고 비판받기도 한다.

퇴, 국가나 민족의 멸망 등 한계상황(Grenzsituation)에 직면하게 된다. 이 경우 인간은 실존적 동요를 겪게 되는바, 이것이 바로 철학함의 근원이자 계기가 된다. 즉, 그러한 실존적 동요를 통해 자신의 연약함과 무력함을 지각하게 되고, 이로써 자신의 실존이나 현존재16)(Dasein)의 의미를 묻고 그에 따라 일정한 태도를 정하도록 강요받게 된다. 그런데 이런 상황에서 인간은 그에 단호히 맞서 그 상황을 그의 계획과 행위 속으로 의미심장하게 받아들이고 자기의 자의식의 변화를 통해 그 자신이 될 때만 그는 참된 실존 또는 현존재의 본질에 도달하게 된다. 그리고 이럴 때야 인간은 자신을 포기하거나 절망의 나락으로 떨어지지 않고 여전히 주체로서 자기 삶을 계속해서 의미 있게 영위해 나갈 수 있다. 이러한 실존철학은 역사적으로 한 시대의 변혁기에 또는 특정 시대가 위기에 처해 있는 상황이나 장소에서 전형적으로 나타나는 사조라는 점에서 전환기의 철학이라 할 수 있다. 물론, 시대의 흐름과 무관하게 불치의 질병이나 죽음 등 일정한 한계상황에 직면한 개별 인간에게도 나름 유의미한 철학적 성찰을 제공하는 사유 형태라 할 수 있다.

그런데 법의 영역에서도 한계상황과 그에 따른 실존적 동요가 있을 수 있다. 가령 독일의 나치 시대의 인권유린 상황, 독재정권에 의한 광범위한 인권탄압 등 법의 가치척도에 비추어 법의 심각한 타락을 겪게 되는 법적 한계상황이 바로 그러하다. 이러한 초유의 또는 예상 밖의 불법이나 불법 상황을 체험할 경우, 오랜 시간 아무 말 없이 인간의 가슴에 묻혀 있던 내면의 소리는 거부할 수 없는 내적 사실이 되어 밖으로 흘러나온다. 동시에 인간(시민)은 그러한 실존적 충격과 동요로부터 현존재의 의미는 물론 정의 일반, 때로는 신적 정의에 관해 강력히 묻게 된다.

이런 한계상황에서 인간(시민)은 형식적 법률에 맹목적으로 빠져 부당한 법이나 불의한 권력에 침묵하며 거기에 자신들의 운명을 내맡길 수도 있다. 하지만 그럴 경우, 인간의 실존 조건을 보장하는 법은 실종되고 오직 적나라한 권력의 의도나 명령만이 법을 대체하게 됨으로써 권력에 의한 시민의 굴종 상태는 고착화할 것이다. 즉, 시민은 그 자체 주권자가 아닌 권력의 노예로서 살아가게 될 것이다. 따라서, 그 상황에서 시민에게는 법적 주체로서 그러한 한계상황을 (정당한 질서가 안정화된) 근본상황

---

16) 이는 하이데거 철학의 기본용어의 하나로, 존재에 관해 물음을 제기할 수 있고 자기를 인간으로서 이해하는 단 하나의 존재자를 말한다.

(Grundsituation)으로 바꾸어야 할 임무, 즉 타락한 법을 본래의 모습으로 복원 또는 회복해야 할 임무가 (자연적 권리이자 의무로) 부여된다. 요컨대, 그러한 한계상황은 개개의 시민이 무엇보다 위협받는 법과 그에 따른 인간 실존의 위기를 분명히 의식하고, 그러한 위기에 맞서 법의 본래 모습을 다시 회복하겠다는 단호한 각오를 다지면서 그에 필요한 실천적 투쟁(가령 저항권 행사 등)을 전개할 때만 극복될 수 있다. 이 점은 오랜 역사가 우리에게 주는 교훈이다.

3. 법철학의 의의, 소속 및 과제

(1) 의의와 소속

서두에서 필자는 법철학을, 법을 소재로 하여 철학적 사유의 눈으로 고찰하고 탐구하는 학문분과라고 규정하였다. 이는 법철학이 포함하고 있는 두 개념(법과 철학)의 관계에 초점을 두고 내린 정의(定義)의 하나이다. 그런데 법철학에 대한 정의는 다양하게 내릴 수 있다. 가령 법철학이라는 학문영역에서 무엇을 다룰 것인가, 그리고 이 경우 어떤 내용이나 주제에 중점을 둘 것인가에 따라서도 (다소간) 달리 정의될 수 있을 것이다. 그렇기에 법철학을 어떻게 정의할 것인가의 문제는 크게 의미 있는 것이라 보기 어렵다. 다만, 정의 문제와는 별개로 법철학에서 다루는 핵심 주제와 내용에 관해서는 어느 정도 충분히 이해하고 있어야 할 것이다. 이는 법철학을 하기 위한 (최소한의) 필요조건이기 때문이다. 또한, 이러한 조건이 충족될 때만 법철학을 통해 부분적인 법 지식을 종합하여 적절하게 활용할 수 있는 힘을 발휘할 수 있을 것이다. 나아가, 이것 못지않게, 아니 이보다 더 중요한 것은, 앞에서도 강조했듯이, 법철학을 학습하는 목적과 이유를 잘 새겨 법적 현실에서 실제로 법철학을 하는 것이다.

그런데 법의 요체는 정의(正義) 또는 정당한 질서 체계를 확립하고 실현하는 데 있다. 가령 안정이나 평화 등 다른 요소를 중시할 수도 있지만, 그 경우에도 법이 정의의 요청 자체를 무시하거나 배제할 수는 없다. 그렇기에 법철학 역시 정의 또는 정법의 문제 — 이를 어떻게 규정할 것인가는 사유 노선에 따라 다를 수 있지만 — 를 빼놓을 수 없다. 따라서 이런 점에 주목할 때 법철학은 법(현재의 실정법)을 좀 더 정의롭고 인간답게 만들려는 끊임없는 비판적 성찰에 호소하는 학문분과이며, 바로 거기에 그 의의가 있다고 할 수 있다(법철학의 의의). 혹자는 이에 대해 여기서 '정의롭고 인간답게'라는 말은 대단히 모호한 용어로서 일종의 이데올로기적 표현이라고 비판할 수도 있을 것이다. 하지만 그 표현은 일상에서도 자주 사용되곤 하는 데다, 그 의미 역시 해명될 수 있는 것임을 고려할 때, 그것은 거부할 수 없는 인간적 속성에 기초한 표현이라 할 수 있다. 또한, (법적) 정의는 비단 법철학만의 문제가 아니라 모든 실정법학의 문제이기도 하다는 지적도 제기될 수 있을 것이다. 맞는 말이다. 하지만 법철학은 법학의 근본 문제와 전제의 배후를 캐묻는 체계 초월적인(systemtranzendental) 성찰을 수행하는 분과인 데 반해, 실정법학은 실정법 체계를 토대로 그 안에서, 즉 체계 내재적인(systemimmanent) 방법으로 성찰하는 분과라는 점에서 양자는 구분된다. 이런 점에서 법철학은 후자를 전제로 하는 '법률가의 철학'과도 구별된다. 따라서 단지 정의의 문제뿐만 아니라 예컨대 사형 문제 역시 엄격히 말하자면 법철학적 고찰 대상이 될 수 있음과 동시에 실정법학의 고찰 대상이 될 수도 있다.

법철학의 학문적 소속에 관해서는 법학의 부분 분과로 보는 견해가 있는가 하면 철학의 부분 분과로 보는 견해도 있다. 가령 헨켈, 쿠베 등은 전자를 따른다. 법철학이 법학의 일부인 때만 철학적 체계와 고찰 방법에서 벗어날 수 있다는 이유에서다. 반면, 카우프만, 라드브루흐 등은 후자의 견해를 따른다. 고대에는 정의 문제가 윤리학에서, 윤리학은 다시 철학에 편입되어 다루어졌다. 그리고 종래에는 법학자들이 법철학(특히 정의 문제)에 많이 관여한 편이었으나, 최근에 와서는 롤즈나 하버마스 등 걸출한 철학자들이 법철학적 논의(특히 정의 문제)에서 큰 영향력을 행사하고 있기도 하다. 그런데 실천적 측면에서 보면, 이러한 소속 논쟁이 특별한 의미를 지닌 건 아니다. 다만, 필자는 법철학을 원칙상 철학의 한 분과로 보고자 한다. 법철학은 철학적으로 하는 것이지 법률적으로 하는 것은 아니기 때문이다.

(2) 과제

법철학은 일반철학이 연구하는 내용을 특수한 연구대상(법적 근본 문제)에 국한한다는 점에서 차이가 날 뿐, 나머지는 같은 차원에서 이루어진다. 이러한 법철학의 과제로는 가령 존재론적 차원의 과제, 인식론적·방법론적 차원의 과제, 가치론적 차원의 과제, 철학사적 차원의 과제 등을 들 수 있다.[17] 그런데 이들 과제는 역사적으로 법을 소재로 한 논의의 전체적 흐름에 녹아들어 있다. 이런 점에서 이들은 어떤 식으로든 서로 관련성을 맺고 있는 문제영역이지만, 구체적인 역사적 상황과 시대 조건 등에 따라 그 철학적 성찰의 방향과 중점에 있어 본질상 차이가 나기도 한다. 그렇기에, 이들 영역을 평면적으로 나누어 고찰하는 것도 나름 의미가 있겠으나, 법철학하는 사람(법철학자)의 실천적 관심 방향이나 지향점 등을 고려하면 그러한 평면적 고찰은 그다지 의미를 갖지 못할 수도 있다. 가령, 특히 존재론적 차원의 과제와 인식론적 차원의 과제는 이른바 자연법론과 법실증주의의 대립에서 보는 바와 같이 서로 병렬적·수평적 관계에 있다기보다 선택적 혹은 배제적 관계에 놓이게 되는 것이 대체적 경향이다. 물론, 그렇더라도 (때로는) 양자의 관점을 부분적으로 융합·지양하면서 새로운 방향이나 노선을 추구할 수도 있을 것이다.

따라서 현 상황에서 법철학함의 중요성에 주목할 때 필자로서는 법철학의 과제 역시, 관련 주제와 내용에 관한 전체적인 기본 이해에 기초하여 현행 실정법(체계) 및 그에 따라 영위되는 법현실을 비판적으로 성찰하고 더 나은 방향으로 개선하는 데 봉사함에 있다고 본다. 물론, 이를 위해서는 동시에 법철학 하는 자의 진지한 자기성찰 또한 게을리할 수 없는 요소이다. 요컨대, 궁극적으로 법철학은 사회비판(현실의 법에 대한 비판적 성찰)과 자기성찰의 변증법적 과정(상호 소통적 교류)을 통해 법의 본래 정신과 취지에서 벗어난 현실의 (왜곡된) 법을 수정·개선하도록 함으로써 더 정의롭고 인간다운(또는 합리적인) 법을 만들고 실현하는 일에 봉사하는 데 그 참된 임무가 있다.

(3) 요약

법철학은 특별한 종류(또는 유형)의 철학이 아니다. 철학이 언제나 인간의 현존재 (Dasein) 일반의 근본 문제와 관련되어 있듯이, 법철학 역시 (법과 관련하여) 그러한 근본 문제를 다루기 때문이다. 또한, 법철학은 철학적 양식으로 사유하고 논의한다. 이런 한에서 법철학은 가능한 한 철학적 양식으로 답변해야 하는 법률적 근본 문제이며(법학적 지식과 철학적 방법의 결합), 이 점에서 철학의 다른 분과와 구분된다. 요컨대, 법철학에 있어 법학자는 묻고 철학자는 대답한다. 따라서 전문적인 법철학자는 법학과 철학

---

17) 심헌섭, 법철학 I , 법문사, 1989, 18-19쪽.

양 분야에 모두 정통해야 한다. 이런 측면에서 소박한 철학자의 법철학이나 소박한 법학자의 법철학은 모두 문제일 수 있다.[18] 따라서, 법철학을 단순히 법학의 교양 정도로 여기는 것은 잘못이다.

4. 다른 부분 분과와의 비교

법철학이 무엇인지는, 즉 법철학의 특성과 임무 및 역할이 무엇인지는 이를 법학 내의 다른 분과, 특히 법도그마틱, 법이론, 법사회학과 비교해봄으로써 좀 더 분명하게 드러날 수 있다.

(1) 법철학과 법도그마틱

법철학은 법학이 아니며, 더욱이 법도그마틱(Rechtsdogmatik)과는 구분된다.[19] 법도그마틱은 전문가들(법학자들)에 의해 오랜 논의를 통해 (특정한) 법을 둘러싸고 구축된 이론과 명제들의 체계를 말한다. 가령 알렉시(R. Alexy)에 따르면 법도그마틱이란 ⅰ) 정립된 규범 및 판례와 관련되어 있으나 그것들에 관한 기술(記述)과는 일치하지 않고, ⅱ) 상호 연관성을 띠고 있으며, ⅲ) 제도적으로 추진되는 법학의 테두리 내에서 제기·논의되고, ⅳ) 규범적 내용을 지닌 ⅴ) 명제들의 집합체이다.[20]

먼저, 법도그마틱은 다음과 같은 특징을 지닌다. 첫째, 주어진 일정한 전제(실정법전, 예컨대 형법상의 구체적 죄형 법규)에서부터 출발한다. 따라서 여기서는 법 일반이 무엇인지, 어떤 상황에서 어떤 방식에 따라 법이 인식되는지를 묻지 않는다. 둘째, 법률 규범을 비판적으로 검토하더라도 언제나 체계 내재적으로 논의하며, 해당 체계는 그대로 유지한다. 법도그마틱에서 이런 방식을 취하는 것은 지극히 올바르고 자연스러운 태도이다. 다만, 법도그마틱이 법철학이나 법이론의 비도그마적(메타도그마적) 사유 방식을 필요 없다고 하거나 비과학적인 것으로 거부한다면, 그것은 위험에 처

---

18) Arthur Kaufmann, 앞의 논문(주 10), 1쪽.

19) 칸트에 의하면 도그마틱이란 고유한 이성 능력에 대한 비판이 선행되지 않는 채 이루어지는 순수이성의 도그마적 처리방법을 말한다.

20) 로베르트 알렉시, 법적 논증 이론(변종필·최희수·박달현 옮김), 고려대학교출판부, 2007, 357쪽. 그는 이러한 법도그마틱의 기능으로 안정화 기능, 진보 기능, 탈부담적 기능, 기술적(技術的) 기능, 통제 기능, 발견술적 기능을 꼽는다(같은 책, 370쪽 이하).

하게 된다.

나아가, 양자는 다음과 같은 점에서 차이가 있다. 첫째, 전제의 측면이다. 철학이나 법철학 역시 아무런 전제 없이 시작할 수 있는 것은 아니지만, 법도그마틱과 달리여기서는 비판적 성찰을 통해 그러한 전제가 언제든지 수정되거나 폐기될 수 있다. 둘째, 취급대상의 측면이다. 법철학은 법도그마틱보다 더 근본적인 것을 취급하며, 모든 것을 문제 삼는다. 따라서 법철학은 도그마틱과는 달리 적어도 학문과 체계의 근본 문제 및 근본 전제의 배후를 캐는 시도를 해야 한다. 즉, 체계 초월적 입장을 수용해야 한다.

이상의 내용에 비추어 볼 때 양자의 관계는 다음과 같이 규정할 수 있다. 양자는 중요도에 있어 어떤 차이도 없다. 법철학이 법의 근본 문제와 그 배후를 다룬다고 해서 그것이 법도그마틱보다 더 중요한 내용을 문제 삼고 있는 것은 아니다. 가령, 범죄의 성립 여부를 가리기 위한 형법도그마틱적 연구가 법의 일반적 가치척도를 찾는 법철학적 연구보다 덜 의미 있는 것은 아니다. 따라서 법철학과 법도그마틱은 어느 한쪽이 좀 더 중요하고 좀 덜 중요한 관계에 있는 것이 아니라, 어느 쪽도 다른 쪽을 대체할 수 없는 서로 다른 존재의 관계에 놓여 있다.[21] 즉, 양자는 서로 독립적이면서 상보적(相補的)인 관계에 놓여 있다.

(2) 법철학과 법이론

법이론(Rechtstheorie)은 최근에(대략 20세기 중반 이후) 새롭게 거론되고 있는 영역이다. 그러나 법이론이 의미하는 바가 무엇인지를 제대로 밝히기는 매우 어렵다. 왜냐하면 법이론이라는 개념 아래에서 논의되는 문제영역이 무척 다양할 뿐만 아니라, 이들 문제영역을 취급하는 방식 또한 매우 다양하기 때문이다. 법이론 아래 논의되는 분야로는 예컨대 법언어이론, 법적 논증이론, 법적 결정이론, 입법이론, 법학방법론, 법해석학, 토픽적 법학, 법수사학, 법논리학 등이 있다. 이에 이들 새로운 영역을 포괄하는 법이론이 과연 법철학과 본질상 구분되는 영역인지 아니면 법철학의 연장선에 있는 영역인지가 논란이 되고 있다.

---

21) Arthur Kaufmann, 앞의 논문(주 10), 3쪽.

1) 양자 간에 차이가 없다고 보는 견해

먼저, 법이론은 법철학과 본질상 아무런 차이가 없다는 견해가 있다. 가령 대표자로는 아르투어 카우프만을 들 수 있다. 여기서는 법이론의 취급대상이 법철학의 그것과 다르지 않다는 점, 즉 법이론도 법의 근본 문제를 다루고 체계 초월적인 입장을 수용하며 메타도그마적 사고를 한다는 점, 그리고 양자 모두 비판을 속성으로 한다는 점, 이로써 현재까지는 양자를 분명하게 구별해주는 어떤 다른 척도도 없다는 점 등을 그 근거로 든다. 따라서 법이론이 무엇인지는 역사적으로만 설명될 수 있을 뿐이라고 한다. 역사적 시간의 경과 속에서 언제나 학문(과학)의 전문화가 초래되었는데, 법철학도 마찬가지라는 것이다. 즉, 시간의 추이 속에서 학문영역의 복잡화가 이루어지고 이러한 복잡한 내용을 거의 개괄할 수 없는 상황에 이르게 되자, 비교적 최근에 생겨난 법철학의 특수한 논제들을 분리하여 이를 법이론이라는 이름 아래 논의하게 되었다는 것이다.[22] 이에 따르면 새로 생겨난 위 영역들은 여전히 법철학의 영역에 속한다.

2) 양자를 구분하는 견해

이에 반해 양자를 엄격히 구분하려는 견해가 있다. 대표자로는 가령 볼프강 나우케를 꼽을 수 있다.[23] 그는 법형이상학적 입장[24]을 배제하면서 한스 켈젠을 필두로 하여 그 이후 새롭게 등장한 경향, 가령 법논리학, 법언어이론, 분석적 법이론, 법의 이데올로기 비판 등(법이론)을 '현대의 순수법이론'으로 묶고 이를 기존의 법철학과 구분한다. 우선, 그는 법형이상학의 퇴조, 즉 법의 탈형이상학화 또는 비형이상학화를 현대 법철학이나 법이론의 가장 주목할 만한 특징으로 꼽는다. 그런 다음, 현대의 순수법이론이라 칭한 법이론의 일반적 특징을 다음과 같이 제시한다. 첫째, 법이론은 실정법이 존재함을 전제할 경우, 실정법에 관한 일반적인 것을 어떻게 언급할 수 있

---

22) Arthur Kaufmann, 앞의 논문(주 10), 10-12쪽.

23) 볼프강 나우케, 법철학의 기본개념들(변종필·최희수 옮김), 지산, 2001, 184쪽 이하.

24) 형이상학(Metaphysica)이란 아리스토텔레스가 최초로 사용한 용어이다. 이는 천문, 기상, 동식물, 심리 등 자연에 관한 연구를 지칭하는 자연학(physica)에 대비되는 개념으로서, 모든 존재 전반에 걸쳐 있는 근본원리, 즉 존재자로 하여 존재하도록 하는 원리를 연구하는 학문 분과(제1철학 또는 신학)를 말한다. 제1철학에 관한 초고 및 논문이 그의 전집에 실릴 때 자연학(ta physica)의 뒤(meta)에 편집되면서부터 metaphysica라 불렸다.

는가의 물음을 제기한다(공통의 문제 제기). 그런데 여기의 '일반적인 것'에서 전통적인 정의(正義) 문제는 언제나 배제된다고 한다. 둘째, 법이론이 말하는 법이란 내용적 정당성과는 아무 관련이 없으며, 다만 특수하게 명명된 규칙일 뿐이다(공통의 이론적 토대). 셋째, 이론 전개의 방법에 있어 극히 전문화된 언어와 주장자마다 가변적인 개념적 수단을 이용한다. 넷째, 실천과의 관계에서는 실천과 현저한 괴리를 보이면서 단순한 이론(인식)으로 머물고자 하는 경향을 띤다. 다섯째, 순수한 과학성을 강조한다.

3) 검토

생각건대, 이러한 견해의 나뉨이 실천적으로 그다지 큰 의미를 지닌 것은 아닌 듯하다. 양자가 모두 체계 초월적인 태도를 지니고 실정법에 대한 비판을 수행하지만, 법철학은 상대적으로 원거리에서, 그리고 법이론은 다소 근거리에서 그런 역할을 담당한다고 보면 될 것 같다. 다만, 법의 흐름에서 역사적 변화가 갖는 의의는 주의 깊게 짚어보는 것이 중요하리라 본다. 역사적으로 법은 영구법·자연법·실정법의 혼합체계에서 현재의 실정법 시대로 변화해왔다. 그리고 이러한 변천 과정에는 실증주의적 사고가 큰 몫을 했다. 법이론이라는 새로운 영역의 등장도 이와 무관하지 않다고 본다. 법이론이라는 새로운 영역이 정의 일반을 더는 문제 삼지 않는 데는, 자연법의 실정화로 종래의 정의 규범이나 자연법의 내용이 현대(민주적 입헌국가)의 실정법 체계 안에 대부분 수용되었기 때문일 것이다. 그런데 한 가지 명심할 것은, 비록 실정법 체계가 삶을 규율하는 시대라 하더라도, 현 상태에 이르기까지의 과정과 그 유래에 대해 깊이 이해하고 관심을 보임으로써 그런 변화의 의의와 중요성을 늘 되새기는 일이다. 즉, 오늘날의 법 상태와 현실이 그저 주어진 당연한 것이 아니라, 숱한 노력과 희생의 대가로 이루어진 것임을 기억해야 한다는 것이다. 그렇지 않을 경우, 망각의 늪에 빠져 현행 실정법 체계에 깃든 배후의 정신과 취지를 소홀히 하거나 무시함으로써 예상치 못한 부작용(법 내용의 후퇴로 인한 폐해 등)을 낳을 수 있기 때문이다.

(3) 법철학과 법사회학

법사회학(Rechtssoziologie)은 법현상을 역사적 사회현상의 하나로 파악하여, 사회학적 방법에 따라 인접 사회현상(종교·도덕·정치·경제 등) 또는 인접 사회형태(가족·사회·국가 등)와의 관련 속에서 그 성립·발전·소멸의 과정과 법칙을 연구하는 경험과학이다. 가령 자주 인구에 회자하는 '사회 있는 곳에 법 있다.'라고 할 때의 법은 이러한 사회학적 의미의 법을 말한다. 여기서 사회학적 방법이란 (주로) 관찰이다. 그리고 이러한 관찰에 터 잡아 사회의 법 또는 법적 현상을 기술(記述)하고 이를 분석하여 일정한 내용을 추론·평가하거나, 이러한 평가에 기초하여 법 관련 미래를 예견하거나 새로운 법의 기획(제정 또는 개정)을 제언하는 것이 법사회학이 담당해야 할 일이다. 물론, 때로는 사회학적 방법을 통해 법의 실현(판결 등)을 정당화하려는 시도도 수행할 수 있다. 가령 그 대표적 예로는 니클라스 루만(N. Luhmann)의 '절차를 통한 정당화'(사회학적 정당성) 사고를 들 수 있다.

그런데 '관찰'이라는 방법론상 특징 때문에 혹자는 (법)사회학을 그 자체 중립적인 과학이라고 여길 수 있다. 비교적 혹은 상대적으로 그렇다고 말할 수 있을지는 모르나, 반드시 그렇게 볼 것은 아니다. 관찰 역시 관찰자와 그의 주관에 영향을 받기 때문이다. 오늘날 과학철학적 진단에 의하면, 관찰은 언어 또는 이론에 의존한다. 따라서 같은 소재나 대상에 관한 관찰이라도 관찰자 또는 적용되는 이론에 따라 전혀 다른 추론이나 평가가 이루어질 수도 있다.

이러한 법사회학은 실정법학의 존립 근거를 사회학적으로 해명해 준다는 점에서 법철학과 차이가 있다. 주된 방법론 역시 한쪽은 관찰에, 다른 쪽은 (이성적) 사유에 기대고 있다는 점에서 다르다. 그렇기에 두 분야가 어떤 접점에 이르기는 쉽지 않다. 다만, 법을 포괄적 측면에서 문화 규범으로 이해하고 법의 정당화 근거를 문화로 귀착시킨다면, 양자는 나름의 연결고리를 지닐 수도 있다. 하지만, 그렇다고 하여 법에 관한 사회학적 이론을 법철학의 영역에서 다룰 수 없는 것은 아니다. 법 또는 법의 본질이 무엇인지와 관련하여 사회학적 측면을 중시하는 이론(사회학적 법이론)이 하나의 사유 경향으로서 충분히 의미를 지닐 수 있기 때문이다. 가령 법철학에서 주된 사조의 하나로 다루어지는 사회학적 법실증주의는 그 좋은 예이다. 이처럼, 법철학과 법사회학은 기본적으로 서로 다른 시각과 차원에서 법을 보고 다루지만, 양자는 법이 무엇인지를 전체적으로 이해하고 파악하는 데 있어 필요불가결한 영역이다. 특히 실효성이라는 사회학적 측면은 법의 효력 문제를 논함에 있어 대단히 중요한 요소로 작용한다.

5. 법철학적 논의의 핵심 분과

법학은 여러 학문분과와 연계될 수 있으며, 실제로도 그러하다. 가령 법과 관련된 분과로는 법신학, 법철학, 법도그마틱, 법사회학, 법심리학, 법경제학, 법정치학, 법의학, 법사학, 법미학, 법문학, 법공학 등 매우 다양하다. 아니, 어떤 학문분과도 법과 관련을 맺을 수 있을 정도로 법이 미치는 지경은 광범위하다. 인간의 사회적 관계와 활동이 대부분 법에 의해 뒷받침되고 규율됨을 고려할 때(법치국가) 이는 충분히 수긍할 만한 현상이다. 이런 점에서 법학은 어쩌면 일종의 종합과학이라고 할 수도 있겠다.

그런데 이들 가운데서 법철학적 논의와 연계하여 특히 중요성을 띤 분과로는 법철학, 법도그마틱, 법사회학을 꼽을 수 있다. 그 이유는 이들 분과가 법의 효력(구속력) 문제를 다룸에 있어 핵심 요소로 거론되는 세 차원, 즉 (내용적) 정당성, 합법성, 실효성과 밀접하게 연계돼 있기 때문이다. 먼저, 법철학은 주로 정법 또는 법의 (내용적) 정당성(타당성, Legitimität) 문제를 제기하며 다루는 영역이다. 그리고 법도그마틱은 실정화된 법의 합법성(Legalität) 문제를 취급하는 영역이다. 여기서는 실정법이나 법규를 토대로 그에 관한 해석·적용 문제를 주로 다루지만, 법의 제정·개정이 (헌법적) 절차에 따라 적법하게 이루어졌는지의 문제도 함께 검토한다. 끝으로, 법사회학은 실정화된 법이 현실에서 실제로 준수되거나 적용되고 있는지의 문제, 즉 실효성(Wirksamkeit) 문제를 함께 고찰하는 영역이다. 또한, 이들 영역은 법의 개념에서도 의미있는 차이를 낳는 시각을 제공한다는 점에서 남다른 의미를 지닌다. 이런 점에서 이들 세 영역은 다른 영역과 비교해 법철학적 논의에서 특별히 비중있는 영역이라 할 수 있다.

생각해볼 문제

1. 법철학을 공부할 때 특히 유념해야 할 태도는 무엇인가?
2. 법철학을 배우는 것과 법철학을 하는 것은 어떻게 다른가?
3. 법철학을 하는 근원이나 계기에는 어떤 것들이 있는가?
4. 법철학은 법도그마틱, 법이론, 법사회학과 어떻게 구별되는가?
5. 법의 세계에서 법철학의 임무와 역할은 무엇인가?

법이란 무엇인가? (법개념론)

1. 법개념의 다의성
2. 법의 어원학적 의미
3. 법개념에 관한 다양한 시각
4. 법개념과 주된 구성요소
5. 법규범과 다른 규범의 관계 및 차이

법이란 무엇인가? (법개념론)

개요 법개념의 문제는 법철학의 다른 주제나 영역을 이해하는 데도 밀접하게 연계돼 있는 매우 중요한 주제이다. 법이 무엇인지는 서로 다른 시각에 따라 다양하게 정의될 수 있다. 크게는 자연법론적 관점과 법실증주의적 관점에 따라 달리 이해되며, 같은 진영 내에서도 다소간의 편차가 있을 수 있다. 여기에는 가령 개인의 선이해를 비롯하여 인간·사회·국가 등에 관한 시각차가 반영돼 있다. 이에 법개념의 다의성과 함께 그 원인을 진단·이해하고, 그에 따라 다양한 측면에서 제기되는 정의들을 살펴볼 필요가 있다. 여기서는 역사적으로 형성된 것으로, 나름의 독자적 의미를 지닌 몇몇 철학자들(아퀴나스, 홉스, 칸트, 헤겔, 마르크스, 베버, 라드브루흐, 알렉시 등)의 법개념을 소개하고 검토한다. 이 경우 눈여겨볼 점은, 이들 예시에서 법을 규정하는 데 중요한 혹은 본질적 요소로 거론되고 있는 가치나 이념이 무엇인가 하는 것이다. 그렇게 함으로써 먼저, 법을 규정하는 데 실천적으로 중요한 비중과 의의를 갖는 요소들이 무엇인지를 가늠해 볼 수 있기 때문이다. 또한, 그 요소들을 현재의 실정법 체계가 전제하고 있는 법의 근본 요소들과 비교해봄으로써 향후 법이 지향해야 할 가치나 이념을 숙고하거나 새롭게 규정하는 데도 유익하기 때문이다. 이러한 과정을 통해 학습자 역시 평소 자신이 이해하고 있는 법에 대한 성찰의 기회를 가짐으로, 법에 관한 (새로운) 시각을 정립하는 데 도움을 얻을 수 있을 것이다.

1. 법개념의 다의성

법개념은 매우 다채롭고 일의적으로 규정하기 힘들다. 이점은 가령 법에 대한 "하나의 정의(定義)에 이르는 것은 아름다우나 매우 어렵다. 아직도 법률가는 법의 개념에 관한 정의를 찾고 있다."라고 한 칸트(I. Kant)의 언급(『순수이성비판』)에서 잘 나타난다. 하트(H. L. A. Hart) 역시 『법의 개념』 제1장 첫머리에서 "인간사회에 관한 여러 문제 중에서 '법이란 무엇인가'라는 물음만큼 끊임없이 제기되어 왔고 또한 철학사상가들에 의해 다양하고 기묘하게 역설적인 방식으로까지 답변해 온 문제도 거의 없다. … 독자적 학문 분야로서 체계적 연구가 이루어지는 다른 어떤 분야에서도 이와 필적할 만한 상황은 찾아볼 수 없을 것이다."라고 피력함으로써 그 점을 잘 대변하고 있다.

그럼, 이처럼 법이 무엇인지를 획일적으로 정의하기 어려운 이유는 무엇일까? 아마도 법이 무엇인가는 자연과학적 방법이나 고립적 방법에 따라 규정되는 것이 아니라, 거기에는 다각적 측면의 다양한 요소들이 결부되어 있기 때문일 것이다. 먼저, 거시적 차원에서 보면 인간, 사회, 국가 등에 관한 이해(인간론, 사회이론, 국가이론 등)의 차이가 작용한다. 가령 인간이 무엇인지(어떤 존재인지)를 알지 못하거나 규정하지 않는 한, 법을 이해하기란 거의 불가하며, 인간 존재의 본성이나 근본 특징을 어떻게 규정하느냐에 따라 법에 대한 이해도 달라질 것이다. 거꾸로, 특정한 법질서에는 인간에 관한 기본적 이해(人間像)가 전제되어 있다. 예컨대, 근대 법질서에는 자신의 행위에 대해 스스로 책임질 수 있는 자율적 존재로서의 인간상이 전제돼 있다. 또한, 야콥스(G. Jakobs)는 그의 적대형법 이론에서 현실적 측면에서의 차이를 고려하여 인간 존재를 두 부류[Person(인격, 시민)과 Unperson(비인격, 적)]로 나누어 차별적인 법적용을 주장하기도 한다. 다음으로, 미시적·개인적 차원에서 보면, 각 개인의 삶의 토대와 형성과정 및 그에 따른 관심과 인식의 차이 등[이른바 선이해(先理解)]이 작용한다.

2. 법의 어원학적 의미

현재 법을 뜻하는 한자어 法은 水(물 수)와 去(갈 거)로 이루어져 있다. 이에 일각에서는 흔히 법을 마치 물 흐르듯 자연스럽게 흘러가는 것이라는 의미로 새기곤 한다. 하지만, 자연적 순리를 강조하는 이러한 해석은 자연주의적 시각에 따른 것으로서 엄밀히 보면 부적절한 것이라 할 수 있다. 한자어 法은 원래 水와 去 외에 廌(해태 치)를 포함하는 고자(古字) 灋의 약자이다. 따라서 법(法)의 의미 또한 이들 글자를 모두 고려할 때 그 본래 의미가 제대로 드러날 수 있다. 특히 주목해서 보아야 할 글자는

廌이다. 해태는 시비선악(是非善惡)을 가리는 상상의 동물이다. 중국의 고사(故事)에 따르면 옛날 묘족(苗族)에게는 신의재판(神意裁判)[1]을 할 때 이 해태가 등장하여 재판석 앞에서 죄지은 자에게로 가서 그 뿔로 들이받았다고 한다. 이로 볼 때, 해태는 정의의 여신 Dike와 같은 역할을 하는 존재로서 법에 있어 사물의 옳고 그름이나 공평성을 상징하는 동물인 셈이다. 이로써 한자어 법(法)에는 해태로써 상징되는 정의(正義)의 관념이 깊이 연계돼 있음을 알 수 있다.[2]

또한, 법을 뜻하는 라틴어 ius 역시, 그 어원이 완전하게 해명돼 있지는 않으나, 올바름(올바른 것 또는 올바른 관계)과 관련돼 있다. 가령 울피아누스(Ulpianus)는 이 말의 유래가 정의(공평함)와 관련된 것으로 보았고, 토마스 아퀴나스도 『신학대전』에서 이를 올바른 사물, 이로써 선과 형평의 기술로 보았다. 나아가, 법을 뜻하는 프랑스어 Droit, 이탈리아어 Diritto, 스페인어 Derecho 역시 올바른 행동이나 정당한 태도를 지칭한다.[3] 그리고 독일에서는 (형식적) 법률을 뜻하는 Gesetz와 (실질적 의미의) 법을 뜻하는 Recht가 구별되어 사용되는바, 후자는 올바름과 관련되어 있다. 이처럼, 특히 그리스와 로마의 법이론에서 그러하듯이, 법은 정의(正義)라는 말과 밀접하게 연계돼 있다. 물론 양자 간의 긴밀한 관련성은 오늘날 완화되긴 했지만, 일상적으로 볼 때 여전히 유효하다고 하겠다. 현재까지도 정의가 가장 중요한 법이념으로 다루어지는 이유도 이와 무관하지 않을 것이다.

3. 법개념에 관한 다양한 시각

앞서 언급하였듯이, 법에 관한 정의(定義)는 매우 다양하다. 그런데 여기서 이러한 다양한 형태의 정의를 다 살필 수도 없을 뿐더러, 그 모두를 여과 없이 수용할 수도 없는 노릇이다. 단순히 법에 관한 각자의 의견을 개진하는 장이라면 모를까, 법이

1) 신의재판은 서양의 신명재판[神明裁判(Gottesurteil), 고대의 판죄법(判罪法), 결투나 끓는 물에 손을 넣게 하는 따위의 재판 방법)]과 유사하다. 가령 판죄법의 유명한 예로는 솔로몬의 재판을 들 수 있는바, 이는 인간에 내재한 자연적 본성에 기초하여 일종의 조작을 통해 행해진 심증 확인의 방법으로서 그에 따른 최종적 진실(이른바 실체적 진실)은 여전히 불명확한 채로 남아 있다고 볼 수 있다.
2) 해태가 갖는 이러한 상징성 때문에, 조선 시대의 사정기관인 대사헌이나 대사간의 관복 흉배에는 해태가 수놓아져 있었으며, 오늘날에도 가령 국회, 경찰청, 대법원, 대검찰청 등 사법기관의 성격을 띠는 조직의 청사 앞에는 해태상이 설치돼 있다.
3) N. 브리스코른, 법철학(김일수 옮김), 서광사, 1996, 38–39쪽.

무엇인지를 학문적 탐구의 대상으로 삼는 경우라면, 기존의 시각이나 논의에 대한 비판적 검토와 함께 이를 토대로 나름의 개념 정의를 시도하는 것이 불가결하기 때문이다. 이에 아래에서는 기존의 의미 있는 몇몇 입장을 간략히 살펴보고, 그 의의와 시사점 등을 짚어보기로 한다.

(1) 토마스 아퀴나스의 법개념: 공동선

아퀴나스(Thomas Aquinas)는 자연법론에 기초하여 법을 이해한 대표적 법신학자이다. 그는 『신학대전』에서 "법 또는 올바름이란 타인에 대한 관계나 관여를 지칭한다."라고 피력하였다. 이는 법이 사회적 행위와 관련된 개념임을 보여준다. 또한, 그는 법을 공동선(共同善, bonum commune)과 관련하여 규정하였다. 공동선이란 인간의 사회적 본성과 관련된 것으로서 공동체에 속한 개별 구성원들이 공동으로 지향하는 목적을 말한다.[4] 즉, 진정한 혹은 불가결한 법이 지향하는 목적으로서 가령 내부적 평화와 질서, 외부의 침해와 범죄로부터의 보호, 의식주의 보장 등이 이에 속한다.[5] 따라서 공동선은 개인과 사회의 공동행위에 목적을 부여함과 동시에 법적 의무의 기준이자 압제에 대한 저항의 근거가 된다.

아퀴나스의 법체계는 세 가지 차원, 즉 영구법(lex aeterna), 자연법(lex naturalis), 인정법(lex humana, lex positivum)으로 구성돼 있다. 영구법이란 신에 의해 정해진 영원불변의 법으로서 우주(세계)를 형성하며 그 운행을 규정하는 법칙을 말한다. 자연법은 창조질서의 본질에 근거하고 있는 규범의 총체로서 인간의 자기실현을 위해 제시된 행위지향의 기준을 말한다. 인간은 이성을 통해 영구법에 참여할 수 있고, 그 영구법을 자연법에 담을 수 있다.[6] 자연법은 다시 제1차적 규칙과 제2차적 규칙으로 구분된다. 제1차적 규칙은 '선을 행하고 악을 피하라'라는 것으로, 불변의 성격을 지닌 정의규범이다. 그리고 제2차적 규칙은 구체적 선을 말하는데, 그 내용은 인간의 구체적 상황에 따라 다양하게 규정된다. 이는 개별적 내용을 가진 자연법으로서 불명확하고

---

4) 이런 점에서 공동선은 인간의 개별적 본성과 관련하여 개별 인간이 자기 목적으로서 추구하는 개별선(bonum singulare) 및 최대 다수의 최대행복을 뜻하는 집단선(bonum totius)과 구별된다.

5) 볼프강 나우케, 법철학의 기본개념들(최희수·변종필 옮김), 지산, 2000, 77쪽.

6) 이 경우 참여는 일반적 원칙들과 관련해서이지 개별적인 것의 조정과 관련해서는 아니라고 하나, 영구법이 그러한 조정까지도 포함하고 있는 이상, 이성은 그러한 원칙들을 거쳐 세부적인 규정들로까지 나아가야 한다고 한다(나우케, 앞의 책, 75쪽).

유동적이며 지침으로서의 성격을 띤다. 끝으로, 인정법은 구체적 인간의 사회생활을 규율하기 위한 법규로서 영구법과 자연법이 특수한 역사적 상황 및 역사적 상황의 개별 사례에 구체화한 것이다. 그에 따르면 이러한 실정법규는 두 가지 방식으로 정립되는데, 하나는 자연법으로부터 끌어내는 추론(推論)의 방식이고 다른 하나는 자연법의 모호하고 부족한 내용을 보충하는 결정(決定)의 방식이다. 모든 자연법론에서 그러하듯, 인정법의 효력 유무는 자연법과의 합치 여부에 달려 있다.

(2) 토마스 홉스의 법개념: 안전

홉스(Thomas Hobbes)는 법현실주의[7]의 시각에서 국가와 법을 정당화한다. 가령 볼프강 나우케는 그의 법사상을 '법현실주의의 결정판'이라고 칭한다. 그의 사상에서 우리는 인간의 본성에 대한 (부정적) 사고와 당시의 시대적 상황(불안·공포 지배) 간의 상호작용을 엿볼 수 있다.

소개 홉스(1588-1679)의 약력과 사상적 토대

주저로는 『리바이어던』(부제: 종교적·시민적 국가공동체의 재료·형태 및 권력. 1651년 간행. 크롬웰의 신생 공화국에 대한 큰 기대 아래 새로운 국가의 전도를 축하하면서 쓴 책)이 있고, 번역서인 투키디데스의 『펠레폰네소스 전쟁사』가 있다. 그의 출생부터 1651년까지 유럽은 종교개혁의 여파로 내란과 폭동이 지배하였는데, 이러한 상황을 목격한 것이 홉스 사상에 지대한 영향을 미쳤을 것으로 추정된다. 당시 영국의 경우 내란으로 국왕이 처형되었고, 이때 홉스는 프랑스에 망명해 있었다가 1650년 대사령(大赦令)이 내려 본국으로 귀환하였다. 그의 출생상황은 사뭇 특이하다. 1588년 에스파냐 무적함대가 영국으로 침공해온다는 소문에 놀라 어머니가 그를 조산했다고 하며, 이에 그는 자신을 '공포와의 쌍생아'라고 칭한다.

그는 인간사고의 근원은 감각에 있고 정신은 외계 사물에 종속된다고 본다(유물론자). 또한, 객관적 사물의 법칙을 무시한 사고나 실증성이 없는 학문은 학문이 아니라고 본다(경험론자). 그리고 보편개념은 단순한 명칭에 불과하다고 본다(유명론자(唯名論者)). 이에 그는 국가의 창설 이전에는 정의도, 불의도, 선악에 대한 보편개념도 없었으며, 이것들은 국가 안에서만 가능한바, 그 기준은 국가권력의 의지적 결정에서 비롯된다고 한다. 그의 정치·사상적 의의로는, 당시의 부패한 봉건제를 합리화하는 허위적 스콜라철학과 기만적 사제주의를 분쇄함으로써 경험과 추리에 기초한 근대과학의 토대를 확립하고 근대적 민족 주권 국가를 합리화하는 데에 봉사했다는 점을 들 수 있다.

---

7) 간단히 말해, (법)현실주의란 (법과 관련하여) 이상이나 이념, 가치보다는 현실, 즉 권력이나 그 작용, 인간의 욕구나 공포 등 현실적 요소들 및 이들의 상호관계를 중시하는 사고나 행동 방식을 말한다.

1) 자연상태와 인간관

여느 사회계약론자와 마찬가지로 그 역시 국가와 법질서 이전의 사회상태인 자연상태(Naturzustand)에서 출발한다. 그에 의하면 자연상태에서 인간은 자유롭다. 즉, 각자는 자신의 의지에 따라 자신의 생명을 유지하기 위해 자신의 힘을 동원하며, 자신의 판단과 이성에 따라 그러한 목적달성에 적합한 모든 수단을 활용할 수 있는 자유(자연적 자유, 자의)를 가진다. 그런데 이러한 자유 향유의 결과, 만인의 만인에 대한 투쟁상태(bellum omnium contra omnes), 즉 무질서의 무정부상태가 초래되며, 그에 따라 인간 간의 힘의 충돌과 이해관계로 인한 분쟁이 발생하고 각자는 서로에 대한 불안·공포 속에서 생활한다. 인간은 인간에 대해 늑대(homo homini lupus)가 되어 타인을 미워하고 경계하며 스스로 자기보존을 꾀한다. 즉, 자기보존권(自己保存權)을 행사하며, 이 자기보존권은 자연권(自然權)으로 바뀐다. 내 것, 네 것이라는 소유권개념이 없고 정당성 여부도 없으며, 각자는 오직 자기보존의 본능 속에서 생활하고, 자기보존이 필요한 때에는 살인·탈취 등도 정당화된다.

이러한 홉스의 생각에는 (인간에 대한 개인주의적 이해를 전제한) 비관주의적·경험적 인간관이 깔려 있다. 반드시 성악설을 전제하고 있는 것이라 볼 수는 없으나, 인간의 본성은 악하다는 점(인간에 대한 경험적 측면)에 기초를 두고, 이욕(利慾)의 추구에 따른 상호간의 충돌을 전제한다(물론 이러한 이욕이 제한되어 타인에게 침해를 가하지 아니할 때 인간은 인간에 대해 신으로 나타난다). 하지만, 그에 의하면 이런 상황에서도 인간은 구속력 있는 법을 통해 만인의 만인에 대한 투쟁을 종식할 수 있는 중심세력(국가)을 창설할 수 있을 만큼 충분히 이성적 존재임이 인정된다.[8]

2) 자연상태의 탈피: 국가 탄생의 배경과 의의

그런데 이러한 자연상태에서는 각기 효과적인 자기보존이 거의 불가능하다. 물리적 힘이 때로 우세를 점하기도 하나 물리적 힘이 약한 자도 지혜를 통해 사람을 해칠 수 있기에 자연상태에서는 특별히 절대적인 강자·약자는 없다. 이에 사람들은 이성을 발동하여 자연상태에서 벗어나고자 하며, 이러한 시도는 각자의 자기보존권을 행사하지 아니하고 그것을 국가에 이양한다는 계약, 즉 사회계약을 통해 실현된

---

8) 나우케, 앞의 책, 110쪽.

다. 이로부터 국가가 탄생한다. 홉스에 의하면 이 국가는 '리바이어던'9)(Leviathan, 강력함의 상징)이라 불리며, 이는 지상에서는 가장 강력한 힘과 권위를 가진 지상의 신과 같은 존재로서 안전과 평화보장의 주체가 된다. 요컨대, 이 리바이어던(국가)은 인간의 동료 인간에 대한 현실적으로 존재하는 위험성을 방지하기 위한 것으로서 법을 통해 강력한 권력을 행사하는— 이로써 비록 그로 인한 피해에도 불구하고 그 존재를 수용할 수밖에 없는— 개인의 안전을 위해 사실상 불가피하게 요구되는 평형추10)이다.

3) 국가의 임무와 역할

국가(리바이어던)는 만인의 만인에 대한 투쟁상태로 이끄는 권력욕(지배욕)과 그로 인한 상호간의 공포에서 비롯된 산물, 즉 인간 안에 들어있는 파괴적 힘을 억제하기 위한 것으로서 공포로부터 생겨난 강제적 조직이다. 달리 말해, 인간은 자연상태라는 비참한 투쟁상태에서 벗어나 궁극적으로 자기를 보존하고 좀 더 평화로운 생활을 영위하기 위해 국가 내의 생활이라는 자기제한의 방식을 도입하였다. 따라서 홉스에게 있어 국가의 목적은 만인에 대한 만인의 보호, 즉 개인의 안전을 보호하는 것이다. 개인으로선 안전의 보장이 국가에 복종하는 유일한 이유이며, 그렇기에 국가에 대한 복종의무는 국가가 시민을 보호할 힘이 있는 동안에만 지속되고 그 이외에는 한순간도 더 지속되지 않는다. 따라서 그에 의하면 다음 두 가지 경우에 국가는 사멸한다. 즉 ⅰ) 무정부상태 및 내란 상태를 극복하지 못하는 경우와 ⅱ) 외국의 침략으로부터 자국을 방어하지 못하는 경우가 그것이다. 이들 경우 국가는 구성원의 안전 보장이라는 자기 탄생의 이유를 실현하지 못하기 때문이다.

4) 법의 목적과 임무

국가가 개인의 안전을 보장하려면 법이라는 제도가 불가결하다. 그런데 홉스에

---

9) 리바이어던은 구약성서 욥기(제40–41장)에 나오는 수중 괴물의 이름(개역판: 악어)이다. "그것은 하나님의 창조물 중에 으뜸이라 … 네가 능히 낚시로 악어(리바이어던)를 낚을 수 있겠느냐, 노끈으로 그 혀를 맬 수 있겠느냐, 갈고리로 그 아가미를 꿸 수 있겠느냐, 그것이 … 어찌 너와 계약하고 영원히 네 종이 되겠느냐 … 네가 능히 창으로 그 가죽을 찌르거나 작살로 그 머리를 찌를 수 있겠느냐, 손을 그에게 좀 대어보라 싸울 일이 생각나서 다시는 아니하리라 … 그것이 재채기를 한즉 광채가 발하고 … 그 입에서는 횃불이 나오고 불똥이 튀어나오며 그 콧구멍에서는 연기가 나오니, 마치 솥이 끓는 것과 갈대의 타는 것 같구나 … 그것이 철을 초개같이, 놋을 썩은 나무같이 여기니 … 땅 위에서는 그것 같은 것이 없나니 두려움 없게 지음을 받았음이라. 모든 높은 것을 낮추어 보고 모든 교만한 것의 왕이 되느니라."

10) 나우케, 앞의 책, 108쪽.

게 있어 법(법률)이 봉사하는 목적은 매우 유동적이다. 국가의 탄생 이후에도 투쟁이 전적으로 종식되는 것은 아니다. 국가상태에서도 자연상태와 같은 투쟁을 대신하는 요소로는 평화, 생명의 보호, 방어의 확보, 평온, 자기 보호의 확보, 쾌적한 삶, 성실히 벌어들인 재화 등이 있다. 하지만 이러한 목적을 법률적 표현으로 옮기는 것은 간단하지 않다. 여기에는 상당한 재량의 여지가 있으며, 이로 인해 새로운 투쟁이 전개된다. 즉, 법적 상태가 어떤 것이어야 하는지를 놓고 새로운 투쟁이 초래된다. 사실, 이런 류의 투쟁은 현재에도 지속되고 있고 미래에도 계속될 수밖에 없다.

그렇다면, 이런 상황에서 누가 결정의 주체가 되는가? 이에 대해, 홉스는 실정법으로서 구속력을 갖는 것은 국가(권력)가 결정한다고 한다. 리바이어던의 창설과 구성에 관한 동의는 국가입법에 관한 자발적 복종의 선언을 포함한다. 따라서 국가가 정한 법 내용 외에 다른 것이 옳을 수 있음을 입증함으로써 저항하는 것은 원칙상 허용되지 않는다.[11] 그에 의하면 '진리가 아니라 권위가 법을 만든다'(autoritas, non veritas facit legem). 이처럼 만인의 만인에 대한 투쟁상태로부터 개인의 안전한 생활을 유지해 주는 질서를 확보할 수 있다면, 국가와 법은 그 본질적 임무를 수행한 셈이며, 그 질서가 내용상 어떤 모습을 취하고 있는가는 부차적인 문제이다.

요컨대, 홉스에 의하면 인간은 부정적 본성의 지배를 받는 파괴적인 존재이기에 그러한 인간 본성으로부터는 인간공동체를 위한 가치 질서가 도출될 수 없다. 즉, 타락한 자연(인간 본성)으로부터는 질서의 필연성은 도출되나 질서의 내용은 나오지 않는다. 따라서 국가법 질서의 내용은 국가권력에 맡겨지게 됨으로써 우발적인 것이 되고 만다.[12]

---

11) 이런 점에서 홉스는 저항권을 부정한다. 하지만 개인의 생명 등 안전을 보호할 목적으로 탄생한 국가가 역으로 그 권력을 남용하여 개인의 안전을 침해한다면 이 경우 사회계약은 무효가 되며, 이로써 개인(시민)은 그 경우 저항할 수 있다고 보아야 한다. (국가 및 법 상태에서 행사하는) 저항권의 본질은 (자연상태에서의) 자기보존권에 있는바, 그렇다면 위와 같이 사회계약이 무효로 되는 경우 자기보존권은 저항권이 되기 때문이다.

12) 한스 벨첼, 자연법과 실질적 정의(박은정 옮김), 삼영사, 2001, 173쪽. 가령 이런 측면에서 홉스의 사상을 전체주의 또는 권위주의 국가이론이나 법이론으로 보기도 한다. 하지만, 국가와 법의 임무를 오직 개인의 생존과 안전에 둔 나머지 (정의 등) 다른 이념 및 그에 따른 법의 실질적 내용을 고려하지 않았다는 비판은 제기될 수 있을지언정, 전체주의와 연결 짓는 것은 전체적 맥락에서 볼 때 적절치 않다고 여겨진다. 권위주의의 틀을 벗어나지는 못했으나, 국가와 법을 통해 개인의 생존과 안전을 지향하는 그의 사상은 오히려 형식적 법치국가 사상에 가깝다고 볼 수 있을 것이다(이러한 생각으로는 심재우, T. Hobbes의 죄형법정주의 사상과 목적형 사상, 법률행정논집 제17집, 1979, 119쪽 이하).

(3) 칸트의 법개념: 자유

칸트에게 있어 법개념은 우선, 2인 이상의 행위가 사실로서 서로 영향을 줄 수 있는 한, 특정 개인의 다른 개인에 대한 외적·실천적 관계와 관련돼 있다. 둘째, 법개념은 일방의 자의(자연적 욕구)가 타인의 바람(이로써 필요)과 관련하여 갖는 관계를 뜻하는 것이 아니라, 일방의 자의가 타인의 자의와 관련하여 갖는 관계를 의미한다. 셋째, 자의의 이러한 쌍방적 관계에서 결코 자의의 소재(素材), 즉 각자가 자신이 원하는 대상을 통해 의도하는 목적이 고려되는 것은 아니다. 가령 누군가가 거래를 통해 구매한 물품에 있어 그것이 유익할 것인지까지는 문제 되지 않으며, 단지 쌍방적 자의의 관계에 따른 형식만이 문제될 뿐이다.

따라서 칸트에게 있어 법이란 한 사람의 자의(恣意)가 다른 사람의 자의와 자유의 일반법칙 아래에서 서로 조화될 수 있는 조건의 총체이다.[13] 여기서 자의(恣意)란 자연적 욕구, 즉 식욕, 성욕, 수면욕, 소유욕, 명예욕, 권력욕 등 인간의 본성에 기초한 욕구를 말한다. 달리 표현해 그에게 법이란, 모든 인간의 자유(자연적 욕구의 충족 또는 실현)를 지향점으로 하면서 타인과의 외적·실천적 관계에서 모두가 인간답게 살아갈 수 있도록 해주는 실존 조건을 말한다. 여기서 주목할 것은, 2인 이상의 상호간의 관계는 어떤 종류의 평등이나 다른 목적이 아닌 자유를 지향한다는 점, 그리고 이들 간 자의의 결합은 그 자체 자유의 표현이어야 하고, 이 자유는 모두의 측면에서 존재해야 한다는 점이다. 이로써 법질서의 목적 또한 이러한 자유를 바탕으로 인간 간의 평

[표] 칸트의 법이해

자의(자연적 자유)	→	통제·조화	→	실존조건의 총체(=법)	→	지향점
M_1		↑		C_1		자유(自由)
M_2		충돌		C_2		
M_3		대립		C_3		
·		침해		·		
M_n		(자연상태)		C_n		

---

13) Immanuel Kant, Die Metaphysik der Sitten in zwei Teilen, Königsberg, 1797, 31쪽.

화로운 공존 조건을 마련하는 데 있다.

1) 사회적·경험적 인간학과 그 한계

칸트에 따르면 인간의 본성은 경험상 두 가지 경향을 띤다. 하나는, 사회화하는 경향으로서 인간은 서로 어울리고 돕고 존중한다(사교적 본성). 다른 하나는, 개별화(고립화)하는 경향으로서 인간은 자기만을 생각하고 타인을 고려하지 않으며 독선적이다(비사교적 본성). 그런데 이 후자의 경향 때문에 인간은 언제나 타인과의 관계에서 갈등과 충돌이 생긴다. 그리고 인간 본성의 이러한 부정적 경향은 칸트에게도 국가 창설의 계기이자 법적·정치적 시민상태로 전환해야 할 계기로 작용한다.[14) 즉, 그 또한 사회계약에서 국가의 기초를 찾으며, 홉스처럼 자연상태를 만인의 만인에 대한 투쟁상태로 파악한다. 따라서 칸트 역시 인간의 부정적인 경험적 본성에서 국가와 법의 필요성을 발견한다.

하지만, 전통적 사고[15)와는 달리 칸트는 사회적·경험적 인간학으로부터는 법을 창조하여 이를 준수하도록 하는 의무를 부과할 수 있는 근거를 찾을 수 없다고 본다. 그러한 인간학이 정치적 행위를 가능하게는 하지만, 그로부터 법적으로 보장된 특정한 정책을 행하게 하거나 그에 복종하도록 하는 의무는 낳지 못한다는 것이다. 이는 그가 인간의 경험적 본성에 기초하여 법과 법의 내용을 근거지우려는 전통적 시도로부터 방향을 돌렸음을 뜻한다.[16)

2) 존재와 당위의 관계

그런데 이러한 그의 시각은 존재(Sein)와 당위(Sollen)의 관계에 관한 방법 이원론, 즉 존재로부터는 당위가 도출될 수 없고 당위는 당위로부터만 도출될 수 있다는 태도에 기초한 것이다. 따라서 인간이 무엇을 행해야 하는가를, 사실상 행해지고 있는 그 무엇으로부터 추론하거나 사실적인 그 무엇을 통해 제한하려고 의욕하는 것은 배척

---

14) 나우케, 앞의 책, 140-141쪽. 홉스와 마찬가지로 칸트 역시 저항권은 인정하지 않는다. 국가의 통치자는 국민에 대해 권리만을 가질 뿐 강제적 의무를 부담하지 않으며, 가설적 사회계약을 통해 모든 외적 자유를 일반의사 또는 권력자에 위탁하고 그 아래 종속되기로 한 이상, 청원은 할 수 있어도 저항은 할 수 없다고 한다.

15) 이는 인간 본성에 기초한 이해에 근거하여 국가와 법의 역할을 규정하는 사고로서, 가령 인간이 본디 선하다고 보면 그에 따라 국가와 법 역시 그 점을 강조하고, 그와 달리 인간의 본성이 원래 악하다고 보면 그에 따라 국가와 법도 그 점에 대해 한계를 긋는 형태의 사고방식을 뜻한다.

16) 나우케, 앞의 책, 141-142쪽.

된다. 그에 따르면 개인이나 집단이 지닌 의욕(Wollen)은, 설령 그것이 관철 가능한 것이어서 법적 형태를 갖춘다고 하더라도 그것은 언제나 힘의 표현에 불과하다. 인간이 임의로 달성하고자 하는 의욕으로서의 목적 혹은 존재적 측면의 경향은 모두 단지 상대적이고 제한적인 가치를 지닐 뿐이기에, 인간이 일정한 방식으로 행위해야 할 (구속력의) 근거를 인간의 본성이나 인간이 처해 있는 주변상황에서 구할 수는 없다. 존재로서의 경험의 내용 혹은 경험에 기초한 법칙은 당위로서의 법을 창설하기에는 적절치 않다. 이러한 태도는 사회적·경험적 인간학이 비록 인간의 욕구를 확인하는 데는 도움을 주지만, 그러한 욕구에 기초해 일탈행위를 한 데 대해 강제(제재)를 부과하는 행위를 정당화할 수는 없음을 보여준다.[17] 그렇다면, 그에 대한 정당화 근거는 어디서 구할 것인가?

3) 법에 대한 과학적 인식의 근거: 인간의 존엄성과 자유

이에 칸트는 이성에 기초하여, 인간의 우연적인 모든 의욕에서 벗어나 있는 순수한 법적 명제를 발견하고자 한다. 그것은 다름 아닌 인간의 존엄성[18]이다. 물론, 이것 역시 법정책적으로 의욕된 목적이라고 여길 수도 있지만, 칸트는 이를 모든 경험적 조건에서 독립해 있는, 즉 모든 개인이나 집단의 의욕에서 벗어나 있는 (불가피하고 절대적인 단 하나의 순수한) 목적이라고 본다. 즉, 인간의 의지에 기초한 모든 법칙을 도출할 수 있게 해주는 객관적 원칙으로서 행위에 대한 최상의 실천적 근거라고 본다.[19] 그 명제는 다음과 같이 표현된다. '너는 인간을, 너의 인격뿐만 아니라 타인의 인격에 대해서도, 언제나 동시에 목적으로 대우하고 결코 단순한 수단으로 대우하지 않도록 행위하라!' 이처럼 칸트에게 있어 인간의 존엄성은 인간의 모든 윤리적·법적 행위가 지향해야 할 절대적 목적이다. 이러한 토대 아래 타인의 강요된 자의로부터의 독립이라는 의미의 자유 역시 그 고유한 모습을 드러낸다. 즉, 자유란, 그것이 보편적 법칙에

---

17) 나우케, 앞의 책, 145쪽.
18) 칸트에게 있어 존엄성은 모든 인간이 공통으로 가지는 것이며, 오직 인간에게만 국한된다. 이러한 존엄성의 근원은 인간의 도덕성, 즉 인간이 자기 자신 안에 도덕법칙을 지니고 있다는 점이며, 이것이 자기 존중과 상호존중 의무의 토대가 된다. 그리고 그의 존엄성 관념은 가령 토마스 아퀴나스처럼 직접적으로 신에게 의존하지 않는다. 인간의 도덕적 본성이 신에 의해 자유로운 존재로 창조되었다는 데서 비롯된다고는 하나, 신에 대한 믿음과는 무관하게 인간은 그러한 도덕적 본성을 지니고 있음을 알 수 있다고 본다[마이클 로젠, 존엄성(공진성·송석주 옮김), 아포리아, 2016, 48-52쪽].
19) 나우케, 앞의 책, 148쪽.

따라 모든 타인의 자유와 양립할 수 있는 한, 인간이라는 이유로 모든 개인에게 귀속되는 유일하고도 근원적인 권리로서 의의를 지닌다. 행위 차원에서 이를 달리 말하면, 모든 행위는, 그것이 보편적 법칙에 따라 모든 타인의 자의(자연적 자유)와 양립할 수 있는 한, 정당하다. 요컨대, 인간의 존엄성과 자유는 과학적으로 인식된, 순수하고 절대적이며 비정치적인 목적, 즉 모든 정치적 의도와 목적에서 벗어나 그것과는 무관하게 모든 인간에게 보장되어야 할 근원적 목적이다.

(4) 헤겔의 법개념: 자유의 보장

헤겔은 그의 『법철학 개요』에서 다음과 같이 말한다. "법의 토대는 대체로 정신적이며, 그것의 좀 더 엄밀한 위치와 출발점은 의지, 즉 자유로운 의지이다. 따라서 자유는 법의 실체와 규정을 이룬다. 법체계는 실현된 자유의 왕국이며, 정신 자체로부터 나오는 제2의 천성으로서의 정신의 세계이다."[20]

이에서 보듯 헤겔에게도 법의 본질은 자유와 밀접하게 관련되어 있다. 그에 의하면 자유는 더는 단순히 사고나 모호한 표상 또는 바람에 머물지 않고 인간 상호간의 관계 속에서 그 존재를 발견할 때 완전한 현실에 도달한다.[21] 인간 간의 관계가 법적으로 형성되는 한, 법은 자유를 위한 공간이다. 즉, 법은 자유에 단지 외적으로만 관여할 뿐만 아니라, 자유의 현존조건이자 자유의 창조이기도 하다. 그런데 인간의 자유는 법으로 지향된 채 인간 역사 속에서 전개되기에 법과 자유 및 역사는 불가분으로 연계돼 있다. 요컨대, 헤겔의 법철학은 역사철학적으로 확립된 법철학이므로, 법 역시 그의 역사철학 내에서 이해되어야 한다.

보충 헤겔 철학의 의의와 특징

헤겔의 저서는 모든 철학 문헌 중에서 가장 난해하다. 추상적이고 지나치게 간결한 문장, 장황하고 복잡한 용어, 갖가지 유보조건을 단 제한 등으로 인해 그 뜻이 모호한 경우가 매우 많기 때문이다. 이에 가령 쇼펜하우어는 뭐니 뭐니해도 헤겔에 이르러서는 도깨비 집에서나 들어볼 수 있는 넌센스 투성이에 유례없이 불손하기까지 한 불투명한 미치광이 소리가 절정에 달한다고 악평한 바 있다.

전체적으로 그의 철학은, 그가 제시한 원리가 개별적인 역사적 소재에 응용되었다는 데 있다기보다는,

---

20) G. W. F. Hegel, Grundlinien der Philosophie des Rechts, 1820, §4.
21) 브리스코른, 앞의 책, 55쪽.

기본원리와 포괄적인 존재 영역 및 세계사에까지 폭넓게 나아가는 그의 사상의 논리 정연성에 그 의의가 있다.[22] 또한, 변증법을 한낱 논리적인 관점에서 사유형식으로만 간주하는 것이 아니라 존재론적·형이상학적 관점에서 실재의 자기운동 형식으로 파악하고, 이 두 가지(사유의 자기운동과 실재의 자기운동) 측면이 근본에 있어 같은 과정임을 명시한 데 그 중요한 특징이 있다.

1) 사회적 인간학: 인간관

헤겔의 법철학 역시 사회적 인간학에서 시작된다. 그는 인간의 사회적 속성에 대해 비관적 시각을 취한다. 홉스나 칸트와 마찬가지로, 인간이 존재하는 모습 그대로가 투영된 자연상태는 야만과 폭력, 그리고 부정의의 상태이다.[23] 이러한 비관주의적 인간관에 기초할 때 인간은 그러한 자연상태에 머물 수 없고 거기서 벗어나 법적으로 조직된 국가공동체로 나아갈 수밖에 없다. 그런데 헤겔에게 있어 법적으로 조직된 국가 내의 생활은 단지 인간이 선택할 수 있는 하나의 가능성에 불과한 것이 아니라 필연(必然, Müssen)이다.[24]

그렇다면, 그러한 필연은 어떻게 근거지어질 수 있는가? 이에 대해 그는 전통적인 사고, 가령 정의의 이데아, 신의 의지, 순수이성, 자연법론 등에 기초하여 제시된 답변과는 다른 답을 제시한다. 헤겔에게 있어 인간의 본질은 정신(Geist)이다. 칸트의 이성이 자기의 한계를 비판적으로 확정하는 것에 머무르려고 한 데 반해, 헤겔의 정신은 유한하고 직접적인 상태로부터 자기를 해방하여 자기의 참된 무한성을 절대지(絕對知)로 파악하려 한다. 그에게 있어 참된 것의 인식은 곧 정신으로서의 본질 그 자체를 인식하는 것이다. 그런데 절대적으로 참된 것의 인식이란 신이 곧 철학의 성과가 된다는 것을 의미한다. 이처럼 헤겔의 사상과 배경에는 그가 이해한 기독교의 본질과 그에 대한 태도가 밑바탕을 이루고 있다. 세계정신[25]의 배후에는 신이 있고, 세

22) H. J. 슈퇴릭히, 세계철학사(하)[제5판](임석진 역), 분도출판사, 1985, 225쪽.
23) 나우케, 앞의 책, 158쪽.
24) 나우케, 앞의 책, 159쪽.
25) 만물의 근저에 놓여 있어 만물을 뒷받침하고 통일시키는 생명의 원리로서, 헤겔은 이를 독특한 의미에서 역사철학의 중심개념으로 다룬다. 그에 의하면 신적 이성의 세계지배 사상은 기독교의 섭리·신앙과 일치하고, 이러한 사태의 학적 인식인 역사철학은 변신론(辯神論, 신은 악을 만들거나 원하지는 않으나 더 고차적인 선이나 목적을 달성하기 위한 수단으로 악을 인정하거나 사용한다는 주장)으로 전화화된다. 세계정신은 객관적 정신의 최종단계로서 나타나며, 시간에 따른 특수하고 유한한 민족정신을 통해 자기를 계시하는 보편정신으로서 절대적 정신의 역사적 계시이다. 이 세계정신은 자기 나름으

계사는 민족정신(주관적 정신의 배후에 있으면서 객관적 정신을 형성하는 모태가 되는 것)을 교체시키는 세계정신이 자기를 실현하는 무대이며, 이것을 통해 신의 섭리가 드러난다. 이런 점에서 세계사는 세계의 심판이자 동시에 변신론이다.

그런데 그에 의하면 국가와 법은 이러한 정신의 발전과정 아래에서 설명된다. 이들은 세계정신이 즉자대자적 존재(an-und-für-sich-Sein) 상태에 접어든 단계, 그 가운데서도 (이 단계를 다루는 정신철학의) 두 번째 단계인 객관적 정신과 연계된다. 즉, 국가와 법은 인간의 자의적 결정이나 정치의 산물이 아니라 객관적 정신의 실현이자 표현이다.[26] 객관적 정신이란 자유의 현실화 또는 실현을 위해 정신이 여러 사회제도 속으로 객관화한 것을 뜻한다. 특히 법은 (법, 개인적 도덕성, 인륜의 3단계를 거쳐 발전하는) 이 객관적 정신의 발전과정 중 첫 단계에 속한다. 이에 법이 헤겔의 철학 체계 내에서 갖는 위상과 역할 및 의의를 이해하려면 정신의 전개 과정과 법의 발전과정을 간략히 짚어볼 필요가 있다.

2) 철학의 과제와 정신의 전개 과정

헤겔에 의하면 세계 전체의 진행 과정은 정신의 자기 전개에 지나지 않으며, 철학의 과제는 바로 이 정신의 자기 전개 양상을 이론적으로 고찰하는 데 있다. 그런데 정신의 자기 전개는 변증법에 따라 3단계 발전을 거치며, 이에 철학의 과제도 그와 흡사하게 3단계의 성격을 띤다.[27] 첫 번째 단계는 세계정신이 즉자적 존재(an-sich-Sein) 상태에 있는 단계이다. 이 즉자적 상태의 정신은 아직 외화[28](外化, Entäußerung)돼 있지 않기에 자기 자신을 실현하기 위해 외화돼야 한다. 이를 고찰하는 분과가 논리학[29]이다. 두 번째 단계는 세계정신이 대자적 또는 타자적 존재[30](für-sich-Sein, Anderssein) 상태에 있는 단계이다. 여기서 정신은 시간과 공간에 구속받는 자연과 역

로 설정된 개인의 우연적 목적에는 아랑곳없이 행위자(개인)를 자신의 목적을 달성하기 위한 도구로 삼아 작동시킨다. 이런 점에서 역사는 필연이다.

26) 나우케, 앞의 책, 160쪽.

27) 슈튀릭히, 앞의 책, 228쪽.

28) 이는 자기소외(Selbstentfremdung)와 같은 의미로서 어떤 존재가 자기 안에 있는 것을 자기의 밖으로 나타내어 자신에게 대립하는 것으로 정립하는 것을 말한다.

29) 헤겔에게 있어 논리학이란 통상의 개념과는 달리 사유의 추상적 요소들에 내재하는 순수한 이념의 과학으로서 본질상 사변적 철학이다(나우케, 앞의 책, 161쪽).

30) 이는 어떤 것이 그 본래의 모습이 아닌 형태로 존재하고 있는 것으로서, 헤겔 철학에서는 정신 또는 이념이 자기 본래의 모습이 아닌 형태로 존재하고 있는 것을 말한다.

사의 형식으로 외화되며, 외화는 그것의 지양(止揚)을 통해 정신으로 복귀하기 위한 긍정적 계기가 된다. 이를 고찰하는 분과가 자연철학이다. 세 번째 단계는 세계정신이 즉자대자적 존재(an-und-für-sich-Sein) 상태에 접어든 단계이다.[31] 여기서 정신은 외화의 상태를 벗어나 다시 자기 자신으로 복귀한다. 이를 고찰하는 분과가 정신철학이다.

그런데 정신철학은 다시 3단계로 구분된다.[32] 첫째, 주관적 정신의 단계이다. 이는 개별 인간(개인)의 생활과 관련된 측면을 취급하는 최하위단계로서 인간학, 정신현상학, 심리학이 이에 속한다. 둘째, 객관적 정신의 단계이다. 객관적 정신론은 윤리학과 거의 같은 의미로서 법(소유, 계약, 불법과 범죄), 개인적 도덕성(의도와 죄책, 企圖와 복지, 선과 양심), 인륜(가족, 시민사회, 국가)이 이에 속한다. 셋째, 절대적 정신의 단계이다. 이 단계에서 정신은 비로소 타자적 존재 상태를 벗어나 자기 자신의 상태(즉자대자적 상태)로 복귀한다. 이는 정신이 즉자적 긍정과 대자적 부정의 양 계기 속에서 일면적인 자기모순을 극복·지양하기 위해 부정의 부정을 통해 자기 자신으로 복귀함을 의미한다. 이 단계는 주관적·객관적 정신을 포괄하면서 시간과는 상관없이 이들의 상위에 위치한다. 예술, 종교, 철학의 영역이 이에 속하며, 절대적 정신이 실존하는 최고형태는 철학을 통해 현현(顯現)된다. 즉, 사상의 순수형식으로서의 정신은 철학을 통해 자기 자신에게로 복귀한다.

3) 변증법과 법의 발전과정

헤겔에 의하면 역사는 변증법적 과정에 따라 발전한다. 그 과정이란 간략히 말해 정(正, These) — 반(反, Antithese) — 합(合, Synthese)의 과정으로 요약된다. 그에 의하면 변증법은 논리적 원칙일 뿐만 아니라 세계 자체의 발전원리이다. 특히 발전의 3단계인 종합은 정립과 반정립이 서로 상대를 제한하는 데 그치지 않고, 양자를 지양(止揚)한다

---

31) 즉자(卽自, an sich)란 아직 발전되지 못한 상태, 즉 그 내부로부터 존재의 형태로 나타나지 않은 상태(잠재태, potentia)를 말한다. 하지만, 결코 공허한 가능성이 아니라 실재적이고 그 자체 움직이는 가능성을 뜻한다. 대자(對自, für sich)란 즉자가 발전한 상태(현재태, actus)를 말한다. 인간은 대자적 상태에서 자기 특유의 존재성을 의식하기 시작한다. 그리고 즉자대자(卽自對自, an und für sich)란 즉자와 대자 간의 대립이 양자를 지양한 새로운 것에 의해 해소된 상태, 즉 주관과 객관의 분리·대립으로부터 주객이 통일·일치된 객관적 진리 상태를 의미한다. 그런데 이들 각각은 긍정, 부정, 부정의 부정 또는 정립, 반정립, 종합에 대응하는 개념이다.

32) 슈퇴릭히, 앞의 책, 231쪽 이하.

는33) 데 중점이 있다. 정립과 반정립이 상호 부정(否定)을 통해 종합에 이르는 과정에 있어, 부정이란 전부에 대한 부정이 아니라 해체되는 특정한 부분에 대한 부정(특정한 부정)이다. 이로써 부정을 통해 산출된 결과에는 본질상 그러한 결과가 도출되도록 한 그 무엇이 포함되어 있다. 따라서 부정을 통해 결과로서 도출된 것은 이전의 것보다 좀 더 새로운 것이며, 이전의 것을 부정한 만큼 그것보다 더 풍부한 것이다. 즉, 그 이전의 것과 그것에 대립하는 것을 포괄하는 통일체이다.34)

그런데 법 역시 이러한 변증법적 과정을 통해 발전한다. 현 상태에서 나타나는 법은 (그 자체 이성적인 것으로서) 수용된다. 왜냐하면 현재의 법 상태는 역사 속에서 그 자체 절대적 정신의 현실이자 표현이기 때문이다.35) 그의 말대로, 이성적인 것은 현실적이고, 현실적인 것은 이성적이기 때문이다! 하지만, 객관적 정신에 속한 법은 절대적 정신과의 관계에서 볼 때 아직은 완전하지 않다. 불완전한 현실의 법은 지속해서 절대적 정신(절대적 정의)을 향해 나아가는 도상에 있다.36) 즉, 법 역시 일정한 역사적 법 상태(正)에서 출발하여, 필연적으로 그 상태에 이미 함께 포함돼 있는 대립상태 (反)로 발전하고, 다시 필연적으로 정과 반을 종합하는 과정을 거치면서 변증법적 발전의 종착점을 향해 나아가는 중이다.37)

4) 법의 임무와 역할

헤겔에 의하면 법의 기초는 개인의 자유이며, 그러한 자유의 내용은 법 가운데서 존재한다. 따라서 그에게도 법의 지향점은 칸트와 마찬가지로 인간의 자유를 최대한 발현시키고 보장하는 데 있다.38) 즉, 두 사람 모두 자유를 개인(개별 시민)의 자유로 이해하면서 법은 이들의 자유를 조화롭게 보장해야 한다고 본다. 하지만, 칸트는 국

---

33) 독일어 '지양하다'(aufheben)라는 말은 세 가지 의미, 즉 제거 또는 폐지하다, 보존하다(단순히 소멸시키는 데 그치지 않고 고차적인 통일의 단계로 끌어올려서 본래의 뜻을 생생하게 유지하다), 더 높은 경지로 고양하다(선행하는 두 단계가 더는 상호 배타적으로 대립하지 않는다는 의미에서 지양하다)라는 의미를 지닌다(슈퇴릭히, 앞의 책, 226쪽).

34) Hegel, Wissenschaft der Logik (Glockner-Ausgabe der sämtlichen Werke, Bd.4), 1쪽(나우케, 앞의 책, 167쪽에서 재인용).

35) 나우케, 앞의 책, 162쪽. 이런 사고에 따르자면, 이제 더는 존재와 당위를 분리하여 고찰할 필요가 없게 된다.

36) 나우케, 앞의 책, 163쪽.

37) 나우케, 앞의 책, 166쪽.

38) 나우케, 앞의 책, 165쪽.

가를 그러한 법을 보장하기 위한 수단으로 보는 데 반해, 헤겔은 국가를 법을 보장하는 단순한 수단이 아니라 오히려 자유를 비로소 자유가 될 수 있게 하는 매개체로 본다는 점에서 차이가 있다. 헤겔에 의하면 국가는 법의 객관적 현실이며, 이로써 법적으로 보호된 자유는 국가의 한 부분이다. 이런 한에서 자유에 대한 존중은 일반인의 수인 정도에 따라 축소될 수 있다.[39]

(5) 마르크스와 엥겔스의 법개념: 지배의 수단

유물론자이자 공산주의자인 이들의 법에 관한 생각은 이른바 사적 유물론(史的 唯物論)에 기초하고 있다. 간단히 말하자면 이는 역사발전의 실체(원동력)는 비정신적(물질적) 힘에 들어있는 데 반해, 정신적 내용은 상부구조로서 이데올로기적 대리물(代理物) 또는 사이비 합리화에 지나지 않는다는 이론이다. 이에 따르면 인간의 의식과 정신이 그 존재를 규정하는 것이 아니라, (물질적 힘에 좌우되는) 인간의 사회적 존재성이 그 의식과 정신을 규정한다.

마르크스 법이론의 토대는 사회구조를 하부구조와 상부구조로 구분하는 데 있다. 하부구조는 경제구조[40]를, 그리고 상부구조는 이를 제외한 여타의 영역, 즉 정치, 종교, 도덕 및 법의 영역을 지칭한다. 상부구조는 실재하는 영역이 아니라 이데올로기(허위의식)로서 하부구조의 산물(반영)에 불과하다.[41] 이에 상부구조에 속한 법은 그 독자성이 부정되고 하부구조인 경제로 환원되며, 이로써 법률관계 역시 경제관계의 반영에 지나지 않는다.[42] 법은 정의 실현이나 평화보장을 위한 중립적인 매개 기구나 엄정한 수단이 아니라, 지배계급(자본가계급)에 의한 은폐된 지배의 수단일 따름이다. 그리고 이러한 법(국가도 마찬가지)은 프롤레타리아 혁명의 성공 이후 계급과 함께 고사한다. 물론, 고사 전까진 계급 투쟁의 유용한 도구로 활용된다. 여기서는 정의는 물론

---

39) 나우케, 앞의 책, 173쪽.

40) 이 경제구조는 생산력과 생산관계를 통해 규정된다. 생산력이란 생산수단으로서, 인간이 경제적 재화를 생산하기 위해 자연에 노력을 가할 때 동원·활용하는 힘(토지, 건물, 기계, 노동력, 과학·기술적 지식 등)을 말하며, 생산관계(또는 생산양식)란 생산수단의 소유 및 통제 제도를 포함하는 경제체제를 말한다. 여기서 생산관계는 생산력에 의해 결정된다.

41) 이러한 사고는 유물론자의 공통된 특징이다. 가령 포이어바흐 역시 『기독교의 본질』에서 신의 사랑과 관련하여 그것은 실재하는 것이 아니라 인간의 '결핍의 산물'이라고 본다.

42) 이런 점에서 사적 유물론에 의하면, 법이란 특정한 형태의 사회에서 나온 결과물일 뿐 사회가 법에서 나온 결과물은 아니다[레이먼드 웍스, 법철학(박석훈 옮김), 교유서가, 2021, 190쪽].

법의 지배라는 이상도, 사회를 합의라는 틀로 이해하려는 태도도 단호히 거부된다.[43] 이처럼 마르크스와 엥겔스에 따르면 법은 고유한 의미를 지닌 특별한 존재가 아니다. 법이 지향하는 일반적 이념이나 그것의 역사적 실현 과정에 비추어 보더라도, 각자의 능력에 따라 일하고 각자의 필요에 따라 분배받는 사회를 지향하는 공산주의와 법은 결코 친화적이기 어렵다.

물론, 이런 식의 사고도 오늘날 나름의 의의를 지닐 수는 있다. 가령 법 또는 법체계의 계급성에 대한 비판적 도구나 오늘날 자본주의 사회에 팽배한 물신화(인간의 물화 또는 소외 현상)를 비판하는 유용한 도구로 활용될 수 있음이 그것이다. 하지만, 그렇더라도 그러한 생각에 깃든 근원적 문제에 대해서는 의문을 제기하지 않을 수 없다. 가령 물질이 인간을 규정하는 전부 혹은 근원적 힘인가, 모든 이데올로기는 허위의식인가, 그렇다면 법 역시 그러한가, 현재의 자본주의 사회를 다른 체제로 대체하는 것이 과연 필요하고 바람직한가 하는 의문들이 그것이다. 필자로서는 매우 부정적이다.

위와 같은 사고에 대해서는 다음과 같은 몇몇 비판을 제기할 수 있을 것이다. 첫째, 그들은 단지 그들 시대만을 그들의 사상에 담을 수 있었을 뿐, 프롤레타리아독재 후의 시대에 관해서는 신뢰할 만한 언급을 하지 못했다. 마르크스 역시 이 시대에 살았더라면, 개인의 자유를 매개하고 안정을 가져다주는 법의 질서 기능을 불가피한 것으로 보았을 수도 있다.[44] 둘째, 법을 허위의식으로서의 이데올로기에 불과하다는 시각은 법을 사회적 힘의 관계로 해체하는, 즉 법을 단지 권력화·정치화하는 결과를 초래하며, 이로써 법의 부분적 요소에 불과한 것을 절대화한다.[45] 법은 힘을 필요로 하지만, 법이 곧 힘은 아니다!(Das Recht bedarf der Macht, aber ist es nicht die Macht!) 셋째, 역사적으로 실현될 수 없는 이상을 토대로 법과 그 역할을 규정하는 것은 적절치 않고 수용하기도 어렵다. 가령 기독교 현실주의 신학자인 라인홀트 니버는 그의 유명한 저서 『도덕적 인간과 비도덕적 사회』[46]에서 근거 없는 막연한 진보주의를 부드러운

---

43) 레이먼드 웍스, 앞의 책, 191쪽.

44) 브리스코른, 앞의 책, 58쪽.

45) 벨첼, 앞의 책, 347-348쪽.

46) 이와 기본 인식을 같이하는 것으로는 로랑 베그, 도덕적 인간은 왜 나쁜 사회를 만드는가(이세진 옮김), 부·키, 2013 참조. 다만, 여기서는 그 원인을 니버처럼 사회구조적 측면에서가 아니라 사회심리학적 측면의 인간 본성에서 규명하고 있다.

(soft) 유토피아로 비판함과 동시에 마르크스주의를 딱딱한(hard) 유토피아라고 비판한 바 있다.[47] 또한, 칼 포퍼 역시 마르크스의 공산주의 사상을 사회학적 결정론이자 전체주의적 사고로 지향된 열린 사회의 적으로 규정하기도 했다.[48] 사회에 대한 적확한 이해는 인간에 대한 적절한 진단을 기초로 한다. 물론 그 역도 마찬가지다. 즉, 인간이 제도를 규정하고 또한 제도가 인간을 규정한다. 따라서 관건은, 이러한 이해에 따라 인간 — 비록 연약하고 결함 많은 존재이긴 하나 — 이 가능한 한 좋은 제도를 만들고 좋은 제도가 다시 인간을 형성·보호하는 양자 간의 선순환에 있다고 할 것이다.

(6) 막스 베버의 법개념: 사회학적 진단

베버는 사회학적 측면에서 법을 정의하고 그 특징적 요소를 제시한다. 그에 의하면, 사회관계의 의미 내용은 단지 행위가 (평균적 또는 근사적으로) '준칙'으로 지향해 있는 때에만 '질서'로 불린다. 그리고 이러한 준칙으로의 사실상의 정향(定向)이 적어도 '실천적으로 비중 있게 이루어질 때'[구속력을 갖고서 전범(典範)으로 여겨져 이루어질 때]에만 그 질서의 '효력'이 인정된다.[49] 이런 점에서 관행이나 관례는 아직 질서가 아니며, 관습이나 인습(因習) 및 법은 질서에 해당한다.[50]

그리고 이러한 질서는, 그것이 ⅰ) (물리적 또는 심리적) 강제의 계기에 의해, ⅱ) 준수의 강제나 침해에 대한 제재를 목적으로 하는 일정한 규제집단의 행위를 통해 ⅲ) 외부적으로 보장될 때 '법'이라고 불러야 마땅하다고 한다.[51] 이는 사회학적 관점에 기초하여 가치중립적으로 서술한 법개념이며, 여기에는 심리적 강제, 제재, 구속력

---

47) 그는 이후 도덕적 인간과 비도덕적 사회라는 표현을 비도덕적인 인간과 더 비도덕적인 사회로 개칭하는 것이 더 적절하다고 말하기도 했는데, 어쩌면 이것이 인간과 사회의 현실에 비추어 볼 때 더 적정한 진단이라고 할 수도 있을 것이다.

48) 포퍼, 열린 사회와 그 적들Ⅱ, 119쪽 이하.

49) M. Weber, Grundriß der verstehenden Soziologie, Tübingen, 1956, 16쪽(브리스코른, 앞의 책, 61~62쪽에서 재인용).

50) 여기서 관행이란 규칙성 있는 사회적 행위가 일정한 인간집단 내에서 사실상 실행되는 경우를, 그리고 관례란 그러한 사실상의 관행이 일정한 인간집단 내에서 오랫동안 지속되는 경우를 말한다. 이 경우 제재로는 주위로부터의 따돌림, 크고 작은 불편의 감수 등을 들 수 있다. 그리고 관습 또는 인습(Konvention)이란 일정한 인간집단 내에서 그러한 관례에 반하는 일탈행위에 대해 구성원들이 실질적으로 감지할 수 있는 일반적 거부반응을 보임으로써 그러한 관례의 사회적 효력이 외적으로 승인되는 경우를 말한다. 이 경우 제재로는 신체적인 징계, 단순한 인사 거부, 초대의 취소, 관계의 단절 등을 들 수 있다.

51) Weber, 앞의 책, 17쪽(브리스코른, 앞의 책, 62쪽에서 재인용).

등 현재 법을 규정하는 중요한 요소들이 나타나 있다. 하버마스 역시 이런 측면에서 법이란 어떤 질서가, 강제적인 규제집단이 행사하는 외적 제재의 위협을 통해 보장되는 질서라고 정의한다.[52]

(7) 구스타브 라드브루흐의 법개념: 법이념과 연계

소개 라드브루흐(Gustav Radbruch, 1878~1949)

독일의 법철학자이자 형법학자이며, 자유법운동의 선구자들 가운데 한 사람이다. 서남독일학파의 신칸트주의와 형법학자 리스트의 교육형론의 영향을 받았고(리스트의 제자), 오랫동안 하이델베르크 대학교수로 재직했다. 바이마르 초기의 1920~24년 사이에 사회민주당의 국회의원으로 활동했으며, 두 번에 걸쳐 법무부 장관을 맡아 형법 초안을 기안했다. 1933년 나치 정권에 의해 추방되었다가 1945년에 복직했다. 존재와 당위, 인식과 신앙의 이원론, 비판적 지성, 자유주의적 경향 등에서 칸트 정신의 계승자이지만, 법철학에서의 가치상대주의, 법학에서의 자유법론, 형법이론에서의 목적형론 등 칸트와 다른 측면도 많다. 전후 나치의 포학함을 체험한 데서 당시의 법을 '법률적 불법'(gesetzliches Unrecht)으로 규정하고 가치상대주의의 수정을 시도했지만(「법률적 불법과 초법률적 법」), 수정의 정도와 이론적 성공 여부에 대해서는 해석이 나뉜다.[53] 2003년 아르투어 카우프만에 의해 그의 전집(총 20권)이 발간되었다.[54]

라드브루흐는 그의 『법철학』에서 인간이 가치에 대해 가질 수 있는 태도를 네 가지로 제시한다.[55] 첫째, 가치 맹목적 태도이다. 이는 가치 여하를 문제 삼지 않는 것으로, 자연(존재)의 세계와 관련되며 자연과학적 사고의 본질을 이룬다. 그런데 법이나 법현상을 가치 맹목적으로 고찰하는 것은 불가능하다. 둘째, 가치 평가적 태도이다. 이는 가치 여하에 관심을 기울이며 일정한 (규범적) 척도로 평가하는 것으로, 이와 관련된 영역으로는 가치철학(논리학, 윤리학, 미학)이 있다. 법을 문화가치로 고찰하는 태도 역시 이에 속하는데, 가령 법철학이 그러하다. 법철학에서 정의 등 법이념은 법현실을 구성하는 원리이자 그에 대한 가치척도로 기능하기 때문이다.[56] 셋째, 가치

---

52) 위르겐 하버마스, 사실성과 타당성: 담론적 법이론과 민주적 법치국가 이론(한상진·박영도 옮김), 나남, 2007, 103쪽.
53) 칸트 사전, 2009.10.1.(나가오 류이치) 참조.
54) 라드브루흐에 관해 읽을 만한 것으로는 울프리드 노이만, 구스타프 라드브루흐: 법철학자, 정치가, 형법개혁가(윤재왕 편역), 박영사, 2017.
55) 구스타브 라드브루흐, 법철학[제2판](최종고 역), 삼영사, 2005, 30-34쪽.
56) 라드브루흐, 앞의 책, 35쪽.

관계적 태도이다. 이는 가치를 실현하는 것은 아니나 가치를 실현하려는 의미를 지닌 것으로, 문화과학의 방법론적 태도이다. 따라서 학문, 예술, 문화가 일반적으로 이와 관련되며, 법을 문화적 사실로 고찰할 경우, 법학 역시 이에 속한다. 마지막으로, 가치 초월적 태도이다. 가령 가치를 뛰어넘는(~때문이 아니라 ~임에도 불구하고) 종교의 세계가 이에 해당한다. 그렇다고 해서 이 영역이 가치의 왕국을 전적으로 등지는 것은 아니다. 가령 법의 종교철학처럼 법 역시 이런 태도와 연계될 수 있다.

요컨대, 그에 따르면 법은 대체로 가치 관계적 및 가치 평가적 태도와 관련된 영역이다. 이러한 특징에 기초하여 그는 법개념을 다음과 같이 규정한다. "법의 개념은 하나의 문화개념이다. 즉, 그것은 가치에 관계된 현실, 가치에 봉사한다는 의미를 가진 현실에 관한 개념이다. 법은 법가치, 법이념에 봉사한다는 의미를 지닌 현실이다."[57] 이처럼 그는 법개념을 법이념과 연계하여 정립한다.

(8) 알렉시의 법개념: 법효력과 연계

로베르트 알렉시(R. Alexy)는 실정법 체계 내에서 법의 개념을 규정하려고 시도한다. 특히 법의 효력과 연계하여 전통적으로 법효력을 규정하는 요소들로 잘 알려진 세 차원, 즉 (내용적) 정당성, 합법성, 실효성 — 이를 각기 분리하여 개별적 측면에서 고찰해 왔던 전통적 시도와 달리 — 을 이른바 절차주의 관점에서 통합하여 법의 개념을 규정한다.[58] 이러한 시도에 의하면, 법이란 ⅰ) 정당성 요청을 제기하는 규범체계, ⅱ) 대체로 실효성을 가진 헌법에 속해 있고 극도로 불의하지 않은 규범과 이러한 헌법에 따라 제정되고 최소한의 사회적 실효성을 가지며 극도로 불의하지 않은 규범의 총체로 구성된 규범체계, 그리고 ⅲ) 정당성 요청을 충족하기 위해 법적용절차가 그 기초로 삼고 있거나 삼아야 하는 제반 원칙들과 기타 규범적 논거들을 포함하고 있는 규범체계[ⅰ), ⅱ), ⅲ)을 모두 포함]를 뜻한다.

그런데 그에 의하면 법개념에 대한 이러한 시도는 어느 정도 발전된 법체계를 전제로 한다. 이런 정도의 법체계인지는, 특정 법체계가 가령 대체로 현대의 입헌적 법치국가에서 보편적으로 승인되고 있는 법가치나 내용(자유민주주의, 국민주권, 기본권, 권

---

57) 라드브루흐, 앞의 책, 63쪽. 그런데, 그에 따르면 공동선(합목적성), 정의 및 법적 안정성이라는 법이념은 법의 최고 목적이지만, 이들은 서로 아름다운 조화 관계에 있지 않고 날카로운 대립 관계에 있다.
58) Robert Alexy, Begriff und Geltung des Rechts, München, 1992.

력분립 원칙 등)을 담고 있는지, 그리고 이들 내용이 실제로도 제대로 작동하고 있는지 여하에 따라 규정될 수 있을 것이다.

4. 법개념과 주된 구성요소

이상으로, 철학적 혹은 법철학적 관점, 사회학적 관점, 실정법 체계의 관점 등에 따른 법에 관한 다양한 정의를 살펴보았다. 혹자는 공동선을, 혹자는 안전을, 혹자는 자유를, 또 혹자는 정의 등 법이념을 강조하는가 하면, 극단적으로 법의 독자성을 인정하지 않는 시각도 존재한다. 그리고 이들 개개의 시각은 대체로 자연법적 사고와 법실증주의적 사고라는 큰 틀의 어느 한쪽에 관련되거나 흡수된다. 이로 볼 때, 모든 시대에 타당한 법개념을 일의적으로 규정하는 것은 거의 불가능해 보인다. 그러나 그렇다고 해서 법에 대한 정의를 포기하는 회의주의에 빠지거나, 법개념을 엄밀한 공통분모를 찾을 수 없는 '가족적 유사성'만을 지닌 개념 정도로 여기는 것은 적절치 않다. 가령 만일 실정법 체계를 전제로 한다면, 굳이 애써 법개념을 규정할 필요가 있느냐고 반문할 수도 있을 것이다. 하지만, 특정한 실정법 체계 역시 그 자체 영속적인 것이 아니라 언제나 가변적이라는 점, 그에 따라 실정법의 변화를 꾀함에 있어 그 합리적 혹은 정당화 근거는 늘 요구된다는 점, 그리고 이와 함께 법개념은 현재의 법체계가 나아갈 방향을 제시하는 준거로 작용할 수 있다는 점에서 법이 무엇인지를 규정하려는 노력은 불가피하다고 하겠다.

요컨대, 필자로서는 법은 인간의 생명과 자유 및 안전 등의 가치 또는 이념과 밀접하게 연관돼 있다고 본다. 이런 점에서 (일반적으로) 법이란 인간 상호간의 관계에서 비롯된 산물이자 이를 규율하는 질서로서, 정의(자유와 평등)와 안정성 등의 이념이나 가치를 지향하면서 모든 개인의 실존 조건을 보장해주는 불가결한 제도적 장치로 정의할 수 있을 것 같다. 물론, 발전된 법체계에서는 (내용적) 정당성, 합법성(합법적 실정성), 실효성의 차원을 함께 연계시켜 법을 정의할 수도 있을 것이다.

5. 법규범과 다른 규범의 관계 및 차이

그런데 법이 무엇인지를 실정법 질서와 그 효력을 전제로 하여 살펴본다면, 법을 규정하는 핵심 요소와 법의 특성은 다른 규범(종교, 도덕, 관습 규범 등)과의 비교를 통해 더 분명하게 드러날 수 있다.

인간과 사회를 규율하는 규범에는 여러 가지가 있다. 가령 법, 관습, 도덕, 종교 규범이 그 대표적 예들이다. 우선, 이들 규범은 인간에 대해 '~해야 한다'라거나 '~해서는 안 된다'라는 형식, 즉 당위(Sollen)의 형식을 띠고 있다는 점에서 공통적이다. 특정한 행위를 금지하거나 요구하거나 (때론) 허용하는 것은 모든 규범의 기본적 존재 형식이다. 다만, 그러한 당위의 내용은 때론 같을 수도 있으나, 때론 다를 수도 있다. 가령 살인하지 말라는 요청은 모든 규범에 공통되는 내용이다. 반면, 곤경에 처한 이웃을 도와주라는 요청은 도덕 규범의 내용이지만, (사정에 따라) 법규범의 내용은 아닐 수도 있다. 그런데, 법규범을 다른 규범과 구별할 수 있게 해주는 (공통의) 표지가 있는가? 있다면 그것은 무엇인가? 가령, 한스 켈젠은 법이란 인간 행위의 질서로서 일정한 제재를 수반하는 강제질서를 뜻한다고 보았다. 이에 따르면 법규범과 다른 규범을 구별하는 본질적 표지는 제재이다. 그리고 이러한 (법적) 제재는 공식화, 조직화, 획일화(일률적 규정)를 특징으로 한다. 이점은 — 물론 다른 시각도 없지 않으나 — 대체로 인정되고 있는 바이다. 따라서 일반적으로는 제재의 존부(存否)를 구별의 핵심 표지로 삼더라도 크게 문제 되진 않으리라 여겨진다. 물론, 다른 규범에도 전혀 제재가 없다고 할 수는 없다. 예컨대, 상급자나 선배에게 인사를 하지 않거나 무례하게 구는 것은 도덕이나 관습 규범에 반하는 행위로서 그에 대해서는 법적 제재는 아니더라도, 가령 그 집단의 다른 구성원들에 의해 따돌림을 당하는 등 다른 형태의 제재는 가해질 수도 있다. 이 경우 그러한 제재가 법적 제재와 그 성격을 달리함은 물론이다.

> **보충** 법(법규범, 법질서): 인간 행위를 규율하는 질서
>
> ▶〈인간〉(i) 존재(Sein)의 세계와 (ii) 당위(Sollen)의 세계 사이에서 살아가는 존재
>   • 내적 욕구, 의욕, 현상, 사실 등   • 가치, 규범(법·도덕·윤리·관습) 등
>   (~한다, ~했다, ~하고 싶다 등)   (~해야 한다, ~해서는 안 된다 등)
>   • 존재하는 것   • 존재해야 할 것
> ▶〈행위〉동기 ──────────── 행위 ──────────── 결과(효과)
>   종교, 도덕 등   ＼ 행위반가치 〈법〉 결과반가치 ／   정치, 경제 등
>   (고의, 과실 등)   (행위의 결과: 침해, 침해의 위험)

생각해볼 문제

1. 법개념이 다의적인 이유는 무엇인가?
2. 법개념에 작용하는 주된 가치나 이념에는 어떤 것이 있는가?
3. 법의 역할과 과제: 법은 공포, 불안 또는 무질서의 극복을 목적으로 하는가? 아니면 정당한 질서 상태의 구축을 목적으로 하는가? 그리고 법의 임무와 역할은 시대적 상황과 어떻게 관련되어 있는가?
4. 오늘날 법의 독자성을 부정하는 시각은 수용될 수 있는가?
5. 법이 지향해야 할 본질적 가치나 이념은 무엇인가?
6. 자연의 질서와 인간의 질서 사이에는 어떤 차이가 있는가?
7. 법과 다른 규범의 공통점과 차이점은 무엇인가?

법이 추구하는 이념은 무엇인가?
(법이념론)

Ⅰ. 법적 안정성

Ⅱ. 정의

Ⅲ. 합목적성

| 제3장 | 법이 추구하는 이념은 무엇인가? (법이념론) |

개요 법의 이념(idea of law)이란 (가치와 관련된 것으로서) 법이 궁극적으로 추구해야 할 지향점을 말한다. 여기에는 정의, 자유, 평등, 안정, 평화, 합목적성 등이 있다. 그런데 이들 이념은 특정한 국가나 사회에서 살아가는 인간 상호간의 관계를 (특히 행위와 관련하여) 어떻게 규율할 것인가에 관한 궁극적인 방향성을 알려주는 중요한 지표이다. 그렇기에 이들은 그 자체로도 특별한 의미를 지니지만, 존재적 측면에서 인간의 본성이나 경향 및 인간의 사회적 지향성과 밀접하게 연계되어 있다. (구성원들의 의사가 민주적 방식으로 반영되는) 정상적인 국가 혹은 어느 정도 발전된 국가라면 이들 이념이 이미 그 국가법의 주된 지표로 설정되어 있음도 이를 잘 보여준다. 구스타브 라드브루흐가 그의 법개념에서 공식화했듯이, 법의 주된 이념은 크게 정의, 법적 안정성 및 합목적성으로 집약되며, 그밖의 다른 이념들은 큰 틀에서 이들 세 가지에 포섭될 수 있다. 가령, 평화는 안정의 산물로, 자유와 평등은 정의를 구성하는 양 축으로 볼 수 있을 것이다. 이에 아래에서는 이들 세 이념을 대상으로 각각의 의미와 내용, 상호간의 관계, 충돌 시의 해소방안 등을 살펴볼 것이다. 특히 정의 부분에서는 플라톤, 아리스토텔레스, 노직, 롤즈, 벤담과 밀 등 역사적으로 의미 있는 몇 가지 정의 구상과 함께, 정의의 다양한 차원(실질적 정의, 형식적 정의, 절차적 정의)도 짚어볼 것이다. 그런데 이러한 학습 과정에서 중요한 것은, 각각의 이념이 실정법 체계의 안팎에서 어떤 역할을 담당하는지, 실정법 또는 실정법규와 구체적으로 어떻게 연계되어 있는지, 그 실천적 의의는 무엇인지를 숙고하고 되새겨보는 일이다.

Ⅰ. 법적 안정성

1. 인간과 사회적 안정의 추구

(1) 인간의 본성에 관한 이해

삶에서 안정을 추구하는 것은 인간과 사회의 보편적 현상이며, 이는 인간학에 뿌리를 둔 근본적 통찰이다. 이처럼 안정을 추구하는 경향에는, 근대의 사회계약설에서도 엿볼 수 있듯이, 경험적 측면에서 인간의 본성에 관한 비관적 태도가 자리하고 있다. 주지하다시피, 인간의 본성에 관해서는 통상 성악설(비관주의적 시각)과 성선설(낙관주의적 시각)이 대립하고 있다. 가령 순자(荀子)는 인간의 본성은 본디 악하고 나면서부터 쟁탈을 일삼고 이익을 좋아하며 남을 해치고 신의가 없다고 보았다. 홉스(Hobbes) 역시 인간이 원래부터 '사회적'이라고 보는 것은 잘못이며, 인간은 서로 경쟁적이고 서로 해치기 마련이므로 인간의 자연 상태를 '만인의 만인에 대한 투쟁상태'라고 규정지었다. 반면, 맹자(孟子)는 성선설에 바탕을 두고 왕도정치를 주장하였다. 즉, 부정적인 요소가 없는 건 아니나 인간은 태어날 때부터 선한 본성(측은지심, 수오지심, 사양지심, 시비지심)을 지니고 있다고 보았다. 루소(Rousseau) 역시 『에밀』에서 인간의 본성은 본디 선하지만, 기존 세태의 풍습 등에 깃든 사회 전반의 폐단을 접하게 됨으로써 선한 본성을 잃고 악하게 된다고 보았다.

이러한 대립은 종교의 인간 이해에서도 나타난다. 예컨대 불교는 모든 인간이 본디 부처가 될 수 있는 선한 심성을 지니고 있다고 보는 데 반해, 기독교는 인간은 타락한 죄인으로서 세상에 의인은 하나도 없다고 본다. 외견상의 전제만 보면 두 시각은 극명하게 대립하는 것처럼 보인다. 하지만 기독교 역시 최초 인간은 그런 모습이 아니었다고 말할 뿐만 아니라, 현재의 인간도 죄성(罪性)에 대한 고백과 성찰[1] 속에서 거듭남(삶의 방향 전환)을 통해 창조 당시의 원래 모습으로 회복될 수 있음을 긍정한다. 또한, 존재의 근본적·지속적 변화를 위해 불교는 수행과 깨달음의 삶을, 기독

---

[1] 가령 선을 지향하는 마음의 원함과 욕망을 지향하는 육신의 약함 사이에서 갈등하는 자기 존재의 모순과 혼란을 직시하고, "오호라 나는 곤고한 자라. 누가 이 사망의 몸에서 나를 구원하랴!"라고 한탄하면서 자유 가운데서 새로운 존재로의 선택을 감행했던 바울의 성찰적 태도를 대표적인 예로 들 수 있다.

교는 믿음과 은혜의 삶을 중시하고 있음을 볼 때, 적어도 그와 같은 자기성찰을 행하지 않은 현 상태의 인간은 여전히 그 부정적 본성의 그늘에서 늘 그에 영향을 받으며 살 수밖에 없음이 전제되어 있다고 하겠다. 그렇다면, 다른 본질적 차이는 제쳐두고라도, 현실 세계에서 드러나는 인간의 현상적 모습에 관한 한, 양자 간에는 결정적 차이가 있다고 보기 어렵다.

민음과 확신의 차원을 떠나 인식의 측면에서 보면 인간의 선험적 본성이 무엇인지는 알기 어렵다. 칸트의 언급대로 물 그 자체는 인식할 수 없다. 즉, 인간의 본성을 명료하게 인식하는 것은 인간 인식의 한계를 넘어서는 일이다. 하지만, 그렇더라도 인간이 자연과 더불어 일정한 시·공간(역사) 안에서 그때그때의 상황에 따른 제약을 받으며 살아가는 존재임은 분명하다. 삶을 옥죄는 요소가 더 많으면 많을수록 생활 속에서 개개 인간이 그 부정적 모습을 그만큼 더 많이 표출하는 것도 대체적인 경향이다.

(2) 인간 존재의 경험적 대립성과 결핍성

요컨대, 인간의 본성에 대한 이해의 차이에도 불구하고, 인간이 현실적으로 부정적이고 파괴적인 모습을 드러내고 있음은 부인할 수 없다. 그렇다면, 현상적·경험적 측면에서 인간은 본성상 부정적 측면과 긍정적 측면을 함께 지닌 존재인 셈이다. 이에 칸트 역시 인간의 이러한 경험적인 대립성(Antagonism)에 기초하여 인간의 본성을 '비사교적 사교성'으로 규정한 바 있다. 즉, 인간은 타인과 더불어 조화를 이루며 공동의 이익을 추구하면서 사이좋게 살아가려는 경향, 즉 사회화하려는 경향을 지니고 있는가 하면(긍정적 측면), 동시에 사회에서 벗어나 자신만의 이익을 추구하며 스스로 고립화하려는 경향도 지니고 있다(부정적 측면)고 본 것이다. 인간이 본성의 이름으로 그에게 붙어 있는 모든 꼬리표를 근본적으로 뛰어넘을 수 있는 자유로운 존재이자 성찰적 존재이기도 하다는 인식[2] 역시 그 긍정적 측면을 강조한 진단이라 할 수 있다.

더욱이, 인간은 겔렌(Gehlen)의 지적대로 '결핍의 존재'(Mangelwesen), 즉 본성상 그 행태를 계산하기 어렵고 확정적이라고 볼 만한 것이 거의 없는 존재이다.[3] 인간은

---

2) 장 디디에 뱅상·뤼크 페리, 생물학적 인간, 철학적 인간(이자경 옮김), 푸른숲, 2002, 278쪽.

3) A. Gehlen, Der Mensch: Seine Natur und seine Stellung in der Welt, 13.Aufl., Wiesbaden 1986, 20쪽; 귄터 야콥스, 규범, 인격, 사회(김일수·변종필 옮김), 한국형사정책연구원, 2013, 12쪽.

다른 동물처럼 특유의 생존 방법을 지닌 존재도 아니며, 탁월한 본능에 따라 삶을 자유로이 조종하는 존재도 아니다. 이는 갓 태어난 (그런데도 걷기도 하고 뛰기도 하며 자유롭게 활동하는) 짐승과 (그렇지 못한) 인간의 행태를 비교해보면 쉽게 알 수 있다. 이처럼 인간은 실존을 안정화함에 있어 결핍이 많은 존재이다. 따라서 만성적 궁핍의 존재인 인간에게 중요한 것은 그러한 영속적인 염려와 불안의 상태에서 벗어나는 것이다.[4] 즉, 인간존재 자체의 불확정성과 그로 인한 실존의 불안정성[5]에서 벗어나는 것이다. 이를 위해 인간은 질서를 통한 안정과 평화를 추구하게 되며, 이것이 바로 사회계약을 통해 인간이 자연상태에서 법적 상태로 이행한 이유이기도 하다.

(3) 인간의 본성 이해와 법 내용 규정상의 한계

그런데 인간의 본성을 어떻게 규정하느냐에 따라 인간이 다른 인간을 대하는 태도나 바람직하다고 보는 법의 대략적 모습은 달라질 수도 있다. 가령 인간을 본디 선하다고 보는 자는 그러한 시각에 따라 다른 인간을 대할 것이며, 법과 관련해서도 그러한 인식이나 시각에 기초한 법의 모습을 상정하려 할 것이다. 아니, 어쩌면 이러한 인간상 아래에서는 애당초 법이란 제도가 그다지 필요치 않을 수도 있을 것이다. 반면, 인간의 본성이 본디 악하다고 보는 사람은 법과 관련해서도 그러한 악한 본성을 제한·통제하는 데 초점을 두게 될 것이다. 즉, 주로 다른 인간들의 부정적 본성으로부터 자신을 보호하는 데 중점을 둔 법의 모습을 기대할 것이다. 하지만, 이처럼 인간의 특정한(경험상 부정적인) 본성에 대한 시각을 통해 인간 일반을 규정짓고 이를 다시 법의 모습을 규정하는 인식의 창(窓)으로 활용하더라도, 그러한 본성 자체로부터 특정한 역사적 삶의 현장에서 필요하고 요구되는 법(또는 법질서)의 구체적 내용을 직접 도출하기는 어렵다.

---

4) 야콥스, 앞의 책, 53쪽.

5) 이러한 불안은 인간에 자리 잡은 더 근원적인 감정인 두려움 또는 공포로부터 비롯된다. 퀴블러로스에 의하면 인간에게 내재하는 근원적인 두 가지 감정은 두려움과 사랑(또는 자비)이며, 인간이 경험하는 모든 부정적인 감정, 가령 증오, 분노, 좌절, 절망, 무시, 질투 등은 바로 이 두려움에서 연유한다[엘리자베스 퀴블러로스·데이비드 케슬러, 인생수업(류시화 옮김), 이레, 2006, 156쪽 이하]. 따라서 두려움은 사랑이 결핍된 상태라 할 수 있다. 이런 점에서 인간의 허다한 죄와 허물을 덮어주어 관계를 유지하거나 바로 잡게 하는 힘인 사랑은 실정법 질서 밖에 있으면서 이 질서를 안정화하는 데 봉사하는 매우 중요한 사회규범이자 종교규범이라 하겠다.

우선, 인간의 그러한 (부정적) 본성은 그로 인한 각종 침해로부터 인간존재와 삶의 보장을 위해 (막연히) 모종의 법질서가 필요하다는 점, 즉 법질서의 필연성을 알려주는 토대일 따름이다. 다음으로, 방법론상 그러한 (부정적) 존재로부터는 당위(當爲)가 도출될 수 없다. 즉, 존재는 존재로부터, 당위는 당위로부터 도출될 수 있을 뿐이다 (존재·당위의 방법 이원론). 물론 이에 관해서는 다른 시각이 있기도 하다. 나아가, 역사적 시간의 추이에 따라 인간의 삶을 둘러싼 물적 토대와 사회적 환경은 끊임없이 변화하고, 갈수록 그 복잡성이 현저히 증대되고 있다. 그에 따라 인간의 사회적 필요(needs) 역시 다양한 형태로 나타나고 있으며, 그러한 필요 충족의 수단 또한 다변화하고 있다. 동시에 이러한 환경과 필요의 변화에 따라 인간의 (부정적) 본성의 표출 방식 역시 다양화하고 있다. 이런 상황에서, 인간 본성에 관한 특정 시각에 기대어 인간 상호간의 공존 방식을 규율하는 법의 구체적 내용을 도출하려는 시도가 지닌 한계는 너무나도 자명하다. 그렇다면, 이 경우 법의 구체적 내용에 관한 규율은 동시대를 살아가는 사람들의 몫이자 과제일 수밖에 없다. 그런데도, 다만 한 가지 확실한 것은 현재 상황에서도 인간 본성의 그러한 부정적 표출 방식에 대한 제한과 규제가 여전히 필요하다는 점이다.

2. 사회적 안정과 법규범

인간 본성의 우발성과 임의성 및 인간 존재의 불확정성, 나아가 그로부터 비롯되는 인간의 사회적 삶의 불안정성을 극복하기 위해 인간사회는 역사적으로 갖가지 제도, 가령 최초에는 가족이나 소유권 질서 등과 같은 사회적 제도를 만들어 내었다. 하지만 이들만으로 궁극적인 사회적 안정을 보장하기에는 미흡했으며, 따라서 생존과 안정을 좀 더 확실하게 보장해 줄 수 있는 장치로서 출현한 것이, 사회계약론이 말해주듯, 국가와 함께 그 강제력에 기반하여 제도화된 법이다. 즉, 인간의 공동체를 더 안정적이고 평화롭게 유지하기 위해 국가의 제재를 수반하는 강력한 행위 준칙인 법(법질서)을 요구하게 된 것이다. 이런 점에서 법의 등장 및 필요성은 사회적 안정 및 평화의 보장과 직결되어 있다. 즉, 법적 안정과 평화는 평화로운 공존을 원하는 인간사회의 불가결한 존립 조건이다.

3. 법적 안정성과 평화

법적 안정성과 평화는 전적으로 같은 것이라 보기는 어려우나 서로 밀접하게 연계되어 있다. 사회의 모든 측면에서 평화로운 공존 생활이 이루어질 수 있으려면 먼저 법질서를 통해 인간 실존의 안정이 보장되고 확보되어야 한다. 그럴 때야 개개의 구성원과 사회 전체가 평화로운 삶을 꿈꾸고 누릴 수 있다. 이런 점에서 법적 평화는 법적 안정성의 보장을 통해 초래되는 결과로서의 안정상태를 뜻한다고 할 수 있다. 그렇기에 법적 평화란 개개 구성원의 생존·안전과 관련하여 단순히 현재 상태에서 폭력이나 투쟁이 없는 '소극적 안정'상태, 가령 살인·강도·절도 등 범죄나 부당한 침해가 없는 상태만을 뜻하는 것은 아니다. 이를 넘어, 그것은 각 개인이 기획한 삶의 목표에 맞추어 자신의 생활을 안정적으로 영위해나갈 수 있는 '적극적 안정'의 확보도 포함한다. 그런데 이러한 적극적 안정이 보장·확보될 수 있으려면 우선 사회적 갈등과 분쟁상태에 대처할 수 있는 법규범(법질서)이 있어야 하고, 이를 토대로 불편부당하게 심판할 수 있는 공정한 판단자(가령 법관)가 존재해야 한다. 또한, 이러한 심판자의 결정을 제대로 관철할 수 있는 조직적인 힘(강제 집행력)이 수반되어야 한다. 법적 안정성의 차원은 바로 이점과 연계되어 있다. 요컨대, 법적 평화란 법적 안정성의 보장을 전제로 한다. 즉, 그것은 '법과 법 실현의 확보'를 통해 사회적 안정이 보장되고 지속되는 상태를 말한다.

4. 법적 안정성의 제 차원

(1) 법의 실정화

법을 통한 안정은 먼저 '법의 실정화'를 요구하며(최협의의 법적 안정성), 동시에 '법(실정법 체계) 자체의 안정화'를 요구한다(협의의 또는 고유한 의미의 법적 안정성). 여기서 법의 실정화(實定化)란 우선은 임의적인 법체계의 정립(定立)을 뜻하지만, 아래 (2)-(vi), (vii)에서 보는 바와 같이, 당해 법체계의 내용이 대체로 정당성을 갖지 못하면 여전히 안정은 확보되지 못할 것이기에 근원적으로는 '정법(正法)의 실정화'를 의미한다고 봐야 한다.[6]

---

6) 물론 이와 관련하여 법이 법으로서 효력을 가지려면 반드시 실정화되어야 하는가, 아니면 실정화되지

나아가, 법을 통한 안정은 법개정과정의 안정화까지 포함한다(광의의 법적 안정성).

(2) 실정화 이후의 법적 안정성

일정한 법체계(또는 법질서)가 실정화의 형태로 존재한다고 해서 곧바로 사회적 안정이 확보되는 것은 아니다. 법의 실정화 이후에도 안정을 저해하거나 위협하는 여러 요인이 나타날 수 있기 때문이다. 그러한 요인으로는 다음과 같은 경우를 들 수 있다.

(ⅰ) 법규범이 모호하거나 현저히 불확정적인 개념을 담고 있는 경우

(ⅱ) 법규를 너무 일반적이고 추상적으로 규정하여 법 해석·집행기관의 재량을 지나치게 넓게 허용하는 경우(특히 행정법의 경우)

(ⅲ) 법규범의 인플레이션 현상이 나타나는 경우. 이는 모든 사회적 문제를 법의 힘을 빌려 해결하려는 법률만능주의(법의 '교만')에서 기인하며, 법률이 너무 많아 생기는 불안정의 예이다.

(ⅳ) 법의 잦은 개폐가 이루어지는 경우. 이는 새로운 법을 제대로 숙지하지 못하거나 그에 적응하지 못해 불안정이 증폭되는 예이다.

(ⅴ) 법이 대체로 실효성이 없거나 관철력을 갖지 못해 유명무실한 경우

(ⅵ) 법의 실질적 내용이 구성원들의 정의 요구를 충족하지 못하는 경우

(ⅶ) 법체계의 내용은 대체로 정당하나, 국가권력(법집행기관)이 그러한 법체계를 광범위하게 무시하거나 자의에 따라 통치하는 경우 등

실정화 이후에도 등장하는 이와 같은 불안 요인은 법을 통한 안정의 지향을 방해할 뿐만 아니라 법의 이름으로 도리어 사회의 불안을 가중하는 요소로 작용한다. 따라서 이들 장애요인은 법질서, 이로써 사회질서를 안정화하려는 법 내재적 장치들을 통해 경감 또는 제거해야 한다. 그런데 이러한 가지치기 작업은 법을 통한 (어느 정도 완전한) 정향성(定向性) 확보를 위해 다음과 같은 몇 가지 구체적인 측면에서 추진된다. 법의 정향상의 안정성, 법의 실현상의 안정성, 법의 계속성, 법적 결정의 안정성, 법적 사실의 안정성 등이 그것이다.

않은 법도 존재할 수 있으며 그러한 법 역시 법으로서 효력을 갖는가 하는 문제가 제기될 수 있다. 이는 근원적으로 법실증주의 대 자연법론(또는 비실증주의)의 논쟁으로 돌아가는 문제이다. 플라톤을 예시로 하여 그러한 직접적 효력 유무를 다루고 있는 것으로는 볼프강 나우케, 법철학의 기본개념들(변종필·최희수 옮김), 지산, 2001, 58쪽. 기본적으로 사회의 복잡성이 증대됨에 따라 법의 실정화는 불가피한 것으로 보인다. 하지만 모든 법이 다 실정화된 형태로 존재하는 것은 아니다.

1) 법의 정향상의 안정성

정향상의 안정성이란 법질서의 확실성을 의미하며, 법의 내용과 관련되어 있다. 즉, 법규범이 그 내용상 행위 준칙(행위의 방향성을 지시하는 기준)으로서의 역할을 얼마나 제대로 수행하는가의 문제와 연계되어 있다. 루만(N. Luhmann)의 표현을 빌자면, 이는 '규범적 행위기대의 안정화'를 말한다. 따라서 여기서는 다른 사람들이 나에게서, 그리고 내가 다른 사람들에게서 어떤 행위방식을 기대할 수 있는지, 또 기대할 수 없는지를 적절히 알 수 있도록 법의 내용이 규정되어 있는지가 중요하다. 가령 법규의 내용이 명확하지 않으면 행위자는 특정 상황에서 그 법규범이 자신에게 요구하는 것이 무엇인지, 이로써 어떻게 행위해야 하는지를 놓고 그 방향성을 잃게 되며, 이 경우 법의 정향상의 안정성은 보장되지 못한다.

이러한 안정성이 제대로 보장될 수 있으려면, 다음과 같은 점이 요구된다. 즉 (i) 법규범은 그 내용상 명확한 언어로 규정되어야 하고(법률요건 및 효과의 명확성), (ii) 수범자가 당해 법규를 통해 금지·요구(또는 허용)되는 행위가 무엇인지를 대체로 분명하게 인식할 수 있어야 하며(법 내용의 대체적 인식가능성), (iii) 이로써 수범자가 자신의 행위에 대한 법적 효과를 예견할 수 있어야 한다(행위 결과에 대한 예견가능성). 이런 점에서, 입법자는 명료하고 잘 구성된 법전편찬과 법개정을 목표로 해야 하며, 법해석·적용자(법관) 역시 법률요건이나 효과를 자신의 임의대로 해석·적용해서는 안 된다.

그런데 어떤 법체계든 간에 법의 명확성 요청을 완전히 실현할 수는 없다. 이는 언어 자체에 내재한 근원적인 불확정성 때문이다. 따라서 언어적으로 완전히 일의적인 법문을 설정하거나 완전히 일의적인 법해석을 기대하기도 어렵다. 더욱이, 입법상 일의적인 완전한 법률 언어를 추구하는 것은 바람직하지도 않다. 변화하는 현실의 다양한 생활사태에 유연하게 적응·대처할 수 있으려면(법의 적응력) 법률 언어 역시 어느 정도 해석상의 유연성을 지니고 있어야 하기 때문이다. 어떤 다른 법 영역보다 이러한 명확성 요청이 특별히 더 요구되는 분야는 바로 형법이다(죄형법정원칙의 요청). 형법은 인간의 자유를 현저하게 제한·박탈하는 가장 강력한 제재인 형벌을 행위 및 사회의 통제 수단으로 삼고 있기 때문이다. 이 경우 불명확한 법규는 명확성 원칙의 통제를 받게 되며, 처벌법규의 입법목적·전체 내용·구조 등에 비추어 사물변별능력을 제대로 갖춘 일반인의 이해와 판단으로 구성요건에 해당하는 행위유형을 정형화하거나 한정할 합리적인 해석기준을 찾을 수 없다면, 그러한 형벌조항은 위헌이 된다.[7]

2) 법의 실현상의 안정성

실현상의 안정성이란 법질서의 확신성(確信性)을 의미하며, 법규범의 구속력의 강도와 관련되어 있다. 즉, 법질서의 확신성은 확률적 수치로 표현되는 구속력의 강도, 즉 실효성에 비례한다. 사회구성원들이 규범을 제대로 준수하지 않을 때 혹은 규범 위반이 발생하였음에도 국가가 그러한 규범 위반에 대해 제재를 가하지 않고 소홀히 하거나 그럴 만한 힘이 없을 때 그러한 법질서에 대한 일반의 확신은 동요되고 만다. 그런데 이러한 법의 실현상의 안정성은 법의 정향상의 안정성과 서로 제약하고 보충하는 관계에 놓여 있다. 즉, 전자가 제대로 보장되지 않으면 후자 역시 약화하며, 후자가 제대로 보장되지 않으면 전자 역시 의미를 갖기 어렵다. 따라서 양자는 서로 간에 일방이 다른 일방을 강화하는 데 봉사하며, 특히 실현상의 안정성은 정향상의 안정성을 이루는 데 본질적 조건이 된다.

3) 법의 계속성

법의 계속성 또는 지속성이란 일단 실정화한 법(또는 법체계)은 법으로서 효력을 지닌 채 시간상 상당한 기간에 걸쳐 계속해서 유지되어야 한다는 속성을 말한다. 이것 역시 법적 안정성의 중요한 한 측면에 해당한다. 이러한 법의 계속성은 법의 정향상의 안정성과 불가분의 관계에 놓여 있다. 왜냐하면 전자가 적절히 보장되지 않는다면, 가령 법이 짧은 기간에 걸쳐 수시로 바뀐다면, 후자는 거의 의미를 갖기 어렵기 때문이다. 그런데 법의 계속성이 법의 불변성을 의미하는 것은 아니다. 왜냐하면 법은 역사성의 운명에 따라 사회적 상황과 구성원들의 법의식 등의 변화를 고려하면서 사회의 내적·외적 전개 과정에 적응해야 하기 때문이다. 법의 계속 여부가 문제 되는 경우 법 변화로 인한 상태가 법 계속으로 인한 상태보다 더 낫거나 적절하다고 판단되면 공동체는 대체로 법의 변화를 꾀하게 될 것이다.

---

7) 대판 2000.11.16, 98도3665.

4) 법적 결정의 안정성

이는 독자적인 안정성의 차원이라기보다 법의 정향상의 안정성에서 비롯되는 요청이라 할 수 있다. 그 내용으로서 이는, 우선 (i) 법원의 재판 및 행정행위의 내용에 대한 '예견가능성'을 요구한다. 다음으로 (ii) 재판, 특히 판결의 '확고성' 또는 '신뢰성'을 요구한다. 이를 위해 (a) 판결의 확정력(형식적·실질적 확정력)이라는 제도가 존재한다. 판결이 부당하다고 하더라도 그에 대한 신뢰의 이익이 그 실질적 정당성에 우선한다. 다만, 판결에 큰 흠이 있는 때에는 무효가 되거나 재심의 기회가 주어진다. 그런데 이러한 재심사유도 법적 안정성의 요구에 따라 대체로 엄격히 열거·제한되어 있다. 또한, 행정법에서 법상태의 확고성의 요구는 (b) 행정행위의 '공정력'(公定力)으로 나타난다. 즉, 위법·부당한 행정행위라도 그 흠결이 중대·명백하여 당연무효가 아닌 한 권한 있는 기관에 의해 취소되기까지는 원칙적으로 효력을 가진다. 마지막으로, (iii) 판결의 통일성과 계속성이 요청된다. 최고법원 판결의 '선례'로서의 작용은 이러한 요청에 이바지한다. 이런 측면에서 법적 안정성은 법에 있어 국가권력이 한번 선택한 길은 정당한 이유가 없다면 바뀌지 않을 것을 요구한다. 하지만 일정한 사례가 이전에 결정된 다른 사례와 모든 중요한 부분에서 같다고 하더라도, 그동안의 사정에 관한 평가가 변경된 때에는 그 선택한 길(선례)에서 벗어나는 것이 허용된다. 물론 그 길에서 벗어나고자 하는 자는 그에 대한 논증의 부담을 져야 한다(논증 의무). 즉, 충분한 논거들을 통해 선례변경을 요구하는 자신의 주장을 근거지어야 한다.[8]

5) 법적 사실의 안정성

법적 안정성은 '법적으로 중요한 사실'에 대한 정향상의 안정성을 요구한다. 이는 일관된 행위 태도와 약속에 대한 신뢰 등을 말한다. 사람들은 스스로 정한 약속을 지켜야 하며 그에 대한 신뢰를 저버려서는 안 된다는 신의성실원칙은 자율성의 원칙과 함께 계약법의 기초를 이루고 있다. 예컨대, 민법상의 소멸시효, 취득시효, 선의취득, 부동산등기부의 공신력 인정 등은 이러한 요청에 근거한 것이다. 그런데 이러한 '법적 사실의 안정성' 사고는 때때로 성공한 혁명을 정당화하는 논리로 악용될 수 있다.[9]

---

8) 변종필, 형법해석과 논증, 세창출판사, 2012, 274쪽.

9) 가령 '혁명은 그것이 승리하지 못한 한 내란이고 범죄이지만 승리하고 나면 새로운 법의 기초가 된다 … 혁명정부는 그가 평온과 질서를 유지할 수 있다는 것을 보임으로써 정당화되는 것이다 … 따라서

(3) 법개정상의 안정성

이는 법개정과정에서 분출되는 다양한 욕구나 의견이 '합리적인' 절차를 통해 수렴될 수 있게 함으로써 법개정이 안정적으로 실현될 수 있도록 한다는 차원을 뜻한다. 물론 법개정은 대부분 기존의 법체계에 따른 개정 절차(입법기관 중심의 법개정)에 의존하겠지만, (예외적으로) 사회적 논란이 심한 쟁점들의 경우에는 그에 관한 사회적 논의를 합리적으로 걸러주는, (가능한 한) 이해관계를 가진 다수가 참여하는 자유로운 의사소통적 공론의 장이 필요하며, 이러한 장은 법개정 후의 사후적 안정 확보에도 이바지한다는 측면에서 중요한 의미를 지닌다. 나아가, 통상의 법 제정 및 개정 절차 역시 (가능한 한) 자유로운 논의를 통해 형성된 구성원들의 의견을 반영할 수 있는 형태로 재편될 필요가 있다. 법률의 제정·개정 과정에서 공청회 등을 거치는 이유 역시 바로 여기에 있다.

5. 법이념으로서의 법적 안정성

(1) 일반적인 고유한 법가치로서의 법적 안정성

법이념으로서의 법적 안정성은 법이 종국적으로 지향해야 할 지향점으로서의 안정성을 말한다. 따라서 이것은 앞서 언급한 개개의 측면들을 아우르는 차원의 개념이다. 이러한 안정성은 법 속에서 개개의 인간으로 하여 미래에 대한 기획과 그에 따른 삶을 영위할 수 있게 해준다는 점에서 인간 실존과 문화의 핵심적 지표에 해당한다. 그렇기에 법적 안정성은 그 자체 하나의 일반적인 법가치이다. 즉, 모든 실정법은 그 내용과는 상관없이 하나의 가치를 실현한다. 어떠한 법도 존재하려고 하는 한, 법의 실정성과 안정성은 구현되어야 할 가치이며 법에 있어 고유하고 보편적인 특징이다. 이런 점에서 실정성과 법적 안정성은 정법의 요소(충분조건은 아니나 필요조건)이며, 이로써 법적 안정성은 정의의 요청이기도 하다.[10] 가령 일정한 세율이나 형벌 규정을 확

법적 안정성의 사상은 힘과 법 사이에도 아주 역설적인 관계를 생기게 한다. 즉 힘은 법에 앞서지는 않지만, 승리한 힘은 새로운 법상태를 창조하는 것이다.'라는 라드브루흐의 언급은, 주지하다시피 5·18사건에 대한 검찰의 기소유예(불기소) 처분을 정당화해주는 법이론으로 악용된 바 있다.

10) "우리는 정의를 추구하면서 동시에 법적 안정성을 고려해야 한다. 왜냐하면 법적 안정성 자체가 정의

정하는 경우를 보자. 과세 평등의 의미에서 조세 정의를 확보하기 위해서는 법정된 확고한 세율이 필요하며, 범죄로부터 국민의 안전과 자유를 보장하려면 구성요건상 어느 정도 분명하게 법정된 형벌 규정이 필요하다. 이처럼, 법적 안정성은 법공동체 구성원들의 실존을 안정화하고 계산가능성(예측 가능성)을 확보하기 위한 수단으로 기능한다는 점에서 일종의 기능 가치이자 수단 가치로서의 성격도 지니지만, 그 자체가 이미 하나의 고유한 법가치이다. 같은 취지에서 벨첼(H. Welzel) 역시 법을 통한 안정성을 인정하면서 법이 지닌 질서로서의 힘 자체가 특수한 법가치라고 보았다.

(2) 도그마로서의 법적 안정성의 위험성

하지만 이러한 법적 안정성의 가치가 특정한 집단이나 세력의 이익만을 앞세우는 권위적 국가와 결부되어 권위적 통치자나 특정 권력 집단의 명령에 대한 복종에 다름 아닌 것이 되면 인간의 자유 보호 및 정의의 실현과는 거리가 멀어지고 만다. 즉, 법적 안정성의 사상이 도그마로 되면 그것은 하나의 위험한 이데올로기로 된다. 그것은 일면 지배계층을 비호하고 기존의 권력 지위를 유지하고 확고히 하는 데 봉사할 뿐, 새로운 힘과 이념들에는 결코 기회를 주지 않는다. 법적 안정성은 이런 식의 평화는 아니며, 그것은 오히려 인간의 자유 보장을 안정의 중심축으로 삼는 그러한 질서의 안정이다. 그렇기에 자유와 정의는 단순히 법적 안정성만을 지향하는 법질서의 장식물에 불과한 것이 아니라 일정한 법질서를 통한 법적 안정성은 도리어 자유와 정의에 이바지하여야 한다.

그렇다면 법적 안정성은 법이 실현하여야 할 유일한 가치는 아니며, 또한 결정적인 가치도 아니다.[11] 실정성과 법적 안정성만으로는 인간의 자유와 정의가 보장·실현될 수 없기 때문이다. 인간의 자유를 제대로 보장하지 못하는 불법적이거나 불의한 법질서가 종국적으로 사회적 안정을 실현하는 데 실패해 왔음은 이를 잘 말해준다. 법이 지향해야 할 가치로는 법적 안정성 외에 정의와 합목적성이라는 또 다른 가치들이 존재한다. 예컨대, 정의의 이념을 법질서가 지향해야 할 핵심 표지라고 본다면 법적 안정성은 부차적인 가치로 자리 매겨질 수도 있으며, 이로써 법질서의 안정화란

의 한 구성 부분이기 때문이다."(라드브루흐, 법률적 불법과 초법률적 법)[프랑크 잘리거, 라드브루흐의 공식과 법치국가(윤재왕 역), 길안사, 2000, 146쪽].

11) 라드브루흐, 앞의 논문, 140쪽.

정당한 규범 내용을 통한, 인간 실존과 사회의 안정화로 이해될 수도 있다. 더욱이, 부당한 법질서를 통한 거짓된 안정과 정의가 충돌하는 상황에서도 법적 안정성을 이유로 정의를 무시한다면, 이 얼마나 터무니없는 일일 것인가!

II. 정의

1. 정의 문제를 둘러싼 난맥상

(1) 정의의 보편성과 의의

인류의 정신적 역사에서 '정의란 무엇인가?'하는 물음만큼 격렬한 논쟁거리가 되어온 물음은 없었으며, 이 물음만큼 고귀한 피와 눈물을 흘리게 한 물음도 없었다.[12] 반면, 그런 만큼 정의는 어떤 사회에서든 인간이 추구하고 따라야 할 미덕이자 가치로 승인되고 있다. 즉, 정의는 인류의 정신세계에서 가장 높이 추앙받고 있는 대표적인 가치이자 이념이다. 정의란 도덕적 성격을 지닌 인간의 미덕으로서 인간과의 관계 속에서 다른 인간에 대한 취급을 그 본질로 삼는 행위의 속성,[13] 즉 인간의 사회적 행위의 속성이다. 그렇기에 정의의 물음은 인간의 사회생활에서 올바른 행위 기준의 설정(규율 차원) 및 그에 따른 행위의 올바른 표출(행위 차원[14])과 관련하여 늘 제기되며 또 제기될 수밖에 없는 문제이다.

(2) 정의 이해의 다양성과 착종

역사상 모든 혁명, 모든 전쟁, 모든 타도는 항상 정의의 이름으로 행해져 왔고,

---

12) 한스 켈젠, 정의란 무엇인가(김영수 역), 삼중당, 1995, 11쪽.
13) 한스 켈젠, 순수법학(변종필·최희수 옮김), 길안사, 1999, 528쪽. 이런 점에서 '자살 금지' 규범은 개별 인간의 행위를 규율하는 도덕 규범일 수는 있으나 정의 규범이라고 보기는 어렵다. 이와 관련하여 정의의 물음과 그 의미를 행복(행복 극대화), 자유(자유 존중), 미덕(미덕 추구)이라는 세 가지 각도에서 다루고 있는 것으로는 마이클 샌델, 정의란 무엇인가(이창신 옮김), 김영사, 2010 참조.
14) 물론 인간의 행위를 규율하는 일정한 규율체계로서의 질서는 그 방향 설정의 중점을 행위의 동기에 두느냐, 외적으로 표현되는 행위 자체(절차)에 두느냐, 아니면 행위의 결과에 두느냐에 따라 그 성격과 모습을 달리할 수 있다.

새로운 질서를 세우려는 자도 구질서를 열렬히 옹호하려는 자도 정의의 지배를 희망한다. 특히 전쟁과 관련하여 정의로운 평화는 상대인 적이 박멸되는 경우에만 이루어질 수 있다고 단언하기도 한다.[15] 정치권의 정쟁, 법정의 쟁송, 일상의 논쟁에서도 다툼이 격해지는 경우 늘 정의나 정당성의 이름으로 목소리를 높이는 모습을 어렵지 않게 볼 수 있다. 이처럼 인류는 유사 이래 서로 대립하는 사적·공적 분쟁, 전쟁과 혁명, 소송과 이익충돌의 상황에서 각기 자신의 편에서 정의를 외치며 이를 관철하려고 노력해 왔다. 이런 상황에선 어느 쪽이든 자신의 주장이 정의로움을 표방하고 이를 관철하기 위해 (견강부회 식으로) "하늘이 무너져도 정의는 서야 한다"(pereat mundus, fiat justitia)는 칸트의 명제를 원용할 수도 있을 것이다.

이런 상황에서 확인할 수 있는 것은, 외견상의 다툼이나 투쟁에서 관련 당사자 모두가 정의를 원용하고 있음에도, 대립하는 진영이 품고 있는 정의의 관념이나 내용은 서로 다르다는 점이다. 이 경우, 전적으로 정치적·전략적 측면에서 접근하지 않는 한, 정의에 관한 어느 일방의 인식이나 주장이 완전히 잘못됐다고 평가하기는 어렵다. 정의 문제에서도, 가령 리처드 니버(Richard Niebuhr)의 지적처럼, 모든 개인이 '독단적인 출발점'(dogmatic starting point)에서 나아감을 인정한다면, 또한 각자의 삶의 배경과 과정과 형성 등에 따른 인간관, 가치관, 세계관 등의 차이(선이해의 작용)를 고려한다면, 각자는 자신의 관점에 따라 정의를 규정할 수 있을 것이다(정의 이해의 다양성). 이는 어쩌면 인간으로서 지극히 자연스러운 태도이자 반응이라 할 수 있다. 하지만 이럴 경우, 정의 관념에는 '치유 불가능한 착종'[16]이 생겨난다. 서로 양립할 수 없는 다양한 형태의 정의론이 대두되어 각축을 벌이거나 대립함으로 정의에 관한 통일적 이해가 어렵게 되거나 불가능하게 되는 것이다. 사실, 정의에 관한 논의는 이처럼 해결이 불가능해 보이는 문제를 해결하려는 노력의 연속이라고 할 수 있다.

그런데, 앞에서도 언급했듯이, 이런 측면과는 달리 정의를 전적으로 정치적 측면에서 접근하는 경우가 있을 수 있다. 가령, 특정한 정치적 의도 아래 오직 자신의 혹은 특정 집단의 부당한 지배나 부적절한 정책 방안을 정당화하기 위한 수단으로 외관상 정의를 표방하는 경우가 그러하다. 이 경우, 정의는 철저하게 특정 개인이나 세력

---

15) 카임 페를만, 법과 정의의 철학(심헌섭·강경선·장영민 옮김), 종로서적, 1986, 8-9쪽.
16) 페를만, 앞의 책, 75쪽.

의 이익을 관철하기 위한 전략적 도구로 전락하고 만다. 더 심하게는, 정의의 이름으로 (정적이나 비판 세력에 대해) 공공연히 폭력을 행사하거나 인권을 탄압하는 등 극도의 불의가 행해질 수도 있다. 종래 자연법 규범이나 정의 원칙 역시 (때로) 정치적 투쟁이나 변화를 위한 유용한 도구로 활용되기도 했다. 하지만, 이들 규범은 부당한 실정법이나 법 현실에 대한 저항의 수단으로 기능했다는 점에서 위의 경우와는 그 맥락과 차원을 달리한다. 따라서 분명히 해야 할 점은, 정의의 이름으로 서로 다른 정의를 말하는 문제와 다른 정의를 말하는 사람들을 (특정한 정치적·전략적 의도 아래) 정의의 이름으로 억압하거나 탄압하는 문제는 전혀 다른 차원의 문제로서 엄격히 구별해야 한다는 것이다.

(3) 정의 탐색의 전제와 주안점

1) 근본 전제

그렇기에 먼저 정의 탐색의 근본 전제로서 선행되어야 할 것은 각 개인은 모두 인간으로서의 가치와 존엄성을 지니고 있으며, 각자는 이점을 서로 승인하고 존중해야 한다는 것이다. 모든 인간은 각기 고유하고 유일회적(唯一回的)이며 독특한 인격적 존재이다. 이러한 전제의 근거를 자연이나 보편 이성에서 찾든, 신의 형상(Imago Dei)을 닮은 인간의 본질에서 찾든, 아니면 칸트의 정언명령("너는 인간을 언제나 목적으로 대우하고 일방적인 수단으로 대우하지 말라")에서 찾든 간에, 인간의 존엄성에 관한 존중은 각자의 태생, 사회적 배경이나 환경, 계층 등의 차이에도 불구하고 모든 인간의 사회적 상호관계에서 각자에게 요구되는 도덕적·규범적 요청이다.

인간은 자신이 접하는 대상, 환경, 사회 및 세계를 다양한 방식으로 경험하며, 그러한 경험은 그 자신의 고유성을 형성하는 중요한 부분이다. 하지만 이러한 경험적 인간학으로부터는, 설령 각자의 주관적 당위 체험이나 관념은 제시될 수 있을지언정, 객관적 당위 요청으로서의 정의에 관한 내용은 도출되기 어렵다. 칸트의 통찰대로, 인간은 현실의 상호관계에서 서로 다른 것을 원하며, 그에 따라 서로 다른 정의와 법을 원한다. 이는 불가피한 것이다. 따라서, 서로 의사의 방향이 다른 가운데서 경험이나 사회적 인간학에 기초하여 '정당한' 결정을 내린다는 것은 애당초 불가능하다.[17]

---

17) 나우케, 앞의 책, 184쪽.

요컨대, 인간의 존엄성 존중을 인간의 공동생활에서 처분 불가능한 규범적 전제로 승인하는 한, 정의의 이름으로 행해지는 타인에 대한 폭력이나 억압이 정당화되기는 어렵다.

2) 다른 정의론의 가능성

그럼, 이제 정의의 이름으로 서로 다른 내용의 정의가 말해질 수 있는가? 그렇다면 그러한 현상의 이유는 무엇인가? 이 물음에 관해서는 카임 페를만의 구상이 도움을 줄 수 있을 것이다. 페를만은 정의의 문제를 세 가지 구성요소(차원)로 구별하여 파악한다.[18] 가치와 규율, 그리고 행위가 그것이다. 행위는 특정한 규율에 합치될 것을 요구받는 행위자의 실천적 측면을, 규율은 특정한 가치(가치체계)를 선언한 규범체계를, 그리고 가치는 이러한 규범체계의 기초를 이루는 실질적인 정의 원리나 내용을 말한다. 이에 따르면 행위는 규율에 합치될 것이 요구되고, 규율은 승인된 규범체계로부터 논리적으로 도출될 것이 요구된다. 하지만 규범체계의 기초를 이루는 가치는 어떠한 합리적 판단기준에도 종속시킬 수 없으며, 전적으로 임의적이고 논리상 불확정적이다[19](가치의 임의성 또는 상대성). 즉, 어떤 가치체계이든 간에 정의 체계의 기초로 봉사할 수는 있지만, 그러한 가치체계 자체가 정당한 것은 아니며 정당하다고 규정할 수 있는 것은 규율과 행위뿐이다. 정당한 행위가 규율에 대해 상대적인 것처럼, 정당한 규율(규범체계) 역시 가치체계에 대해 상대적이다. 따라서 본질상 같은 범주에 속하는 것은 절대적으로 같게 취급되어야 한다는 점(형식적 정의의 적용과 관련된 부분) 외에는, 켈젠과 마찬가지로, 특정한 가치(가치체계)의 우월성을 전제로 한 절대적 정의는 존재하지 않는다(가치 상대주의). 이런 점에서(즉 가치의 상대성 또는 가치 상대주의를 전제로 하는 한) 정의 또는 정의 체계가 아무리 발전하더라도 임의적이거나 상대적인 요소가 완전히 제거될 수는 없다.

그러므로 정의 관념에 불가피하게 내재한 이러한 성격상 정의 체계는 언제나 불완전하다고 볼 수밖에 없다. 이런 점에서 정의의 문제는, 이와 연계된 법개념의 문제와 마찬가지로, 현재까지도 완결되지 않고 있으며, 아마 앞으로도 완결을 기대하기란

---

18) 페를만, 앞의 책, 67쪽 이하.

19) 규범체계는 가치적인 것의 확립을 요구하나, 가치의 확증은 논리적 필연성이나 경험적 보편성에서 비롯되는 것이 아니기 때문에 논리적으로나 경험적으로나 자의적이다(페를만, 앞의 책, 62-63쪽).

거의 불가능하다. 그렇기에, 정의를 규정할 때는 늘 이러한 불완전성을 인식하는 것이 필요하다. 정의를 말할 때는 언제나 관용이나 자비가 중요하게 부각하는 이유도 바로 여기에 있다.

2. 정의 구상의 다양한 시각과 차원

정의를 떠올릴 때면 뭐니 뭐니 해도 그 어떤 평등의 이념이 연상된다. 플라톤, 아리스토텔레스, 토마스 아퀴나스를 거쳐 현재의 철학자나 윤리학자, 법률가에 이르기까지 특별한 이의 없이 합의할 수 있는 사항이 있다면, 그것은 정의가 평등의 이념 및 그 적용과 연계되어 있다[20]는 것이다. 하지만 앞서 언급하였듯이 정의는 다양한 가치와 연계되어 주장될 수 있으며, 또 그렇게 주장되고 있다. 실제로 정의에 관한 많은 구상은 자유와 평등의 가치를 그 내용으로 들면서 양자 간의 관계를 밝히고 있다. 이에 비추어 볼 때 정의에 관한 시각은 평등을 배제한 채 개인의 자유만을 강조하는 극단의 자유주의를 한 극점으로 하고 개인의 자유를 평등에 전적으로 해소해 버리는 극단의 평등주의를 또 다른 극점으로 하는, 다양한 스펙트럼을 지닌 연속체(continuum)에 비유할 수 있다. 가령 로베르트 노직의 자유 지상주의가 전자를 대변하는 정의론이라면, 모든 인간은 그 개별적 차이에도 불구하고 언제나 동등하게 취급되어야 한다는 (사실상 현재로서 사회주의나 공산주의국가에서도 찾아보기 어려운) 극단의 평등주의는 후자에 해당한다. 최근에 가장 널리 알려져 논의되는 존 롤즈의 정의론은 자유주의를 기본노선으로 하면서도 평등의 이념에 강하게 주목하는 중도적 노선에 속한다고 볼 수 있다. 또한, 우리 헌법은 자유를 주된 지향점으로 하되(자유주의적 법치국가) 평등(과 그에 따른 복지)을 중요한 요소로 함께 고려하는(사회적 법치국가) 형태를 취하고 있다. 이처럼 외견상으로 보면 정의란 특정한 가치관, 즉 특정한 인간관·사회관·국가관·세계관 등과 결합하여 자유와 평등의 이념을 특정한 방식으로 연결해주는 매개개념인 셈이다. 아래에서는 정의에 관한 다양한 시각을 접할 수 있도록 예시적으로 플라톤, 아리스토텔레스, 노직, 롤즈, 벤담·밀, 페를만 등의 정의 구상을 간략히 살펴보고, 정의의 제 차원(실질적 정의, 절차적 정의, 형식적 정의) 간의 연관성을 짚어보기로 한다.

---

20) 페를만, 앞의 책, 16쪽.

(1) 몇 가지 정의 구상

1) 플라톤의 정의 이데아

플라톤(Plato)의 법철학은 법관념주의[21]로 집약된다. 그에게 정의란 실재하는 이데아이다. 주어진 현실의 법은 이러한 정의의 이데아에 참여하도록 노력해야 하며, 그 법의 정당성 여부는 정의의 이데아에 따라 측정된다. 정의의 본질에 관한 플라톤의 규정은 충족을 요하는, 인간의 불가결한 자연적 필요(needs)로부터 출발한다. 그런데 이러한 필요는 단지 정치적으로 조직된 공동체인 국가 내에서만 충족될 수 있다. 이런 점에서 국가는 구성원들의 필요만족을 안정화하는 조직이다. 나아가, 국가가 이러한 목적을 달성하기 위해서는 효율적으로 기능하는 계급들이 존재해야 한다. 그는 『국가론』에서 국가를 유지하는 계급을 세 계급, 즉 기본적 삶의 조건인 의식주를 담당하는 생산자계급, 자국을 보호하고 영토를 획득하는 일을 담당하는 무사계급 및 국가경영을 통해 최대의 국가적 안정을 보장하는 일을 담당하는 철인계급으로 구분한다. 이런 상황에서 플라톤은 구성원 각자가 자연적으로 그에게 속하는 몫을 자연적으로 필요한 국가 보존을 위해 담당한다면 모든 것이 질서정연하게 되리라고 생각한다.[22] 즉, 그러한 계급제도 하에서 상호 간섭 없이 각자의 계급에 속한 일에 충실하고 피지배자는 지배자(철인)에게 복종할 때 국가의 균형이 실현되고 정의가 달성되리라고 한다. 따라서 플라톤에 의하면 각자가 국가 내에서 정해진 자신의 계급에 따라 그의 직분을 다하는 것이 곧 정의인 셈이다(이른바 직분설).

그에 따르면 모든 사람의 서로 다른 필요를 만족시키기 위해 그들에게 각자 자신의 몫을 다하도록 요구하는 합목적적인 국가는 정당한 국가이며, 이러한 국가는 정의의 본질에 부합된다. 그런데 이러한 정의의 본질은 '동굴의 비유'를 통해 보여주듯이[23] 모든 사람에 의해 인식될 수 있는 것은 아니며, 단지 교육을 잘 받은 몇몇 의연한 사람(철인)에 의해서만 인식될 수 있다. 보통 사람은 그의 시각의 제한성(입장 의존성) 때문에 언제나 그림자만을, 움직이는 형상만을 포착할 뿐이다. 즉, 그들은 실재하는

---

21) 이것의 내용 및 그 구체적인 전개 과정에 관해서는 나우케, 앞의 책, 30쪽 이하.
22) 나우케, 앞의 책, 34쪽.
23) 플라톤, 플라톤의 국가론(최현 옮김), 집문당, 1997, 289쪽 이하.

이데아와 외관상의 실재를 구별하지 못하고 그들의 기분에 맞는 모사(模寫)를 좋아하며, 이로써 정의가 아닌 것을 정의로 간주하게 된다. 통치 수단인 법 역시 정당한 것이 되려면 그것은 정의 이데아의 모사여야 하지만, 대부분은 정의의 이데아(정법)를 완전하게 파악하지 못하고 철인만이 이를 제대로 인식할 수 있다. 따라서 국가의 지배자인 철인이 정의 이데아에 얼마나 제대로 참여하는지가 국가와 법 조직의 합리성을 좌우하는 기준이 된다.[24]

플라톤의 이러한 구상은 국가와 법의 역할을 인간의 (본성에 기초한) 필요와 이러한 필요의 만족에 정초하여 파악하고 있다는 점에서 인간의 (경험적) 실존과 국가·법(정의) 사이의 불가분적 연관성을 잘 보여준다. 그런데 역사적으로 보면 인간의 필요란 확정되지 않은 것으로서 언제나 그 진행 과정에 의존해 있는 사회적 필요이다. 사회와 역사의 변화에 따라 새롭게 등장하는 인간의 필요 및 이와 결부된 인간 자유의 전개는 돌이킬 수 없다.[25] 그렇기에 인간의 '자연적인' 또는 '불가결한' 본성과 그러한 본성에 뿌리를 둔 필요를 확정적인 것으로 전제하고 이를 보장하는 국가나 법질서로 회귀하는 것은 불가능하다.

또한, 그가 구상한 철인정치는 현실적으로 불가능할 뿐만 아니라 자신을 형상화한 철인만이 정의 이데아를 인식할 수 있다는 사고 역시 수용하기 어렵다. 오히려 역사는 모든 인간이 그 계급이나 계층에 상관없이 진리와 정의 문제에서 동등한 인식주체임을 말해주고 있다. 그렇다면, 철인만이 인식할 수 있는 정의에 따라서만, 이로써 각자는 자신에게 주어진 계급적 지위와 직분에 충실할 때만 인간의 진정한 행복이 이루어질 수 있다는 그의 생각은 기존의 체제나 질서를 정당화해주는 이데올로기로 작용할 소지가 매우 크다. 가령 노예제와 같은 제도를 정당한 질서의 범주에 속한다고 볼 수 있을지는 지극히 의문이다. 이런 점에서 이데아론에 기초한 플라톤의 구상을 전체주의와 종족주의에 입각한 닫힌 사회로, 이로써 마르크스주의와 함께 열린 사회의 대표적인 적으로 규정한 포퍼(K. Popper)의 진단[26]은 매우 적절한 것으로 수긍할 만하다.

---

24) 나우케, 앞의 책, 42–43쪽.

25) 나우케, 앞의 책, 46쪽.

26) 칼 포퍼, 역사주의의 빈곤(문학과 사회연구소 역), 청하, 1985; 열린 사회와 그 적들 I (이한구 역), 민음사, 1992.

2) 아리스토텔레스의 정의와 중용

플라톤의 제자인 아리스토텔레스(Aristoteles) 역시 인간은 정치적 동물로서 정치적 공동체인 국가 내에서 살아야 함을 불가결한 것이라 본다. 하지만 그는 플라톤과는 달리 이데아론을 배척한다. 반면 그는 인간을 비롯한 모든 피조물이 본성상 추구하는 불가피한 형상이 존재한다고 본다(원현설, Entelechie). 따라서 국가와 법 및 정의에 관한 이해에 있어 플라톤에게서는 이데아가 구속력을 가짐에 비해, 아리스토텔레스에게서는 불가결한 자연적 형상(형이상학적 목적)이 이를 대신한다.[27] 그에게 있어 정의란 플라톤이 보듯 철인에 의한 정의 이데아의 모사가 아니라 국가의 안정적 유지를 위해 필요불가결한 것으로서 정치적으로 선한 것, 일반에게 유익한 것을 말한다.

아리스토텔레스는 정의의 문제를 평등이념의 측면에서 체계적으로 제시한 최초의 철학자라 할 수 있다. 그는 자신의 저서 『니코마코스 윤리학』에서 정의를 일반 도덕에 합치된다는 의미의 일반적 정의(또는 법률적 정의)와 특수한 정의로 구분하고, 후자를 다시 평균적 정의와 분배적 정의로 구분하였다. 이는 오늘날 널리 통용되고 있는 형태의 구분으로 유명하다. 먼저 평균적 정의(iustitia commutativa)란 주로 사법적 생활 관계를 규율하는 질서의 근본이념으로서 상호간의 등가적 교환을 그 본질로 한다. 즉, 이는 개인 대 개인의 관계 또는 1 대 1 대응 관계에서 비례적 조화를 꾀하기 위해 적용되는 정의 관념이다. 가령 손해와 그에 대한 배상, 유상계약에서 급부와 반대급부, 개인의 범죄행위와 그에 상응한 형벌의 관계 등이 그에 해당한다. 반면 분배적 정의(iustitia distributiva)란 주로 공법적 생활 관계를 규율하는 질서의 근본이념으로서 국가와 국민, 단체와 구성원들 사이의 관계에서 분배를 둘러싼 비례적 조화를 추구하는 이념이다. 따라서 이는 일정한 분배자와 2인 이상의 피분배자를 전제로 한다. 가령 학생들에 대한 교수의 학점 부여, 국가의 형벌권 행사로서 범죄자들에 대한 형벌(또는 형량)의 부여 등이 그에 속한다.

그런데 아리스토텔레스의 정의론은 중용에 특별한 가치를 부여한다. 중용이란 정당한 행위는 지나치게 넘치지도 지나치게 부족하지도 않은 중간(중용)을 취하는 데 있다는 도덕 원칙을 말한다. 가령 그는 재화의 문제에서도 (사람들이 가장 쉽게 이성에 복종

---

27) 이런 점에서 나우케는 아리스토텔레스의 구상을 '이데아론의 세속화', '세속화된 법관념주의' 또는 '경험적 토대에 근거한 법관념주의'라고 칭한다(나우케, 앞의 책, 63쪽).

할 수 있는 상태라는 이유로) 중간 정도의 소유가 최선이라고 본다. 정치공동체에서 중산층이 다수를 점하고 있을 때 가장 안정적이라는 인식 역시 이러한 중용사상에 기초한 것이다. 인간의 경험에 비추어 볼 때 중용의 도가 건전하고 안정적인 삶의 토대를 제공하는 매우 의미 있는 도덕적 지향점임은 대체로 수긍할 수 있다. 가령 켈젠 역시 진리는 중간(Mitte)에 있다고 말한 바 있다. 또한, 아리스토텔레스는 무엇이 선이고 미덕인가의 물음에 대해 무엇이 악이고 악덕인가의 물음을 통해 답한다. 이런 태도 역시 중용의 사고에 기초한 것이지만, 인간의 인식 능력상 선과 미덕을 적극적으로 규정하기란 어렵다는 생각도 함께 담겨 있는 것으로 보인다. 그런데 이런 태도에 대해서는, 그가 악덕으로 규정하는 '과다'와 '과소'가 중용의 원칙으로부터 직접 도출될 수는 없고 당대의 사회질서(자기 시대의 전통적 도덕 질서와 법질서)로부터만 도출될 수 있을 뿐이라는, 이로써 그의 중용공식은 기존의 사회질서에 따라 선한 것은 선하다고 확인하는 동어반복적 성격을 띤 것으로 공허하다는 비판이 있다.[28] 이런 점에서 중용공식이 (특히) 경험적 측면에서 선한 행위 혹은 정당한 행위를 추구하는 데 대략적인 방향타 역할은 할 수 있다고 하더라도, 인식의 측면에서 무엇이 정의인가를 말해주는 기준으로서는 여전히 한계가 있음을 알 수 있다.

3) 노직의 자유지상주의

노직(Robert Nozick)의 입장은 자유지상주의 또는 완전자유주의(libertarianism)로 잘 알려져 있다. 노직은 『아나키에서 유토피아로』[29]에서 최소국가로서의 자유주의 국가의 역할을 정당화하는 논증을 전개한다. 그에 의하면 인간 개인은 (칸트의 정언명령에 따른) 목적적 존재로서 불가침의 기본적 권리들(타인으로부터 가해지는 해악에 저항할 권리, 선택과 행동의 자유에 대한 권리, 사적 소유에 대한 권리 등)을 가지며, 국가는 그러한 기본적 권리를 보호하는 일 외에 어떤 형태로든 개인의 삶의 영역에 간섭해서는 안 된다. 즉, 국가는 오직 개인들 간의 계약을 집행하고 개인을 그러한 기본적 권리들에 대한 침해로부터 보호하는 역할만을 수행해야 할 뿐이고, 거기서 더 나아가게 되면 어떤 것도 강제 받아선 안 되는 개인의 권리를 침해하는 것이 된다. 따라서 그러한 국가는 정당화될 수

---

28) 켈젠의 비판으로, 이에 관해서는 변종필, 한스 켈젠의 정의관, 인문사회과학논총 제6권 제1호, 인제대학교 인문사회과학연구소, 1999, 41쪽 참조.

29) 로베르트 노직, 아나키에서 유토피아로(남경희 역), 문학과지성사, 1983.

없다.30)

이에 따라 노직의 최소국가는 사회적 재화와 부(富) 및 소득의 재분배를 실현할
수 없다. 그것은 개인에게 맡겨져 있는 일이지 국가가 강제할 사항이 아니기 때문이
다. 이런 이유로 국가가 부자에게 세금을 부과하여 가난한 자를 돕는 것은 허용되지
않는다. 재화의 분배는 자유롭게 이루어진 개인적 교환의 결과일 뿐이다. 이로써 개
인의 재화 보유(保有)의 정당성만이 문제 된다(보유의 정의). 예컨대 여기서는 '각자에게
그의 근무연한에 따라,' '각자에게 그의 공적에 따라' 등과 같은 정형화된 정의 원리도
적용되지 않는다. 그에 의하면 보유의 정의는 최초 획득의 정의와 이전(양도)의 정의
로 구성된다. 따라서 특정한 재화가 소유 권원(entitlement)에 기초하여 정당하게 획득
되었는가와 정당하게 이전되었는가에 따라 보유상태는 정당화된다.31) 즉, 개인은 자
기 자신과 그 능력의 소유자32)로서 (획득과 이전의 측면에서 문제가 없다면) 이를 이용하여
생긴 노동의 산물이나 타인으로부터 자유로이 양도된 자원에 대해 정당한 소유권을
가지며,33) 설령 어떤 이가 다른 이보다 더 많은 부를 소유하고 있더라도 부정의가
아니다. 국가는 소유의 재분배를 할 수 없으며, 이로써 사회적 약자나 소외계층을 위
한 복지국가로 기능할 수 없다.

사실 노직의 주된 관심사는 정의 문제에 놓여 있지 않다. 굳이 정의가 문제 된다
고 하더라도 그것은 통상의 분배적 정의가 아닌 개인적 교환의 측면에 국한된다. 그
리고 그러한 교환의 정당성은 획득과 이전이라는 절차에 의해 보증된다. 이런 점에서
노직의 구상은 결과야 어떻든 간에 그 자체 정당한 절차에서 기인한 것은 정당하다는
순수한 절차적 정의의 시각을 보여준다.34) 이러한 구상의 근간에는 완전한 자유는
평등의 이념과 양립할 수 없다는 생각이 깔려 있다. 개인들의 삶의 영역에 대한 국가

---

30) 샌델, 앞의 책, 92쪽.
31) 노직은 최초 획득과 이전이 정당하지 않을 경우 부정의를 교정하는 원리가 필요하다고 보고 있으나,
    그러한 원리에 관해서는 구체적으로 언급하고 있지 않다.
32) '자기 소유'의 개념은 자유지상주의 주장의 도덕적 정수에 해당한다. 노동과 노동의 열매에 대한 소유
    의 정당화 근거는 바로 이 자기 소유개념에서 비롯되기 때문이다. '내가 나를 소유한다면, 나는 내
    노동도 소유해야 하며, 내가 내 노동을 소유한다면 나는 그 열매를 가질 자격을 가져야 한다.'라는
    논리(샌델, 앞의 책, 96쪽 참조)가 그것이다. 이런 논리대로라면 계약이나 합의에 따른 장기매매·안락
    사, 심지어 식인 행위 등도 정당화될 수 있을 것인데, 과연 그런가는 매우 의문스럽다(이런 지적으로
    는 샌델, 앞의 책, 102쪽 이하).
33) 황경식, 자유주의는 진화하는가: 열린 자유주의를 위하여, 철학과현실사, 2006, 25쪽.
34) 카렌 레바크, 정의에 대한 6가지 철학적 논쟁(이유선 옮김), 간디서원, 2006, 130쪽.

의 불필요한 간섭을 최소화할 필요가 있다는 측면에서 보면 그의 구상은 일견 일리가 없지 않다. 정의 문제를 달성해야 할 최종상태와 관련해서가 아니라 그 출발점(권원)과 관련해서 언급하고 있는 점도 특징적이다.

　하지만 사적 소유가 왜 획득과 이전에 의해서만 정당화되어야 하는지, 또 그런 방식으로만 정당화될 수 있을지(이에 관해 그는 논증하고 있지 않다)는 의문이다. 권력에 의한 지배와 착취뿐만 아니라 우발성이 상존(常存)하는 현실 세계에서 개인 간의 교환이 그의 생각처럼 그렇게 정당한 것일지는 더욱 의문스럽다. 공정한 상호교환이라는 방식만으로 재화 보유의 정당성을 보증하려는 그의 소유 중심적 자유주의는 현대사회의 복잡성, 특히 자본주의 시장체계의 복잡한 메커니즘을 지나치게 단순화하거나 무시하고 있는 것처럼 보인다.[35] 가령 대중매체의 관심이 없다면 유명한 가수들이나 운동선수들이 일반인으로서는 상상조차 할 수 없는 높은 연봉을 받는 게 가능할 것인지는 의문이다. 요컨대, 현재의 보유를 정당화하기 위해 그가 제시한 절차적 조건은, 롤즈, 하버마스, 알렉시 등의 절차적 정의론과 비교해 볼 때, 지나치게 소박·단순할 뿐만 아니라 지나치게 현실 친화적이고 시장친화적이다.

4) 롤즈의 정의 원칙

가. 정의의 두 원칙

　20세기의 가장 위대한 철학자로 꼽히는 롤즈(John Rawls)는 자신의 유명한 저서 『정의론』(A Theory of Justice)에서 다음과 같은 두 가지 정의 원칙을 제시한다.[36] 첫째, 각자는 다른 사람들의 유사한 자유의 체계와 양립할 수 있는 동등한 기본적 자유의 가장 광범위한 체계에 대해 동등한 권리를 가져야 한다(정의의 제1원칙: 동등한 자유의 원칙). 이는 자유롭고 동등한 이성적 존재의 자율성을 표현하는 정언명령으로서, 간략히 말해 각자는 동등한 기본적 자유에 대해 동등한 권리를 가져야 한다는 것이다. 둘째, 사회적·경제적 불평등(대우)은 다음과 같은 두 가지 요건을 만족시키는 방향으로 행해져야 한다. 즉, ⅰ) 모든 사람의 이익이 되리라는 것이 합당하게 기대되면서 최소 수혜자에게 최대의 이익이 되고, ⅱ) 공정한 기회균등의 조건 아래에서 모든 사람에게 개방된 직책·직위에 결부되도록 이루어져야 한다(정의의 제2원칙: 차등원칙).

---

35) 이에 관해서는 레바크, 앞의 책, 129쪽 이하.
36) 존 롤즈, 정의론(황경식 옮김), 이학사, 2003, 105쪽 이하.

제1원칙은 동등한 기본적 자유를 규정하고 보장하는 사회체제의 측면을 말하는 것으로, 여기에는 기본적 자유의 목록, 예컨대 정치적 자유, 언론·출판의 자유, 양심의 자유, 사상의 자유, 사유재산을 소유할 권리, 신체의 자유와 이유 없는 체포·구금으로부터의 자유 등이 속한다. 달리 말해, 특정한 재산(생산수단)에 대한 권리나 자유방임의 측면에서 이해된 계약의 자유를 제외한, 현행 우리 헌법상의 기본권 목록이 이에 해당한다. 이들 자유는 다른 기본적 자유들과 충돌하는 경우 내부적으로 제한될 수 있기에 그 어느 것도 절대적이지 않다. 제2원칙은 사회적·경제적 불평등을 규정하고 확립하는 사회체제의 측면을 말하는 것으로, 소득과 부의 분배, 권한, 책임 및 명령 계통 등에 있어 차등을 두는 조직들의 기획에 적용된다. 서열상 제1원칙은 제2원칙에 우선하는데, 이는 (공리주의와 달리) 제1원칙이 요구하는 기본적 자유들은 설령 이들에 대한 침해로 더 큰 사회적·경제적 이득이 초래되더라도 결단코 침해될 수 없음을 의미한다. 그리고 제2원칙과 관련하여 문제 되는 부와 소득의 분배, 권한 있고 책임 있는 직위들은 기본적 자유 및 기회의 균등이라는 양 요소와 양립할 수 있어야 한다. 나아가, 자유, 부와 소득 등 모든 사회적 가치들은 이들에 대한 불평등한 분배가 모든 사람에게 이익이 되지 않는 한, 또한 최소 수혜자에게 최대의 이익이 되지 않는 한, 동등하게 분배되어야 한다.

나. 원초적 입장

그런데 롤즈는 이러한 정의의 두 원칙을 도출하기 위한 가설적인 논의공간으로 '원초적 입장'(original position)을 전제한다. 이는 거기서 합의된 어떤 원칙도 정의로운 것이 되게 하는 공정한 절차를 설정하기 위함이며, 그 목적은 순수한 절차적 정의라는 관념을 이론의 기초로 하기 위함이다.[37]

먼저, 원초적 입장에 놓인 사람들은 '정의의 여건'이 성립함을 아는 것으로 가정된다.[38] 정의의 여건이란 인간의 협동체계를 가능하게 하고 필요하게 하는 정상적인 조건들로서, 어느 정도의 결핍 상태에서 상대방의 이해관계에 서로 무관심한 개인들이 사회적 이익과 관련하여 상충하는 요구를 제시하는 경우의 상태를 말한다. 여기에는 능력의 유사성, 자원의 적정성 등 객관적 여건과 대략적 인생 계획의 소지,

---

37) 롤즈, 앞의 책, 195쪽.
38) 롤즈, 앞의 책, 182쪽 이하.

지식·사고·판단에서의 불완전성 등 주관적 여건이 포함된다. 다음으로, 원초적 입장에 놓인 사람들은 '무지의 베일'(veil of ignorance)에 싸여 있는 것으로 가정된다.[39] 즉, 각자는 인간 사회에 대한 일반적인 지식(예: 정치 현상이나 경제이론의 원칙, 사회조직의 기초와 심리적 법칙 등)은 알고 있지만, 특정한 사실들은 알지 못하는 것으로 가정된다. 다시 말해, 각자는 자신의 사회적 지위·계층, 천부적 자산이나 능력 및 체력 등을 어떻게 타고났는지, 자신이 어떤 세대에 속해 있는지, 선에 대한 자기의 생각, 인생 계획의 세목, 비관적·낙관적 성향과 같은 자신의 심리적 특징, 자신이 속한 사회의 특수사정, 지금까지의 문명이나 문화의 수준 등에 대해서는 알지 못한다. 이처럼 원초적 입장에 놓인 개인들은 '합리적 인간'으로 가정되어 있다.[40] 이들은 시기심이나 동정에 좌우되지 않고 상대방의 이해관계에는 무관심한 채, 그들에게 주어진 선택지에 대한 일관된 선호체계를 갖고서 가급적 자신들의 목적체계를 증진해 주는 정의 원칙들을 받아들이고자 한다. 따라서 원초적 입장의 당사자들이 구체적으로 어떤 정의 원칙을 선택할 것인가는 합리적 의사결정에 내맡겨져 있다.

원초적 입장은 외견상 자기 삶의 목적과 관련된 이해관계를 따지고 계산할 수 있는 (이성 능력을 지닌) 합리적 인간들을 상정하고 있다는 점에서 근대 사회계약론자들이 상정한 '자연 상태'와 유사하다. 하지만 자신들과 관련된 구체적인 특수한 지식이나 사정들을 알지 못하는 무지의 베일에 싸여 있다는 점에서 그와는 구별된다. 동시에 그러한 원초적 입장이 정의의 실질적 내용을 도출하기 위한 절차적 조건으로 작용하고 있다는 점에서도 차이가 있다. 나아가, 절차적 정의를 지향하는 정의 모델이라는 점에서 '이상적 대화 상황'을 전제로 한 하버마스의 절차적 정의 구상과 상통한다. 하지만 계약의 당사자들이 '무지의 베일'에 싸여 있다는 점에서, 언어능력과 행위능력을 가진 사람이라면 누구나 현재 자신이 처한 모든 개별적·사회적 조건들과 사정들을 인지하면서 의사소통 또는 논증 대화에 참여할 수 있도록 설계된 하버마스의 구상과도 분명하게 구분된다.

다. 특징과 평가

우선, 롤즈의 구상은 동등한 시민들의 기본적 자유들을 보장하면서 이들 자유가

---

39) 롤즈, 앞의 책, 195쪽 이하.
40) 롤즈, 앞의 책, 202쪽 이하.

사회적 주변부에 있는 사람들의 실제적인 현실이 되도록 고려하고 있다는 점에서 자유주의적 토대 위에서 사회주의적 요구를 통합했다고 볼 수 있다.[41] 또한, 개인의 재능이나 능력 역시 (노력만의 산물이 아닌) 타고난 운에 좌우되는 우발적인 요소임을 인식하고 이를 자신의 구상에 담으려 했다는 점에서 특별한 의미를 지닌다.[42] 개인의 (타고난) 재능과 기술, 그리고 그로 인한 사회적 기여는 매우 다양한 차원을 지니고 있기에 정의의 이름으로 타고난 재능에 대해 보상하려는 사회는 (보통의 경우 이는 당연한 것으로 여겨지지만) 그것이 어떤 체계이든 간에 상당한 불공정을 수반할 수밖에 없다.[43]

전체적으로, 그의 구상의 주된 특징은 두 가지 측면에서 언급될 수 있다. 하나는 정의 원칙을 도출하기 위한 방법론적 측면이다. 그의 정의 구상은 정의가 무엇인가에 관해 직접 답하기보다는 공정한 절차에 의해 합의된 것이면 정의로운 것이라는 순수한 절차적 정의관에 기초하고 있다. 앞선 살펴본 노직의 관점 역시 절차적 성격을 띠고 있으나, 노직의 구상은 개인 간의 자유로운 상호교환에 기초하고 있음에 반해, 롤즈의 시도는 분배적 정의를 고려하여 자유와 평등의 결합을 꾀하고 있다는 점에서 양자는 구별된다. 다른 하나는 그러한 정의 원칙의 실질적 내용과 관련된 측면이다. 이 측면에서 본다면 그의 구상은 최소 수혜자를 우선 고려하는 평등 중심적 자유주의라 할 수 있다. 분배방식에 있어 사회적 약자 보호에 방점을 두고 있다는 점에서 가령 카우프만의 소극적 공리주의 사고와 그 지향점을 같이한다고 볼 수 있다.[44]

반면, 그의 정의론은 엄청난 반향을 불러일으켰던 만큼 많은 비판에 직면하기도 했다.[45] 가령 원초적 입장은 중립적이지 않다는 점, 즉 자유롭고 평등하고 이성적인 존재로서의 인간개념은 중립적 개념이 아니며, 원초적 입장에서 당사자가 편향되지 않은 일반적 지식을 갖는 것은 불가능하다는 점, 이로써 무지의 베일 하에서 이루어진 계약은 개인의 과장된 합리성을 반영한 것이라는 점, 차등원칙의 적용상의 문제로서 누가 최소 수혜자인가를 알기 어렵다는 점, 차등원칙에는 경쟁에 따른 재화의 분배를 막을 수 있는 요소가 없다는 점, 차등원칙은 가난한 자들을 돕기 위한 목적에서

---

41) 황경식, 앞의 책, 755-757쪽.
42) 이런 점에서 그의 구상을 평등주의적 정의론이라고 평가하는 것으로는 샌델, 앞의 책, 214, 219쪽.
43) 해럴드 페핀스키·폴 제실로, 범죄에 관한 10가지 신화(이태원 옮김), 한울아카데미, 2011, 66쪽.
44) 변종필, 형사소송에서 진실개념, 세종출판사, 1999, 79쪽.
45) 이에 관한 상세한 소개는 레바크, 앞의 책, 89쪽 이하 참조.

부자들을 그 수단으로 이용함으로써 칸트의 정언명령에 위반된다는 점, 그의 구상은 비역사적이며 경험적 자료를 결하고 있다는 점, 그의 자유 목록에는 개인의 노동에 대한 대가를 점유할 자유가 빠져 있다는 점, 그의 이론은 암암리에 개인주의적 인간관·사회관에 기초함으로써 공동선을 위시한 인간의 공동체주의적 측면을 간과한 추상적 보편주의라는 점 등이 그것이다. 하지만, 이러한 숱한 비판에도 불구하고 그의 구상은 일면 삶에 근간이 되는 기본적 자유의 보장과 타면 사회적 약자를 고려한 재화의 합리적 분배를 통해 사회구조의 근본적 재편을 꾀하고 있다는 점, 이로써 복지나 경제민주주의를 지향하는 국가정책 및 사회정책의 중요한 토대이자 판단기준이 될 수 있다는 점 등을 고려할 때 그의 구상이 도래할 미래의 의제로서 충분히 강력한 힘을 지니고 있음[46]은 부인하기 어려워 보인다.

5) 벤담과 밀의 공리주의

가. 적극적 공리주의: 유용성 원칙

고전적 공리주의(utilitarianism)를 대표하는 자는 벤담(Jeremy Bentham)과 밀(John Stuart Mill)이다. 이들에 의하면 인생의 목표는 행복이며, 행복이란 쾌락이자 고통이 없는 것을 말한다. 물론 벤담이 쾌락 간의 질적 차이를 인정하지 않은 데 반해, 밀은 쾌락을 저급한 쾌락과 고상한 쾌락으로 구별한다.[47] 가령 지적 쾌락은 육체적 쾌락보다 질적으로 우월한 것이라고 본다. 또한, 벤담은 인간의 존엄성과 개인의 권리에 그다지 비중을 두지 않은 데 반해, 밀은 개인의 권리를 공리주의 철학의 범주 안으로 융합하기 위해 큰 노력을 기울였다.[48] 이러한 공리주의의 영향력은 비용−효과 분석과 시장경제 옹호에서 잘 나타나고 있다. 오늘날 법학에서 일상화되어 사용되고 있는 공동선의 촉진, 공공의 이익, 이익의 형량 등은 이러한 공리주의의 도덕철학에서 비롯된 산물이다.

주지하다시피, 공리주의의 모토는 '최대 다수의 최대행복'이며, 공리주의 도덕의 최고원리는 행복을 극대화하는 것이다. 즉 도덕적 주장의 출발점은 유용성 원칙(공리원칙, principle of utility)이며, 유용성(공리성)이란 쾌락(이로써 행복)을 낳거나 증진하는 반면

---

46) 레바크, 앞의 책, 111쪽.
47) 물질적 쾌락에 매몰되어 타락의 위기로 치닫는 자본주의 사회에서 그 대안으로서 정신적 쾌락의 가능성을 역설하지만 그렇다고 자본주의의 물질적 욕망을 부정하지는 않는다.
48) 샌델, 앞의 책, 73쪽 이하.

고통을 저지하는 모든 것을 말한다. 행위의 옳고 그름 역시 이러한 유용성에 따라 평가된다. 즉 쾌락과 행복을 증대시킬수록 옳은 행동이며, 그 반대상태인 고통과 불행을 초래할수록 나쁜 행동이다.[49] 다시 말해 공리주의는 행위의 도덕성 역시 특정한 행위나 수단이 쾌락과 행복이라는 목적을 달성하는 데 얼마나 유용한지 또는 효과적인지에 따라 판단한다. 이로써 공리주의는 결과(효과) 지향적 사고와 밀접하게 연계돼 있다. 이 점에서 공리주의는 의무를 동기로 삼아 행해지는 행위만이 도덕적이라고 본 칸트의 사고와는 대척점에 놓여 있다.

이처럼 공리주의는 본래적 의미의 정의 개념에 특별한 의미를 부여하지 않는다. 정의란 독자적 원리가 아니라 사회 유지의 필요성(공리성)에 의존하는 원리이며,[50] 그에 따라 모든 구성원 개개인이 최대의 실제적 만족에 도달할 때 그 사회는 정의로운 사회이다. 그렇기에 분배와 관련해서도 구성원 개개인의 욕구를 최대한 만족시키는 분배가 정당한 분배라고 할 뿐, 개인들 간에 이익이나 재화가 어떻게 분배되거나 분배되어야 하는지는 직접적으로 문제 삼지 않는다. 가령 공리주의에 따르면 규칙을 준수하지 않아 발생하는 유익이 규칙 준수에 드는 비용보다 더 클 경우, 그 규칙은 준수할 필요가 없다. 또한, 범죄인을 처벌함으로써 그에 상응하는 어떠한 사회적 유익도 발생하지 않는 경우 그를 처벌하는 것은 오히려 불법이 된다. 형벌의 정당성 역시 응보적 정의나 분배적 정의의 관점에 따라 파악되는 것이 아니라 그 효과(예방)와 관련하여 파악된다. 즉 "모든 형벌은 해악 그 자체이지만, 그것이 도대체 허용되어야 한다면, 어떤 '좀 더 큰 악'을 몰아낼 수 있을 것을 기대할 수 있는 때에만 허용되어야 한다."[51]

하지만 이런 사고에는 다음과 같은 문제점이 깃들어 있다. 첫째, 다수의 행복에만 관심을 기울이고 소수 보호에는 관심을 기울이지 않는다. 따라서 (이러한 효과의 산출과 무관하게 상정된) 개인의 타고난 권리를 존중하지 않으며, 권리란 '죽마(竹馬)에 올라탄 헛소리'에 불과한 것으로 취급된다.[52] 또한, 밀의 경우처럼 개인의 권리나 자유의 존

---

49) J. S. Mill, Utilitarianism, New York: Bobbs-Merrill, 1957, 10쪽(레바크, 앞의 책, 38쪽에서 재인용).

50) "정의는 인간의 안녕에 필수적인 것을 고려하는 도덕적 규칙의 집합에 대한 이름이다"[Mill, 앞의 책, 73쪽(레바크, 앞의 책, 49쪽)].

51) J. Bentham, An Introduction to Principles of Morals and Legislation, 1789.

52) 샌델, 앞의 책, 58쪽.

중이 사회 유지나 발전(공리성)을 위한 것이라면 권리는 불확실한 상황에 볼모로 잡히고 말 것이다.53) 동시에 개인에 대한 권리 침해 역시 사회 전체의 행복이라는 이름 아래 손쉽게 용인되고 말 것이다. 가령 공리주의 관점에서는 미뇨네트호 사건54)에서 보듯 다수가 자신들의 생존을 이유로 약자의 생명을 침해하는 행위도 비교적 손쉽게 허용될 수 있을 것이다. 반면, 영화 '라이언 일병 구하기'에서 보듯 한 사람을 구하기 위해 다수 군인의 희생을 감수하는 행위는, 비록 감동을 줄 만한 행위로서 인간에 내재한 특별한 성향의 발로일 수 있음에도, 공리주의자들의 입장에서는 쉽게 용납되거나 이해되기 어려울 것이다. 둘째, 공동선을 집단적 측면에서 이해하고 분배적 방식으로 이해하지 않는다. 하지만 모든 가치는 공통된 하나의 통화('유용성'이라는 단일통화)로 파악될 수 없으며,55) '유용성'이라는 토포스는 도덕원리의 타당성을 뒷받침하는 중요한 하나의 렌즈일 뿐 유일한 렌즈라 할 수 없다. 따라서 유용성에 기초한 분배의 '결과'에만 초점을 맞추는 공리주의는 분배의 '절차'라는 정의의 중요한 다른 측면을 무시하고 있다.56) 셋째, 행복을 보편화하는 것은 불가능하다. 인간이 모두 행복을 추구하는 경향성을 지니고 있음은 부정할 수 없을지라도, 적극적으로 행복이 무엇인가에 대해서는 각자마다, 사회마다, 시대마다 달리 대답될 수 있고, 실제로도 다양하게 대답되고 있다. 어떤 사람에게는 쾌락과 행복을 가져다주는 것이 다른 사람에게는 고통과 불행을 안겨줄 수도 있다.

나. 소극적 공리주의

이러한 전통적 공리주의를 재구성하여 복지국가의 철학적 기초를 마련하고자 한 사람으로는 칼 포퍼를 들 수 있다. 그는 최대 다수의 시민이 아니라 빈곤층에 속한 소수자의 고통과 불만에 국가가 일차적으로 관심을 가져야 한다고 보았다. 법철학의 영역에서 이러한 전환을 시도한 학자로는 카우프만(Arthur Kaufmann)을 꼽을 수 있다.

---

53) 샌델, 앞의 책, 75쪽.

54) 1884년 5월 영국에서 호주를 향해 항해하던 중 남아프리카 희망봉 근처에서 난파되었는데, 살아남은 자 4명이 구명보트를 타고 망망대해를 표류하다가 조난된 지 20일째 되던 날 더는 허기를 참지 못하고 (바닷물을 마셔 시름시름 앓고 있던) 급사(17세)를 죽여 인육을 먹고 24일째 구조된 사건이다. 최종 생존한 3인은 재판에서 사형을 선고받았으나, 이후 특사로 감형되어 금고 6개월의 옥고를 치렀다. 물론, 이 행위는 현재의 우리 형법상 기대불가능성을 이유로 면책적 긴급피난의 법리에 따라 처벌을 면할 수도 있을 것이다.

55) 샌델, 앞의 책, 64쪽.

56) 레바크, 앞의 책, 68쪽.

그는 '부정의 철학'에 기초하여 종래와는 정반대의 시각에서 공리주의를 재구성하였다(소극적 공리주의).57) 즉, 다수의 행복을 극대화하는 데 중점을 둔 적극적 공리주의와는 달리 인간과 사회의 불행을 최소화하는 데 초점을 둠으로써 사회적 약자와 소수 보호를 지향하는 법사고를 펼쳤다. 그에 따르면 인간을 불행하게 하는 요인들은 질병, 고통, 가난, 억압 등의 실존적 위협을 통해 (상대적으로) 쉽게 확인할 수 있다고 한다. 그렇기에 불행에 맞서려는 소극적 공리주의는 보편화 가능하며, 이를 통해 사회적 약자들이 비인간적 현실에서 벗어나 인간적 삶으로 도약하는 것을 도울 수 있다고 한다.

　　이러한 사고의 철학적 출발점에는 가치 상대주의(법철학적 상대주의)와 칸트의 인식론이 자리하고 있다. 다양한 가치 간의 우선순위 문제는 인식이나 논증의 문제가 아니라 확신과 선택의 문제이며, 동시에 인간의 인식능력은 "물 자체는 인식할 수 없다."라는 칸트의 지적대로 불완전하다는 것이다. 그렇기에 인간은 사물 가운데서 무엇이 존재하는지가 아니라 무엇이 존재하지 않는지를 인식할 수 있을 뿐이라고 한다. 가령 이런 측면을 반영한 법 사고나 원칙으로는 인간의 존엄성과 평등원칙을 자의금지의 원리로 파악하는 사고, 소극적 황금률,58) 형법상의 '책임' 규명방식, 라드브루흐의 공식 등을 들 수 있다.

　　이러한 전제 아래 카우프만은 칸트의 정언명령["너의 의지의 격률(格率)이 보편법칙에 타당하도록 행위하라!"]을 "너의 행위 또는 행위의 결과가 인간의 불행을 최대한 회피하거나 경감시키는 방향으로 행위하라!"라는 원칙(관용의 원칙)으로 변형시킨다. 그런데 이것은 두 가지 측면을 함축하고 있다. 즉 하나는 현존하는 인간의 회피 가능한 불행은 가급적 배제하거나 경감시키는 방식으로 해결하는 것이고, 다른 하나는 인간의 회피 불가능한 불행은 최소화하여 가급적 관대하게 공동체의 다른 구성원들에게 분배하는 방식으로 해결하는 것이다.

　　이러한 사고는 인식론적 측면에서 (특히) 법적 행위를 규율하는 데 활용되는 정의

---

57) 이에 관해서는 Arthur Kaufmann, Die Lehre vom negativen Utilitarismus, ARSP, 1994, 476쪽 이하.

58) 황금률에는 적극적 황금률과 소극적 황금률이 있다. 전자는 '네가 대접받고자 하는 대로 남을 대접하라'로, 후자는 (공자의 언급처럼) '자신이 원치 않는 것은 남에게도 행하지 말라'(己所不欲, 勿施於人)로 표현된다. 소극적 황금률만이 보편화 가능하다는 주장으로는 변종필, 황금률의 규범력과 그 현대적 의의, 비교법연구 제9권 제2호, 동국대학교 비교법문화연구원, 2009, 7쪽 이하.

규범이나 법원칙이 어떤 속성을 지니고 있고 어떤 방식으로 이해되어야 하는지를 보여주는 매우 유익한 사고이다. 물론 이에 대해서는 사유 논리적 측면에서 소극적으로 무언가(가령 인간존엄성)의 부존재(침해상태)는 그 무언가의 존재(규범의 전체적 내용)를 전제할 수밖에 없는 것 아니냐는 지적이 제기될 수 있다. 하지만 인간의 인식능력이 근본적으로 불완전함을 인정할 수밖에 없는 한, (무언가의 부존재를 더 쉽게 파악할 수 있다는) 그러한 소극적 인식론의 실천적 유용성을 부정하기는 어려울 듯하다. 전체로서의 실재나 사물의 본성은 [때에 따라 그것의 존재를 마냥 신뢰하기도 하지만(가령 자연법적 사고)] 완전히 인식될 수는 없으며, 제한된 인식의 창을 통해 오직 선택적으로만 접근할 수 있을 뿐이다.[59)]

(2) 형식적 정의론: 카임 페를만(예시)

1) 형식적 정의

여기서 형식적 정의란 분배적 정의의 문제와 관련한 일반적인 정의 원칙을 말한다. 이러한 정의의 원형은 '각자에게 그의 것을'(suum cuique tribuere)이라는 공식이다. 이를 반영하여 가령 울피아누스(Ulpianus)는 정의를 '각자에게 그의 것을 귀속시키려는 항구 부단한 의지'라고 규정한 바 있으며, 라드브루흐 역시 이를 좀 더 세분화하여 '같은 것은 같게, 같지 않은 것은 같지 않게'를 정의 원칙의 핵심으로 제시하였다. 마르크스가 제시한, 이상적인 공산주의 사회에서의 분배 공식인 '각자의 능력에 따라 일하고 각자의 필요에 따라 분배받는 사회' 역시 이러한 공식의 변형 형태의 하나인 셈이다. 그런데 '각자에게 그의 것을'이라는 공식은 분배 문제에서 각 개인에게 돌아가야 할 몫을 주어야 한다는 당위적 요청을 띠고 있다. 하지만 여기에는 그러한 몫이 무엇인지가 선험적으로 주어져 있는 것도 아니고 당연히 인식될 수 있는 것도 아니라는 점에서 문제가 있다.

이에 좀 더 구체적인 요청으로서, 각자에게 그의 것을 주되 특정한 범주에 따라

---

59) Csaba Varga, The Fact and Its Approach in Philosophy and in Law, in: Law and Semiotics Vol. 3(Edited by Roberta Kevelson), 357쪽. "현실을 구성하는 수만 가지의 부분들이 당신 주위에 널려 있다. 이 모든 것을 완벽하게 지각하는 일은 인간으로서는 불가능하다. … 무수히 많은 것이 당신의 눈에서 벗어나 있다"[빈프리트 하쎄머, 범죄와 형벌(배종대·윤재왕 옮김), 나남, 2011, 205쪽]는 지적 역시 같은 맥락의 언급이다.

주라는 요청이 제기될 수 있다. 가령 각자에게 그의 능력, 공적, 노동, 근무연한, 계급 또는 법률이 정한 자격(legal entitlement) 등에 따라 주라는 요청 등이 그것이다. 이럴 경우, 각자에게 귀속되어야 할 몫을 정하는 것은 상대적으로 좀 더 쉬울 수 있다. 그 특정한 범주가 분배의 구체적인 기준으로 작용하기 때문이다. 하지만 이 경우에도 이들 중 어느 것을 기준으로 삼을 것인지, 하나만을 기준으로 할 것인지 아니면 여러 기준을 함께 고려할 것인지의 문제가 생길 수 있다. 그런데 이는 쉽게 해소될 수 있는 성질의 문제가 아니다. 그 문제에는 국가나 사회의 형태와 성격의 차이, 개개 구성원들의 인식과 의식의 차이 등이 맞물려 있기 때문이다. 또한, 범주 설정의 문제는 애당초 고정돼 있는 것이 아니라 시대마다 사회마다 유동적·가변적일 수 있다. 이런 점에서 특정 국가나 사회에 맞는 유의미하고 적절한 범주가 무엇인지는 일률적으로 규정되기 어렵다. 가령 상대적으로 매우 복잡하고 역동적인 사회에서 다른 범주들은 무시한 채 어느 하나의 범주만을 획일적 기준으로 삼아 분배 문제를 해결하려 한다면 사회 변화에 따른 구성원들의 요구는 적절히 반영되지 못할 것이며, 이로써 불만과 불안이 높아지게 될 것이다. 물론 이 경우, 만일 그 사회가 대체로 합리적인 사회라면 사회적 소통과 논의를 통해 여러 범주를 혼합적으로 적용하는 방향으로 전환을 꾀할 수 있을 것이다.

그런데 범주 설정과 관련한 이처럼 복잡한 문제 상황에도 불구하고 모두가 일반적으로 동의할 수 있는 사항은 있다고 본다. 그것은 바로, 같은 특성을 갖거나 같은 범주에 속하는 사람들이나 대상들은 모두 같게 취급해야 한다는 것이다. 페를만은 이를 '본질상 같은 범주에 속하는 존재들은 같게 대우해야 한다!'[60]라는 명제로 공식화하여 제시한다. 이는 모든 형식적 정의에 공통되는 핵심을 파악한 것으로서 형식적 정의의 본질을 제시한 명제라 할 수 있다. 가령 인간이라는 범주에 이 공식을 적용해 보면 개개의 인간은 (빈부, 선악, 연령 등의 차이와 관계없이) 인간이라는 이유만으로 같게 대우받아야 할 것이다. 다만 인간으로서 각자에게 당연히 귀속되어야 할 몫이 무엇인지는 열린 문제이다. 예컨대 우리의 법질서를 전제로 한다면, 헌법상 보장된 모든 기본권이 그 몫에 해당할 것이다. 그런데 인간들도 생물학적·사회적 측면 등 여러 측면에서 차이가 있다. 따라서 (이러한 차이를 진지하게 고려하지 않는 이념적 입장과는 달리) 이러한

---

60) 페를만, 앞의 책, 21쪽.

차이 및 그 차이에 따라 각자를 달리 취급할 필요성을 인정하는 사회라면, 그 공식이 '각자에게 언제나 어떤 경우에도 같은 것을 주라'는 형태로 탈바꿈되는 것을 쉽게 수용하지는 않을 것이다. 왜냐하면 '각자에게 언제나 같은 것을'이라는 공식이 비록 평등주의적 정의 관념을 실현하는 데는 봉사할 수 있을지 몰라도 인도주의적 평등 관념에 부합한다고 보기는 어렵기 때문이다. 더욱이, 현실의 적용에서 특정한 계급에 속한 자들(가령 귀족)만을 대상으로 할 경우, 그 공식은 인도주의적 이상과는 거리가 먼, 우월적 계급 내의 연대를 강화하는 그릇된 수단으로 악용될 수도 있다.[61] 따라서 '각자에게 그의 것을'이라는 정의 공식과 관련해서는, 인간들 혹은 특정한 대상들 간의 '같음'과 '다름'이라는 근본 범주(의 차이)를 전제로 하는 공식인 '같은 것은 같게, 다른 것은 다르게'라는 정의 원칙(평등원칙)이 중요한 의미를 띠게 될 것이다.

그렇기에 우리가 인간을 또는 인간의 행위를 다룸에 있어 동일성과 차이(같음과 다름)가 있음을 전제로 하는 한, 즉 인간으로서 같게 대우해야 할 부분과 서로 간의 차이를 고려하여 각기 다르게 대우해야 할 부분이 있음을 전제로 하는 한, 페를만의 공식은 이른바 평등원칙의 공식과 그 궤를 같이한다고 볼 수 있다. 다만, 같음과 다름의 범주를 어떻게 규정할 것인가, 즉 다름에 속하는 범주는 무엇인가(가령 병역의무 부과 문제는 남성과 여성 간에 다른 취급이 요구되는 범주인가)가 핵심 문제로 남게 된다. 물론, 이 문제는 여전히 (어느 정도) 열린 문제로서 서로 다른 의견이나 접근방식이 가능하며, 특정 사회의 문화적 토대와 구성원들의 인식과 의식 등에 따라 달리 규정될 수 있을 것이다.

2) 형식적 정의의 의의와 문제점

가. 실천적 의의

그렇다면 정의의 형식적 원리는 실천적으로 그다지 의미 있는 역할을 하지 못하는 것인가? 여기에 대해서는 소극적 측면과 적극적 측면에서 역할 규정이 제시되고 있다. 가령 젤만(Kurt Seelmann)은 형식적 정의 원칙에서 다음과 같은 사항을 도출한다. 즉, 불평등대우를 할 때는 반드시 근거를 제시해야 하고, 동등 및 차등 대우에 관한 결정은 원칙이나 규칙 등 합리적 기준에 따라 내려져야 하며, 정의 원칙을 만족시키

---

61) 페를만, 앞의 책, 22-23쪽.

는 결정이 되려면 개인적인 편견을 버려야 한다고 한다. 카우프만(Arthur Kaufmann) 역시 평등원칙을 '자의금지'라는 소극적 측면에서 바라본다. 즉, 평등원칙은 법내용을 적극적으로 규정하기보다는 단지 비도덕적이고 부당한 법률들을 제거하는 소극적인 조정기능을 담당한다는 것이다. 반면 심헌섭 교수는 형식적 정의 원리를 적극적으로 이해한다. 즉 비록 추상적이고 형식적이긴 하지만, 새로운 법의 형성으로 지향된 방향 제시적 가치이념이자 동시에 실정법의 통제·개정에 봉사하는 비판적·규제적 원리라는 것이다.

필자가 보기에 전자(젤만, 카우프만)는 '각자의 것'이나 '같은 것과 다른 것'(의 구체적 내용)이 다양한 범주적 차원에서 제기될 수 있음을 고려한 상태에서 형식적 정의 원리의 적용상의 측면에 초점을 맞춘 듯하고, 후자(심헌섭)는 기존 법질서에 설정된 범주나 기준의 불합리성 및 그에 따른 항의나 불복 가능성을 고려하여 향후 그러한 범주나 기준을 수정·개선할 것을 요청하는 입법론적 방향 제시의 측면에 주안점을 둔 진단으로 보인다.

나. 문제점

그런데 '각자에게 그의 것을', '같은 것은 같게, 다른 것은 다르게' 등과 같은 형식적 정의 원리에 담긴 각자에게 그의 것 또는 (평등원칙에서의) 같은 것과 다른 것은 특정 국가와 사회의 헌법 체계, 그에 따른 지배적인 정치적·사회적 관념 및 사회 추이에 따른 구성원들의 의식과 가치관 등의 변화에 따라 달리 결정될 수 있다. 다시 말해 개개의 인간은 인간학적인 기본 성정과 관련해서만 같을 뿐, 나머지 부분에 관해서는 서로 다르거나 다양한 형태를 띠고 있고, 사회 역시 늘 물적 토대와 각종 여건 등에 따라 변화를 거듭하기에, 형식적 정의 원칙은 그 적용상 평등과 불평등의 가치 표상에 관한 정치적·사회적 결정에 영향을 받을 수밖에 없다. 이런 점에서 가령 켈젠은 '각자에게 그의 것을'이라는 공식은 각자에게 분배되어야 하는 것이 각자에게 돌아가야 함을 의미할 뿐이므로, 이 공식을 적용하려면 각자에게 그의 것이 무엇인지를 규정하는 일정한 규범 질서의 효력이 전제되어야 한다고 본다. 그렇지 않다면 이러한 형식적 정의 원칙은 동어반복이자 빈 공식일 뿐이라고 비판한다.[62] 원칙들의 논리적 적용의 측면을 고려할 때 매우 일리 있는 예리한 지적이다.

---

62) 한스 켈젠, 순수법학(변종필·최희수 옮김), 539쪽 이하.

(3) 정의의 제 차원과 상호간의 착종

다만, 이러한 비판으로써 형식적 정의 원칙과 연계된 문제의 차원이 모두 거론된 것은 아니다. 켈젠의 지적대로 형식적 정의 원칙이 적용되려면 논리적으로 일정한 규범 질서가 전제될 수밖에 없다고 하더라도, 그러한 적용의 문제는 그와 같이 전제된 규범 질서가 정당한 것인지의 문제와는 별개의 것이다. 일정한 규범 질서를 전제하고 그에 따라 본질상 같은 범주에 속하는 것은 같게 취급한다고 하더라도, 그것만으로는 내용적 측면에서 정의가 충분히 보장되었다고 보기 어려울 수도 있다. 이런 점에서 형식적 정의는 실질적 정의의 측면과 연계하여 이해될 필요가 있다. 형식적 정의 원칙이 사회 내에서 얼마나 강력한 흡인력을 가질 것인가는, 그 사회의 기본구조가 실질적 정의의 요청에 부합하는지, 만일 그렇지 못하다면 그 구조가 그러한 요청을 충족하는 방향으로 개혁될 수 있는지에 의존하기 때문이다.[63] 또한, 형식적 정의 원칙은 (다른 차원의 관련성이긴 하지만) 절차적 정의와도 연결된다. 형식적 정의 원칙이 그때마다 시의적절하게 실현되려면 우선 특정한 범주의 설정 또는 수정·개선과 관련하여 (입법론), 다음으로 입법 이후 변화된 범주의 적용과 관련하여 (해석·적용론) (특히 적정한 헌법 체계를 갖춘 국가나 사회에서는 언제나) 절차적 측면에서의 정당성(또는 타당성) 문제에 직면하기 때문이다.

요컨대, 정의는 크게 세 가지 차원, 즉 실질적 차원, 형식적 차원, 절차적 차원을 지닌다. 정의의 실질적 차원은 그 규율 내용의 정당성 여부를 문제 삼고(실질적 정의), 형식적 차원은 특정 범주를 기준으로 그에 해당하는지를 문제 삼으며(형식적 정의), 절차적 차원은 판단이나 결정에 이르는 과정의 합리성(가령 요구되는 절차나 규칙 등의 준수·충족) 여부를 문제 삼는다(절차적 정의). 그런데 이들을 각기 분리하여 일면적 측면에서만 접근하면 문제가 생길 수 있다. 가령 실질적 정의의 측면을 배제하거나 전제하지 않는다면 형식적 정의나 절차적 정의 차원에서의 논의는 무의미하거나 공허할 수밖에 없다. 물론, 실질적 정의가 대체로 실현되고 있어 더는 심각하게 문제 되지 않는 상황이라면, 즉 대체로 정당한 법질서가 안정화되어 있는 상태라면(실질적 법치국가 원리가 제대로 구현되는 상태라면) 사정은 다를 것이다. 하지만 이 경우에도 절차적 정의

---

63) 롤즈, 앞의 책, 103, 104쪽.

는 언제든지 문제될 수 있다. 그러한 실질적 내용은 적정한 절차가 마련되어 제대로 작동할 때만 실현될 수 있기 때문이다. 그리고, 실질적 정의도, (그에 따라) 절차적 정의도 제대로 실현되지 않은 상태라면, 형식적 정의가 그 힘을 얻을 수 있다. 역사적으로 형식적 정의 원칙이 인권이 유린·탄압받는 부당한 사회적 상황에서 정당한 법상태를 실현하기 위한 (정치적) 투쟁의 수단으로 널리 활용돼 왔음은 이를 잘 보여준다.

3. 정의와 형평

(1) 형평의 필요성

정의는 (이를 형식적으로 이해할 경우) 평등원칙을 본질로 한다. 그렇기에 정의는 같게 다루어야 할 범주와 다르게 다루어야 할 범주에 따라 인간의 자유와 사회적 재화 및 소득 등을 동등하게 또는 다르게 분배할 것을 요청한다(일반적인 형식적 정의). 따라서 일정한 실정법 체계가 정한 특정한 동등 취급의 범주를 전제로 할 경우, 그 체계의 규율 대상이 되는 모든 인간의 행위는 그러한 범주에 따라 동등하게 취급되어야 한다. 가령 남의 물건을 훔친 행위에 대해선 같은 법정형으로 대처해야 한다. 그러나 이 경우에도 그런 행위를 하게 된 동기, 훔친 물건의 종류나 가액 등의 차이(구체적인 불법과 책임의 차이)를 전혀 고려하지 않은 채 물건을 훔친 모든 행위자에게 같은 형량을 부과한다면, 과연 이것이 정의에 합치하는가를 두고 의문이 제기될 수 있다. 같은 범주에 속하는 같은 행위라 하더라도, 그에 대해 일반적인 형식적 정의 원칙을 일률적·획일적으로 적용하여 문제 해결을 꾀하게 되면 오히려 정의 이념의 실현과는 거리가 먼 결과를 낳을 수도 있다.

이처럼, 일반적인 형식적 정의는 인간의 행위를 규율하는 근본 원칙으로서의 그 의의에도 불구하고 구체적 타당성을 실현하는 데는 한계가 있다. 따라서 정의가 구체적 사례와 관련해서도 온전히 실현되려면 (일반적인 형식적 정의의 이념 외에) 실천이성의 보충적이고 시정적(是正的) 기능으로서 현실 속에서 중요성을 띠고 작용하는 구체적인 요소들을 판단이나 결정에 함께 고려할 것을 요청하는 또 다른 이념, 즉 형평(equity, Billigkeit)이 필요하다. 가령 정의에는 자비나 사랑이 가미돼야 한다거나 자비 없는 정의는 잔인(토마스 아퀴나스)이라는 경구의 실천적 의의도 바로 이런 측면에서 찾을 수

있다. 즉, 사랑이나 자비는 일반적인 형식적 정의의 일률적·획일적 적용을 자제하도
록 요청함과 동시에 구체적 사례에서 중요성을 띤 현실적 요소들을 함께 고려하도록
요구함으로써 구체적 사례와 관련된 좀 더 완전한 정의의 실현을 매개하는 가교역할
을 담당한다.

(2) 형평의 이념

형평은 (일반적인 형식적 정의의 핵심 형태인) 평등원칙 중 '같은 것은 같게'라는 범주의
적용과 관련하여 개별사례에서의 차이를 함께 고려함으로써 달리 취급할 것을 요청
하는 이념이다. 다시 말해, 본질상 같은 범주에 속하는 사람들이나 대상들과 관련하
여 존재하는 중요한(또는 의미 있는) 차이점이나 요소들을 고려함으로써 개별사례에서의
구체적 타당성을 지향하는 정의의 요청을 말한다. 이런 점에서 형평은 '구체적 사례
에서의 정의'라 불린다. 따라서 형평은 일반적인 형식적 정의와 본질상 대립하는 것
이 아니라 그와 긴장 관계에 놓여 있는 정의의 두 경향 중 하나이며, 일반적인 형식적
정의의 이념을 보충하고 시정하는 성격을 지닌다. 즉, 형평은 일반적인 형식적 정의
에 따른 결정이나 판단이 적절치 않다고 보이는 경우 '정의의 목발'로서 그러한 형식
적 정의에 대한 필요불가결한 보완물(補完物)로 작용한다.[64] 예컨대 같은 시간의 노동
을 한 두 사람이 있는데 일방은 오랜 경력의 전문가이고 타방은 이제 갓 입사한 하급
직원인 상황을 가정해보자. 이 경우 '각자에게 그의 노동에 따라'라는 공식에 따라 두
사람을 같게 대우한다면, 즉 같은 보수를 지급한다면, 이는 얼핏 그러한 형식적 정의
의 요청에는 부합할지 몰라도 노동의 종류와 근무연한에 따른 숙련도 등의 차이를
고려할 때 완전한 정의의 실현에는 미치지 못한다고 할 수 있다. 따라서 이 경우에는
이런 차이를 반영한 보수산정방식의 채택을 통해 두 사람을 달리 대우하는 것이 필요
하다. 이런 차이를 고려하여 구체적 사례에서의 타당성을 확보하려는 이념이 바로 형
평이다. 이런 점에서 형평은 일반적인 형식적 정의의 적용이 의문에 부딪히거나 불합
리로 귀착될 때 그러한 형식주의를 파기함으로써 실현될 수밖에 없는 속성을 띠고
있다.[65] 물론, 이때 차이 나는 다른 특성이나 요소들을 어느 정도 반영할 것인가는

---

64) 페를만, 앞의 책, 93쪽.
65) 페를만, 앞의 책, 40쪽.

대체로 이들 특성이나 요소들의 중요성에 달려 있을 것이다. 그리고 중요성 여부는 대체로 해당 집단이나 사회 내에서 이들이 갖는 실천적 의의를 고려하여 구성원들 간의 일정한 합의나 타협에 의존할 것이다.

　이러한 형평의 이념이 문제 되거나 반영되는 경우로는 예컨대, 소송의 전(前) 단계에서 당사자 간에 화해가 이루어지는 경우, 같은 범죄에 대해 선별적으로 기소하는 경우, 같은 범죄에 대해 개인의 사정을 고려하여 상대적으로 경하게 또는 다르게 처벌하는 경우 등을 들 수 있다. 가령 어렵게 생활하는 우편물 배달원과 부유하게 생활하는 회계원이 횡령을 범한 경우, 이들 행위는 똑같이 업무상 횡령죄에 해당하나 개인의 구체적 사정을 고려하여 전자를 경하게 처벌하거나, 똑같이 사람을 살해한 경우라도 고의살인과 과실치사를 구별하여 달리 처벌하는 것이 정의의 요청에 합치하는 것은 바로 이러한 형평의 이념이 반영된 결과이다.

　하지만 가령 형법상 (위법성이나 책임이 조각되어) 범죄가 되지 않는 경우와 (이러한 사유가 존재하지 않아) 범죄가 되는 경우를 달리 취급하는 것은 형평의 요청과 무관하다. 이는 '다른 것은 다르게'라는 일반적인 형식적 정의의 근본요청에 따른 결과이기 때문이다. 나아가, '같은 것은 같게'라는 범주의 적용이 문제 되는 상황에서 차이 나는 다른 특징이나 요소들이 존재하는 경우라도, 만일 그러한 특징이나 요소가 사회적 측면에서 중요성을 띤(또는 의미 있는) 것이라고 볼 수 없다면, 섣불리 형평의 이념을 원용하여 그러한 특징이나 요소를 판단이나 결정에 반영하는 것은 적절하지 않을 수 있다. 예컨대 두 사람이 같은 범죄를 범했으나 일방에 대해서는 사회적 저명인사나 재벌의 총수라는 이유로(즉, 그간의 그의 사회적 기여도나 형벌 집행으로 초래될 장래의 사회적 파급효과 등을 고려하여) 특별예방적 관점에서 실형이 아닌 기소유예나 선고유예의 처분을 하고, 그렇지 않은 타방에 대해서는 실형을 선고하는 경우가 그러하다. 이 경우 사회적 기여도나 형벌 집행으로 초래될 사회적 파장 등은 처벌로 인한 장래의 효과로서 행위와 직접적 관련성이 없어 그 사회적 의의의 측면에서 중요성을 띤 요소로 보기는 어렵다. 따라서 그러한 결정은 일반적인 형식적 정의의 본질('같은 것은 같게')에 반하는 차별적 취급을 형평의 이념을 빌려 그릇되게 정당화한 예라고 볼 수 있다.

(3) 양자의 관계

(일반적인 형식적) 정의와 형평의 관계에 관해서는 위와 같은 시각 외에 다른 시각도 존재한다. 즉, 양자를 같은 것으로 보는 견해와 서로 모순·대립하는 관계에 있다고 보는 견해가 그것이다. 가령 슈탐플러는 '형평은 정의의 사상과 도무지 구분되지 않는다.'라고 보았는가 하면(전자), 쇼펜하우어는 '형평은 정의의 적이다.'라고 보았다(후자). 하지만 위에서 살펴보았듯이, 형평을 정의와 같은 것으로 보게 되면 판단이나 결정에서 구체적 사례에서의 차이를 적정하게 또는 합리적으로 고려할 수 있는 기준은 사라지고 만다. 또한, 양자를 대립·모순 관계에 있는 것으로 보게 될 경우에 초래되는 문제 상황 역시 분명하다. 일반적인 형식적 정의에만 주목하면 개별 사례에서의 다양한 차이를 무시한 채 획일적·일률적 기준에 따른 평가나 판단이 이루어져 이른바 형식주의의 폐단이 극심해질 것이다. 반대로 형평의 이념에만 주목하면 정의는 그 방향성을 상실할 수도 있다. 즉, 얼핏 타당성 측면에서 구체적 사례에 적합한 판단을 얻을 수 있으리라고 기대할지 몰라도, 형평의 이념 자체만으로는 도무지 정의에 합당한 결정을 도출하지 못할 것이다. 형평이란 일반적인 형식적 정의를 전제로 그 결함을 보충하는 의의를 지닌 이념이기 때문이다. 따라서 정의 실현의 보충적·시정적 요소로서의 형평은 불가피하다고 하겠다. 요컨대, 좀 더 완전한 정의는 우선 일반적인 형식적 정의를 그 기반으로 하되, 때에 따라 개별 사례에서의 의미 있는 차이나 요소들을 함께 고려할 때 비로소 온전히 실현될 수 있을 것이다.

4. 정의와 법감정

정의는 옳음의 인식적 측면을 본질적 특징으로 한다. 그런데 때때로 정의는 이를 감정적 측면에 초점을 두어 이해하는 시각에 의해 부정적으로 평가되기도 한다. 가령, 러셀은 '정의의 관념은 심리적으로 바람직하지 못한 열정에 그 뿌리를 두고 있는바, 그 본질은 잔인함에 정의의 옷을 입혀 사디즘의 출구를 허용하는 데 있다. 따라서 이성을 통해 이를 승인해줌으로써 그러한 감정을 강화해서는 안 된다'라고 말한 바 있다.[66]

---

66) 버트런드 러셀, 나는 왜 기독교인이 아닌가, 사회평론, 1999, 60-61쪽.

알프 로스(Alf Ross) 역시 "정의를 불러일으키는 것은 책상을 꽝 치는 것과 같다. 즉, 그것은 자기의 요구를 절대적인 것으로 바꾸는 감정적 표현이며, 상호이해를 위한 적절한 방법이 아니다. 그의 말은 설득이지 논거가 아니다."[67]라고 말하기도 했다. 이런 시각은 극도의 주관적인 정의 감정을 정의라고 보는 태도를 경계하려는 측면에서 일면 일리 있다. 하지만, 여기서 말하는 감정은 정의와 관련된 (특히 부정적 측면의) 감정적 태도를 일컫는 것으로, 법감정은 아니다.

법감정(Rechtsgefühl)이란 법 또는 법적인 것에 대한 감정이나 정서적 태도를 말한다. 하지만 이런 정의(定義)만으로 법감정을 제대로 이해하기에는 충분치 않다. 우선, 이 용어는 매우 다의적이며 다양한 맥락에서 사용된다. 예컨대, 법감정은 법적 문제와 관련하여 직관적 결정을 내릴 수 있게 하는 개인의 법적인 기본정서,[68] 당해 사안에 대한 적절하고 형평에 맞는 해결책을 통찰하거나 법적 분쟁에서 정당한(규범에 적합한) 결정을 직관적으로 파악하는 정서적 차원,[69] 실정법 질서 아래에서 생활하는 인간이 자기 또는 타인에 대한 위법한 혹은 적법한 취급에 반응하는 방법으로서의 불승인이나 승인을 통해 표현되는 정신적 태도,[70] (사회학적 측면에서) 다수의 사례 및 다양한 상황에서 실행되고 확인된 축적된 법경험[71] 혹은 각각의 법공동체가 자신의 법을 통해 각인된 환경 속에서 습득한 경험과 발자국의 산물[72] 등으로 이해되며, 나아가 자연법의 인식근원[73]으로 여겨지기도 한다. 이에 비추어 볼 때 법감정은 실정법적 차원과 초실정법적 차원 모두에 연관돼 있는 개념, 무엇이 법인지(존재 측면) 또는 무엇

---

67) Alf Ross, On Law and Justice, 1958, 274쪽.

68) Klaus Obermayer, Über das Rechtsgefühl, JZ 1986, 2쪽.

69) Gerhart Husserl, Recht und Welt, Frankfurt a.M., 1964, 104-105쪽.

70) 한스 켈젠, 순수법학(변종필·최희수 옮김), 619쪽.

71) Hans Ryffel, Grundprobleme der Rechts- und Staatsphilosophie: Philosophische Anthropologie des Politischen, 1969, 456-457쪽.

72) Hans-Martin Pawlowski, Methodenlehre für Juristen: Theorie der Norm und des Gesetzes, 1981, 264쪽.

73) Heinlich Hubmann, Naturrecht und Rechtsgefühl, in: Naturrecht oder Rechtspositivismus(hrsg. v. W. Maihofer), 1966, 367쪽 이하. 그에 의하면 인간은 자연에 의해 고유한 가치기관을 타고났고, 이 가치기관에는 가치가 직접 주어져 있으며 이를 통해 복잡한 상황에서도 거의 자동으로 우월한 가치 사정을 밝힐 수 있는바, (가치철학의 거의 자명한 견해에 따르면) 이러한 가치기관은 이른바 가치감정에 깃들어 있다고 한다. 이런 측면에서 쉘러 역시 모든 법은 무엇보다 인간의 본성을 담고 있는바, 이 점에서 법감정을 고려해야 하며, 과학 역시 결코 법감정을 무시할 수 없다고 한다(Max Scheler, Der Formalismus in der Ethik und die materiale Wertethik, 4.Aufl., 1954, 358쪽).

이 법이어야 하는지(당위 측면)에 대한 감정이나 정서적 태도와 관련된 개념임을 알 수 있다.74)

또한, 법감정이 단순히 감정적 요소 외에 지적 요소까지도 포함하는지를 놓고 논란이 있다. 가령 리쯜러는 인식적 사고는 법감정에 대해 인과적이라고 진단함으로써 지적 요소도 포함되어 있다고 보는 데 반해,75) 헨켈은 법감정은 인식적 관념이나 사고 과정과는 무관하다며 양자를 구분한다.76) 필자로서는 후자의 견해가 타당하다고 본다. 물론, 법적 대상과 관련된 경험에 있어 우선 반응하는 것은 법감정이며, 이것이 후발적으로 지적 과정을 자극·촉진·심화한다는 점, 즉 그러한 감정적 체험을 토대로 인식적 사고를 통해 그에 대한 깊이 있는 성찰에 이르게 된다는 점에서 양자가 연계되어 있기는 하다. 하지만 두 과정이 시간상 동시에 일어나거나 양자 간에 분명한 한계를 그을 수 없는 경우에도 양자는 본질상 서로 다른 것을 내포하고 있다.77) 그리고 포함설에 의하면 — 사람에 따른 감정반응의 차이를 설명하는 데는 다소 수월할지도 모르나 — 감정과 지적 요소를 엄밀하게 구분하기 어렵게 된다.

요컨대, 법감정은 옳음의 인식적 측면을 본질로 하는 정의와 구분된다. 여기서의 '법'에 체계 초월적 의미의 정의 또는 정법까지 포함된다고 하면 모를까,78) 그렇지 않은 한 정의감과도 같지 않다. 이는 역사의 과정에서 비로소 성립된 것이라기보다 인간 안에 내재한 속성이긴 하나, 너무나도 주관적이며 다의적이어서 이를 상호 주관적으로 확인하기는 거의 불가능하다. 따라서 이로부터 곧장 법적 측면에서 의미 있는 어떤 객관적 원칙을 도출하기도 매우 어렵다.79) 이에 법의 영역에서 이 개념을 유용하게 활용하자면 상호 소통적 방법을 통해 일반화하는 것이 필요하리라 본다.80)

---

74) 변종필, 법감정의 일반화를 위한 제언, 법철학연구 제3권 제1호, 세창출판사, 2000, 238-239쪽.

75) Riezler, Das Rechtsgefühl, 2.Aufl., 1946, 24쪽.

76) Heinlich Henkel, Einführung in die Rechtsphilosophie: Grundlagen des Rechts, 2.Aufl., 1977, 535쪽.

77) Hoche, Das Rechtsgefühl in Justiz und Politik, 1932, 7쪽.

78) 이 경우 법감정은 정의감을 지칭한다는 것으로는 켈젠, 앞의 책, 621쪽.

79) Alfred Verdross, Abendländische Rechtsphilosophie: Ihre Grundlagen und Hauptprobleme in geschichtlicher Schau, 1958, S. 223-224쪽; N.브리스코른, 법철학(김일수 옮김), 서광사, 1996, 142쪽.

80) 변종필, 법감정의 일반화를 위한 제언, 261-262쪽.

5. 정의와 법적 안정성의 충돌

(1) 라드브루흐의 공식

정의와 법적 안정성의 이념은 많은 경우에 서로 충돌한다. 이런 경우에 대한 해결책으로는 양자 중 일방을 우선하는 방법이 있을 수 있다. 예컨대 전통적인 자연법론처럼 정의를 우선시하거나 순수한 법실증주의처럼 후자를 우선시함으로써 충돌을 해소할 수 있다. 하지만 전체적인 실정법 체계와 그 형태를 고려할 때 그와 같은 선택이 언제나 손쉽게 이루어질 수 있는 것은 아니다. 정당한 질서의 존재를 전제로 하면 문제가 거의 없을지 몰라도(물론, 이 경우에도 어떤 이념을 중시할 것인가의 문제는 발생하곤 한다), 그렇지 않은 경우라면 양자 중 어느 것을 우선시할 것인가 하는 문제는 제기될 수밖에 없기 때문이다.

이런 경우의 우선순위 문제에서는 가령 라드브루흐가 제시한 해결방식이 상당한 시사점을 줄 수 있다. 이 문제에 대한 그의 태도는 두 시기로 구분된다. 우선 제2차 세계대전 이전의 입장이다. 이 시기에 그는 가치 상대주의에 기초하여 양자 중 어느 것이 더 좋은 가치인지는 알 수 없기에 각자의 확신에 따른 선택에 맡길 수밖에 없다는 태도를 견지했고, 그에 따라 법적 안정성의 가치를 일반적으로 더 우위에 두었다. 즉, 어느 시대 어느 사회를 막론하고 우선 질서가 있어야 한다는 것이 공동사회의 제1차적 선결 요건이라고 함으로써 안정과 평화, 즉 법적 안정성을 법의 제1차적 목표로 보았다.

그러나 나치(국가사회주의) 시대의 광범위한 인권유린을 경험한 이후, 즉 제2차 세계대전 이후에 그는 이러한 종래의 입장을 변경하였다. 즉, 그는 「법률적 불법과 초법률적 법」(Gesetzliches Unrecht und übergesetzliches Recht)이라는 논문에서 다음과 같은 선언을 공식화하였다. "실정법률의 정의에 대한 위반이 참을 수 없는 정도에 이르렀다면 부당한 법인 그 법률은 정의에 자리를 내주어야 한다."(라드브루흐의 공식) 부당한 법이 정의에 길을 양보하지 않을 수밖에 없는 정도에 이르지 않았다면 설령 그 내용이 부당하더라도 안정된 실정법이 우선하지만, 실정법이 정의에 길을 내주어야 할 정도로 악법인 경우(법률적 불법)라면 그것은 법으로서 효력을 갖지 못하며, 그 경우에는 정의(초법률적 법)가 우선한다는 것이다. 여기서 초법률적 법이란 법률화되어 있진 않지만 정당한 법(자연법)을 말한다. 그리고 '법률적 불법'은 비법(非法)을 그 핵심으로 하는데, 가령 평등을 의식적으로 부정하는 법률, 인간을 인간 이하로 취급하고 인권을 부정하는 법률, 범죄의 경중을 고려하지 않고 서로 다른 범죄유형에 대해 사형이라는 같은 형벌을 부과하는 법률 등이 비법에 해당한다.[81]

(2) 라드브루흐 공식과 국가범죄

이 공식이 유효하게 적용되는(또는 될 수 있는) 경우는 법체계 전체의 측면에서 불법이 만연한 상황일 것이다. 이런 상황에서는 법적 안정성의 강조가 인간의 자유에 대한 광범위한 침해를 정당화하는 이데올로기로 기능할 것이기 때문이다. 반면, 대체로 정당한 실정법 체계가 안정적인 상태를 유지하고 있는 경우(즉 헌법의 규범 내용이 인간의 기본적 권리를 보장하는 규정들로 채워져 있고, 이를 실현하기 위한 제도적 장치들이 권력분립의 형태로 존재하며, 이들 기관이 실제로도 유효하게 작동하고 있는 경우)라면 법적 안정성의 이념이 일반적으로 중시되어야 할 것이다. 물론 이 경우에도 법률의 일부 내용이 정의의 요청에 부합하지 못하는 예들도 있겠지만, 법질서의 근간이 되는 법치국가 원칙, 권력분립 원칙 등이 제대로 작동하고 있는 한, 그 정도의 불법에 대해서는 법체계상 이를 수정·시정할 수 있는 여지가 존재하기 때문이다.

우리의 경우 한때 이른바 국가범죄의 청산을 두고 전개되었던 '국가범죄에 대한 공소시효 배제 및 연장 가부' 논쟁에서 라드브루흐의 공식이 거론된 바 있다.[82] 즉 '특별한 사정이 있는 경우'에는 실질적 정의의 요청이 법적 안정성에 우선하는 것으로 보아 예외적으로 진정 소급효를 인정하자는 주장이 바로 그것이다. 이에 따르면 가령 국가기관이 살해·고문 등 인간의 존엄과 가치를 원천적으로 부정하는 행위를 하고 이를 은폐하는 등 헌법정신을 정면으로 부정하는 경우, 국헌을 근본적으로 위해(危害)하고 국가권력을 악용하여 개인의 인권을 조직적으로 유린(蹂躙)하는 경우 등에는 이미 공소시효가 완성되었다고 하더라도 새로운 입법(소급입법)을 통해 처벌할 수 있도록 해야 한다고 한다. 생각건대, 나치 범죄 청산 논의의 배경이 되었던 독일의 역사적 상황과 국가범죄 청산 논의의 배경이 되었던 우리의 역사적 상황을 고려할 때 라드브

---

81) 이에 관해 상세한 것은 프랑크 잘리거, 앞의 책, 15쪽 이하.

82) 이에 관해서는 변종필, 반인도적·국가적 범죄와 공소시효, 비교형사법연구 제8권 제1호, 2006, 643쪽 이하.

루흐 공식을 원용할 수 있을 정도로 유사성이 인정될 수 있을지는 의문이다.

III. 합목적성

1. 인간 존재와 법의 목적성

법의 목적성 역시 인간 존재의 삶의 목적 지향성과 연계돼 있다. 인간의 삶에서 과정은 대단히 중요하다. 가령 화이트헤드(A. N. Whitehead)의 '과정으로서의 삶'은 이를 잘 보여준다. 하지만, 그런 과정 역시 '목적으로서의 삶'을 전제하지 않으면 그 자체 무의미하거나 공허한 것이 될 수 있다. 인간은 누구나 할 것 없이 삶의 목적을 추구한다. 막연히 행복을 추구하는 것도 목적의 일환이다. 그에 따라 행동 역시 그러한 계획된 목적을 실현하기 위한 차원에서 행해진다(목적적 활동). 가령, 벨첼(H. Welzel)은 그러한 목적성을 인간 행위의 존재론적 구조로 파악하고 그에 기초하여 목적적 행위론을 펼친 바 있다. 즉, 인간은 행위를 할 때 먼저 목표를 세우고 그런 다음 이를 달성하기 위한 수단을 선택하여 행위의 실행으로 나아간다고 보았다. 예링(R. v. Jhering) 또한 '목적은 모든 법의 창조물'이며, 목적에 기초하지 않은 법규는 존재하지 않는다고 하였다. 이처럼 인간 존재와 법은 구조적 측면에서 목적성과 깊이 연관되어 있다. 요컨대, 양자는 목적에 따라 존재하며, 이를 통해 그 의의를 지닌다(합목적성). 합목적성이 본격적으로 법철학적 성찰의 중심에 서게 된 것은 라드브루흐가 이를 법이념의 하나로 자리매김한 이후부터다.

2. 합목적성의 여러 차원

(1) 법과 합목적성

법에 있어 목적성 및 합목적성은 법체계 전반에 자리하고 있다. 이에 따라 법의 합목적성의 요청 역시 다양한 측면에서 제기된다. 법의 합목적성은 크게 현실적 합목적성, 법적 합목적성, 이념적 합목적성으로 구분할 수 있다. 먼저, 현실적 합목적성이란 사회제도로서의 법은 법 이전에 이미 사회 내에 주어져 있는 현실적 목적에 부합해야 한다는 측면을 말한다. 즉, 법은 입법의 동기 또는 배경으로 작용하게 된, 사회적·정치적·경제적 측면에서 제기되는 현실적 목적(가령, 성폭력을 근절하고 예방해야 할 사회의 목적)에 부합해야 한다는 것이다. 이러한 현실적 목적을 법적 목적으로 전환할 것인지와 어떤 형태로 전환할 것인지는 법정책의 문제이자 과제이다. 다음으로, 법적 합목적성은 법의 임무·역할 등의 측면에서 법률 또는 법체계 자체에 부여된 목적과 관련된 합목적성의 차원을 의미한다. 이는 다시 법 일반의 합목적성, 개별 법률의 합목적성, 개별 법규와 그 해석의 합목적성, 법적 규제의 합목적성 등으로 세분해 볼 수 있다. 끝으로, 이념적 합목적성은 법이 궁극적으로 지향해야 할 이념적 목적의 실현과 관련된 합목적성의 차원을 뜻한다.

(2) 법적 합목적성

1) 법 일반의 합목적성

이는 법 일반에 부여된 사회적 역할(또는 기능)과 관련된 합목적성의 측면을 말한다. 가령, 법의 일반적 역할로는 사회 전체의 조화를 꾀하기 위한 일반적인 질서 유지의 역할, 적정한 형성원리에 기초하여 사회를 조직하는 역할, 현실적으로 존재하거나 장래 있을 수 있는 분쟁을 해결하는 역할, 구성원들의 행위 방식을 일정한 방향으로 이끄는 조종의 역할, 위험에 처한 인간이나 법익에 대한 보호의 역할, 사회구성원의 지위를 규정하거나 기본권 및 사생활을 보호하는 역할, 제재를 통해 불법행위에 대응하거나 범죄행위를 응징·억압·예방하는 역할, 형사절차에서 범죄인의 자유와 권리를 보장하는 역할 등을 들 수 있다. 법은 사회 내에서 이러한 규제적·보호적·예방적·보장적 역할 등을 제대로 수행할 때 합목적적이다.

2) 개별 법률의 합목적성

이는 개별 법률이 추구하는 목적성과 관련한 합목적성의 측면을 말한다. 각각의 법률은 일정한 입법목적을 지닌다. 물론, 개별 법률이 추구하는 목적은 대체로 보장·보호·규제 등 법 일반의 임무·역할로 수렴될 수 있겠지만, 통상 그 규율대상과 범위, 내용과 방법 등에 있어 더 구체적이고 명확하다. 가령 성폭력범죄의 처벌 등에 관한 특례법은 성폭력범죄 피해자의 생명과 신체의 안전을 보장하고 건강한 사회질서의 확립에 이바지함을 목적으로 한다(제1조). 또한, 형사소송법은 ─ 비록 명문으로 규정하고 있지는 않으나 ─ (실체적) 진실 규명, 적정절차의 보장 및 신속한 재판의 보장을 그 목적으로 한다. 나아가, 어떤 법률은 서로 이율배반적인 목적이나 임무를 지향하기도 한다. 예컨대, '보충적' 법익 보호를 임무로 하는 형법은 서로 대립하는 두 가지 임무, 즉 보호적 임무와 보장적 임무의 적정한 달성을 추구한다. 이들 법률은 각기 자신의 목적을 제대로 수행할 수 있을 때야 그 실천적 의미를 지니며, 이로써 합목적적이라 할 수 있다.

3) 개별 법규와 그 해석의 합목적성

개별 법률뿐만 아니라 개별 법규 역시 목적성과 연결되어 있다. 이는 양자가 전체와 부분으로 연결되어 있음을 고려할 때 어쩌면 당연하다고 하겠다. 가령, 형법상의 모든 죄형 법규는 일정한 법익(생명, 신체의 완전성, 의사결정의 자유, 소유권 등) 보호의 목적을 추구한다. 또한, 개별 법규의 법개념이나 법문 역시 해당 법규의 기본목적에 이바지한다는 점에서 목적성과 연결돼 있다. 나아가, 그러한 법규에 관한 해석 또한 목적성과 연결되어 있다. 예컨대, 형법해석에 있어 입법 취지나 목적을 고려한 해석방법(주관적 목적론적 해석)이나 법규범의 객관적 보호 목적을 고려한 해석방법(객관적 목적론적 해석)이 바로 그러하다.

4) 합목적성과 규범 통제

모든 법(법률)은 규율상 그에 부여된 임무와 역할의 한계 내에 머물러야 하며, 이러한 한계를 넘어서지 않을 때 합목적적이라 할 수 있다. 만일 그 한계를 넘어선다면, 이는 과도한 규율이나 제한으로서 허용될 수 없다. 그런데 일정한 법적 규율이 그러한 한계를 넘어선 것인지는 (우리의 경우) 헌법재판소에 의해 비례성 원칙(과잉금지원칙)에 따라 통제된다. 주지하다시피 비례성 원칙은 목적의 정당성, 수단·방법의 적합성 및 법익 균형성을 그 내용으로 한다. 이는 각종 기본권제한 법률이나 법규, 범죄와 형벌 간의 적정성, 각종 행정처분 등의 위헌 여부를 가릴 때 적용되는 핵심 원칙이다. 가령 19세기 초 영국에서는 벌목, 양어장 파손, 집시와의 교제 등에 대해서도 사형으로 대응하였는데, (현재 시점에서) 그러한 조치는 비례성 원칙에 현저히 반한다고 하겠

다(세 가지 기준에 모두 반함). 그런데 여기서 목적의 정당성이 한 요소로 포함되어 있음은
전체적인 규범 통제에도 합목적성의 요청이 연계돼 있음을 보여준다. 이처럼 법의 목
적합리성, 즉 합목적성의 요청은 법 제정 이전의 단계부터 구체적인 법해석의 단계에
까지, 나아가 개별 법률과 법규에 대한 규범적 통제에까지 관통하고 있다.

(3) 이념적 합목적성

이는 법이 궁극적으로 지향해야 할 이념적 가치로서의 합목적성의 차원을 말한
다. 가령 라드브루흐에 의하면 법의 목적은 법의 '최종적 목적' 또는 선험적 목적을
말한다. 그는 법의 최종적 목적을 윤리적 선(善)이라고 보고, 이러한 선을 개인가치
(인격적 가치), 집단가치, 작품가치(예술적 가치)로 구분하였다.[83] 즉, 그에 의하면 법의 목
적은 이러한 가치의 실현에 이바지하는 것이다. 그런데 이들 가치는 서로 충돌한다.
이런 상황에서 그는 이들 간에 법이 봉사해야 할 가치서열은 존재하지 않고 그 우선
순위는 개인의 주관적 확신이나 세계관에 따라 결정된다고 한다(가치 상대주의).

이들 가치가 충돌하는 예로는, ⅰ) 특정한 예술 행위나 작품의 음란성 여부를
놓고 대립하는 경우[작품 가치와 집단가치(선량한 사회풍속)의 충돌], ⅱ) 종교적 신념에 기초
하여 집총이나 병역의무 이행을 거부하는 경우[84][개인가치(양심의 자유)와 집단가치(국민의
기본의무)의 충돌], ⅲ) 일정한 개인들을 강제 동원하여 거대한 예술적 조형물이나 건조
물을 건립하는 경우[개인가치(자유·생명·신체의 안전)와 예술적 가치의 충돌] 등을 들 수 있다.
가치 상대주의에 의하면, 이러한 충돌 상황에서 어떤 가치를 우선할 것인지는 각자의
확신에 따를 수밖에 없다. 그러나 우리의 헌법 체계를 전제로 할 때 위의 충돌 상황은
다음과 같이 해결할 수 있으리라 본다. 먼저, ⅲ)의 경우, 법이란 일정한 사회적 목적
과 그에 따른 효율성을 지향하기도 하지만 그렇더라도 권력에 의한 강압은 허용되지
않는다는 점에서 개인가치를 우선하는 것이 적절할 것이다. 다음으로, ⅰ)과 ⅱ)의
경우, 어느 가치를 우선할 것인지는 상대적으로 수월치 않다. 모든 개인의 인간으로

---

83) 구스타브 라드브루흐, 법철학[제2판], 삼영사, 2002, 87-88쪽.
84) 가령 양심적 병역거부가 병역법 제88조 제1항의 '정당한 사유'에 해당할 수 있다고 본 판례로는 대판
2018.11.1, 2016도10912 전원합의체[여호와의 증인 신도(피고인)가 지방병무청장 명의의 현역병 입영
통지서를 받고도 입영일부터 3일이 지나도록 종교적 양심을 이유로 입영하지 않고 병역을 거부하여
병역법 위반으로 기소된 사안에서, 제반 사정에 비추어 피고인의 입영 거부 행위는 진정한 양심에 따
른 것으로서 병역법 제88조 제1항에서 정한 '정당한 사유'에 해당할 여지가 있다고 보았다].

서의 존엄과 가치를 최고의 기본권으로 삼는 자유민주적 법치국가를 전제로 하는 한, 원칙상 개인의 인격적 가치를 최대한 존중하는 방향에서 접근하는 것이 타당하다고 여겨진다. 다만, 구체적인 사례와 그 차이를 고려할 때 때로는 달리 결정될 수도 있을 것이다.

3. 검토

법이 일정한 목적을 지향하여 만들어지고 그러한 목적에 부합해야 한다는 요청 (합목적성)은 그 자체 고유하고 독자적인 법가치이다. 이에 따라 특정한 법은 언제나 그 목적의 적정한 실현을 요구받으며, 이는 법의 제정·개정은 물론 해석·적용 과정에서도 마찬가지다. 그런데 현실적 합목적성과 관련해서는 (법적 규율로의 전환을 위한 전 단계의 목적으로서) 사회적 목적에 대한 평가 및 선별의 문제가, 그리고 법적 합목적성과 (특히) 이념적 합목적성에 대해서는 서로 대립하는 목적이나 임무 간의 조화 또는 우선순위 문제가 제기될 수 있다. 그리고 합목적성 또는 목적 합리성은 법정책 (Rechtspolitik)과 밀접하게 관련되어 있다. 이 경우 어떤 법정책이 합리적인 것이 될 수 있으려면 단순히 '도구적 합리성'의 측면(법을 특정한 사회적 목적을 달성하거나 분쟁을 해결하기 위한 '단순한 수단'으로만 파악하는 관점)에서만 접근하는 것으로는 부족하고, '의사소통적 합리성'의 측면도 중요하게 고려해야 한다. 즉, 절차적 정의의 요청에 따른 '합리적 절차의 보장'이라는 정의 가치도 함께 수용·존중해야 할 것이다. 요컨대, 이성적·합리적 법정책을 마련하기 위해서는 법 제정·개정 과정에서는 물론 법 해석·적용 과정에서도 (관련 영역의 전문가와 이해관계인을 비롯하여 때로는 일반인까지 참여하는) 자유로운 소통과 대화의 장(공론의 장)을 활성화하는 것이 필요하고 중요하다.

생각해볼 문제

1. 법이념은 인간의 본성 및 사회의 지향성과 어떤 관련성이 있는가?

2. 법적 안정성을 이루는 구체적 차원에는 어떤 것들이 있는가?

3. 정의의 이념은 자유 및 평등과 어떤 관계에 있는가?

4. 롤즈의 정의론이 갖는 실천적 의의는 무엇인가?

5. 적극적 공리주의는 정의를 어떻게 바라보는가?

6. 소극적 공리주의는 사회 내에서 어떤 형태로 실현될 수 있는가?

7. 형식적 정의에 내재한 문제점 및 그 실천적 의의는 무엇인가?

8. 정의의 차원들(실질적·형식적·절차적 정의)은 통합적으로 이해될 수 있는가?

9. 정의는 형평의 이념과 어떤 관계에 놓여 있는가?

10. 법감정은 정의와 어떤 관련성이 있는가?

11. 정의와 법적 안정성이 충돌할 경우, 그 해결 방법은 무엇인가?

12. 합목적성은 실정법 체계에서 어떤 형태로 나타나는가?

법과 도덕은 어떤 관계에 있는가?
(법의 도덕성)

I. 법과 도덕의 구분: 개별표지에 따른 구분방식

II. 법과 도덕의 관계: 법의 도덕성

III. 법의 도덕성에 관한 절차적 이해

IV. 입법 절차와 도덕적 정당성

V. 법 해석·적용 절차와 도덕성

제4장 | 법과 도덕은 어떤 관계에 있는가? (법의 도덕성)

개요 법과 도덕의 관계는 양자가 사실상 어떤 관계에 있으며 또 어떤 관계에 있어야 하는가의 문제이다. 이는 법철학의 핵심 문제의 하나로서 자연법론과 법실증주의 및 비실증주의 진영 간에 여전히 치열하게 논의가 진행 중인 난제이다. 사회생활에서 법과 도덕은 각기 나름의 독자성을 지닌 규범이고, 이런 점에서 양자는 외형상 구분되는 영역이지만, 그런데도 법이 어떤 형태로든 도덕적 성격을 띠고 있음(법의 도덕성)은 부인할 수 없다. 여기서는 먼저, 개별표지에 따른 양자의 일반적인 구분방식을 소개·검토하고, 그런 다음 양자의 관계에 관한 법철학적 논의 내용을 살펴보고자 한다. 전자는, 비록 충분하지는 않지만, 양자 간의 차이를 대략적이나마 가늠하는 데 도움을 줄 것이다. 후자에서는 우선 양자의 관계에 관한 주목할 만한 시각으로서 일치설, 분리설 및 절차적 이론의 내용을 다룰 것이다. 그리고 뒤이어 절차적 이론의 관점에서 도덕(성)이 법의 정당화 문제에서 차지하는 위상과 역할을, 입법 절차와 법의 해석·적용 절차로 나누어 살펴볼 것이다. 이와 관련하여 중요한 것은, 현대 입헌적 법치국가 또는 자유민주적 헌법 국가에서는 왜 도덕이 절차의 차원과 연계되며, 그에 따라 그러한 차원의 도덕성이 법적 결정을 정당화하는 데 결정적으로 중요한 근거로 작용하는지를 숙고하고 이해하는 일이다.

　사회 내에서 인간의 행위를 규율하는 규범에는 법 외에 도덕·관습·종교 규범도 있다. 그런데 이들 중에서 법과 관련하여 특히 문제 되는 것은 도덕이다. 법이 무엇인지에 대해서는 매우 다양한 시각이 존재하는바, 이점은 도덕에서도 예외가 아니다. 이에 서로 불명확한 개념 쌍을 놓고 양자의 관계를 조명하는 작업은 어쩌면 처음부터 불가능하거나 그다지 의미 있는 성과를 기대하기 어려운 다소 헛된 일이라고 볼 수도 있을 것이다. 이런 점에서 두 개념의 의미를 명확히 하지 않은 채 그 관계를 살펴보는 데는 분명한 한계가 있다고 하겠다. 그렇기에 여기서는 다만, 이 문제가 전통적으로 법철학에서 차지해 온 중요성에 착안하여, 기존의 논의 현황을 대략 짚어보고 (비판적으로) 검토하는 수준에서 다루고자 한다. 양자의 관계 문제를 조명해보는 이유는 각기 나름의 독자성을 띠고 사회규범으로 작용하는 두 규범의 상호 관련성과 차이를 명확히 함으로써 무엇이 법인지, 이로써 법의 본질과 특성은 무엇인지를 좀 더 분명하게 규정하려는 데 있다고 할 수 있다. 물론, 논의의 현실은 관계의 분명함을 추구하는 그 의도만큼이나 충분히 의미 있는(대다수가 동의하는) 결론에 이르지는 못하고 있다. 관점의 현저한 차이가 있기 때문이다.

I. 법과 도덕의 구분: 개별표지에 따른 구분방식

가령 라드브루흐는 그의 『법철학』에서 네 가지 개별표지(관심 방향, 목적 주체, 의무방식, 타당성 원천)를 기준으로 법과 도덕의 구별을 시도한 바 있다.[1] 여기서는 이들 기준 외에 추가로 몇몇 기준(형성 근원, 제재방식 등)을 더하여 소개하고 그 적절성 여부를 짚어본다.

1. 관심의 방향

이에 따르면 법은 외적 행태, 도덕은 내적 행태에 관심을 경주한다는 측면에서 서로 구분된다. 사색에는 누구도 벌을 가할 수 없다는 표현은 이점을 잘 대변해준다. 법은 외부로 나타난 인간의 행동에만 관여하나, 도덕은 내심으로 한 간음도 비난한다. 이는 도덕의 영역을 엄격히 내면(특히 주관적 동기)에만 한정하는 관점에서는 일리 있는 기준일 수 있다. 하지만 법적 평가가 행위의 내적 측면, 즉 고의·과실, 선의, 목적, 경향 등 주관적 요소도 고려함으로써 외부적 행동이나 결과에만 한정되지 않는 것과 마찬가지로, 도덕적 평가 역시 내부적 행태뿐만 아니라 외부적(또는 객관적) 상황이나 사정도 함께 고려한다는 점에서 이 기준은 한계가 있다.

---

1) 구스타브 라드브루흐, 법철학[제2판](최종고 역), 삼영사, 2002, 70쪽 이하.

2. 목적의 주체

이에 의하면 법은 타인을 지향한 규범, 도덕은 자기 자신에 대한 규범이라는 측면에서 양자는 구분된다. 법적 가치는 타인에 대해 공동생활의 선(善)으로서 자신의 행위를 나타내는 가치이지만, 도덕적 가치는 행위 그 자체로 가치를 지니거나 자기 자신, 예컨대 자신의 마음에 내재한 신(神)에 대한 의무, 자기의 양심에 대한 의무, 자기 속의 인간성에 대한 의무 등으로 나타난다는 것이다. 물론, 도덕적 심정의 형성이 많은 경우 내면의 어떤 요인과 결부되어 있기는 하다. 하지만, 내면의 심정이 공동체 내의 이웃, 즉 타인에 대한 의무에서 형성되는 경우도 적지 않다. 또한, 사회생활에서 오직 자신에게만 지향된 의무란 아무리 그것이 도덕적 의무라 할지라도 그 자체로는 큰 의미를 지닌다고 보기 어렵다. 이에 이 기준 역시 단면적이다.

3. 의무의 방식

이에 의하면 법은 규정에 적합한 행태로 충분하지만, 도덕은 규범에 적합한 심정을 통해 충족된다는 점에서 구분된다. 이는 양자에 대한 칸트의 구분방식과 흡사하다. 칸트에 따르면 법은 합법성을, 도덕은 도덕성(Moralität)을 요구하며, 합법성과 도덕성의 차이는 동기에서 비롯된다. 그는 도덕적 입법과 법률적 입법을 구분하는데, 전자는 일정한 행위를 의무로 만들며 동시에 이 의무를 동기로 만든다. 따라서 도덕적 행위는 의무가 동시에 동기가 되는 행위이다. 반면, 법률적 입법은 일정한 행위를 의무로 만들지만, 동기 문제와는 무관하다. 즉, 법률적 입법도 의무를 근거로 행해질 수 있으나 여기서 관심을 끄는 것은 결과일 뿐, 동기 자체는 아니다. 한마디로, 법은 합법적으로 행위하는 한 어떤 동기도 허용하나, 도덕은 의무가 동기가 될 것을 요구한다. 하지만, 이런 식의 구분 역시 전적으로 타당하다고 볼 수 없음은 분명하다. 왜냐하면 법도 적법행위에서는 동기를 문제 삼지 않지만, 위법행위에서는 동기를 중시하기 때문이다.

4. 타당성의 근원

이에 따르면 법은 타율성의 규범, 도덕은 자율성의 규범이라는 점에서 구분된다. 법은 수범자에 대해 밖에서 의무를 지우는 타자의 의지로 나타나기에 타율적 규범인 데 반해, 도덕은 고유한 인격을 통해 각자에게 과해지는 것이기에 자율적 규범이라는 것이다. 이 구분은 의무방식에 따른 구분과 밀접하게 연계돼 있는 것으로 보인다. 하지만, 이런 구분 역시 전적으로 타당한 것은 아니다. 왜냐하면 수범자가 법적으로 규정된 행위를 반드시 외적 의무 지움에 기초해서 수행하리라고 단정할 수는 없고, 전적으로 내면적 의무의 동기에서 수행할 수도 있기 때문이다. 또한, 법과 도덕은 외적·내적 측면에서 그 중점에 차이가 있다고 볼 수 있지만, 자유나 자율성(과 그 보장) 을 근간으로 삼는다는 점에서 같은 근원을 지니고 있다. 그리고 개인의 자유나 자율성에 대한, 법을 통한 제한 역시 제한 그 자체에 목적이 있는 것이 아니라 모든 사람이 동등하게 자유롭기 위한 점에서의 제한일 뿐이다. 또한, (자유민주적 법치국가에서) 법 자체는 이미 시민적 자율성에 기초한 제도이기도 하다.

5. 형성의 근원

이에 따르면 법은 정해진 일정한 절차에 따라 제정(또는 개정)되지만, 도덕은 그 현존에 관해서는 알려져 있으나 그 탄생 근원에 관해서는 알려져 있지 않다는 점에서 구분된다. 이로써, 절차를 통해 제정된 법은 일정한 구속력을 갖지만, 도덕은 절차를 통해 구속력 있는 결정이 내려지는 것이 아니라 여러 견해가 다양하게 유지될 수 있으며 또 상호적 동의 없이 성립한다고 한다. 절차 요소를 고려한 구별은 일리 있어 보인다. 하지만 여기에도 여전히 몇 가지 문제가 깃들어 있다. 먼저, 이러한 식의 구분은 법과 도덕이 엄격히 분화된 이후에만 의미를 지닐 수 있다는 점에서 한계가 있다. 또한, 양자는 모두 관습에서 분화되어 나왔다는 점에서 도덕의 탄생 근원이 알려져 있지 않다는 설명은 다소 부적절한 듯하다. 그리고 이 기준에 따른 구분은 다른 구분방식과 비교할 때 그 실익도 거의 없어 보인다.

6. 제재의 방식

이에 따르면 양자는 규범침해에 대한 대응의 측면에서, 즉 법은 본질상 강제(제재)를 수반하는 데 반해, 도덕은 그렇지 않다는 점에서 구분된다. 확실히, 제도화된 규제집단에 의한 강제는 법의 고유한 특성에 해당한다. 따라서 이 기준은 법을 도덕뿐만 아니라 다른 사회규범과도 구분케 해주는 결정적 표지이다. 예컨대, 관행을 어겼을 때는 주위에서 따돌림을 받거나 크고 작은 불편을 감수하는 것으로 그치고, 인습이나 관습을 어겼을 때는 신체적 징계나 관계의 단절 등이 제재행위로 가해질 수 있지만, 법(특히 형법)을 위반했을 때는 그와 비교할 수 없는 강력한 제재(특히 형벌)가 가해짐으로써 개인의 재산권이나 자유에 중대한 제약을 받게 된다.[2] 이런 점에서 강제(제재)가 법의 유일한 징표는 아닐지라도, 그것이 — 대체로 법실증주의자들이 주장하듯 — 법을 다른 규범과 구별케 하는 법의 핵심 표지임은 부인하기 어려워 보인다.

7. 소극적 금지와 적극적 요구

이 기준에 따른 구분은 목적 주체에 따른 구분을 어느 정도 전제한다고 볼 수 있다. 왜냐하면 이 구분방식은 인간의 자기에 대한 존중 의무가 아니라 타인에 대한 존중 의무를 대상으로 하고 있기 때문이다. 그런데 법이라 해서 타인에 대한 의무를 모두 법적으로 규율할 수는 없다. 이 구분방식은 이 점을 명확히 하는 데 도움을 줄 수 있을 것이다.

타인에 대한 존중 의무는 '타인의 인격을 적극적으로 존중하라'라는 적극적인 요구 명제에 기초할 수도 있고, '타인의 인격을 멸시 또는 침해하지 말라'라는 소극적인 금지 명제에 기초할 수도 있다. 황금률과 관련시키자면, 전자는 '남이 네게 해주기를 원하는 대로 너도 남에게 해주라'라는 적극적 황금률에, 후자는 '남이 네게 행하기를 원하지 않는 것은 너도 남에게 행하지 말라'라는 소극적 황금률에 대응시킬 수 있다.

---

2) 물론, 모든 법규범이 제재를 수반하는 것은 아니다. 가령 헌법 규정이나 절차법 규정, 실체법상 원리 규정이나 개념 규정처럼 강제가 달려 있지 않은 규범(켈젠에 의하면 비독립적 규범)도 대단히 많다. 그렇더라도 이들 규범 역시 간접적으로는 강제와 연결돼 있다고 볼 수 있다. 왜냐하면 이들 규범은 종국적으로 강제를 확정하고 있는 다른 규범과 결합함으로써만 효력을 갖기 때문이다.

칸트에 따르면 소극적 금지의무의 위반은 법적제재 대상에 속하지만, 적극적 요구의무의 해태(懈怠)는 단지 도덕적 비난의 대상이 될 뿐이다. 법은 타인의 인격 침해 행위를 금지할 수는 있어도 타인의 인격을 적극적으로 존중할 것을 요구할 수는 없다는 이유에서다. 그렇다면 황금률에서도 법과 관련하여 의미를 갖는 것은 소극적 황금률이다. 이점은 인식적 측면에서도 근거 지어질 수 있다. 우리는 타인에 대해 적극적으로 해야 하는 것보다는 소극적으로 하지 말아야 하는 것을 상대적으로 더 쉽게 인식할 수 있다는 점이 그것이다. 따라서 법의 영역에서 의미를 갖는 것은 보편화 가능한, 금지의 형태를 띤 소극적 황금률만이라고 하겠다. 반면, 보편화하기 어려운 적극적 황금률에 기초한 행위 의무의 이행이나 불이행은 도덕적 비난의 대상이 될 뿐이다.

　　그런데 현상적으로 보면 도덕의 영역에 자리한 이러한 적극적 요구가 언제나 법의 영역 밖으로 밀려나 있지는 않다. 예컨대, 부조 중단 행위(예컨대 이른바 선한 사마리아인 규정 위반행위)는 여러 나라에서 형벌구성요건으로 규정되어 있다. 하지만, 형사 입법자가 적극적 부조(扶助) 행위를 이처럼 법을 통해 강제하는 것이 바람직한지는 의문이다. 왜냐하면 알고도 부조하지 않았다고 해서 형벌에 호소한다면, 수범자로 하여 부조의 진정한 도덕적 의미를 이해하지 못하게 만드는 결과를 낳을 것이기 때문이다. 다시 말해, 도덕 행위를 법으로 강제하게 되면 도덕의 자율성, 이로써 도덕 자체의 존재의의가 무색해질 우려가 있기 때문이다. 도덕적 행위는 개념 필연적으로 자유의 행위일 수밖에 없다. 그렇기에 라드브루흐의 말대로 법은 도덕을 가능하게 할 뿐 강요할 수는 없다고 하겠다.

II. 법과 도덕의 관계: 법의 도덕성

　　법과 도덕은 어떤 관계에 놓여 있는가? 이 물음은 '법철학의 케이프 혼'이라 불릴 만큼 법철학의 핵심 문제에 속한다. 역사를 거쳐 시대별로 수많은 논쟁을 거듭하였음에도 이는 여전히 종결되지 못한 난제로 남아 있으며, 앞으로도 거의 일치점을 보기 어려울 만큼 지속적인 논쟁이 예상되는 주제이다. 조금만 생각해도 그 이유는 쉽게 짐작할 수 있다. 가령 자연법론에서 자연 개념과 법개념이 매우 다의적인 것처럼 이 문제에서 원용될 수 있는 법개념과 도덕 개념 역시 매우 다의적이다.3) 다만, 사회학적 측면에서 법과 도덕이 전통적 법과 관습적 윤리가 함께 뒤섞여 있던 포괄적인 사회적 에토스로부터 동시에 분화되어 나왔다4)는 점은 대체로 인정되고 있다.

법은 도덕성(morality)에 의해 제한받을 뿐 아니라 현실(reality)에 의해서도 제한받는다.5) 이는 법의 역사와 현재를 볼 때 수긍할 수밖에 없는 점이다. 물론 전자에 방점을 두느냐 아니면 후자에 방점을 두느냐에 따라 법을 보는 시각은 다를 수 있으며, 또 실제로도 그에 따라 자연법론에서 법현실주의까지 다양한 시각이 존재함은 주지의 사실이다. 따라서 양자의 관계 문제 역시 논의의 주제가 다를 뿐, 근원적으로 논의의 지평은 같다고 할 수 있다. 즉, 도덕성과 현실 중 어디에 방점을 두느냐에 따라 그 관계 역시 달리 규정된다.

그렇다면 법은 도덕(성)과 어떻게 관련되어 있는가? 즉, 법은 도덕성 요소를 반영하고 있는가 아니면 그것과 무관한가? 만일 관련되어 있다면 어떻게 관련되어 있는가? 그런데 양자의 관계 문제는 이처럼 양자가 사실상 어떤 관계에 놓여 있는가(존재의 차원)의 물음을 넘어 양자는 어떤 관계에 놓여 있어야 하는가(당위의 차원)의 물음까지 나아간다.6) 즉, 이 문제는 법이 경시해서는 안 되거나 반드시 수용해야 할 도덕성 또는 도덕적 기준이 존재하는가의 물음이기도 하다.7) 요컨대, 이 문제는 법의 도덕성 또는 도덕적 정당성에 관한 문제로서 사유 경향으로는 자연법론과 법실증주의 및 비실증주의의 구별문제이자 개별적으로는 법의 개념 및 효력과 직결돼 있는 문제이기도 하다.

그런데 양자는 전통적인 자연법적 사고에서처럼 과거에는 대체로 위계적 관계에 놓여 있는 것으로 이해돼 왔다. 가령 이런 시각은 널리 알려진 '법은 도덕의 최소한'이라는 명제에도 반영돼 있다. 반면, 근래에는 양자를 탈위계적, 즉 수평적 측면에서 보

---

3) 양자 관계의 발전에 관해서는 Peter Burgard, Das Verhältnis von Recht und Moral in den Theorien von Kohlberg und Piaget, in: Recht und Moral(Hrsg.), Baden-Baden, 1991, 81쪽 이하.

4) 위르겐 하버마스, 사실성과 타당성: 담론적 법이론과 민주적 법치국가 이론(한상진·박영도 공역), 나남출판, 2007, 160쪽.

5) Christopher J.Peters, A Matter of Dispute: Morality, Democracy and Law, Oxford University Press, 2011, 351쪽.

6) Karl Engisch, Auf der Suche nach der Gerechtigkeit, 1971, 95쪽.

7) 심헌섭, 법철학 I, 법문사, 1984, 104-105쪽.

려는 시각이 제기되어 힘을 얻고 있다. 예컨대, 우리는 절차(주의)적 정의론에서 이런 시각을 찾아볼 수 있다. 추정컨대, 이는 민주주의 원리에 기초한 민주화의 진척과 함께 인간관계와 사회구조를 수직적 위계 관계에서 수평적 대등 관계로 이해하려는 경향이 확산함에 따른 것으로 보인다. 큰 틀에서 양자의 관계에 관한 핵심 입장으로는 다음 세 가지를 들 수 있다.

1. 일치설: 법과 도덕의 일치

(1) 규범의 내용에 기초한 이해

이는 법과 도덕의 관계를 그 내용에 초점을 두고 파악하는 관점으로서, 법과 도덕은 규범의 내용에 있어 서로 일치하거나 일치해야 한다고 본다. 이러한 태도는 자연법적 사고, 특히 도덕을 통해 법을 정당화하려고 시도했던 고전적인 절대적 자연법 사상 내지 그러한 자연법에 기초한 정의 사상에서 비롯된 것이라 할 수 있다. 물론, 이러한 태도는 절대적 자연법이 아닌, 이른바 상대적인 자연법이나 가변적인 내용을 지닌 자연법에서도 그대로 유지될 수 있다. 가령 살인, 절도, 간음, 위증 등은 그 내용상 도덕뿐만 아니라 법으로도 금지될 수 있으며, 생명 존중과 불우한 이웃에 대한 구조는 그 내용상 도덕적 의무이자 동시에 법적 의무도 될 수 있다. 그런데 일치설에 따를 경우, 법적으로 규율된 이러한 금지와 의무가 법규범으로서 효력을 갖는 것은 그것이 내용상 도덕과 일치하기 때문이다.

(2) 법의 정당화 근거이자 기준으로서의 도덕

법과 도덕의 관계를 이같이 파악하는 관점은 두 가지 법을 전제한다(법이원론). 하나는 자연법 내지 정당한 법이고, 다른 하나는 실정법이다. 그런데 전자는 후자가 따라야 할 상위의 법으로서, 양자는 효력의 측면에서 상호 밀접한 연관성을 지닌다. 즉, 자연법 내지 정당한 법은 도덕적인 법으로서 실정법의 효력 근거가 된다. 따라서 만일 실정법이 그 내용에 있어 자연법이나 정당한 법에 어긋나게 되면, 그것은 법으로서 효력을 갖지 못하며 결국 법이 아닌 것이 된다.[8] 다시 말해 그러한 실정법은 도덕

---

8) 가령 Dennis Lloyd, The Idea of Law, 1985, 68쪽. 이는 법의 효력에 관한 논의에 있어 철학적 효력설

적으로 정당화되지 않는다. 이처럼 일치설에 따르면 '법은 도덕적이거나 도덕적이어야 한다'라는 요청이 핵심 테제로 강조되며, 이런 요청에 부합하지 못하는 (실정)법은 법으로서 효력을 잃게 된다. 이런 점에서 여기서 도덕은 법의 정당화 근거이자 기준으로 작용한다.

2. 분리설: 법과 도덕의 분리

(1) 규범의 형식에 기초한 이해

이는 법과 도덕의 관계를 규범의 형식에 초점을 두고 파악하는 관점으로서, 양자 간에는 내용상 필연적인 관계가 없으므로 법과 도덕은 분리되어야 한다고 본다. 이는 모든 실증주의적 법이론의 공통된 태도이다.9) 이에 따라 법실증주의는 공적 기관에 의한 합법적인 정립(합법성 또는 합법적 실정성)이나 사회적 실효성이라는 표지를 통해 또는 이 양자를 결합하여 법 또는 법의 효력을 정의하며,10) 원칙적으로 도덕성 내지 도덕적 정당성이라는 표지는 배제한다. 이러한 분리론의 주장은 대체로 켈젠과 하트로 대표되는 노선을 따른다.

1) 켈젠의 입장

켈젠은 인간에게 의무로 부과돼 있는 (명령·금지)행위의 내용을 기준으로 하여 법과 도덕을 구분하지 않는다.11) 대신, 그는 규범의 형식을 통해 양자를 구분하며, 또 그렇게 할 때만 양자는 구분될 수 있다고 한다. 즉, 양자는 모두 당위적인 사회질서라는 점에서 공통되나, 법은 (명령·금지)행위와 반대되는 행위에 대해 사회적으로 조직화

이 취하고 있는 태도이다. 철학적 효력설에 의하면 법이 법으로서 효력을 가지려면 그 내용이 타당하거나 정당해야 한다. 따라서 여기서는 법의 실정성이나 실효성이 아닌, 타당성이나 정당성을 핵심 표지로 삼는다.

9) 랄프 드라이어, 독일에서의 법과 도덕의 관계에 관한 논의동향(최종고 역), 법철학과 사회철학 창간호, 교육과학사 1991, 30쪽. 실증주의적 법체계의 일반적 특징으로는 ⅰ) 법이란 인간에 의해 창조된 질서이자 제도이며, 인간에 의해 제정되고 형성된다는 점, ⅱ) 법이란 프로그램적인 것으로 형식적·독자적 부분체계로 발전된다는 점 및 ⅲ) 법체계의 유지와 변경을 위한 개방된 척도들이 발전된다는 점을 들 수 있다(Kerstin Gäfgen, Das Recht in der Korrelation von Dogmatik und Ethik, 1991, 75쪽 이하).
10) 법실증주의의 다양한 형태에 관해서는 Walter Ott, Der Rechtspositivismus, 2.Aufl., Berlin, 1992.
11) 한스 켈젠, 순수법학(변종필·최희수 옮김), 길안사, 1999, 111쪽.

된 강제를 연계시키는 질서인 데 반해 도덕은 어떠한 강제도 확정하지 않는 질서라는 점에서 양자는 구분된다.12) 그 내용이 무엇인가는 문제 되지 않기에 어떠한 임의적인 내용도 법이 될 수 있다.13) 의무 역시 이러한 측면에서 파악된다. 즉, (명령·금지)행위에 강제(제재)가 수반되어 있으면 그러한 행위를 하거나 하지 말아야 할 의무는 법적 의무가 되는 데 반해, 그렇지 않으면 도덕적 의무가 된다.

이처럼 켈젠이 법과 도덕(또는 법과 정의)을 엄격히 분리된다고 보는 데는 상대주의적 가치론14)이 자리하고 있다. 그에 따르면, 과학적 인식의 관점에서 볼 때 절대적 도덕 가치는 존재하지 않으며 모든 도덕 가치는 상대적이며,15) 이로써 법 역시 절대적인 도덕 가치를 전제할 수 없고 오직 상대적인 도덕 가치만을 전제할 수 있다. 따라서 서로 다르거나 모순되는 이들 도덕 가치 또는 도덕 체계에 공통되는 요소는 일정한 인간 행위를 당위적인 것으로 정립하는 사회규범이라는 형식이라고 한다. 이렇게 볼 경우, '법은 본질상 도덕적이다'라는 주장은 법이 일정한 내용을 지니고 있음을 의미하는 것이 아니라 법이 규범임을, 즉 일정한 인간 행위를 당위적인 것으로 정립하는 사회규범임을 의미한다. 요컨대, 법이란 이미 (상대적인) 일정한 도덕 가치가 반영된 사회규범인바, 그렇다면 법은 그 내용의 측면에서 도덕과 구분될 수는 없고, 다만 강제(제재)를 수반하는 사회규범이라는 형식의 측면에서 강제를 수반하지 않는 도덕과 구분된다는 것이 켈젠의 생각이다.

이러한 생각에서 켈젠은 일치설의 테제, 즉 '법은 본질상 도덕적이거나 도덕적 내용을 지녀야 한다'라는 테제에 동의하지 않는다. 그 이유는, ⅰ) 이 테제가 절대적 도덕을 전제로 하고 있는데다, ⅱ) 그것이 특정한 정치공동체의 지배적인 법학을 통해 그대로 적용되면 그 공동체를 형성하는 국가의 강제 질서는 아무런 비판 없이 정

---

12) 켈젠, 앞의 책, 113쪽.

13) 켈젠, 앞의 책, 308쪽.

14) 상대주의적 가치론이란 어떠한 가치도 어떠한 정의도 존재하지 않음을 의미하는 것이 아니라, 어떠한 절대적 가치나 절대적 정의도 존재하지 않으며 다만 상대적인 가치와 상대적인 정의만이 존재함을, 이로써 우리가 규범정립행위를 통해 형성하고 우리의 가치판단의 기초로 삼는 가치들은 그와 대립하는 가치들의 존재 가능성을 배제하지 않음을 의미한다(켈젠, 앞의 책, 122쪽).

15) 상대적 도덕 가치를 전제로 할 경우, '법이 도덕적이어야(또는 정당해야) 한다'라는 요청은 실정법이 있을 수 있는 여러 도덕 체계 중 어떤 특정한 도덕 체계에 합치되도록 형성되어야 함을 의미할 뿐이지, 그 밖의 다른 도덕 체계에 합치되도록 형성되어야 한다는 요청을 배제하는 것은 아니다(켈젠, 앞의 책, 121쪽).

당화될 수도 있을 것이라는 우려 때문이다.[16]

2) 하트의 입장

하트는 법이 도덕과 그 내용 면에서 중복되는 부분이 있음을 인정한다. 특히 종래 자연법의 이름으로 제시돼 왔던 인간 본성의 현저한 특징 다섯 가지, 즉 인간의 취약성, 대략적 평등, 제한된 이타주의, 제한된 자원, 제한된 이해력과 의지력을 '자연법의 최소내용'이라는 제목 아래 자명한 이치로 본다.[17] 하지만 이러한 내용 이상으로 법이 도덕에 반드시 합치해야 한다는 주장은 받아들이지 않는다. 또한, 그는 통상적으로 법은 도덕을 뒤따른다는 점, 근대국가의 법이 승인된 도덕과 광범위한 도덕적 이상으로부터 널리 영향을 받고 있다는 점, 법이 도덕을 반영하는 방법은 매우 다양하다는 점 등을 인정한다. 따라서 법실증주의자라 하더라도 법체계의 안정성이 부분적으로는 그 내용상 도덕과의 일정한 조화에 의존하고 있음을 부인할 수 없으며, 이런 점에서 법과 도덕 간에 일정한 관련성이 있음을 수용할 수밖에 없다고 한다.[18] 하지만, 그렇더라도 이점이 법이 도덕원리로부터 비롯됨을 뜻하는 것은 아니며, 법과 도덕은 그 내용상의 중복에도 불구하고 어떠한 개념적 연관성 없이 독자적 존재로 성립해 왔다고 한다. 따라서 법률은 어디까지나 법률로서 입법자에 의해 합법적인 절차를 거쳐 정립되면 이미 법이며, 즉 법으로서 효력을 가지며, 그 내용의 선악은 차후의 문제라고 본다.[19]

이러한 관점에서 하트는 일치설, 즉 '도덕적으로 사악한 규칙은 법이 될 수 없다'라는 태도(이른바 협의의 법효력개념[20])를 비판한다. 먼저, 법의 효력, 즉 법의 도덕성 문제는 수범자들의 법준수 동기와 분리될 수 있음을 지적한다. 현실적으로 볼 때 도덕적으로 구속력 있다고 볼 수 없는 법으로도 강제가 행해지는 경우가 매우 많을 뿐더러, 실상 체계에 대한 사람들의 충성은 가령 장기적 이익의 계산, 타인에 대한 사심

---

16) 켈젠, 앞의 책, 124-125쪽.
17) 허버트 하트, 법의 개념(오병선 옮김), 아카넷, 2001, 252쪽 이하.
18) 하트, 앞의 책, 261, 265-266쪽.
19) 오병선, 하트의 법철학 방법과 법의 개념, 현대법철학의 흐름(한국법철학회 편), 법문사, 1996, 46쪽.
20) 하트는 도덕적으로 사악하여 유효한 법이 될 수 있는 여지를 인정하지 않는 효력개념을 협의의 법효력개념이라고 규정하고, 반면 도덕적으로 사악한 법이라도, 즉 일정한 규칙이 사회의 도덕성 내지 계몽된 도덕성에 반하더라도 유효한 법이 될 수 있는 여지를 인정하는 효력개념을 광의의 법효력개념이라고 규정한다(하트, 앞의 책, 273-274쪽).

없는 관심, 지각없이 전승된 전통적 태도 등 다양한 동기에 기초하고 있다는 것이다.[21] 나아가, 일치설은 법개념을 도덕화함으로써 극단적 보수주의나 혁명적 무정부주의로 흐를 위험을 안고 있다고 한다.[22] 또한, 협의의 법효력개념은 미묘하고 복잡한 도덕적 문제를 지나치게 단순화하는 오류를 범하고 있으며, 그런 태도에 의하면 사회현상으로서의 법에 관한 이론적 또는 과학적 연구에서 얻을 것이라곤 아무것도 없을 것이라고 한다.[23] 따라서 그는 사회적 문제들의 복잡성과 다양성을 제대로 볼 수 있도록 해준다는 점에서 법의 효력과 법의 부도덕성을 구별할 수 있도록 허용하는 광의의 법효력개념을 더 나은 것으로 본다. 요컨대, 이런 측면에서 법과 도덕, 실정법과 정당한 법, 존재하는 법과 존재해야 할 법은 상호 개념적 연관성이 없는 별개의 것으로 봐야 하지만, 더 나은 법을 위해 존재하는 법에 대한 도덕적 비판의 문을 열어 놓아야 한다는 것이 하트의 생각이다.

(2) 법 외재적 비판척도로서의 도덕

법실증주의자인 켈젠과 하트는 그 법이론적 차이점에도 불구하고[24] 일면 실정법(또는 존재하는 법)과 타면 도덕(또는 존재해야 할 법)을 개념상 엄격히 구분함으로써 법과 도덕의 세계를 분리하는 관점을 취한다. 즉, 입법자에 의해 합법적 절차에 따라 정립된 법만을 법으로 본다(법일원론). 그러함에도 불구하고 두 사람은 법과 도덕의 내용적 중첩성을 인정할뿐더러, 법의 세계가 도덕적 비판의 대상이 된다는 점을 강조한다. 가령 하트는 일정한 법체계는 일정한 도덕적 기준에 의해 평가될 필요성이 있으며, 이런 측면에서 실패한 법체계는 역사적으로 존재한 적이 없었고 또 지속될 수도 없을

---

21) 하트, 앞의 책, 264쪽.

22) 여기서 극단적 보수주의란 법이 무엇이든 간에 그것은 도덕적이어야 하고, 이로써 모든 법은 도덕적으로 구속력이 있다고 보는 태도를 말하며, 혁명적 무정부주의란 법이 무엇이든 간에 그것은 도덕적이어야 하므로 만일 법이라는 것이 도덕적으로 정당화될 수 없다면 그 법에 기초한 국가의 명령에 복종할 수가 없고 심지어는 전복시킬 수도 있다고 보는 태도를 말한다(오병선, 앞의 논문, 42쪽).

23) 하트, 앞의 책, 273쪽 이하.

24) 하트는 법효력의 근거를 법체계 내부에서 찾으려 하지 않고 법체계 외의 사회규칙 내지 사회적 사실 속에서 찾으려 한 점에서 켈젠과 분명한 차이를 보인다. 즉, 법효력의 근거를 사회적 사실로 존재하고 있는 이른바 승인규칙(rule of recognition)을 통해 설명하려 한 점에서(H. L. A Hart, The Concept of Law, 1961, 264쪽) 가설적인 근본규범을 통해 설명하려 한 켈젠과 근본적으로 구분된다. 이러한 하트의 견해에 대한 비판으로는 변종필, 법의 효력과 근본규범, 안암법학 제5호, 1997, 16–17쪽.

것이라고 한다.[25] 켈젠 역시 만일 일치설의 주장처럼 법(실정법)이 본질상 도덕적임을
인정한다면, 절대적 도덕 가치를 전제로 하여 법이 도덕적이어야 함을 요청하는 것은
아무런 의미도 없을 것이라고 한다. 법이 도덕적이어야 한다는 요청은 도덕적으로 악
한(또는 비도덕적인) 법이 있을 수 있음을 인정할 때만, 이로써 법을 정의함에 있어 도덕
적 내용이라는 요소를 관련시키지 않을 때만 의미를 지니며, 그런 때에만 도덕이 법
에 대한 가치척도가 된다는 것이다.[26] 이러한 지적은 현존하는 법이 좀 더 나은 법
으로 이행하려면 불가피하게 도덕의 힘에 의존하지 않을 수 없다는 인식의 표현이
다. 이런 점에서 하트와 켈젠에게 있어 도덕은 현재의 실정법과는 개념상 무관한 것
이지만, 장래에 더 나은 법을 구현하기 위해 불가피하게 요구되는 법 외재적 비판척
도이다.

3. 검토

(1) 취할 점과 버릴 점

우선, 일치설은 법의 도덕성 테제(법은 도덕적이거나 도덕적이어야 한다는 테제)를 인정
한다. 법효력의 측면에서 이점은 (실정)법이 도덕적 정당성을 가질 때만, 즉 그것이 도
덕적 차원에서 정당하다고 볼 수 있는 내용으로 채워져 있을 때만 법으로서 효력을
지님을 의미한다. 이같이 일치설이 도덕성을 법개념 및 법효력에 관한 논의에서 빠뜨
릴 수 없는 중요한 요소로 수용하고 있음은 긍정적으로 평가할 만하다. 법이란 무엇
인가에 관한 물음에서 도덕성 내지 도덕적 정당성의 요소를 완전히 배제하는 것은
법의 영역에서 애당초 정의의 문제를 제거하는 것과 마찬가지며, 만일 법이 그러한
요소와의 관련성 없이 오로지 합법성(합법적 실정성)에 따른 입법자의 결정으로 환원된
다면 이는 법이 곧 정치로 해소되는 것을 의미하며, 그리하여 법은 그 정당화하는 힘
을 잃고 정치에 종속되고 말 것이기 때문이다.[27] 이런 점에서 법의 도덕성 내지 도덕

---

25) H. L. A Hart, Positivism and the Separation of Law and Morals, in: The Philosophy of Law(edited, by R. M. Dworkin), Oxford University Press, 1977, 35쪽. 이런 까닭에 일면 법과 타면 정의에 관한 도덕적 기준과 원칙 간의 연계는 임의적인 것이 아니라 법과 제재의 관계처럼 필연적이라고 한다.
26) 켈젠, 앞의 책, 120-121쪽.
27) 같은 생각으로는 위르겐 하버마스, 정당성과 합법성(장영민 역), 인하대학교 법정대학보 제11집,

적 정당성을 아예 문제 삼지 않거나 애당초 그러한 관점을 포기하더라도 법 내지 법의 효력을 설명하는 데는 아무 문제가 없다고 보는 분리설은 받아들이기 어렵다.[28]

다음으로, 일치설은 법의 도덕성 테제를 통해 현존하는 실정법에 대해 강력한 정당성 요청을 제기한다는 점에서, 즉 법의 효력을 규정하는 중요한 요소의 하나인 (내용적) 정당성 관념을 제시하고 있다는 점에서 그 실천적 의의가 있다. 앞서 언급했듯이, 일치설의 테제는 — 켈젠의 지적대로 — 자연법적 사고에 기대고 있으며, 특히 거의 절대적인 도덕 가치를 전제하는 자연법적 사고에 기초하고 있다. 그런데 종래의 자연법적 사고 및 그에 근거한 정의 규범들은 매우 추상적이고 일반적인 성격을 지니고 있다. 그렇기에 그러한 사고는 복잡성을 특징으로 하는 현대사회에서 발생하는 세세한 문제들을 해결하는 데 구체적인 지침을 제공해주지 못한다. 더욱이, 오늘날 자연법 자체의 확실성에 대한 믿음이 거의 사라졌을 뿐만 아니라, 종래 자연법론에서 주장한 정당한 규범의 내용이 근대에 이르러 대부분 실정법 안에 수용되었음을 고려하면 실정법 또는 개별 실정 법규의 정당성 기준을 실정법 밖에서 찾는 것은 실천적으로 크게 의미 있다고 보기 어렵다.

사정이 이러하다면, 특정한 법체계 혹은 그 효력을 근거 짓기 위한 요소가 이제 더는 필요 없는 것인가? 어떤 다른 정당화 요소 없이 실정성을 갖추었다는 이유만으로 법체계 또는 개별 법률이나 법규가 당연히 효력을 갖는 것인가?[29] 이에 대해 분리설은 — 도덕이 현재하는 법(실정법)에 대한 비판적 척도가 됨을 인정함에도 — '그렇다'라는 말 외에 달리 말하지 않을 것이다. 일치설 역시 법 내용의 정당성 문제가 해소되었다면 더는 다른 문제를 제기하지 않으리라 생각된다. 하지만, 여기서 새로운 물음이 제기될 수 있다. 법에서의 정의 또는 도덕성 문제는 일치설이나 분리설(의 비판)처럼 반드시 내용적 정당성의 차원과 관련해서만 제기될 수밖에 없는 것인가 하는 것이 바로 그것이다. 이는, 법의 도덕성이나 도덕적 정당성, 즉 정당성의 도덕적 차원

1992, 81쪽.

28) 물론 정당성을 부여하는 도덕적 언급과 이를 결하고 있는 비도덕적 언급을 분리하여 사고하는 경향이 법체계에 관한 온갖 논의에서 통상적으로 행해지고 있음을 고려한다면, 라즈의 지적처럼 그러한 분리적 사고가 세계 내에 다양하게 존재하고 있는 법체계들을 법으로 인정하는 데에는 도움이 될 것이다 [Joseph Raz, On The Nature of Law, in: LAW AND MORALITY(edited by K.E.Himma a. B. Bix), Cromwell Press, 2005, 393쪽 이하].

29) 켈젠의 법이론을 대상으로 이 물음에 답하고자 시도한 것으로는 변종필, 법단계론의 구조와 정당화근거, 김지수 교수 정년기념논문집, 법문사, 2003, 143쪽 이하.

이 종래처럼 일치설이나 분리설에 기대어 이해될 수밖에 없는 것인가 아니면 달리 이해될 수 있는가의 문제이다.

(2) 일치설과 분리설의 지양

1) 새로운 시각의 단초

이 문제에 답하기 위해서는, 법의 도덕성 문제를 일치설이나 분리설처럼 그 내용적 측면에서 파악하거나 비판하는 것을 넘어 다른 시각을 고려하는 것이 불가피해 보인다. 그런데 이 다른 시각은 법과 도덕의 관계에 관한 내용적 측면의 이해(일치설)와 형식적 측면의 이해(분리설) 또는 법체계에 대한 극히 정적인 사고(내용적 정당성 기준)와 극히 동적인 사고(합법적 실정성 기준)를 단순히 평면적으로 결합하려는 시도는 아니다. 그것은, 법에 있어 도덕적 정당성 요소는 빠뜨릴 수 없는 핵심 기준이며, 현재 상태에서 대체로 잘 짜인 실정법 체계가 적절하게 작동한다는 전제 아래[30] 법의 도덕성 내지 도덕적 정당성의 문제를 새롭게 파악해 보려는 시도이다. 이러한 시각에서 제기되는 법의 도덕성 요청의 중점은 개별적인 인간 존재의 자율성 및 그러한 자율성의 실천적 보장에 놓여 있다. 그런데 이러한 중점은 일치설의 토대가 되었던 자연법적 사고 속에서도 그 단초를 찾아볼 수 있다. 특히 역사적으로 등장한 제반 자연법론에 대한 한스 벨첼의 평가[31]는 매우 주목할 만한 내용을 담고 있다.

2) 책임적 인격으로의 승인과 존중

벨첼은 역사적으로 제기되었던 수많은 자연법론에 대해 그 문제점(특히 자연법의 이데올로기성)을 신랄하게 비판하면서도 법의 역사에 있어 자연법론이 거둔 결정적인 공적 두 가지를 적절하게 지적하고 있다. 첫째, 자연법론은 사실적으로 존재하는 법(실정법)의 정당성에 대한 문제 제기라는 것이다. 즉, 자연법론에는 법이란 단순히 존재하는 권력이 명하는 바와 같지 않다는 사고가 흐르고 있다는 것이다.[32] 둘째, 자연법론은 '의무 지우는 당위'(verpflichtendes Sollen)라는 진리 내용을 제시하고 있다는 것이

---

30) 켈젠과 알렉시의 말을 섞어 표현하자면 이는 어느 정도 발전된 법체계로서의 강제적인 실정법 질서가 대체로 실효성을 지니며 시행되고 있는 상태라고 말할 수 있을 것이다.

31) 이에 관한 자세한 내용은 한스 벨첼, 자연법과 실질적 정의(박은정 옮김), 삼영사, 2001, 332쪽 이하.

32) 벨첼, 앞의 책, 333쪽.

다.[33] 이는 권력을 쥔 국가기관이 단순히 법이라고 정하여 강제한다고 해서 법이 되는 것이 아니라 수범자로 하여 스스로 의무를 지우게 하는 것일 때 진정한 의미의 법일 수 있다는 것이다. 이런 점에서 벨첼은 단순한 '강제'와 '의무지움'을 구분한다. 그에 따르면, 강제란 인간을 인과적 힘의 작용의 단순한 객체로 만드는 반면, 의무지움은 인간으로 하여 자기 삶의 의미 있는 질서에 책임을 지우고 인간을 자신의 현존재 형성의 주체로 만든다.[34] 따라서 일정한 사회질서가 단지 힘으로만 강제하는 것이 아니라 의무 지우려고 하는 한, 인간을 책임 있는 인격으로 승인하는 것은 사회질서이기 위한 최소한의 전제조건이다.[35]

3) 소통적 교류와 상호작용의 보장

그런데 이는 비단 인간의 도덕적 삶의 영역(도덕 질서)에서는 물론 법적 삶의 영역(법질서)에서도 마찬가지다. 즉, 일정한 법질서가 법으로서 효력을 갖고자 한다면, 이로써 그 준수를 요구하고자 한다면, 개개의 인간을 책임적 인격으로 승인하고 존중하는 것은 그 기본전제에 해당한다. 헌법적으로 볼 때, 이는 곧 모든 인간에게 인간으로서의 존엄을 실천적으로 보장하는 출발점이다. 따라서 법의 영역에서 이러한 전제는 원칙상 법 정립을 비롯한 법 실현의 모든 과정에 반영되어야 한다. 기본적으로 국민주권의 원리를 인정한다면, 이 원리에 기초할 때 법의 근원적인 주체는 바로 국민이기 때문이다. 특정한 국가 또는 법 공동체에서 무엇이 정당한 혹은 효력 있는 법인가의 물음은 (원칙상) 모든 구성원이 그러한 법규범의 정립을 위한 절차에 동등한 주체로서 자유로이 참여하여 의견을 개진하는 가능성이 실천적으로 보장되는 때에만 의미를 지닌다. 왜냐하면 그런 때에만 공동체 구성원으로서의 개별 인간은 실제로 책임 있는 인격으로 승인되고 존중된다고 볼 수 있기 때문이다. 이는 법의 정립과 효력에 있어 모든 사람의 참여 가능성과 의견 표명 및 논증 가능성을 보장해주는 절차가 실천적으로 중요한 의미를 지님을 암시한다. 이것이 바로 벨첼의 위와 같은 진단이 오늘날에도 여전히 유익한 의미를 지닐 수 있는 대목이다. 요컨대, 그러한 진단에 따르자면, 법정립 절차에서도 모든 이해관계인의 소통적 교류(인식의 주체-주체적 혹은 상호주

---

33) 벨첼, 앞의 책, 334쪽.
34) 벨첼, 앞의 책, 336쪽.
35) 벨첼, 앞의 책, 337쪽.

관적 교류)가 중요성을 띠게 되며, 이로써 특정한 기관 또는 집단(가령 입법기관)의 법인식이나 주장 내용이 상호교류를 통한 반성적 성찰의 과정 없이 단순히 법률에 정해진 방식에 따라 형식적으로만 관철되는 법정립 과정은 (비록 합법적이라 하더라도) 법의 절차적 도덕성의 측면, 책임적 인격으로서의 개별 인간의 자율성 및 상호주관성의 존중과는 어울릴 수 없는 것이 되고 만다.[36]

III. 법의 도덕성에 관한 절차적 이해

1. 하버마스의 관점

자연법의 실정화 이후, 즉 근대 이성법의 붕괴 이후 법과 도덕의 관계를 절차(주의)적 차원에서 새롭게 이해하고자 한 대표자로는 하버마스를 들 수 있다. 우선, 그는 도덕과 법을 위계적 관계에 놓인 것으로 보았던 종래의 자연법(또는 이성법)론을 전근대적 발상이라고 비판한다. 그러면서 이제 더는 도덕이 법의 상위에 있지 않다고 한다. 즉, 법과 도덕은 실천이성이라는 같은 뿌리에서 나온 것으로서 양자는 실천이성에 기초한 일반적인 행위규범이 이원화된 것이라고 한다.[37] 이는 마치 도덕적 자율성과 시민적 자율성(정치적 자율성)이 같은 근원을 지닌다는 가정과 유사하다. 요컨대, (정당화에 의존하는) 법과 (자율적) 도덕은 인간의 행위를 규율하는 두 종류의 규범으로 병존하면서 상호 보완관계에 있다고 한다.[38] 즉, 양자는 공통의 준거점에도 불구하고 도덕은 문화적 지식의 한 형식에 그치는 데 반해 법은 그러한 성격 외에 제도적 수준에

---

36) 오늘날 법정립 과정에의 시민의 참여는 현실적인 이유에서 대부분 간접민주주의 또는 의회민주주의의 방식에 의해 제한적으로 보장되고 있다. 하지만 그러한 제한된 방식이 현실적인 입법과정이나 입법절차를 으레 정당화해주는 것은 아니다. 특정한 입법이나 입법 절차의 정당성은 형식법(실정법)에 정한 절차를 단순히 통과의례처럼 거쳤다고 하여 생겨나는 성질의 것으로 이해될 수 없다.

37) 실천이성은 도덕적 규칙이 쟁점이 될 때는 도덕적 원리라는 의미를 갖고, 법적 규칙이 쟁점이 될 때는 민주주의 원리라는 의미를 지닌다(하버마스, 앞의 책, 158쪽).

38) "나는 실정법을 자연법이나 도덕성에 종속시키지 않고 다음의 가정에서 출발한다. 탈형이상학적 정당화의 차원에서 볼 때 법적 규칙과 도덕적 규칙은 전통적인 인륜적 삶으로부터 동시에 분화되어 나왔으며, 비록 서로 다르지만 서로 보완하는 두 종류의 행위규범으로서 나란히 병존한다"(하버마스, 앞의 책, 158쪽).

서 구속력까지 갖고 있다는 점에서 구별된다.[39] 하지만, 법은 문화적 차원과 함께 사회적 차원(제도화된 입법절차와 사법절차 및 체계화된 법도그마틱 등)에 동시에 자리 잡고 있어 문화적 지식으로 존재하는 도덕의 허약성을 보충할 수 있다고 한다.[40] 이러한 진단에 따르면 법에 대한 도덕의 우위를 인정하면서 법의 효력을 도덕적 내용에 의존하도록 하는 일치설의 관점은 부정된다. 또한, 이 관점은 양자의 보충관계에서 출발하여 합법성을 설명하려 한다는 점에서 단지 합법적 실정성만으로 법의 효력을 설명하려는 분리설과도 구분된다.

2. 절차적 합리성에 기초한 도덕적 정당성

(1) 실정법의 도덕적 정당성 근거

하버마스는 실정법이 입법자의 결정을 넘어 정의(正義)와의 도덕적 관련성을 지녀야 함을 인정한다. 그렇지 않다면 법이 정치 또는 정치의 논리에 용해됨으로써 그 정당화하는 힘을 상실하고 법의 동일성 자체가 희석되어 버린다고 보기 때문이다.[41] 따라서 자연법에 기초한 근대 이성법의 붕괴 이후[42] 실정법에 처분 불가능한 성격을 부여해 줄 수 있는(즉 자연법이나 이성법에 대응하는) 대응물을 찾는 것이 필요했다고 본다.

---

39) 하버마스, 앞의 책, 160쪽.

40) 여기서 도덕의 허약성이란 도덕이 떠안고 있는 인지적, 동기적, 조직적 측면에서의 부담을 말한다.
 i) 첫째, 도덕은 논쟁의 대상이 된 문제에 대해 공평무사한 판단을 내릴 수 있는 절차만을 제공한다. 이 경우 (규범의 정당화 문제는 비교적 수월하게 해결될 수 있으나) 도덕 규범의 추상성으로 적용 문제가 심각하게 제기된다(인지적 부담). 그런데 이러한 부담은 법제정의 사실성을 통해 흡수된다. ii) 둘째, 도덕에 대해서는 인식된 원리에 따라 행위를 추진할 동기의 불확실성이라는 문제가 추가로 제기된다(동기적 부담). 그런데 이러한 부담은 법집행의 사실성을 통해 흡수된다. iii) 셋째, 도덕에 대해서는 의무의 귀속 가능성 문제가 제기된다. 특히 적극적인 도덕적 의무는 복잡성이 증대된 사회 일수록 협력과 조직을 필요로 하는바, 도덕은 기존제도를 냉철하게 평가할 수 있는 시각은 제공하나 그 제도를 재구성하는 데 필요한 처방전까지 제공하지는 않는다(조직적 측면의 부담). 그런데 이러한 부담은 기존제도를 다른 제도로 대체할 수 있는 행위체계인 실정법을 통해 해소된다(하버마스, 앞의 책, 170-174쪽).

41) 하버마스, 앞의 논문(주 27), 81쪽.

42) 하버마스는 근대의 이성법을 포기하게 된 원인을 철학적 이유(이성법적으로 편향된 법에는 입법자가 자신의 구상을 실현하기 위해 이용할 수 있는 법의 도구적 측면이 개입할 여지가 없고, 이로써 법이 실천이성의 법칙을 실현하는 종속적 지위만을 갖게 되면 법은 그 실정성을 상실하고 만다는 점)뿐만 아니라, 사회와 역사의 복잡성(해석의 틀로 작용하였던 사회적·역사적 상황이 감당할 수 없을 정도로 복잡하게 전개되었다는 점)에서 찾는다(하버마스, 정당성과 합법성, 82-83쪽).

이러한 필요성에 따라 그는 법과 도덕의 관계에 관한 이성법 중심의 전통적 관점의
문제점을 비판하면서 동시에 실증주의적 관점을 넘어서는 제3의 길을 모색했다고 할
수 있다. 그런데 이러한 길은 실정법 속에 유입돼 있는 절차적 합리성에서 실정법의
정당성 근거를 찾으려는 시도이다. 여기서는 절차적 합리성이 곧 실정법의 도덕적 정
당성을 보증한다. 그리고 법체계의 자율성은 이러한 합리성의 보장 정도에 의존한다.
실정법에 따른 지배는 단순한 합법성(혹은 합법적 실정성)만으로 정당화되지 않으며, 지
배를 정당화하는 힘은 오히려 합리적 논증 대화(Diskurs, 논증적으로 진행되는 대화)와 근거
제시 요구를 이행할 수 있게 하는 제도화된 절차에서 나온다.43) 즉, 이러한 절차에서
실천적인 합리적 논증의 수행을 통해 정립된 법만이 법으로서 효력(정당성)을 지니며,
그 법에 따른 지배 역시 정당화될 수 있다. 요컨대, 자연법적 규범 명제의 불확실성과
역사적·사회적 복잡성의 현저한 증대를 특징으로 하는 오늘날에 있어 실정법과 도덕
의 상호지시적 관계는 이처럼 합리적 절차를 통한 도덕적 정당성의 이념에 따를 때만
가능하게 된다. 그런데 하버마스에 의하면 이러한 의미의 정당성(확보)을 위한 논의(논
증 대화)에는 일정한 조건들이 전제되어야 한다.

(2) 합리적 대화 조건과 절차의 합리성

1) 합리적 대화 조건과 적용의 문제

가. 합리적 대화 조건

법의 도덕성에 관한 절차적 이해에 따를 경우, 입법 절차의 도덕적 정당성 문제
는 이상적 대화 상황(또는 합리적 대화 조건) 및 그 충족 여부와 관련돼 있다. 이상적 대화
상황이란 인식론적 지평에서 이루어지는 이상적 대화 모델로서, 의사소통 가운데서
외적인 우발적인 작용에 의해서뿐만 아니라 의사소통 자체의 구조에서 발생하는 강
제에 의해서도 방해받지 않는 자유로운 대화 상황을 의미한다.44) 이러한 대화 상황의
조건으로는 다섯 가지 기준이 제시되고 있다.45) 첫째, 언어능력이 있는 모든 사람은

---

43) 하버마스, 앞의 논문, 87쪽.
44) J. Habermas, Wahrheitstheorien, in: Vorstudien und Ergänzungen zur Theorie des kommunikativen
Handelns, Frankfurt a.M., 1984, 177쪽 이하.
45) J. Habermas, Diskursethik, in: ders., Moralbewußtsein und kommunikatives Handeln, Frankfurt
a.M., 1983, 99쪽.

논증 대화에 참여할 수 있다. 둘째, 모든 사람은 어떤 주장이라도 문제 삼을 수 있다. 셋째, 모든 사람은 어떤 주장이라도 논증 대화에 도입할 수 있다. 넷째, 모든 사람은 자신의 태도나 욕구 및 필요를 표현할 수 있다. 다섯째, 어떠한 화자도 논증 대화의 내부 또는 외부에서 지배하는 강제로 인해 앞서 확정된 자신의 권리행사를 방해받아서는 안 된다. 첫째 규칙은 논증 대화의 참여에 관한 것이고, 그 뒤의 세 규칙은 논의에서의 자유에 관한 것이며, 마지막 규칙은 앞의 규칙들을 충족하기 위한 조건이 되는 규칙이다.[46] 이러한 조건과 규칙은 절차적 정당성을 지향하는 모든 대화공동체가 갖추어야 할 최소한의 기본 조건이다. 가령, 알렉시는 그의 『법적 논증 이론』에서 이들 조건을 응용하여 여러 가지 세부 규칙과 형식으로 제시한 바 있다. 하버마스에 의하면 이러한 대화 조건은 경험적 현상도 단순한 구성물도 아니며, 논증 대화에서 참여자 상호간에 받아들여야 할 불가피한 가정(假定)이다.[47] 즉, 일정한 논의공동체에서 참여자들이 언어 행위를 수행할 때 그들은 이러한 대화 상황이 마치 현실적인 것처럼 행위하는바, 바로 이것이 논의의 전제조건에 속한다.

나. 적용의 문제

이러한 대화 상황에 따른 절차는 '더 나은 논거를 통한 합의'를 지향한다. 결과는 미리 확정되어 있지 않으며, 다만 더 나은(합리적이고 설득력 있는) 논거만이 절차를 지배하는 유일한 힘으로 작용한다. 그리고 이를 통해 최종적으로 합의된 바가 논의의 쟁점에 관한 결론으로 귀결된다. 그런데 이상적 대화 조건을 전제로 전개되는 절차라 하더라도 실제로 그러한 절차에서 모든 참여자가 합의에 이르게 되리라고 기대할 수도 없으며, 때로는 시간상의 제약 등으로 사실상의 합의에 이르기까지 무한정 논의가 계속되리라는 보장도 없다(현실적 한계). 하지만 그렇다고 해서 이러한 대화 조건과 절차에 따른 문제해결 가능성이 배제되는 것은 아니다. 그러한 절차의 본질적 취지를 크게 해하지 않고도 실천적으로 응용할 수 있는 여지가 충분하기 때문이다. 우선, 합의는 합의(또는 동의) 가능성으로 다소 완화하여 이해할 수 있다. 이렇게 본다면 절차의 종국적 목표로 합의를 지향한다는 점이 중요한 의미를 갖게 될 뿐, 설령 사실상 합의

---

46) 알렉시는 이들 규칙을 논증대화의 합리성을 담보할 수 있는 가장 중요한 조건들을 정의한 것으로서 이성규칙(Vernunftregeln)이라 부른다[알렉시, 법적 논증 이론(변종필·최희수·박달현 옮김), 고려대학교출판부, 2007, 191쪽].

47) Habermas, Wahrheitstheorien, 180쪽.

에 이르지 못하더라도 그로 인해 그러한 절차를 통해 보증되는 정당성에 중대한 장애가 초래된다고 보기는 어려울 것이다. 그렇다면, 현실적으로 전개되는 논의 절차가 이상적 대화 조건을 충족한다고 볼 수 있는가와 그러한 상태에서 참여자들이 제기하는 주장이 더 나은 근거 제시(합리적 논증)를 통해 뒷받침되고 있는가가 결정적으로 중요성을 띠게 될 것이다. 그런데 이 문제는 일률적으로 답할 수 없는, 즉 그때마다 문제 되는 절차의 성격에 따라 답할 수밖에 없는 문제이다.

2) 합리적 대화 조건의 실천적 의의

이처럼 가정적으로 설정된 합리적 대화 조건은 다음과 같은 특징(실천적 의의)을 지닌다. 먼저, 그것은 사실적으로 달성된 합의나 동의가 참된 합의나 동의의 요청과 결합할 수 있도록 해준다. 즉, 절차를 통해 달성되는 현실적 합의나 동의가 규범적 합의나 동의를 지향하도록 해준다(현실적 대화의 규범적 방향 제시). 다음으로, 그것은 현실적인 상호이해와 이를 통해 달성된 모든 사실적인 합의나 동의가 충분한 것인지 또 적절한 것인지에 대한 비판적 척도로 기능한다[48](현실적 대화에 대한 규범적 평가 기준). 가령, 알렉시 역시 그가 제시한 절차적 정당화의 규칙들이 비록 완전하게 실현될 수는 없다 하더라도 반대자들의 비판[49]에 의해 충분히 반박되었다고 볼 수 없을 만큼 중요한 의미를 지님을 강조한다. 즉, 그것들은 어느 정도 근사치로나마 충족될 수 있는 이상(理想)을 의미하며, 최소한 정당성이나 진리성을 판단하기 위한 가설적 및 소극적 기준은 된다고 본다.[50] 요컨대, 합리적 대화 조건 혹은 규칙들은 절차의 합리성을 보증해주는 비판적인 규범적 척도로 작용한다.

---

48) J. Habermas, Vorbereitende Bemerkungen zu einer Theorie der kommunikativen Kompetenz, in: J. Habermas/N.Luhmann, Theorie der Gesellschaft oder Sozialtechnologie, Frankfurt a.M., 1971, 136쪽.

49) 비판의 구체적 내용에 관해서는 알렉시, 앞의 책, 178, 182쪽 이하; 변종필, 형사소송의 진실개념, 세종출판사, 1999, 161쪽 이하.

50) 자세한 것은 알렉시, 앞의 책, 192쪽.

IV. 입법 절차와 도덕적 정당성

다수의 입법자의 지지를 받은 법(법률)이 어떻게, 즉 어떤 근거에서 도덕성 내지 도덕적 정당성을 가질 수 있는가? 이 물음이 가령 분리설을 취하는 실증주의자들에게는 그다지 의미 있게 받아들여지지 않을 것이다. 왜냐하면 그들은 합법적인 절차를 거쳐 정립되었다는 점(합법성)에서 해답을 찾을 것이기 때문이다. 하지만 이러한 사고에 만족하지 못하는 사람에게는 대단히 중요한 물음임이 분명하다.

1. 몇 가지 고려사항

절차적 이해에 기초하여 입법 절차와 관련한 법의 도덕적 정당성 문제를 판단할 때는 다음의 몇 가지 사항들을 고려할 필요가 있다. 첫째, 의회의 모든 입법 절차나 입법적 결정을 실천적 또는 합리적 논증 대화로 볼 수 있을 것인가 하는 점이다. 왜냐하면 입법 절차는 많은 경우 실천적 논증 대화의 이상과는 무관한 것인 양 극히 전략적이거나 도구적인 성격을 띠고 나타나기 때문이다. 둘째, 모든 경우에 입법 절차를 실천적인 논증 대화로 이해하더라도, 현실적인(사실적인) 다수의 동의가 과연 합리적인 근거 제시에 따른 동의라고 볼 수 있는가 하는 점이다. 이는 일반적인 동의 가능성의 관점에 비추어 규범적으로 수용될 수 있는 동의인가의 문제이다. 이들 두 가지 사항은 우리가 의회의 입법 절차를 — 합리적 대화 조건의 이념에 비추어 극히 부정적인 형태로 나타나는 절차까지 포함하여 — 어떻게 볼 것인가 하는 점과 관련돼 있는 문제이다. 셋째, 법정립을 위한 입법자의 의사결정과정이 (부분적이나마 실천적 논증 대화로 이해될 수 있는 제도적 조건을 갖춘) 현행 법규를 제대로 준수한 상태에서 이루어진 것인가 하는 점이다. 이는 일정한 입법을 절차적 관점에서 정당화하기 위한 최소한의 조건이다. 분리설에 의하더라도 특정한 제정법이 법으로서 인정되려면 이 요건은 갖추어야 한다. 하지만 절차적 이해에 따른다면 이점만으로 충분하다고 볼 수 없다. 이 관점에 따르면 관련 법규 역시 합리적 대화 조건에 비추어 비판적인 검토의 대상이 될 수 있음은 물론, 정해진 절차 내에서 충분한 근거 제시가 이루어졌는가 하는 점이 언제든지 문제 될 수 있기 때문이다.

2. 입법 절차와 논증 대화적 절차

(1) 현실적 입법 절차의 특징

절차의 합리성을 보장하는 이러한 조건들을 원용할 경우, 입법 절차상 실정법에 내재하는 도덕성은 그 과정에서 제기되는 정치적 목적 관련 논의가 (법규범에 대한 근거 제시에 있어 요구되는) 도덕적 관점(또는 합리적 대화 조건)의 제약 아래 놓이게 된다.[51] 물론, 이점은 입법 절차 역시 실천적 논증 대화로, 가령 알렉시의 예처럼 일반적인 실천적 논증 대화의 특별한 경우[52]로 이해될 수 있음을 전제로 한다. 그러한 경우, 입법 절차 (법정립 절차) 역시 제도화된 실천적인 논증 대화에 해당하게 된다. 그리고 이처럼 입법 절차를 논증 대화적 절차로 이해한다면, 입법적 결정들 및 이러한 결정들에 전제돼 있는 상호이해는 실천적 논증 대화의 모델에 따라 합리적 논거(더 나은 논거)를 통해 관철되는 합리적 논의 과정을 통해 달성된다.[53] 하지만 입법의 현실은 많은 경우 이상적 의미로 이해된 실천적 논증 대화의 과정으로 나타나지 않는다. 가령 입법적 결정들은 합리적 합의나 동의 대신 특수한 이익 간의 타협을 꾀하는 방식(전략적 절차)이나 정치적 목적으로 지향된 목적－수단의 도식(도구적 절차)에 기초해 이루어지곤 한다. 헌법 규범들과 원칙들 및 관련 법규들을 통해 매개되는 의회의 입법 절차가 이념적으론 논증 대화적 절차와 합치한다고 볼 수도 있겠지만, 실제 현실은 이와 매우 다르게 나타나고 있다. 즉, 많은 경우 입법 절차는 전략적 또는 도구적 성격을 띠고 나타난다.

(2) 입법 절차와 논증 대화

그런데 논증 대화적 절차가 모든 관련자에게 공통되는 이익의 추구를 전제로 하

---

51) 하버마스, 앞의 논문, 86쪽. 반면 규범적용 절차에서 판단이나 결정의 공정성은 모든 사람이 원할 수 있는 것이 무엇인가를 물음으로써가 아니라 주어진 상황의 모든 측면을 적절히 고려하였는가에 따라 나타난다.
52) 이에 관해서는 알렉시, 앞의 책, 특히 297쪽 이하.
53) 카를로 투오리, 근대법의 정당성(변종필 역), 형사정책연구 제10권 제2호, 한국형사정책연구원, 1999, 266쪽.

는 것이라면, 특수한 이익 간에 타협을 지향하는 절차나 단순한 도구적 절차 역시 논증 대화적 절차로 여겨질 수 있을 것인가? 하버마스에 의하면 공정한 타협이 있는 경우에는 그 타협이 논증 대화를 통해 달성된 상호이해에 근거하고 있지 않더라도 간접적 방식으로 정당화될 수 있다.54) 가령 임금협상과 같은 형태가 여기에 해당할 것이다. 반면 거짓된 타협행위는 정당화될 수 없다. 공개된 행위가 아닌 은폐된 전략적 행위 역시 거짓된 타협의 혐의를 강하게 띨 수밖에 없을 것이다.55) 그렇다면, 전략적 행위로서 은폐되거나 거짓된 타협은 논증 대화적 절차로 정당화될 수 없을 것이다. 나아가, 도구적 절차에서도 비록 직접적 정당화는 어렵더라도, 간접적 정당화 가능성을 찾을 수 없는 것은 아니다. 가령 경제나 행정을 규율하는 법규들의 경우에는 논증 대화적 절차가 전적으로 배제되는 것은 아니다. 물론, 이 경우 절차를 제약하는 현실적 요소들, 특히 대립하는 이익갈등이 대개는 합의형성에 걸림돌로 작용할 것이다. 하지만, 그렇더라도 그러한 제약 요소들이 정당화 가능성을 필연적으로 제한한다고 볼 수는 없을 것이다.56)

V. 법 해석·적용 절차와 도덕성

1. 전통적 방법의 한계

주지하다시피 법률적 삼단논법은 전통적인 법학 방법론에서 법적용의 핵심 방법으로 널리 활용돼 왔다. 그런데 법률이나 법규의 적용이 이러한 삼단논법에 따른 논리적 포섭에 지나지 않는다고 말할 수 있는가? 이제 더는 그렇게 말하기 어렵게 되었

---

54) 공정한 또는 순수한 타협의 요건으로 하버마스는 세 가지를 들고 있다. ⅰ) 결정과 관련돼 있는 이익들은 사실상 공통적인 이익의 가능성을 배제하는 특수한 이익들이어야 한다. ⅱ) 모든 관련자는 타협을 창출하는 데 참여할 수 있는 같은 권리를 가져야 한다. ⅲ) 타협의 당사자들 간에는 힘의 균형이 유지되어야 한다.

55) 하버마스는 전략적 행위를 은폐된 행위와 공개된 행위로 구분하며, 전자는 다시 의식적 기만행위(조작)와 무의식적 기만행위(행위 주체가 의식하지 못하고 있는 체계적으로 왜곡된 의사소통행위)로 구분한다[J. Habermas, Theorie des kommunikativen Handelns(Ⅰ), 2.Aufl., Frankfurt a.M., 446쪽].

56) 그러한 이익갈등 상황을 더는 '사물의 본성'에서 비롯되는 제한이라고 볼 수 없다는 지적으로는 투오리, 앞의 논문, 271쪽.

다는 것이 오늘날 법학 방법론에 관한 논의에서 널리 일치를 보고 있는 인식이다. 종래처럼 삼단논법에 따라 근거 지어질 수 있는 법적 결정도 있으나, 대전제(법규범)와 소전제(사실)로부터 논리적으로 귀결되지 않는 법적 결정도 존재하기 때문이다[특히 '판결하기 어려운 사안'(hard cases)의 경우]. 가령 하트(H. L. A. Hart)는 법개념의 중심부(core, 의미가 명확한 영역)에서는 전통적인 삼단논법이 적용될 수 있지만, 그 주변부(penumbra, 의미가 불명확한 영역)에서는 삼단논법에 따른 문제해결이 불가능하며, 따라서 이 영역에서는 부분적으로 법관에게 입법자로서 지위를 인정해야 한다고 본다. 하지만, 하트처럼 후자의 영역에서 입법자의 지위를 인정하게 되면 권력분립 원칙에 반한다는 중대한 문제가 발생한다. 그렇다면, 이러한 문제 상황에서 법적 결정의 합리성을 보장하기 위한 다른 방법이 있는가? 이런 방법으로 의미 있는 것으로는 가령 알렉시의 법적 논증 이론을 들 수 있을 것이다. 하지만 이런 방법을 모색하는 것이 여기서 다루고자 하는 바는 아니다. 여기서 다루고자 하는 것은, 법적 결정과 관련하여 그러한 다른 방법을 찾을 수밖에 없는 근본 이유 또는 원인을 짚어보는 것이다.

2. 법적 결정에 전제돼 있는 평가와 평가의 도덕 관련성

법률적 삼단논법에 따른 문제 해결이 불가한 사례들의 경우, 그에 대한 (최종적인) 법적 결정은 일정한 법규범으로부터 논리적으로 추론되지 않는다. 또한, 법질서에 속한 일반적 원칙이나 원칙들의 체계(가치론적·목적론적 체계)로부터도, 각종 해석 방법들(해석 카논)로부터도 직접 도출되지 않는다. 사정이 이러하다면, 법적 결정권자(법관)는 법적 결정에서 더는 이들에 구속되지 않고 가능한 해결책 중에서 선택할 수 있는 재량의 여지를 갖게 된다. 그렇다면, 결정권자의 일정한 법적 결정(해석, 판단 등)에는 스스로가 선택한 대안을 그 어떤 의미에서 더 나은 것으로 여기는 그의 일정한 평가가 전제돼 있다고 하겠다. 법학이 이러한 평가 없이 변통하지 못한다는 점은 오늘날 거의 모든 방법론적 논문들에서 강조되고 있는 바이다.

예컨대 알렉시에 따르면 법적 결정에서 요구되는 이러한 평가는 도덕과 관련되어 있다(평가의 도덕 관련성). 다만, 그는 강한 테제(법적 결정에서 요구되는 평가는 언제나 도덕적인 것으로 파악돼야 한다는 테제)보다는 다소 완화된 테제(법적 결정에서 요구되는 평가는 언제나 도덕과 관련되어 있다는 테제)를 취한다. 모든 법적 결정에는 최소한 결정권자 개인의 이해 관계가 관련되어 있고, 이러한 이해관계를 제한하는 것이 정당한가의 물음은 도덕적 문제로도 제기될 수 있다는 점에서 이 테제는 논란의 대상이 될 수 없다고 한다. 그런 데 이러한 생각과 태도는 가령 모든 법적 결정에는 결정권자의 선이해가 작용한다는 사고와 맞닿아 있다고 할 수 있다.

3. 평가의 도덕 관련성과 선이해

(1) 평가의 선이해 의존성

그런데 평가의 도덕 관련성은 '선이해'를 고려할 때 훨씬 더 수월하게 파악될 수 있으리라 본다. 선이해(Vorverständnis)란 해석학적 용어로서 기본적으로는 이해를 위한 제반 조건을 뜻하며, 아울러 이해의 구체적 내용을 형성하는 주관적 판단이라는 의미 를 포함한다. 가령 특정한 법률 텍스트 이해에 작용하는 해석자의 개인적 경험, 해당 분야에 관한 교육 및 지식의 습득 정도, 해석자가 처해 있는 사회적·역사적 지위와 상황, 특정 부분에 관한 그의 정서적 태도와 윤리적·정치적·종교적 신념 등이 이해 에 영향을 미치는 조건에 해당한다. 이는 해석자나 결정권자의 해석 및 결정의 본질 적 속성을 파악하는 데 매우 유익한 개념이다. 이들의 법적 평가(이로써 결정)에는 이러 한 선이해가 불가피하게 작용하기 때문이다. 이러한 선이해는 그 자체로 언어에 담겨 질 수는 없다. 언어에 앞서 선이해가 해석자나 결정권자의 언어사용을 규정하기 때문 이다.[57] 이처럼 선이해를 구성하는 요소들(윤리적·정치적 태도나 신념 등) 및 이들 요소가 어떤 형태로든 해석자나 결정권자의 해석 및 결정에 영향을 미칠 수 있음을 고려할 때, 법관의 해석이나 평가(이로써 결정)는 도덕관련성을 지님은 물론, (넓은 의미의) 정치 적 속성도 함께 지닌다고 할 수 있다.[58]

---

57) 이상돈, 법이론, 박영사, 1996, 343쪽.

58) 이에 관해서는 이상돈, 앞의 책, 221쪽; 변종필, 형법해석·적용에서 규범적 평가기준의 활용과 논증의 문제: 이른바 대법원의 '종합적 판단기준설'을 대상으로, 비교형사법연구 제19권 제2호, 한국비교형사 법학회, 2017, 9쪽.

(2) 선이해에 대한 합리적 통제의 필요성

나아가, 그러한 해석이나 결정은 선이해의 부정적 작용에 따라 자의성의 의혹에 직면하기도 한다. 다시 말해, 해석자나 결정권자의 선이해를 이루는 비합리적(또는 법 외적) 요소들이 함께 작용함으로 해석과 결정에 영향을 미칠 수 있다. 선이해가 특히 법 언어의 불명확성과 연계하여 초래할 수 있는 문제점에 대해서는 익히 미국의 법현 실주의[59]가 잘 지적한 바 있다. 법현실주의에 따르면, 법규는 (법 언어의 모호성과 불명확 성으로 인해) 개방적 성격을 띠며,[60] 이로써 가능한 해석 중에서 종국적 타당성을 갖는 해석에 관한 선택은 법이 아니라 법관의 재량에 맡겨지며, 그러한 재량적 결정은 법 관의 정치관, 경제관, 도덕관, 개인적인 경험이나 특성, 동정이나 반감 등 '법 외적 요소들'('선이해'를 이루는 비합리적 요소들)에 좌우된다고 한다. 이러한 지적은 (법 언어의 불명 확성과 결합한) 선이해의 작용으로 법 적용이 얼마나 임의적 혹은 자의적일 수 있는지 를, 이로써 법 해석과 법적 결정의 타당성을 보장하려면 선이해의 부정적 작용에 대 한 합리적 통제가 불가피함을 잘 보여준다.[61]

4. 평가의 객관성과 합리성 문제

이처럼 모든 법적 결정에 선이해에 기초한 결정권자의 평가가 불가피하게 수반 될 수밖에 없다면, 이에 따른 결정적 문제는 그러한 평가의 객관성과 합리성을 어떻 게 보장할 것인가 하는 것이다. 다시 말해, 결정권자의 임의적 또는 재량적 선택에 맡기는 방법 외에 다른 방법이나 기준이 있는가 하는 점이다. 이는 평가의 객관화 가

---

59) 이에 관해서는 Brian Leiter, American Legal Realism, in: The Blackwell Guide to the Philosophy of Law and Legal Theory(edited by M. P. Golding/ W. A. Edmundson), Blackwell Publishing, 2005, 50쪽 이하.

60) 예컨대 로델은 다음과 같이 말한다. "법적 원칙과 개념들은 너무나 모호하고 관념적이므로 완전히 다 른 종류의 여러 사건에 적용해도 똑같이 말이 되거나 혹은 말이 되지 않는다. 또한 그 의미는 너무나 이율배반적이므로 같은 원칙을 같은 분쟁의 양 당사자가 활용하기도 한다"[프레드 로델, 저주받으리 라, 너희 법률가들이여!(이승훈 옮김), 후마니타스, 2014, 179쪽]. "그 어떤 개념도, 그 어떤 개념의 조합도, 개념 위에 세워진 그 어떤 규칙도 그 자체로는 가장 단순하고 명백한 문제에 대한 어떤 해결 책도 제공할 수 없다. 의사의 처방전에 쓰인 부호와 마찬가지로, 그것은 법관이 내린 결정에 대한 인 상적인 사후 서술만을 제공할 뿐이다. 그리고 법관이 내린 결정이 곧 법이다"(같은 책, 77쪽).

61) 변종필, 형법해석과 정당화, 형사법연구 제29권 제4호, 한국형사법학회, 2017, 18쪽.

능성 또는 일반화 가능성의 문제로서, 법학의 학문적(과학적) 성격에 관한 문제이자 동시에 법관의 법적 결정을 통해 사회적 갈등을 규율하고 해결하는 것이 과연 적절한가의 문제와도 깊이 연계되어 있다는 점에서 실천적으로 대단히 중요한 의미를 지닌다.

(1) 기존의 방법들과 그 문제점

우선, 평가의 객관성 또는 객관화 가능성을 보장하는 기존의 방법으로는 다음 몇 가지를 들 수 있다. 가령 알렉시가 예시하듯이 ⅰ) 사실적으로 존재하는 확신이나 합의 및 사실적으로 효력을 갖거나 준수되고 있는 비법적인 규범을 원용하는 방법(제1의 방법), ⅱ) 현존하는 실정법 체계에 속한 일반적 법원칙 등에서 도출할 수 있는 평가를 원용하는 방법(제2의 방법), ⅲ) 초실정적인 법원칙을 원용하는 방법(제3의 방법) 등이 그것이다.

제1의 방법으로는 가령 일반인 또는 일정한 집단(법률가집단, 법관집단 등)의 표상이나 평가에 의지하는 방법을 들 수 있다. 그런데 이 방법은 그러한 표상이나 평가가 많은 경우 정확하게 확인될 수 없고 또 서로 다를 수 있다는 점, 이로써 결정권자가 어떤 평가에 따라야 하는지가 불확정적이라는 점에서 문제가 있다. 이점은 모든 법적 평가에서 일반적으로 적용되고 있는 평가 척도인 이른바 사회통념을 원용하더라도 마찬가지다.[62] 제2의 방법 역시 결정권자로 하여 일정한 평가를 확립하게 해주는 확고한 기준이 되기에는 불충분하다. 그러한 법규범들은 서로 그 성격이 완전히 다르거나 종종 상호 괴리되는 평가관점들의 결정체이기에 어떤 원칙도 무제한 실현되기는 어려울 것이기 때문이다. 그리고 제3의 방법으로는 가령 일정한 가치 질서를 원용하거나 자연법 명제들을 원용하는 방법을 들 수 있다. 그런데 이들 방법은 극히 의문스러운 철학적 전제(예컨대, 존재로부터 당위가 도출될 수 있다는 전제)를 포함하고 있어 당위적인 법규범의 적용을 근거 지우는 데 활용하기에는 적합한 방법이라 보기 어렵다. 그 밖에, 제1의 방법에 전제돼 있는 인식 외의 경험적 인식(경험적 지식 등)을 원용하는 방법을 들 수 있다. 경험적 인식은 법적 논증에서 대단히 중요하게 작용할 수 있다. 즉, 일정한 규범적 평가를 뒷받침하는 사실적 측면의 근거로 활용될 수 있다. 하지만 이 방법 역시 경험적 인식에만 근거해서는 어떠한 규범적 전제도 도출될 수 없다는 점에

---

62) 이에 관해서는 변종필, 형법해석·적용에서 규범적 평가기준의 활용과 논증의 문제, 17–18쪽.

서 분명한 한계를 지닌다.

(2) 새로운 방법의 모색

이에 이들 방법 외에 새로운 방법을 모색하는 것이 필요하고 중요해 보인다. 가령 그러한 방법의 대표적인 예로는 알렉시의 구상을 꼽을 수 있다. 그는 일정한 법적 결정이 합리적인 실천적 논증 대화(Diskurs)에 기초하여 이루어지도록 하면서 그 결정이 그러한 논증 대화의 산물임을 징표하는 (절차적 규칙인) 일정한 형식과 규칙을 제시하려고 시도한다. 이들 규칙과 형식은 두 가지 차원의 것들로 이루어져 있다. 먼저, 일반적인 실천적 논증 규칙으로는 기본규칙, 이성규칙, 논증부담규칙, 논거형식, 근거제시규칙, 이행규칙 등이 있다. 다음으로, 법적 논증 규칙으로는 내적 정당화 규칙과 외적 정당화 규칙(경험적 논증, 해석카논, 도그마틱적 논증, 선례사용, 특별한 논거형식 등)이 있다. 요컨대, 그는 일정한 법적 결정의 정당성을 이들 규칙과 형식을 활용한 합리적 논증에서 찾으려고 한다. 이에 관한 상세한 내용과 설명은 뒤의 '법적 논증 이론' 부분을 참조할 수 있을 것이다.

생각해볼 문제

1. 법과 도덕을 구별하는 일반적 척도는 있는가? 그렇다면 그것은 무엇인가?
2. 적극적 및 소극적 황금률은 법의 영역에서 어떤 의미를 지니는가?
3. 일치설에 따르면 법과 도덕의 관계는 어떻게 규정되는가?
4. 분리설에 의하면 법과 도덕의 관계는 어떻게 규정되는가?
5. 절차적 이론은 법과 도덕의 관계를 어떻게 바라보는가?
6. 입법 절차 및 법 해석·적용 절차는 도덕성과 어떤 관련이 있는가?
7. 법적 결정의 객관성과 합리성은 어떻게 보장될 수 있는가?

제5장

법의 효력과 그 근거는 무엇인가?
(법효력론)

1. 법의 효력과 그 근거
2. 통합적 이해의 필요
3. 법의 효력과 실효성의 관계
4. 통합적 관점에서 근본규범의 재설정(예시)

| 제5장 | 법의 효력과 그 근거는 무엇인가?
(법효력론) |

개요 법의 효력 문제는 법의 근본 문제의 하나이다. 왜냐하면 특정한 법에 규정된 제재가 가해지려면 우선 그 법의 효력이 인정되어야 하기 때문이다. 또한, 이는 법개념과도 밀접하게 연계돼 있다. 이러한 법효력의 근거에 관해서는 전통적으로 세 가지 관점, 즉 사회학적 효력설, 철학적 효력설 및 법률적 효력설이 서로 대립하며 논의의 맥을 이어왔다. 사회학적 효력설은 사회학적 법실증주의의 입장으로서 실효성(준수·적용)을 핵심 표지로 한다. 그리고 철학적 효력설은 자연법론의 입장으로서 내용적 정당성을 핵심 요소로 삼는다. 끝으로, 법률적 효력설은 법률실증주의의 입장으로서 합법성을 핵심 요소로 본다. 또한, 최근에는 이런 종래의 시각과는 달리 이들 요소를 모두 통합하여 법의 효력을 규정하려는 관점도 나타나고 있다. 그런데 이 관점을 따르자면 이른바 근본규범의 재설정이 요구된다. 여기서는 법효력을 규정하는 데 핵심 근거로 활용되는 요소들을 적절히 이해하고, 이들이 오늘날의(특히 자유민주적 법치국가의) 법체계에서 갖는 함의와 실천적 의의를 제대로 파악하는 것이 중요하다.

1. 법의 효력과 그 근거

(1) 법의 효력

법의 효력(Geltung)이란 통상 법의 구속력을 말한다.[1] 즉, 누군가가 법질서 또는

---

1) 법철학적 차원에서 법의 효력은 법의 구속성을 의미한다는 언어관용이 이미 형성되어 있다는 언급으로는 심헌섭, 법의 효력에 관한 연구, 서울대학교 법학 제21권 제1호, 1980, 148쪽. 켈젠은『순수법학』제2판에서 규범의 효력을 (인간이 규범에 정해진 대로 행위해야 한다는 의미의) 규범의 구속력으로 보았으나[한스 켈젠, 순수법학(변종필·최희수 옮김, 길안사, 1999), 301쪽], 이후 법의 효력을 구속성(수범자를 일정한 행태로 구속하는 성질)이라는 말로 특징짓는 것은, 법규범을 요구 기능에서만 파악하고 수권 또는 허용 및 폐지 기능에서 보지 않고 있어 적절하지 않다고 한다[Hans Kelsen, 법의 효력과 실효성(심헌섭 역), 서울대학교 법학 제44권 제4호, 2003.12, 370-371쪽].

법규범을 준수하지 않을 경우, 그에 대해 행위자의 의지와는 무관하게 법적인 제재가 가해지는 힘 또는 성질을 지칭한다. 그런데 법의 효력을 하나의 통일적인 정의(定義)로 규정하기란 매우 어렵다. 왜냐하면 법의 효력을 둘러싸고 벌어지는 논의의 차원이 다양할 뿐만 아니라 효력 문제는 근원적으로 (다양한 형태로 정의될 수 있는) 법의 개념과도 직접적으로 연계되어 있기 때문이다.[2] 이에 거시적 측면에서는 법 자체를 바라보는 기본 시각[법실증주의 혹은 자연법론(넓게는 비실증주의)]에 따라 법의 효력 근거 역시 달리 파악되고 있다. 가령 자연법론이나 비실증주의는 실정법을 넘어 존재하는 초실정적 법(자연법 혹은 정법)을 전제로 하는 데 반해, 법실증주의는 이를 부정하면서 일종의 사회적 사실(가령 입법기관의 법제정행위 혹은 법공동체에 내재하는 승인 등)에 기초하여 법체계 혹은 법규범의 효력을 규정하고자 한다.[3]

(2) 법의 효력 근거에 관한 견해

법의 효력 근거에 관해서는 대체로 세 가지 입장이 있다. 즉 사회학적 효력설, 철학적 효력설 및 법률적 효력설이 있으며, 이에 상응하여 실효성, 정당성 및 합법성 (혹은 합법적 실정성)을 각 견해의 주된 효력 근거나 표지로 삼아 논의가 진행되고 있다.[4] 가령 "법이론에서는 사회학자, 법학자, 철학자가 사실성과 타당성(효력)의 관계

---

2) 심헌섭, 앞의 논문, 150쪽; 최봉철, 법의 효력: 요건과 효과를 중심으로, 법철학연구 제17권 제3호, 한국법철학회, 2014, 44쪽. 나아가, 법효력 문제는 존재와 당위의 관계 문제이기도 하다. 법효력 문제를 '사실적인 것의 규범성' 문제, 즉 어떻게 (존재로서의) 국가 또는 사회의 법의식에서 법적 당위가 생기는가 하는 문제로 보는 것으로는 구스타브 라드브루흐, 법철학[제2판](최종고 역), 삼영사, 2002, 117쪽.

3) 자연법론과 법실증주의를 각각 강한 자연법론과 약한 자연법론, 포용적 법실증주의와 배제적 법실증주의로 양분하여 효력 문제를 고찰하는 것으로는 최봉철, 앞의 논문, 45쪽 이하.

4) 김영환, 법철학의 근본문제[제3판], 홍문사, 2012, 131-132쪽; 변종필, 법의 효력과 근본규범, 안암법학 제5권, 안암법학회, 1997, 3-5쪽; 양천수, 입법절차상의 흠결과 법률의 효력: 민주적 법치국가에서 본 법규범의 효력근거 — 법철학의 관점에서, 법과사회 제38권, 2010, 42쪽; 오세혁, 법의 효력영역 — 시적 효력영역을 중심으로, 법학연구 제5집, 홍익대학교 법학연구소, 2004, 117쪽; 이재승, 법효력의 계속과 차단, 법철학연구 제6권 제1호, 한국법철학회, 2003, 31쪽. 다만 이재승 교수는 (어떠한 법질서가 파괴 없이 연속되고 있는 상태를 의미하는) 역사적 효력(정통성)을 추가하면서, 철학적 효력을 윤리적 효력이라고 칭한다. 김학태 교수 역시 법률실증주의, 법도덕주의(자연법론) 및 법현실주의로 나누어 고찰하나 각 관점의 핵심 표지에 관한 용어는 같게 사용하는 듯하다(김학태, 법을 통한 과거청산 — 법효력에 관한 법철학적 근거, 외법논집 제18집, 2005.2, 35-36쪽). 나아가, 심헌섭 교수는 법률적 효력이론, 근본규범이론, 실력설, 승인설, 법이념설(정당성설)로 나누어 살핀다(심헌섭, 앞의 논문, 150쪽 이하). 이에 대해, 이들 용어는 독일 학계에서 형성된 것에 기초한 것으로, 용어 관련 대상범위가 편향적이고 불명확하다는 이유로 사실적 효력, 가치론적 효력 및 체계적 효력의 분류방식을 선호하는 것으로는 최봉철, 앞의 논문, 42, 50-52쪽.

에 대한 적합한 규정을 놓고 논쟁을 벌이고 있다."라는 하버마스의 언급[5] 역시 이러한 사정을 고려한 진단이라 하겠다.

1) 사회학적 효력설

이 관점은 사회학적 법실증주의에 기초한 효력이론으로서[6] 실효성이라는 사실적 측면을 중시하여 인간사회 내에서 실제로 작용하고 기능하는('살아 있는') 한 법으로서 효력이 있다고 본다. 이에 따르면 법규범이 효력을 갖는 것은 그것이 실효성이 있기 때문이다. 여기서 실효성(Wirksamkeit)이란 일정한 법규범 또는 법체계가 법공동체 내에서 실제로 준수되고 집행되는 성질을 말한다.[7] 따라서 여기서는 수범자에 의한 법규범의 '준수'와 비준수에 대한 제재의 집행, 즉 법집행기관에 의한 '적용'이 효력 여부를 가늠하는 관건이 된다. 다만, 법현실주의는 수범자에 의한 법준수가 아니라 법집행기관에 의한 법적용에 초점을 두기도 한다.[8] 이 경우, 법이 실효적인지는 '관찰'(경험적 과정)을 통해 확인된다.

이 견해에 대해서는, 먼저 법의 효력은 단순히 실효성의 차원으로만 환원될 수 없다는 비판이 가해질 수 있다. 법이란 현실에 대한 단순한 관찰('어떠하다.')이 아니라 존재하는 현실에 대한 당위적 요청('어떠해야 한다.')을 포함하고 있기에 실효성이라는 사실성의 측면에서만 파악될 수는 없다는 것이다.[9] 또한, 가령 켈젠의 지적처럼 법은

---

5) 위르겐 하버마스, 사실성과 타당성: 담론적 법이론과 민주적 법치국가 이론(한상진·박영도 옮김), 나남, 2007, 35쪽. 최근에는 언어이론(특히 화용론)에 기초해 규범의 실천이성에의 구속성과 사회적 사실에 기초한 법을 동시에 부정하면서 종래의 법실증주의와 자연법론을 비판적으로 바라보는 포스트실증주의적 법사고도 대두되고 있다(이에 관해 자세한 것은 이계일, 포스트실증주의 법사고와 법효력론, 법철학연구 제13권 제2호, 한국법철학회, 2010, 31쪽 이하).

6) 법률적 효력설과 마찬가지로 이 관점 역시 기본적으로는 실정성과 연계돼 있다. 가령 실정성을 일정한 심리적 상태(일정한 감정내용이나 의식내용, 즉 당위체험, 승인, 필요적 의견 등)에서 파악하는 심리학적 실증주의(승인설, 스칸디나비아의 법현실주의 등), 실정성을 일정한 외적 행위양식(법의 사실적 준수 또는 규제집단에 의한 법 적용)에서 찾는 사회학적 실증주의(오이겐 에를리히, 막스 베버, 테오도로 가이거, 미국의 법현실주의 등) 등이 그러하다. 이에 관해서는 Walter Ott, Der Rechtspositivismus – Kritische Würdigung auf der Grundlage eines juristischen Pragmatismus(2.Aufl., Duncker & Humblot, 1992), 59쪽 이하, 76쪽 이하.

7) 가령 라즈에 의하면 법체계는 특정한 공동체에서 실효성을 지닐 수도 있고 그렇지 않을 수도 있는바 실제로 준수되고 집행된다면 실효성을 지닌다[Joseph Raz, 법적 효력(권경휘 옮김), 법철학연구 제13권 제2호, 한국법철학회, 2010, 224쪽].

8) 이러한 지적으로는 Ulfrid Neumann, 법 효력의 문제(김영환 역), 법학논총 제17집, 한양대학교 법학연구소, 2000, 382쪽; 김학태, 앞의 논문, 36쪽.

9) 심헌섭, 앞의 논문, 144-145쪽.

실효성이 없거나 아직 실효적이기 전에도 효력을 갖기도 하는데, 이 견해에 따르면 이 점을 설명하기 어렵다. 나아가, 어떤 법규범이나 법체계도 완벽하게 실효성을 갖지는 못함을 고려할 때 대체 어느 정도의 실효성이 있어야 효력이 있다고 볼 것인지도 문제다. 동시에, 라드브루흐의 언급대로 법은 효력이 있으면 있고 없으면 없는 것이지, 실효성의 정도에 따라 그만큼의 효력이 있다고 말하는 것도 부적절하다. 그 밖에, 실효성 요소는 헌법의 효력을 설명하는 데는 적합할 수 있으나 개별 법률의 구속력을 설명하는 데는 적합하지 못하다는 지적도 제기된다.10)

2) 철학적 효력설

이 관점은 자연법론 혹은 법도덕주의에 기초한 효력이론으로서 법이 효력이 있으려면 내용상 정당해야 한다고 주장한다. 정의 혹은 정법 중심의 사고방식이다. 여기서는 합법성이나 실효성이 아닌 내용적 정당성(Legitimität)이 법의 효력을 가늠하는 핵심 표지로 작용한다. 따라서 효력 있는 법이란 내용상 정당한 법(正法)을 말하며, 만일 내용이 부당하다면 효력 없는 법이 된다. 물론 이러한 태도는 강한 자연법론과 약한 자연법론을 구별하는11) 최근의 논의 경향에 따른다면 전자에 입각한 태도라고 하겠다. 여기서 전제하는 효력개념은 사회학적 효력설의 그것과 마찬가지로 순수한 효력개념이라 할 수 있다. 왜냐하면 법의 효력 근거로서 (내용적) 정당성이나 실효성 외에 다른 효력 요소를 포함하고 있지 않기 때문이다.

이 견해에 대해서는, 법의 효력을 규정하는 데 있어 '실정성' 요소의 중요성을 간과하거나 과소평가하고 있다는 비판이 제기될 수 있다. 즉, 법효력의 근거를 오로지 (존재하는 것으로 전제된) 정법 또는 정의라는 법이념에 따라서만 설명하고 있을 뿐, 합법성이나 실효성이 법의 효력 규정에 미치는 영향을 전혀 고려하고 있지 않다는 것이다. 근본적으로는, 정법 또는 정의에 관한 인식의 주관성·상대성을 고려할 때 일정한 도덕적 가치나 판단의 구속성은 서로 간에 부정될 수도 있다는 점, 즉 무엇이 내용상 정당한 법인지에 관해서는 생각이 다를 수도 있다는 점이 진지하게 고려되고 있지 않다.12)

---

10) Ulfrid Neumann, 앞의 논문, 387쪽.
11) 강한 자연법론은 불의한 법에 대해 법으로서의 존재나 효력을 부정하는 데 반해, 약한 자연법론은 불의한 법이라도 법으로서 지위는 인정되나 다만 그에 대한 복종의무가 부정될 뿐이라고 한다[김정오·최봉철·김현철·신동룡·양천수, 법철학: 이론과 쟁점[제2판], 박영사, 2017, 43, 61쪽].
12) 이러한 가치 상대주의 관점에서 (법적 안정성의 측면에 기초해) 이 견해에 대해 비판적 태도를 보이

3) 법률적 효력설

이 관점은 법률실증주의의 입장으로서 어떤 법규범은 그것이 권한 있는 기관(입법부)에 의해 정해진 방식에 따라 제정되고 상위법[상위규범(수권규범)]에 반하지 않을 때, 즉 합법적으로 제정되었을 때 효력을 가진다고 본다. 규범적·당위적 효력설이라 불리기도 한다. 이에 따르면, 최상위의 실정법인 헌법에 규정된 입법 절차를 거쳐 제정된 법은 그 내용에 상관없이 모두 효력을 가진다. 여기서는 합법성(Legalität) 또는 합법적 실정성이 법효력을 근거 짓는 핵심 표지이다.

이 견해에 대해서는 다음과 같은 비판이 제기될 수 있다. 우선, 오늘날의 헌법은 입법과 관련하여 단지 형식적 조건만 규정하지 않고 실질적 기준(내용적 정당성 기준)도 포함하고 있어 수권규범과의 합치 여부는 그러한 실질적 조건의 충족 여하에도 결정적으로 의존함을 고려할 때, 법효력의 근거를 단순히 형식적 합법성에서만 찾는 것은 한계가 있다는 것이다. 또한, 당위적 측면에서 규범들 사이의 상호관계만을 중시하는 태도는 구체적 사회현실 속에서 법주체들 간의 역동적인 상호작용으로서 나타나는 사회적 실재와의 접촉점을 상실할 위험[13]을 항시적으로 안고 있다. 나아가, 합법성은 실정법 체계 내재적 차원의 효력 근거이기에 그것만으로는 최상위규범인 헌법의 효력 근거, 이로써 법질서 전체의 효력 근거를 설명할 수 없다[14]는 근원적인 문제점도 깃들어 있다.

이런 점에서 만일 헌법의 효력까지 문제 삼는다면, 법률적 효력설의 관점은 근본규범을 통해 헌법의 효력을 설명하고자 한 켈젠의 규범주의적 법실증주의로까지 이어질 수 있다. 헌법을 위시한 실정법 체계 전체의 효력 문제를 해결하기 위해 제시된 켈젠의 근본규범(Grundnorm)은, 그것이 실정법규범인지 아니면 자연법 규범인지 논란이 있기는 하나, 논리적 측면에서 법질서 전체의 효력을 설명하자면 불가피하게 요구되는 것이라 할 수 있다.[15] 다만, 그의 근본규범은 법실증주의적 측면에서 법체계 전

는 것으로는 라드브루흐, 앞의 책, 122~125쪽. 내용상 극히 부당한 법률은 효력을 갖지 못한다는 법도덕주의(자연법론)의 제안이 설득력은 있으나 현재의 법질서에만 타당할 뿐 과거의 법질서(가령 국경수비대의 가별성을 결정하는 문제)에는 들어맞지 않는다는 지적으로는 Ulfrid Neumann, 앞의 논문, 387쪽.

13) 하버마스, 앞의 책, 33쪽.
14) 심헌섭, 앞의 논문, 146쪽; 라드브루흐, 앞의 책, 118쪽. 이에 라드브루흐는 이 이론은 수많은 형태의 규범충돌에 대해 속수무책이라고 한다.
15) 법의 효력을 설명하기 위해 근본규범을 전제하는 것은 불필요한 중복이라는 지적도 있으나, 존재로부터는 당위가 도출될 수 없다는 점, 논리적 동물(homo logicus)로서의 인간이 실정법 체계의 최상위규

체의 효력을 근거 짓는 순수한 사유논리적 의미의 규범으로서 그 안에는 현실적 입법자와 사실적 권력을 제어할 수 있는 기준(정당성 요소)이 담겨 있지 않아16) 미흡한 것으로 생각된다. 그렇더라도, 그의 근본규범 개념은 일정한 법체계를 단순히 합법성의 측면에서뿐만 아니라 실효성과 정당성까지 고려하는 통합적인 측면에서도 정당화하는 데 활용될 수 있을 것이다.

2. 통합적 이해의 필요

그런데 법의 효력 문제에 관한 이상의 논의는 법철학적 사유의 계보에 따라 주로 일면적인 측면의 접근방식에 기초한 것이라 할 수 있다. 다만, 그렇더라도, 이들 각각의 관점은 법이 법으로서 효력을 가지려면 어떤 속성이나 요소를 갖추어야 하는지를, 다시 말해 각 견해가 내세운 효력 요소들(합법성, 실효성, 정당성)이 법의 효력을 근거지움에 있어 본질상 핵심적인 표지들임을 잘 보여주고 있다는 점에서 중요한 의미를 지닌다고 하겠다. 그렇다면, 오늘날 법의 효력을 규정할 때는 이들 요소를 모두 고려하여 통합적 이해를 꾀하는 것이 필요하고도 중요하리라 본다.17)

(1) 법효력 문제의 체계적 내재화

법효력 문제는 법철학의 전통적 논의에서 중심적인 위치를 차지해 왔음에도 오늘날의 논의에서는 그다지 주목받지 못하고 있다. 이런 현상은 이 주제에 관한 논의가 상대적으로 활발히 일었다고 볼 수 있는 유럽에서도 마찬가지로 보인다. 이러한 데는, (특히 유럽의 경우) 헌법이 그 핵심 내용에 있어 자연법의 전통적 요구를 수용함으로써(자연법의 실정화) 실질적 법치국가의 이념 아래 이미 체계화된 법질서를 구축하여 더 나은 정치적 안정과 법적 연속성이 보장되고 있기 때문일 것이다.18) 이런 시대

범인 헌법의 효력근거에 관해 묻는 것은 일상적 물음이자 가능한 물음이기도 하다는 점에서 수긍하기 어렵다(변종필, 앞의 논문, 16-17쪽).

16) 변종필, 한스 켈젠의 정의관, 인문사회과학논총 제6권 제1호, 인제대학교 사회과학연구소, 1999, 52쪽.

17) 법효력 문제와 관련해서는 각 입장(법률실증주의, 법도덕주의, 법현실주의)을 합리적으로 조화시키는 중용의 방법을 찾는 것이 중요하다는 지적으로는 김학태, 앞의 논문, 49쪽.

18) Ulfrid Neumann, 앞의 논문, 380쪽. 주제 자체의 복잡성을 그 이유의 하나로 꼽는 것으로는 최봉철, 앞의 논문, 44쪽.

상황에서는 그렇지 못한 상황에서처럼 법효력의 문제가 진지한 논의주제로 등장할 필요성이 그만큼 사라진 셈이다. 그렇기에 법효력 문제에 관한 논의나 평가는 더는 실정법 외적인 심급(자연법, 정법 등)에 좌우되지 않고 실정법 체계 안에서 행해질 것이 며, 또 현재 대체로도 그렇게 진행되는 추세인 듯하다.

(2) 효력 요소 간의 충돌 완화

전통적으로, 실증주의자들은 법이 본질상 사회적 연원과 관련되어 있거나 사회 조직의 한 형태임을 강조하면서 법의 가치 혹은 도덕성의 문제는 법과는 별개의 문제 이거나 차후의 문제라고 보아온 데 반해, 자연법론자들은 법이 도덕적이어야 함을, 이로써 내용상 정당한 것이어야 함을 강조해 왔다.[19] 이에 따라 법의 효력 문제를 놓고도 실정성(합법적 혹은 사회학적 실정성)을 중시하는 태도와 (내용적) 정당성을 중시하는 태도 간의 충돌이 그만큼 중요한 의미를 지녔다고 하겠다. 하지만 (실질적 법치국가를 지향하는) 오늘날의 헌법 국가에서는 이러한 충돌이 실정법 체계 내에서 (다소 손쉽게) 해소 될 수 있을 정도로 상당 부분 완화되었다고 할 수 있다. 앞서 언급했듯이 자연법의 실정화로 기본권 등 정법을 이루는 핵심 내용이 헌법에 자리 잡은 까닭에 심히 부당 한 법률이나 법규는 법체계 내재적 규율을 통해(즉 상위법인 헌법에 반함을 이유로) 무효로 취급되기 때문이다. 이런 점에서 가령 노이만 역시 오늘날의 헌법 국가에서는 '이상 적인 경우라면 위의 세 가지 척도가 모두 통합해서 법의 효력을 확인시켜 줄 것이며, 보통의 경우 사소한 기준 간의 불일치가 존재하겠지만 이는 법체계 안에서 순화될 수 있다.'[20]고 한다. 따라서 적어도 실질적 법치국가 이념이 헌법에 자리 잡아 제대로 작동하는 국가라면 법의 효력 문제에 있어 특별히 자연법이나 정법을 그 근거로 삼아 거론하는 경우는 거의 찾아보기 어려울 것이다.[21]

---

19) Joseph Raz, 앞의 논문, 233-234쪽.
20) Ulfrid Neumann, 앞의 논문, 382쪽.
21) 그렇다고 하여 향후 법의 내용적 정당성을 둘러싼 충돌 문제가 전혀 발생하지 않으리라 확언할 수는 없다. 가령 통독 이후 독일의 경우처럼 우리 경우에도 통일 이후 (북한에서 행해진) 과거 불법의 청산 문제와 관련하여 그와 같은 문제가 제기될 수 있으며, 그렇지 않더라도 역사의 전개 과정에 비추어 볼 때 과거에 등장했던 이른바 불법 국가나 상황이 장래에 다시 발생하지 않으리라고는 장담할 수 없기 때문이다.

(3) 절차적 차원으로 전이된 정당성 이해

그렇다고 하여 오늘날에도 법의 정당성 문제가 제기되지 않거나 제기될 수 없는 것은 아니다. 전통적인 자연법론의 관점에서 제기되는 정당성 문제는 아니지만, (가령 하버마스로 대표되는) 이른바 절차주의적 관점에서 법의 정당성 문제가 새롭게 제시되고 있음이다(절차주의적 정당성 이해). 하버마스는 법의 효력 양식에는 국가에 의한 법집행의 사실성이라는 계기와 법률제정 절차의 정당성이라는 계기가 얽혀 있다고 진단하면서,[22] 법효력의 요점은 이중적 측면, 즉 일면 법규에 대한 평균적 준수에 비추어 측정되는 사실성의 측면과 타면 법에 대한 존중에서 비롯되는 규범준수를 항시 가능하게 하는 법규범의 정당성의 측면과 관련되어 있다고 한다.[23] 이에 따르면 법규범은 국가가 법규범에 대한 평균적 준수와 규범 자체의 정당한 성립을 위한 제도적 전제조건을 모두 보장할 때만 효력을 가진다.

그런데 여기서 전제조건이란 법을 산출하는 민주적 절차, 즉 민주적 의사 및 의견 형성의 의사소통적 조건과 절차적 조건들을 말한다. 그에 의하면 이러한 절차는 탈형이상학적인 측면에서 제시될 수 있는 정당성의 유일한 원천이다. 그리고 이 절차가 정당화의 힘을 갖는 것은 그러한 절차만이 정보와 근거 등이 자유롭게 소통되도록 하고, 정치적 의사 형성의 논증 대화적 성격을 보장하며, 이로써 절차에 맞게 산출된 결과들이 어느 정도 이성적일 것이라는 추정을 가능케 해주기 때문이다.[24] 근대법은 시민의 역할 속에 집중되어 있고 궁극적으로는 의사소통행위[25]로부터 나오는 연대성을 먹고 살기에 입법자에 일임된 합법성에만 의존해서는 정당성의 토대를 확보할 수 없으며, 정치적으로 자율적인 시민들의 이성적인 자기 입법[26]에서 비

22) 하버마스, 앞의 책, 61쪽.
23) 하버마스, 앞의 책, 64-65쪽.
24) 하버마스, 앞의 책, 588쪽.
25) 이러한 행위는 의사소통적 이성에 기초한 것이며, 의사소통적 이성은 언어적 상호작용의 망을 매개하고 삶의 형식을 구조화하는 언어적 매체를 통해 가능하다는 점에서, 그리고 실천적 과제를 해결하기 위한 특정한 내용적 방향을 스스로 제공하지는 않는다는 점에서, 즉 행위규범의 직접적인 원천은 아니라는 점에서 실천이성과 구별된다(하버마스, 앞의 책, 30-32쪽).
26) 이러한 시민의 자기 입법의 이상(理想)은 근원적으로 수범자로서 법에 복종해야 하는 시민이 동시에 법의 제정자로서 이해되어야 함을 전제로 한다. 이러한 이상은 이미 (루소가 말한) '지배와 피지배의 동일성' 원리에서 나타나고 있으며, 오늘날의 대의민주주의 역시 그 취지를 보면 기본적으로 그러한 이상에서 완전히 벗어나 있다고 보기는 어렵다. 절차(주의)적 관점은 어느 정도 발전적인 법체계를

롯되는 정당한 의사가 그러한 합법성 속에 담겨 있는 때에만,[27] 그 정당성을 보증받을 수 있다.

요컨대, 이 관점은 "사회학적 법이론과 철학적 정의 이론이라는 두 개의 전망을 모두 아우르는 재구성적 접근방법"[28]이며, 여기서도 법의 효력 문제와 관련하여 정당성(절차적 정당성을 토대로 한 합법성)과 실효성을 효력 요소로 꼽고 있는 듯하다. 먼저, 여기서 정당성에 대한 태도는 종래의 법실증주의나 자연법론의 그것과 구별된다. 이들 관점은 (합법적 혹은 사회적) 실정성이 충족되면 원칙상 정당성을 문제 삼지 않거나[29] 내용적 혹은 실질적 정당성을 중시하지만, 반면 절차주의적 입장은 실천이성에 기초한 의사소통적 이성의 작동을 통해 절차적으로 근거 지은 정당성 관념을 핵심으로 삼는다. 다음으로, 실효성과 관련해서는 이를 법의 준수 및 적용의 측면에서 이해하면서 법의 효력을 규정하는 요소의 하나로 보고 있는 듯하다. 이러한 이해는 법의 효력 문제가 체계적으로 내재화되었다고 볼 수 있는 오늘날의 헌법 국가에서도 여전히 정당성 문제가 중요한 쟁점으로 제기될 수 있음을 잘 보여주는 사유 방식이라 하겠다.

3. 법의 효력과 실효성의 관계

법의 효력 문제를 통합적으로 파악하려 할 경우, 실효성의 측면은 오늘날의 헌법 국가에서도 여전히 문제 될 수 있다. 어떤 법규범이나 법체계든 실효성의 정도에는 차이가 있을 뿐만 아니라 때로는 거의 혹은 전혀 실효성이 없는 법규도 있을 수 있기 때문이다. 가령 우리의 경우 현재 거의 실효성을 상실하여 사문화된 규정으로 여겨지고 있는 형법상의 낙태죄 규정을 예로 들 수 있다. 그런데 이런 경우에는 해당 법규가 법으로서 효력이 있으려면 어느 정도의 실효성이 있어야 하는가, 최소한의 실효성마

취하는, 특히 복잡성이 현저하게 증대된 현대의 민주적 법치국가에서 구체적인 법 제정 및 적용 절차를 통해 그러한 이상을 실현하려는 기획이라 할 수 있다.

27) 하버마스, 앞의 책, 67-68쪽.

28) 하버마스, 앞의 책, 34쪽.

29) 가령 켈젠은 법질서의 규범은 그 규범의 효력이 그 법질서에 정해진 방식대로 만료되거나 그 법질서의 다른 규범의 효력에 의해 대체될 때까지 효력을 가진다고 하면서 이를 '정당성 원칙'이라 칭한다(한스 켈젠, 앞의 책, 325쪽).

저 없는 법도 효력이 있는가가 문제 될 수 있다. 이와 관련해서는 이미 오래전 이 문제를 놓고 깊이 고민하였던 켈젠의 생각을 먼저 살펴보기로 한다.

(1) 켈젠의 입장

1) 양자의 구별

켈젠에 의하면 규범의 효력이란 규범의 특별한 존재 방식을 말한다.[30] 그런데 규범의 효력은 당위이고 존재가 아니기 때문에 규범이 사실적으로 적용되고 준수된 다는(즉 규범에 합치하는 인간 행위가 사실적으로 이루어지고 있다는) 존재 사실인 실효성과는 구분된다.[31] 법규범은 실효성을 갖기 이전에, 즉 준수되고 적용되기[32] 이전에 이미 효력을 발생한다.[33] 따라서 어떤 법률이 공포되자마자 곧바로, 이로써 아직 실효적일 수 없었던 상황에서 이를 구체적 사건에 적용하는 법원은 효력 있는 법규범을 적용하는 것이 된다.[34] 또한, 법규범이 실효성을 갖지 못할 가능성, 즉 개별 사례에서 적용·준수되지 못할 가능성은 항시 존재하므로, 법규범은 그것이 완전히 실효성이 있는 경우에 비로소 효력이 있는 것이 아니라 어느 정도 준수·적용됨으로써 어느 정도 실효성이 있는 경우에는 효력이 있다.[35] 요컨대, 당위로서의 법규범의 효력은 그 준수·적용의 문제인 존재로서의 실효성과 일치하지 않는다.

2) 양자의 관계

켈젠은 법의 효력과 실효성의 관계를 구체적으로 규정하는 것은 실증주의 법이론이 안고 있는 가장 중요하고 어려운 문제 중의 하나라고 하면서,[36] 그에 대해 관념

---

30) 불리긴(E. Bulygin)의 구별을 참조하여 규범의 존재에 관한 켈젠의 이해를 분명히 하고자 한 시도로는 권경휘, 켈젠의 규범일반이론–효력이론을 중심으로, 법철학연구 제14권 제3호, 한국법철학회, 2011, 12-15쪽.

31) 한스 켈젠, 앞의 책, 37쪽.

32) 켈젠에 의하면, 준수란 법규범에서 요구된 행태에 합치되는 사실적 행태를 말하며, 적용이란 법규범에 규정된 조건(특히 법규범에 정해진 불법구성요건)이 주어지는 경우 법규범에서 효과로 규정된 강제행위(특히 형벌이나 민사적 강제집행에 해당하는 행위)를 수행하는 자 측의 사실적 행태를 뜻한다(Hans Kelsen, 앞의 논문, 374, 375쪽).

33) 한스 켈젠, 앞의 책, 38쪽.

34) Hans Kelsen, 앞의 논문, 380쪽. 하지만 이 경우에도 적용 측면의 실효성은 없었다고 할 수 있으나 준수 측면의 실효성까지 없었다고 볼 수는 없을 것이다.

35) 한스 켈젠, 앞의 책, 155-156쪽.

36) 한스 켈젠, 앞의 책, 327쪽. 법의 효력과 실효성의 관계에 관한 켈젠의 태도 변화에 관해서는 권경휘,

주의와 현실주의의 양극단을 지양하는 측면에서[37] 양자의 관계를 규정한다. 그에 의하면 법규범이 계속해서 실효성 없는 상태로 머무는 경우 그 규범은 더는 효력을 갖지 못하며, 법규범이 그 효력을 계속 유지하거나 상실하지 않으려면 법규범의 정립(Setzung)에 실효성이 더해져야 한다. 이런 점에서 대체적인(혹은 최소한의) 실효성은 효력의 조건이다. 즉 실효성은 효력의 근거는 아니지만, 정립 행위와 더불어 효력 근거인 근본규범 속에서 효력을 제약하는 조건이다.[38] 좀 더 구체적으로 말하자면, 어떤 법질서에 속한 규범들은 그 법질서가 대체로 실효성이 있을 때, 그리고 그런 한에서만 효력을 갖는다. 따라서 법질서 전체가 그 실효성을 상실하는 즉시, 그 법질서와 모든 개별 규범들은 그 효력이 상실된다. 또한, 어떤 곳에서도 누구에 의해서도 준수·적용되지 않는 개별 법규범은 효력 있는 것으로 여겨지지 않는다.[39] 하지만 실효성의 측면에서 어떤 개별 법규범이 그 효력을 잃는다고 해서, 즉 그것이 전혀 적용되지 않거나 혹은 개별 사례에서 적용되지 않는다고 해서 전체 법질서가 그 효력이 상실되는 것은 아니다.[40]

앞의 논문, 18쪽 이하. 이에 의하면, 『순수법학』 제1판에서는 법체계의 효력은 실효성에 영향을 받으나 개개 법규범의 효력은 실효성에 영향을 받지 않는다고 본 데 반해, 제2판에서는 법체계의 효력뿐만 아니라 개개 법규범의 효력 역시 실효성에 영향을 받는 것으로 보았다고 한다.

37) 양자가 서로 무관하다고 보는 관념주의 이론은 전체로서의 법질서 및 개별 법규범은 그것이 실효적이기를 그치는 경우 그 효력이 상실된다는 점 및 실정법규범이 효력을 가지려면 존재 행위(입법자에 의한 사실적인 제정행위)가 수반될 수밖에 없다는 점을 간과했다는 측면에서, 반면 양자가 서로 일치한다고 보는 현실주의 이론은 법규범이 실효적이지 않거나 아직 실효성이 없더라도 효력 있는 것으로 여겨지는 많은 경우가 존재함을 부인할 수 없다는 측면을 간과하고 있다는 점에서 잘못이라고 한다(한스 켈젠, 앞의 책, 328-332쪽).

38) 한스 켈젠, 앞의 책, 37-38, 332쪽. 물론 이 경우에도 켈젠은 실효성이 효력의 충분조건임은 인정하나 효력의 필요조건은 아니라고 한다. 다시 말해 '만약 법규범이 실효적이면 언제나 이 법규범은 효력 있는 법규범이다.'라는 명제는 참이며, 이런 의미에서 실효성은 효력의 충분조건이라고 한다. 하지만 '만약 법규범이 실효적이면 그때에만 이 법규범은 효력 있는 법규범이다.'라는 명제는 참이 아니며, 이런 의미에서 실효성이 효력의 필요조건이라는 점은 부인한다. 앞서 언급했듯이, 법규범은 그것이 실효적이기 전에, 즉 준수되고 적용되기 전에 이미 효력이 있기 때문이라는 이유에서다(Hans Kelsen, 앞의 논문, 381-382쪽).

39) 한스 켈젠, 앞의 책, 37쪽.

40) 한스 켈젠, 앞의 책, 333쪽. 전체적으로 켈젠에게 있어 실효성을 이유로 법규범의 효력이 상실되는 경우로는 당해 규범의 효력을 폐지하는 다른 규범이 존재하는 경우, 당해 규범이 효력을 가진 이후 일정한 시간이 지났음에도 한 번도 실효성을 갖지 않은 채 유지되는 경우, 당해 규범이 실효성은 지녔지만 더는 실효성을 갖지 않는 상태를 유지하는 경우 및 당해 규범이 속한 규범체계가 최소한의 실효성마저 상실한 경우를 들 수 있다(권경휘, 앞의 논문, 23쪽). 앞의 세 경우는 개별 규범의 효력이 당해 규범의 실효성과 관련하여 상실되는 경우인 데 반해, 마지막 경우는 전체 규범체계의 실효성과 관련하여 상실되는 경우이다.

요컨대, 켈젠은 법의 효력 문제를 도덕의 문제로 환원하는 태도는 물론, 전적으로 사회적 사실의 문제로 환원하는 태도도 배척한다.[41] 이러한 입장에서 그는 실효성을 이에 제약받는 효력 자체와 동일시할 수 없다고 보면서도,[42] 최소한의 실효성은 법의 효력 조건(충분조건)이라고 본다. 그러면서 스스로 이러한 입장이, 법은 힘 없이는 존재할 수 없지만 그렇다고 법이 힘과 일치하는 것은 아니라는 고전적 진리를 과학적으로 엄격하게 구성한 것이라고 한다.[43] 이처럼 "사회학적인 요소에서 벗어난 법모델의 논리 일관적인 대표자인 켈젠조차" 법효력 문제에서 "(근본규범의) 사회학적인 색채를 포기할 수 없었(다)"[44]는 진단은 법의 효력을 법의 준수·적용이라는 사회적 실재와 분리하여 규정하는 것이 결단코 적절치 않음을 보여주는 대표적 예라 하겠다.

(2) 그 밖의 견해들

실효성이 법의 효력에 영향을 미치는 중요한 요소임은 비단 켈젠만이 지적하고 있는 건 아니다. 예컨대, 노이만 역시 "법률을 집단적으로 도외시하는 것(필자: 법률이 집단적으로 준수·적용되지 않는 것)은 일정한 경우 규범적인 승인을 경험하게 된다 … (거의) 모든 사람이 범하는 오류는 더는 오류가 아니라 새로운 규칙의 근원"이라고 지적한다.[45] 라즈 또한 법을 사회적 사실로 이해하면서 법의 효력은 법의 연원성(이로써 법제정자의 정당화된 권위의 존재) 외에 '실효성'에도 의존하며, 어떤 법규범이나 규칙의 법체계상의 효력은 그것이 '실효성 있는' 국가법 체계의 일부라는 점에 의존한다고 한다.[46]

---

41) 권경휘, 앞의 논문, 2쪽.
42) 그는 양자의 이러한 관계를 인간의 생존(생명)과 생존조건의 관계에 비추어 설명한다. 즉, 인간은 생존하려면 출생해야 하고, 또 생존을 유지하려면 영양분 섭취 등 다른 조건들도 충족되어야 하지만, 그렇다고 하여 생명은 출생과도, 영양분 섭취와도 일치하지 않는다고 한다(한스 켈젠, 앞의 책, 332-333쪽).
43) 한스 켈젠, 앞의 책, 335쪽.
44) Ulfrid Neumann, 앞의 논문, 386쪽. 이와는 달리 '어떤 규범은 대체로 사회적 실효성이 있을 때만 법적으로 효력을 갖는다.'라는 것이 순수법학의 핵심 테제라고 보면서, 켈젠의 순수법학을 '규범적 옷을 입은 사회학적 법이론'이라고 평가하는 것으로는 Ralf Dreier, Sein und Sollen: Bemerkungen zur Reinen Rechtslehre Kelsens, in: ders., Recht-Moral-Ideologie, Frankfurt a.M., 1981, 225쪽.
45) Ulfrid Neumann, 앞의 논문, 382쪽.
46) Joseph Raz, 앞의 논문, 225-226쪽. 물론 그는 어떤 법규범이나 규칙의 효력과 그 법규범 혹은 규칙의 법체계상의 효력을 구별한다. 즉, 전자는 이러저러한 근거 때문에 그것에 복종해야 한다는 측면을 말하는 데 반해, 후자는 그것이 실효성 있는 국가법 체계의 일부이기에 그에 복종해야 한다는 측면을 의미한다고 한다.

드라이어 역시 법체계가 법적 효력을 가지려면 광범위한 윤리적 정당성을 가져야 함과 동시에 '광범위한 사회적 효력'을 가져야 하며, 개별 법규가 법적 효력을 가지려면 이러한 기준을 충족하는 헌법에 따라 제정되어야 한다고 본다.[47] 심헌섭 교수 또한 법이 준수도 적용도 되지 않으면 실효성은 물론 규범적 효력마저 상실하고 말며, 이로써 (법의 효력과 실효성을 동일시해서는 안 되지만) 양자를 완전히 분리하는 것은 적절치 않다고 한다.[48]

나아가, 실효성이 법의 효력과 밀접하게 관련되어 있음은 절차주의적 관점에서도 충분히 수긍될 수 있을 것이다. 여기서도 평균적 규범준수의 보장을 효력의 요체 중 하나로 보기 때문이다. 그리고 이 관점에 따르면, 법의 절차적 정당성 측면과 적용·준수라는 사회적 실재의 측면은 효력을 둘러싸고 서로 매우 긴밀한 순환 관계에 놓이게 될 것이다. 왜냐하면 의사소통적 이성을 활성화하는 대화적 절차와 조건들이 충족되면 될수록 그만큼 더 법의 정당성이 제고됨은 물론, 결과적으로 그러한 법에 대한 수범자의 준수와 법집행기관에 의한 적용 역시 원활하게 이루어질 것임을 충분히 예상할 수 있기 때문이다. 따라서 이 관점에서도 현실적으로 법이 제대로 준수·적용되지 않고 있다는 사실은 그 법의 정당성 문제를 넘어 법의 효력 자체를 의심하게 하는 심각한 계기로 작용할 수밖에 없을 것이다.

4. 통합적 관점에서 근본규범의 재설정(예시)

이상에서 살펴본 것처럼 실효성이 법의 효력을 구성하는 핵심 요소의 하나라고 본다면, 이로써 일정한 법체계는 대체적인 실효성이 있는 때에만 법으로서 효력을 가지며, 만일 최소한의 실효성조차 없는 때에는 법으로서 효력을 갖지 못한다는 점을 인정한다면, 이 경우 (법체계 전체의 효력 근거로 작용하는) 근본규범은 다음과 같은 형태, 즉 '헌법이 사실적으로 정립되고 대체로 실효성이 있다면, 우리는 그 헌법에 따라 행위해야 한다.'라는 형태를 띠게 될 것이다. 물론 켈젠에 의하면 실정법 질서의 규범들이 효력을 갖는 것은 그 규범창설의 근본 규칙인 근본규범이 효력 있는 것으로 전제

---

47) Ralf Dreier, 앞의 논문, 198쪽.
48) 이런 점에서 그는 법의 효력이란 진정한 의미에서 '존재하는 당위', 다시 말해 시간과 공간 안에서 역사적 사실로서의 당위를 뜻한다고 한다(심헌섭, 앞의 논문, 149, 163쪽).

되어 있기 때문이지, 그것들이 실효성이 있기 때문은 아니다.

그런데 실효성의 측면(어떤 헌법도 최소한의 실효성을 갖지 못하면 법으로서 효력을 갖지 못한다는 측면) 외에 다른 효력 요소들과 관련된 그 밖의 측면, 즉 실정성의 측면(헌법은 구성원의 민주적 의사를 반영하여 사실적으로 제정되어야 한다는 측면)과 정당성의 측면[(가령 라드브루흐의 공식과 연계하여 끌어낼 수 있는) 헌법은 그 실질적 내용에 있어 극도로 불법하지 않아야 한다는 측면]까지 통합적으로 고려한다면(물론, 절차주의적 관점에 따르면 합법성과 정당성의 측면은 '절차적 정당성에 기초한 합법성'의 측면으로 합쳐질 수 있을 것이다), 이 경우 근본규범은 다른 형태로 변형될 수도 있다. 예컨대 알렉시가 제안한 바처럼 다음과 같이 변형될 수도 있을 것이다.[49]: '헌법이 사실적으로 제정되고(실정성) 대체로 사회적 실효성이 있다면(실효성), 이러한 헌법의 규범들이 극도로 불법하지 않는 경우(정당성) 우리는 그 헌법에 따라 행위해야 한다.' 물론 이런 형태의 근본규범이 적절한지는 논란이 될 수도 있다. 하지만, 오늘날의 자유민주적 헌법 국가처럼 어느 정도 발전된 법체계를 전제로 한다면, 이러한 착상은 법효력의 주된 요소를 모두 아우르는 방향에서 법체계의 최종적 효력 근거를 제시해보려는 시도라는 점에서 매우 의미 있다고 본다. 요컨대, 이러한 근본규범이 가능하고 또 적절한 것임을 인정한다면 그에 따를 경우, 대체로 실효성을 갖지 못하거나 실효성을 상실한 법체계 또는 법규범은 법으로서 효력을 갖지 못할 것이다.

---

49) Robert Alexy, Begriff und Geltung des Rechts, München, 1992.

생각해볼 문제

1. 법효력을 근거 짓는 핵심 요소에는 어떤 것들이 있는가?

2. 사회학적 효력설이 실효성을 중시하는 이유는 무엇이라고 보는가?

3. 철학적 효력설이 간과한 부분이 있다면 그것은 무엇인가?

4. 법률적 효력설에 한계가 있다면 그것은 무엇인가?

5. 절차적 이론에 따를 경우, 법효력의 근거는 무엇인가?

6. 한스 켈젠에 의하면 법의 효력과 실효성은 어떤 관계에 있는가?

7. 법효력 논의에서 근본규범은 꼭 필요한가? 그렇다면 그 이유는 무엇인가?

8. 오늘날 발전된 법체계에서 법이 효력을 갖기 위한 요건은 무엇이라고 보는가? 또한, 이 경우 근본규범은 어떻게 설정될 수 있는가?

자연법이란 무엇인가?
(자연법론)

Ⅰ. 자연법론에 관한 이해
Ⅱ. 법존재론에 기초한 자연법(예시: 마이호퍼)
Ⅲ. 자연법론에 대한 비판
Ⅳ. 자연법론의 공적
Ⅴ. 자연법론의 미래

제6장 자연법이란 무엇인가? (자연법론)

개요 전통적으로 법을 이해하는 사유 방식에는 크게 두 가지 흐름이 있다. 자연법적 사고(자연법론)와 법실증주의적 사고(법실증주의)가 그것이다. 이는 법에 있어 이원론과 일원론의 논쟁이기도 하다. 이에 법의 역사는 양자 간의 긴장·대립의 역사라고 할 수 있다. 여기서는 먼저, 자연법의 근원과 경향, 다양한 유형, 특징과 역할 및 기능 등을 대략 살펴본다. 다음으로, 법존재론에 기초한 자연법사상의 예시로 마이호퍼의 사물의 본성 사상을 간략히 소개하고 비판적으로 검토해 본다. 나아가, 사유상 자연법론에 내재한 문제점과 함께 그것의 역사적 공적도 되새겨본다. 끝으로, 자연법론의 미래도 간단히 진단해본다. 이러한 학습 과정에서 중요한 것은 자연법적 사고의 본질적 특성 및 역사 속에서 그것이 수행해 온 역할과 유용성을 이해함과 동시에 오늘날의 법체계나 법상태에서 그것이 갖는 한계와 실천적 의의를 짚어보는 일이다.

근대 서구의 법체계와 이를 계수하여 어느 정도 안정적인 법체계를 구축하고 있는 나라들에서는 현재로서 자연법론에 관한 논의가 그다지 의미 있게 행해지고 있지는 않다. 이는 근대에 와서 자연법의 핵심 내용이 실정화(實定化)하면서, 즉 실정 헌법체계 안으로 수용되면서 그러한 헌정질서에 따라 현실이 규율됨으로써 굳이 정당한 내용을 지닌 법에 관한 논의를 펼칠 계기가 그만큼 축소되었기 때문이다. 하지만, 그렇다고 하여 자연법 논의가 완전히 사라진 것은 아니다. 즉, 현 상태에서 그 실천적 비중은 크게 줄었으나 여전히 이에 관한 혹은 이에 기초한 논의들이 이루어지고 있다. 가령, 전통적 의미의 강한 자연법론 대신 약한 의미의 자연법론이 주장되고 있는 것도 그 한 예라 하겠다.

또한, 최근에는 양자를 지양하는 제3의 길이라고 할 수 있는 사유적 경향도 나타나 힘을 얻어가고 있다. 법의 정당성 문제를, 종래처럼 실체적(실질적) 정의의 관점에서 접근하여 다루는 대신 절차적 측면에서 접근하여 이를 토대로 실정법에 대한 비판및 규범적 통제를 수행하려는 시각인 이른바 절차적 정의론이 그것이다. 이 시각은정당성 관념을 법 또는 법효력의 핵심 표지로 삼는다는 점에서 전통적인 자연법 사고와 연계된 사유 방식이라 할 수 있다. 하지만, 이는 실정법 체계의 효력을 수용하면서합리적 절차의 측면에서 그에 대한 비판적 태도를 견지한다는 점에서 그것과 전적으로 같은 성격의 사고는 아니다. 다만, 분명한 점은 이 시각 역시 실정성만으로 법이나법효력을 설명하는 법실증주의와는 경향상 엄격하게 구별되는 사유 형태라는 것이다. 이런 점에서 우리는 이런 사유 경향을 비실증주의(非實證主義)라고 칭할 수 있을것이다.

Ⅰ. 자연법론에 관한 이해

1. 자연법의 근원과 경향

일반적으로, 자연법은 실정법(또는 인정법)이 정당한지를 재는 척도가 되는 법이다. 아무리 촘촘한 실정법 체계라도 그것이 내용상 정당한 규범체계인가, 즉 정의로운 규범들로 짜여 있는가의 측면에서 보면 전혀 그렇지 않을 수도 있다. 가령 유대교의 지도자들(특히 율법 학자와 바리새인)은 전통적으로 전승된 율법만을 (구원을 얻기 위한 행위 기준으로서) 인간 생활을 규율하는 효력 있는 규범으로 파악한 나머지(이른바 율법주의), 오히려 인간의 삶과 자유를 옥죄는 부당한 결과를 초래하기도 하였다. 그리하여 예수로부터 율법의 더 중요한 정신(가령 정의, 자비, 신뢰 등)을 저버렸다는 신랄한 비판을 받은 바 있다.[1] 이처럼 실정법 또는 실정법 체계는 그 배후에 놓인 정신이나 이념과의

---

1) 성경 마태복음 23장 23절 참조. 율법주의(legalism 또는 nomism)는 기독교 신학에서 사용되는 용어로 복음보다 율법(토라. 십계명 등 구약의 모세오경에 나오는 행위규범)을 더 중시하는 태도나 전통을 의미한다. 이것은 구원을 얻기 위하여 율법을 지켜야 한다는 행위 중심의 구원관을 의미한다. 이러한 종교적 의미의 율법주의는 세속적인 법적 용어로는 이른바 법률주의 또는 '규칙 신봉주의'와 그 궤를 같이하는 개념이라 볼 수 있다.

연계성을 고려하지 않으면 그 자체로 정당성을 가늠하기 어려워 그 방향성을 상실할 수 있다. 이에 그러한 실정법의 정당성에 대한 판단척도로서, 특정한 시대와 장소를 초월하여 혹은 그러한 역사적 시·공 안에서 인간에 의한 정립에 앞서 존재하면서 인간의 행위를 구속하는 어떤 규범(들)이 있다고 생각할 수 있다. 이러한 규범이 바로 자연법(Naturrecht)이며, 이런 규범이 존재한다고 보는 시각이 바로 자연법적 사유이다.

역사적으로 나타난 자연법사상은 여러 가지가 있으나 핵심적인 것으로는 크게 다음 몇 가지를 꼽을 수 있다. 고대 그리스철학(스토아학파)의 '로고스'(logos,[2] 보편 이성 또는 그에 기초해 인간의 행위가 따라야 할 보편법칙)에 근거한 합리주의적 자연법, 중세 기독교의 '신의 창조 질서'(존재론)에 기초한 가톨릭 자연법,[3] 근대 계몽주의 시대의 '인간의 본성'(이성적 존재)에 기초한 이성주의적 자연법, 그리고 이후 이를 이어 등장한, '사물의 본성'에 기초한 구체적 자연법사상이 그것이다.[4] 이처럼 자연법의 근원으로는 로고스, 신의 창조 질서, 인간의 이성, 사물의 본성 등이 거론되고 있다. 반면, 이와 다른 차원에서 인간이 타고난 가치기관으로서의 '법감정'이 자연법의 인식원(認識源)으로 제시되기도 한다. 가령 후프만(H. Hubmann)에 의하면 법감정은 법가치들과 직접적인 관계에 놓여 있는 절대적이고 객관적인 평가 기준으로서 이를 통해 인간은 극히 복잡한 상황에서도 무엇이 정당한 것인가 하는 물음에 대답할 수 있다고 한다.[5]

---

2) 아리스토텔레스에 의하면 로고스는 설득의 세 가지 방식 중의 하나이다. 그는 설득의 세 가지 방식으로 에토스(ethos), 파토스(pathos), 로고스(logos)를 든다. 에토스는 청중의 관심을 끌고 신뢰를 얻기 위해 변론가가 갖추어야 할 인품(자격, 성격 등)을 말하고, 파토스는 청중의 심리적 경향, 욕구, 정서 혹은 정감적 반응을 말하며, 로고스는 설득을 위한 이념적·합리적 방향을 말한다.

3) 스콜라철학의 시대는 객관주의와 존재론의 시대였다. 이에 카톨릭 자연법론도 창조질서 존재론에 기초하여 법의 단계구조론을 폈다. 이에 따르면 법질서는 영구법(lex aeterna) → 자연법(lex naturalis) → 인정법(jus positivum)의 3단계로 구성된다. 영구법이란 영원 전부터 신에 의해 정해진 창조계획으로서 우주 창조와 질서 정립의 근원이 된다. 자연법이란 창조 질서의 본질에 근거하고 있는 규범의 총체로서 이성에 의해 파악될 수 있고 인간의 자기실현을 위해 제시된 행위지향의 준거점이 된다. 그리고 인정법이란 추상적·일반적 사회질서 규범이 일정한 역사적 상황에서 실현된 구체적 내용을 말한다. 인정법의 효력은 자연법과의 합치 여부에 달려 있다.

4) 그런데 스토아학파의 자연법과 기독교 자연법은 구조적 측면에서 서로 매우 흡사하다. 즉, 스토아철학에서 자연으로 파악된 신(神)은 기독교의 창조주에, 전자의 세계 이성적이고 세계 형성적인 진리인 로고스는 기독교적 진리인 예수 그리스도에, '이성적 동물'이라는 스토아철학의 인간상은 '신의 형상을 닮은 존재'(Imago Dei)라는 기독교적 인간상에, 그리고 스토아철학의 자연주의적 평등개념은 '모든 인간은 신 앞에서 동등하다.'라는 기독교의 기본사상에 각각 대응한다. 이는 어떤 형태로든 기독교 자연법이 스토아학파의 자연법에 영향을 받았기 때문으로 보인다(변종필, 스토아철학과 기독교윤리, 인제논총 제16권 제1호, 인제대학교, 2001, 18쪽).

5) Heinlich Hubmann, Naturrecht und Rechtsgefühl, in: Naturrecht oder Rechtspositivismus(hrsg.v.

2. 자연법의 유형 구분

평면적으로 볼 때 자연법론은 특정한 기준이나 특성에 따라 다음과 같은 형태로 구분할 수 있다.

(1) 절대적 자연법과 상대적 자연법

이는 규범 내용의 절대성·상대성에 따른 구분이다. 절대적 자연법이란 모든 시간과 장소를 초월하여 보편적 타당성을 갖는 자연법을 말한다. 고대 및 중세의 자연법론은 주로 우주의 객관 질서나 보편적인 인간의 본성에 기초하여 이러한 자연법론을 주장했다. 가령 토마스 아퀴나스가 불변의 성격을 띠는 것으로서 자연법의 제1차적 규칙으로 제시한 '선을 행하고 악을 피하라'는 규범은 여기에 해당한다. 반면, 상대적 자연법은 일정한 시간과 장소의 제약 아래 역사적으로 타당성을 갖는 자연법을 말한다. 이는 '역사적 자연법' 또는 '가변적 내용을 가진 자연법'이라 불리기도 한다. 가령 이 유형으로는 '사물의 본성'에 기초한 자연법을 들 수 있다. 요컨대, 법적 규율은 보편적 가치를 지향하면서도 때로 법문화의 특수성에 의존하기도 한다는 점을 고려할 때 오늘날 절대적 자연법을 법의 정당성 근거로 활용하기는 어렵다고 하겠다.

(2) 추상적 자연법과 구체적 자연법

이는 정당한 법 내용을 도출하기 위한 근원을 어디서 찾느냐에 따른 구분이다. 추상적 자연법은 추상적이고 일반적인 성격을 띤 '인간의 본성'(Natur der Menschen), 가령 창조론적 본질로서 신의 형상을 닮은 존재 또는 도덕적 본질로서 이성적 존재에 기초한 자연법을 말한다. 반면, 구체적 자연법은 '사물의 본성'(Natur der Sache), 즉 구체적 생활사태나 생활 관계에 기초한 자연법을 말하는바, 여기서는 이러한 생활 관계 안에 내재하는 질서가 곧 사물의 본성이다.[6] 예컨대 나우케 교수는 사물의 본성에

Werner Maihofer), 1966, 367쪽 이하.

6) 근대 계몽주의에 와서는 인간의 합리적 이성에 기초한 자연법론(추상적 자연법)이 주를 이루었고 그러한 자연법의 내용은 프랑스혁명을 거치면서 새롭게 탄생한 근대법에 대부분 도입되었다(자연법의 실정화). 이후 실증주의자들은 자연법의 내용이 헌법으로 실정화되었기 때문에 자연법을 주장할 근거가 없어졌다고 주장하지만, 자연법은 '사물의 본성' 또는 '가변적 자연법'의 형태로 계속 유지되고 있다. 이러한 사물의 본성 사상은 고대 이후, 즉 자연적 정의에 관한 그리스철학과 물의 본성에 관한

대해 다음과 같이 요약하여 제시한다. "사물의 본성은 객관적으로 인식능력에 대응하는 것이다. 사물의 본성을 인식하는 자는 옳다. 사물의 본성은 과학적이며, 정치로부터 독립되어 있고 이론적이며, 그 자체 정당한 것이고 그 어떤 형이상학의 결과물이 아니다." 이러한 구체적 자연법사상에 의하면 사물의 본성은 실정법의 배후에 존재하는 구체적인 정당한 법으로서, 모든 법원(法源)의 근간이 되며 입법의 정당성을 가늠하는 원칙이자 동시에 법관을 구속하는 보충적 해석원리로 작용한다(실천적 기능).[7] 가령, 민사 관련 법원(法源)을 규정한 우리 민법 제1조의 '조리'(條理) 역시 바로 이 사물의 본성을 지칭하는 말이다. 이러한 사물의 본성을 찾는 것은 법 발견의 문제에 속한다. 현대에 와서 사물의 본성에 기초한 자연법론의 대표적 예로는 베르너 마이호퍼의 법존재론을 꼽을 수 있다.

(3) 이념적 자연법과 실존적 자연법

이는 자연법의 근원을 인간의 본성 중 어디에 두느냐에 따른 구분으로, 한스 벨첼이 제시한 구분방식이다.[8] 엄밀히 보면 이는 추상적 자연법론의 아류로 볼 수 있다. 이에 의하면 이념적 자연법이란 인간의 본성을 이성(ratio)에 두면서(이성적 존재) 법을 이러한 이성적 통찰의 산물이라고 보는 관점이다. 반면, 실존적 자연법이란 인간을 이성보다 의지·감정·충동에 좌우되는 존재로 규정하면서 법을 그때그때의 상황에 따른 의지적 결정 또는 중요한 생존 욕구의 산물이라고 보는 관점이다. 양자는 그리스 신화의 아폴로와 디오니소스에 비견될 수 있다. 역사적으로, 전자는 보편성·항구성의 이념과 연계되어 있고, 후자는 특수성·상대성과 연계되어 있다. 이러한 구분은 인간 존재의 본성에 따라 법을 파악하는 두 가지 주된 시각을 잘 보여준다는 점에서 의의가 있다. 하지만 이러한 분류 방식이 자연법에 관한 적절한 구분인지는 의문스럽다. 왜냐하면 전자는 이성적 존재로서의 인간상에 기초한 자연법적 사고의 전형적인 형태이지만, 후자는 법을 규정함에 있어 법실증주의가 표방하는 시각의 일단과

로마 법학의 이론 이래 서양을 지배해온 사고이다. 근대에 와서는 라드브루흐 역시 그의 정의론에서 사물의 본성론을 전개한 바 있다. 그는 법이념인 정의와 형평을 구분하면서, 정의가 보편법칙으로부터 연역적으로 전개되는 것이라면, 개별적 사례에서의 정의인 형평은 사물의 본성으로부터 정법을 직관적으로 인식하는 것이라고 규정하였다.

7) 볼프강 나우케, 법철학의 기본개념들(변종필·최희수 옮김), 지산, 2000, 217쪽.
8) 한스 벨첼, 자연법과 실질적 정의(박은정 옮김), 삼영사, 2001.

연결돼 있기 때문이다.

(4) 보수적 자연법과 혁명적 자연법

이는 현실에서 수행하는 기능에 따른 구분방식이다. 기존 체계 또는 사회질서와의 관계에서 볼 때 보수적 자연법은 그러한 기존 질서를 유지 또는 정당화하는 방향으로 작용하는 자연법인 데 반해, 혁명적 자연법은 그러한 질서를 개혁하거나 뒤바꾸는 방향으로 작용하는 자연법을 말한다. 현상적으로 보면 역사 속에서 자연법은 때로는 전자의 모습으로, 때로는 후자의 모습으로 나타나기도 하였다. 가령 전반적으로 불법한 법체계가 지배하거나 현실적 불법이 만연한 상황에서는 후자의 형태로 등장하였다. 그런데 보수와 혁신(또는 진보)은 그 자체로 규정되기보다 역사적 상황에 비추어 상대적으로 규정된다. 따라서 평가의 중요한 토대는 바람직한 질서상에 비추어 기존의 질서가 타파돼야 하는 질서인가 아니면 발전적으로 유지돼야 하는 질서인가이다. 가령, 인간의 기본적 권리를 광범위하게 유린하는 정치 권력에 대해 자연법의 이름으로 항거하는 것은 언제나 정당화될 것이다. 반면, 기존의 사회질서가 대체로 정당하고 안정적인 상태로 유지되고 있는 상황에서 자연법을 원용하며 이를 타파하려 한다면, 이는 정당한 질서 회복을 위한 투쟁이 아니라 단순한 체제 전복에 지나지 않을 것이다.[9]

3. 자연법론의 특징과 역할 및 기능

(1) 자연법론의 이행과정

역사적으로, 자연법에 관한 논의는 자연법에 담긴 '자연' 개념의 변천에 따라 그 방향과 내용을 달리하였다. 시간에 비추어, 자연에 관한 이해는 먼저 ⅰ) (인간의 인식 대상으로서의) 우주에서 출발하여, 다음으로 ⅱ) 인간 일반의 본성으로, 그런 다음 ⅲ)

---

9) 이런 점에서 시민들 역시 정치적 측면에서 제기되는 보수나 진보(또는 개혁)라는 모토(Moto)를 곧이 곧대로 수용하고 넘길 것이 아니라 그 뒤에 담겨 있는 권력(또는 권력 집단)의 정치적 의도를 제대로 분별하여 비판적으로 대응하는 지혜가 항시 요구된다고 하겠다. 보수라는 기치 아래 단순히 기득권 세력의 이익만을 옹호 또는 유지하려는 시도도 막아야 하거니와 진보라는 포장 아래 기존의 정당한 질서 체계를 혼란스럽게 하거나 와해시키려는 시도 역시 허용해서는 안 될 것이다.

사물의 본성으로 이어졌다고 할 수 있다. 그리스철학의 초기에는 인간이 만든 규범 (nomos)과 자연 질서(physis)는 본질상 통일을 이루고 있었다. 즉, 인간의 질서는 자연 법칙 안에 자리 잡고 있었고 이로부터 이해되었다. 말하자면 이때의 자연법은 말 그 대로 자연의 법(자연법칙)이었다. 그런데 자연에 관한 이러한 이해는 5세기에 이르러 그리스 의학의 발전에 힘입어 종래 자연 철학자들의 자연 개념이 특수화됨으로써 의 미 있는 변화를 겪게 된다. 즉, 자연 개념이 우주에서 인간으로 이전하게 된다. 이에 결정적인 영향을 미친 것이 바로 당시의 의학적 자연론이다. 이에 따르면 모든 사람 은 각기 특정한 체질(Natur, 자연)을 지니고 있고 이로부터 건강한 생활양식을 위한 처 방(Norm, 규범)이 도출된다. 이에 그러한 사고가 윤리학과 밀접한 관계에 놓이게 됨으 로써 이른바 '체질적 본성'이라는 의학적 자연 개념이 포괄적인 인간 본성의 개념으로 옮겨갈 수 있게 한 통로가 되었다는 것이다.[10] 이를 계기로 이후 인간의 본성에 기초 한 자연법인 추상적 자연법이 등장하고, 그 뒤 다시금 자연을 사물의 본성으로 이해 하면서 그에 기초한 자연법인 구체적 자연법사상이 나타나게 되었다.

(2) 자연법론의 성격과 특징

1) 자연법론의 성격

먼저, 자연법론은 관념주의적·이원론적 법이론이다. 여기서는 현실적인 법, 즉 인간에 의해 정립된 실정적이고 가변적인 법 외에 정의와 동일시되는 관념적이고 자 연적이며 불가변적인 법을 인정한다. 자연법론은 자연을 관념적인 정당한 법규범들 의 근원으로 본다는 점에서 다른 관념주의적·이원론적 법이론과 구분된다. 다음으 로, 자연법론에서 자연은 규범을 정립하는 권위로 작용한다. 자연의 명령을 따르는 자는 정당하게 행위하는 것이다. 정당한 행위규범들은 자연에 내재해 있으며, 신중한 분석을 통해 자연에서 연역 또는 인식하거나 발견할 수 있다. 이에 자연법 규범은 실 정법규범과 같이 인간의 의사 행위를 통해 정립되는 자의적이고 가변적인 규범이 아 니라 인간의 의사 행위를 통해 정립되기 전에 이미 자연 가운데 주어져 있는 본질상 불가변적인 규범이다.

---

10) 이에 관해서는 벨첼, 앞의 책, 18-20쪽.

2) 공통의 관념

역사적으로 다양한 형태의 자연법이 나타났음에도 전체적으로 자연법론에는 공통의 특징이 있다. 즉, 개개의 자연법사상을 포괄하는 공통의 관념이 있다. 첫째, 자연 개념이 지극히 다의적(多義的)이라는 점이다(자연법의 다의성). 가령 벨첼은 (비판적 측면에서) 이렇게 말한다. 자연법에서 자연이라는 "기만적인 공통된 이름 아래에는 서로 다른 것, 대립하는 것, 변화하는 것이 감추어져 있다. 모두에게 공통적인 것으로 남아 있는 것은 이 단어의 뒷부분인 법이라는 관념뿐이다."11) 자연법이 무엇인가라는 물음에 한마디로 답하기 어려운 이유도 바로 자연 개념의 이러한 다의성 때문이다. 그런데 문제는 여기서 그치지 않는다. 자연과 법이라는 개념으로 구성된 자연법에서 자연 개념이 다의적임은 물론, 법 개념 역시 다양하기 때문이다. 가령, 독일의 법사상가 에릭 볼프(Erik Wolf)는 그의 『자연법론의 제 문제』라는 책에서 (자연법론이 사용한) 자연 개념을 12가지로, 그리고 법 개념을 10가지로 분류하여 제시하기도 했다. 둘째, 자연법의 이러한 다의성에도 불구하고 자연법의 역할과 기능은 일의적(一義的)이라는 점이다. 역사적으로 등장한 모든 자연법은 크게 두 가지 기능을 지닌다. 하나는 모든 실정법의 정당성을 근거 지우는 기능이고(실정법에 대한 평가척도), 다른 하나는 경험적·역사적 법을 규범화하는 척도로서 기능한다는 것이다(실정법의 내용적 기준). 셋째, 자연법은 존재의 근본 문제를 추구한다는 점이다. 즉, 법을 단순히 역사적으로 존재하는 우발성이나 그때그때의 상황에 따른 사회적 혹은 정치적 반응으로서가 아니라 인간 존재와 삶의 근본형식이자 토대로서 파악하고 탐구하고자 한다.

(3) 자연법론의 역사적 기능

역사적으로 볼 때 자연법이 담당한 기능에는 다소 차이가 있다. 한편으로 존재론적 철학이 전성기를 이루던 고대나 중세에서는— 때로 중대한 정치적 위기, 즉 법의 혼란과 타락이 있던 상황에서 다소 혁신적 기능을 띠긴 했지만 — 주로 기존의 질서 자체를 정당화해주는 이데올로기로서 보수적 성격을 띠었다. 반면, 가령 독재주의나 전체주의 권력이 지배하던 시대에는 — 가령 독일의 히틀러 정권에 의해 인간성의 위기를 경험하고 난 뒤(제2차 세계대전 이후) 활기차게 살아나 과거 청산의 중요한 수단으

---

11) 벨첼, 앞의 책, 333쪽.

로 활용된 것처럼 — 부당한 실정법 체계와 불법적인 국가권력에 대한 저항과 정치적
투쟁을 위한 강력한 기제로 활용됨으로써 혁명적 성격을 띠었다고 볼 수 있다. 자연
법의 이런 역할은 자연법이 단순한 구시대의 산물이 아니라 정당한 법질서나 정의를
갈망하는 모든 사람의 마음에 자리하고 있는 법의 여망과 같은 것임을 잘 보여준다고
하겠다.

Ⅱ. 법존재론에 기초한 자연법(예시: 마이호퍼)

1. 이중적 존재로서의 인간

마이호퍼(W. Maihofer)는 실존철학에서 파악된 '자기 존재'(Selbstsein) 외에 '~로서
의 존재'(Alssein, 이하 '직분 존재'라 칭함)라는 현존재 유형을 존재론적 영역에서 새로이 발
견한다. 이는 '직분 존재'에서 사회적 존재 영역의 기본개념과 기본구조를 해명하고
이를 통해 체계적 법존재론12)을 확립하기 위함이다. 우선, 그는 인간의 현존재를 하
이데거처럼 '세계-내-존재'(In-der-Welt-sein)로 파악한다. 여기서 세계는 주변 세계
(Umwelt)와 공존 세계(Mitwelt)로 구성되는데, 전자는 인간의 사물에 대한 관계에서 이
루어지는 세계를 말하고 후자는 인간의 인간에 대한 관계에서 이루어지는 세계를 말
한다. 이들 세계는 나의 삶과 무관한 외부세계가 아니라 나의 삶을 가능하게 해주는
외부적 조건으로서 나의 세계를 구성하는 요소들이다. 다시 말해, 주변 세계는 세
계-내-존재로서의 인간의 자기보존을 위해 필요한 것으로, 의식주 등 사물은 인간
의 기본적 실존을 위한 존재 필연적 요소이다. 공존 세계 역시 마찬가지다. 인간은
이 세상에 내던져지면서부터 다른 사람과 마주치며 그들과 더불어 생존한다. 혼자 살
수 있는 인간 존재는 없으며, 인간의 현존재는 언제나 공존자 사이에서만 존재한다.
너 없으면 나의 인간 실현이 불가하듯, 나 없으면 너의 인간 실현도 불가하다. 따라서
공존 세계는 인간의 자기실현을 가능하게 해주는 존재 필연적 조건이다. 이런 이유에
서 인간은 상호 결합적이고 연대적인 세계(즉 사회, Gesellschaft)를 형성하는바, 여기서

---

12) 이에 관해서는 베르너 마이호퍼, 법과 존재: 법존재론 서설(심재우 역), 삼영사, 1996 참조.

사회란 다수의 단순한 집합체가 아니라 실존적·기능적으로 파악된 공존자의 결합체, 즉 각각의 자기실현을 위한 삶의 광장이다. 요컨대, 마이호퍼는 구체적 실존자로서 인간의 지위를 이중적 존재, 즉 개인으로서의 자기 존재와 사회인으로서의 직분 존재로 파악한다.13)

2. 개인으로서의 자기 존재

자기 존재란 세계 내에서 유일자로서의 나의 현존재와 관련하여 파악된 인간존재를 말하며, 유일성, 고유성, 일회성, 비반복성, 비비교성 등을 특징으로 한다. 세계에 내던져지고 난 후의 나의 실존은 전혀 규정되어 있지 않으며, 실존 형성은 전적으로 나의 자유와 책임에 맡겨져 있다(주체적·책임적 존재). 세계-내-존재로서의 인간 각자의 자기실현의 목표는 가장 자기답게 되는 것이다. 따라서 여기서는 '자기 자신이 되어라!'(Werde selbst!)라는 격률이 적용된다. 이 명제는 자기 존재의 실현에 필수불가결한 개념 요소로서 인격의 자율성을 전제하며, 인격의 자율성은 모든 자유주의적 세계관의 철학적 토대이다. 자기 존재의 실현이라는 관점에서 볼 때 법질서와 국가 질서는 개인의 자유로운 인격 발현을 위한 보호 질서로서의 의미를 지닌다. 그런데 여기서 요구 명제 간의 충돌이 발생하게 된다. '자기 자신이 되어라!'라는 명제는 질서의 세계에 적용되는 '일반적으로 되어라!'(Werde allgemein!)라는 명제와 양립하기 어렵다. '자기 자신이 되어라!'라는 명제는 일종의 실존적 자연권으로서 일반성·객관성·사회성을 결한 순수한 주관적 권리, 즉 자연적 자유에 해당한다. 그런데 각자의 자연적 자유의 충돌은 반질서 상태인 '만인의 만인에 대한 투쟁상태'를 초래하게 된다. 이런 이유에서 마이호퍼는 '자기 자신이 되어라!'라는 정언명령에 지배받는 자기 존재를 반질서적 인간상이라고 규정한다.

13) 이런 점에서 하이데거의 존재해석과 마이호퍼의 존재해석 간에는 차이가 있다. 하이데거의 존재해석에 따르면, 세계-내-존재로서의 인간의 현존재의 문제성은 본래적인 자기 존재가 비본래적인 일반인으로 해소되어 자기 존재성을 상실해 버린다는 데 있다. 따라서 하이데거는 일상 세계에서 타인과 함께 살아가는 사회적 존재를, 현존재의 비본래성의 양태로서 실존의 타락 형태 또는 자기 존재의 결핍 형태로 이해한다. 반면, 마이호퍼는 하이데거의 이러한 존재 이해에 이의를 제기하면서 현존재의 존재론적 지평을 사회 세계로 확장하여 직분 존재 역시 자기 존재와 똑같이 근원적이고 본래적인 실존 범주임을 해명한다. 즉, 법의 세계에서는 개인적 존재로서의 인간이 아니라 사회적 존재로서의 인간이 중요하며, 이는 인간실존의 타락 형태가 아니라 사회 세계의 본래적 인간상이라고 한다.

3. 사회인으로서의 직분 존재

직분 존재는 주관화된 자기 존재에서가 아니라 객관화된 타인 존재에서 사회성·일반성의 요소를 파악한다. 자기 존재의 객관화에 의한 나는 '유일자로서의 나'가 아니라 이미 타인에 대해 '하나의 다른 타인'이다. 이처럼 타인의 사회적 입장으로부터 타인화된 나와 너라는 사회적 존재로서 파악된 인간 존재가 바로 직분 존재이다. 이는 타인과의 관계에서 갖는 사회적 지위나 신분의 명칭으로부터 유래하는바, 예컨대 아버지와 아들, 선생과 학생, 상점 주인과 고객, 의사와 환자 등이 그것이다. 그런데 직분 존재에게는 그 사회적 지위나 신분에 상응하는 역할이 제공된다. 이 역할은 타인과의 관계에서 '그러한 자로서'(als Solcher)라는 현존재 양식이며, 그때마다 그러한 자로서의 역할에 상응하는 태도를 견지할 것이 이미 법 이전에 하나의 규범으로서 요구되어 있다. 다시 말해, 법적 권리와 의무는 법 이전에 존재하는 사회적 직분으로부터 파생된다. 가령 부모로서의 직분으로부터 자식에 대한 권리·의무가, 이에 상응하여 자식으로서의 직분으로부터 부모에 대한 권리·의무가 도출된다. 이러한 직분(직분 존재로서의 역할)은 법 이전에 존재하는 사회질서의 원형으로서 역사적 현실 가운데서 사실상의 규범력('존재하는 당위')을 갖고 질서 기능을 담당한다. 이는 법적 권리·의무의 모체인바, 마이호퍼는 이를 제도적 자연법이라 칭한다.

4. 직분 존재와 자기 존재의 충돌·긴장 관계

앞에서도 언급했듯이 인간 존재의 이러한 이중적 지위, 즉 직분 존재와 자기 존재(이로써 제도적 자연법과 실존적 자연권)는 서로 충돌 관계에 있다. 왜냐하면 전자는 객관적 자연법으로서 '일반적으로 되어라!'라는 정언명령에 입각하고 있음에 반해, 후자는 주관적 자연권으로서 '너 자신이 되어라!'라는 격률에 기초하고 있기 때문이다. 물론 이러한 충돌은 양자를 다음과 같이 이해함으로써, 즉 자기 존재와 직분 존재를, 각기 병렬적으로 존재하는 현존재 유형이 아니라 중층적으로 결합해 있는 현존재 유형이라고 봄으로써 완화될 수 있다. 다시 말해, 양자의 관계를 '직분 존재 안에 있는 자기 존재'로 이해함으로써 양자 간의 표면적 충돌은 회피될 수 있다. 모든 세계-내-존재는 직분 존재라는 틀에서 벗어날 수 없다. 부모와 자식, 선생과 학생, 의사와 환자, 판매자와 구매자 등 직분 존재로서가 아닌 추상적 존재로서의 인간은 사회 내에 존재하지 않는다. 자기 존재의 실현 역시 언제나 직분 존재를 통해 실현될 수 있다. 이런 점에서 직분 존재는 인간 존재의 본래적 인간상이자 법질서에 전제된 고유한 인간상이다. 요컨대, 법질서는 바로 이러한 직분 존재의 역할을 권리·의무의 형태로 보장하는 사회제도, 즉 직분 존재 속에서 각자의 자기실현을 가능하게 하는 실존 조건이다.

5. 검토

존재론(사물의 본성)에 터 잡아, 자기 존재 외에 직분 존재를 인간 실존의 또 다른 존재론적 층으로 파악하고 그 의의를 해명한 것은 탁월한 성과라고 본다. 그에 따라 그러한 직분 존재의 역할(직분)을 법적 권리와 의무의 모체로 파악한 것 역시 생활세계에서 정당한 법의 근원을 구하려 했다는 점에서 매우 의미 있는 구상이다. 반면, 법 존재론에 대한 찬성 여부와는 별개로, 거기에는 여전히 해명되지 못한 점과 함께 방법론상 문제점이 깃들어 있다.

첫째, 정당한 법의 내용 제시에 관한 문제이다. 직분 존재에 따른 직분이나 역할은 개개의 실존자가 사회적 관계나 교류를 맺으면서 그의 실존을 형성하고 실현하는데 불가피한 의미 있는 형식(Form, 존재론적 틀)임은 충분히 수긍할 수 있다. 그리고 이러한 틀을 실정법 이전에 이미 존재하는 규범의 파생 근거로 삼고자 하는 착상 역시 법을 보는 시각의 차이를 고려하면 가능한 생각이다. 그런데 그러한 형식을 채우는 구체적 규범 내용에 관해서는 아무런 언급이 없다. 예컨대, 직분 존재인 아버지와 자식이 사회적 존재로서 대립 쌍(관계의 형식)을 이루고 있음은 부인할 수 없으나, 직분 존재의 역할인 아버지로부터 자식에 대해 또 자식으로부터 아버지에 대해 그에 상응하는 어떤 권리와 의무가 도출되는지는 제시되지 않고 있다. 즉, 권리·의무와 관련하여 모두가 일반적으로 동의할 수 있는 것으로서 그 내용은 구체적으로 언급되지 않고 있다. 물론, 이 경우 (규범 내용의 유동성·가변성 및 문화 의존성에 기초하여) 그 구체적 내용은 당대의 또는 각 사회의 물적 토대와 문화적 환경 및 구성원의 의식 등에 따라 (달리) 규정된다(거나 규정될 수밖에 없다)고 답할 수도 있을 것이다. 그러나 자연법 내용의 가변성·상대성만을 지시하는 이러한 정도의 답변이라면 다른 자연법사상에서도 그와 유사한 답은 얼마든지 찾을 수 있으리라 본다.

둘째, 지향성의 문제이다. 그에 따르면 직분 존재의 역할은 법 이전에 존재하는 사회질서의 원형으로서 '역사적 현실 가운데서 사실상의 규범력을 갖고서' 질서 기능을 담당한다. 그렇다면, 그가 전제한 사회적 생활 관계와 그에 기초한 역할에서 발생하는 구체적 권리·의무의 내용은 당대의 사회적 관례나 관습 및 그에 담긴 사회 일반의 의식에 따라 정해질 수도 있다. 그런데 이는 사회적 생활 관계에 따른 직분이나 역할에 터 잡아 도출된 법이 때에 따라 기존 사회체제나 사회질서의 유지를 정당화시켜 주는 이데올로기로 봉사할 수도 있음을 의미한다. 역사적으로 형성된 사회적 생활 관계는 (당대의 지배적 관념을 넘어 보편성의 측면에서 바라보면) 언제나 바람직한 현상 형태로만 나타나는 것은 아니며, 부당한 위계적 권력관계가 작용하거나 사회적 소통 구조의 왜곡으로 인해 그릇된 형태로 나타나기도 한다. 이는 사회적 관례나 관습이 개인의 자유와 자율성에 대한 심각한 억압으로 작용하는 경우가 적지 않음을 고려하면 충분히 수긍할 수 있는 대목이다. 가령, 그의 착상을 노예제도를 당연시했던 시대에 적용해본다면 주인과 노예도 사회적 생활 관계에 기초한 이른바 직분 존재로 파악될 수 있을 것인데, 이는 인간에 대한 인간의 착취가 자연법의 이름으로 정당화될 수도 있음을 함축한다. 그렇다면 이 경우 자연법은 인간의 실존 조건의 향상을 꾀하는 데 봉사하기보다 기존의 부당한 체제와 질서를 유지하는 수구적 역할을 함으로써 정당한 법의 실현에 역행하게 될 것이다.

셋째, 방법론적 문제점이다. 위와 같은 예상치 않은 귀결은 '존재하는 당위' (seiendes Sollen) 또는 '존재에서 당위를 도출할 수 있다는 관념'에 기초하고 있는 자연법적 사고에 불가피한 것이라 할 수 있다. 방법론상 존재로부터 당위가 도출될 수 있는가? 존재–당위 방법 이원론에 따르면 존재는 존재로부터, 당위는 당위로부터 도출될 수 있을 뿐, 존재로부터 당위가, 또 당위로부터 존재가 도출될 수는 없다. 논리적 사유를 일관되게 유지·관철하고자 한다면, '존재하는 당위'는 형용의 모순이다. 근원적으로 보면, 존재로부터 당위를 도출하는 사고에는 양자를 이어주는 또 다른 당위가 암암리에 그 속에 미리 전제되어 있음을 쉽게 확인할 수 있다. 가령, 사회 내에 극악한 살인범이 나타날 경우(존재 현상), 그를 사형에 처하라거나 처해야 한다(당위 요청)는 여론이 비등해진다. 그런데 이 경우 논리적으로 보면 전자 그 자체로부터는 후자가 나오지 않는다. 후자는 양자를 매개하는 또 다른 당위 명제인 '극악한 살인범은 사형에 처해야 한다'라는 명제로부터만 도출될 수 있을 뿐이다. 다시 말해, 그러한 여론에는 바로 이러한 당위 명제가 사유나 의식 속에 암암리에 전제돼 있는 것이다. 이점은 마이호퍼의 구체적 자연법 구상에도 그대로 적용될 수 있다. 즉, 존재 또는 존재 현상으로서의 사회적 생활 관계와 역할 그 자체로부터는 논리적으로 그 어떤 당위 또는 당위적인 요청도 도출되지 않는다.

Ⅲ. 자연법론에 대한 비판

1. 방법론적 문제점

　　자연법론이나 자연법적 사고에 대해서는 법실증주의로부터 많은 비판이 가해지고 있다. 특히 한스 켈젠은 이른바 존재·당위 방법 이원론에 기초하여 자연법론에 내재한 근본적 문제점을 비판하는데,[14] 이는 자연법론에 대한 반론의 핵심을 이룬다. 그러한 방법론에 의하면 존재로부터는 당위가, 사실로부터는 규범이 도출될 수 없다. 즉, 인간의 현실적 본성으로부터는 어떤 것이 인간의 이상적 행위인가, 이로써 인간은 어떻게 행위해야 하는가가 추론될 수 없다. 왜냐하면 (존재의 측면에서 보면) 인간은 자신의 충동을 통해 규정되는 대로 행위할 뿐 아니라 인간의 충동은 (개별 인간 내에서, 그리고 인간 간의 관계에서) 서로 충돌하기 때문이다.

　　켈젠은 토마스 아퀴나스를 예로 들어 그러한 문제점을 예리하게 지적한다. 아퀴나스는 인간의 자기보존 충동에서 '자살하지 말라'는 자연법 규범을 도출한다. 그런데 켈젠은 인간은 사실상 모든 상황에서 언제나 자신의 생명을 보존하려는 충동(자기보존 충동)만을 지니는 것은 아니며, 일정한 상황에서는 자신의 생명을 마감하려는 충동(자기파괴 충동)도 지닌다고 한다.[15] 따라서 자기보존 충동으로부터는 (인간에겐 자기파괴

---

14) 한스 켈젠, 순수법학(변종필·최희수 역), 길안사, 1999, 588쪽 이하 참조.

15) 가령, 프로이트(S. Freud)는 본능에는 '생의 본능'과 '사의 본능' 2종류가 있다고 보았다. 사의 본능은 유기체를 본래의 무기체 상태로 환원하는 기본 경향이며, 따라서 충동으로서는 자기파괴 충동으로 나

충동도 있기에) 인간의 생명에 대한 행위와 관련하여 '자살하지 말라'라는 일의적인 자연법 규범이 도출될 수 없다고 한다. (또 다른 자연적 본성인) 자기파괴 충동에 기초하면 '자살은 허용된다'라는 규범도 도출될 수 있다는 것이다. 그런데도 자살하지 말라는 금지규범을 자연법 규범이라고 주장한다면, 이는 아이러니하게도 인간의 본성을 다시금 자연적 본성(이웃사랑의 충동 등 자기보존 충동)과 비자연적 본성(공격 충동 등 자기파괴 충동)으로 구분하는 꼴이 된다. 그런데 이것은 인간의 본성 개념에 대한 근본적인 의미변화를 뜻한다. 왜냐하면 자기보존 충동이라는 존재하는 본성(현실적 본성)을, 자연법에 따라 존재해야 하는 본성인 이상적 본성(당위적 본성)으로 바꾸는 것이기 때문이다. 이러한 지적은 존재로부터 당위를 도출하는 자연법론의 사유 과정에 내재한 모순을 잘 드러내 보여준다.

　　이러한 비판에 따를 때, 우리는 자연법론이 특정한 존재 형태(또는 존재의 특정한 단면)를 사유 속에서 미리 당위적인 것으로 전제하고 있음을 엿볼 수 있다. 또한, 이를 통해 자연법론이 주장하는 자연법이 왜 그처럼 다양한지도 가늠해 볼 수 있다. 자연법론은 정법 또는 정의 규범을 모색한다. 하지만 자연법론자들이 믿듯이 정의 규범은 단지 하나만 존재하는 것이 아니라 서로 상이하고 때로는 대립하는 많은 정의 규범들이 존재한다. 그런데 위 비판에 의하면 이들 정의 규범은 — 자연법론자들이 주장하듯 — (인간의 본성이든 사물의 본성이든) 자연 그 자체에 내재해 있거나 그 속에서 발견 또는 추론되는 것이 아니라 각자가 이미 그 사유나 의식 속에 전제하고 있는 것이며, 이로써 자연법론은 각각의 주장자가 미리 전제하고 있는 정의 규범에 따라 서로 다른, 때로는 서로 모순되는 내용의 자연법을 제시할 수밖에 없다고 한다.16)

타난다. 정상의 정신생활에서는 '생의 본능'과 '사의 본능'이 융합해서 건설적으로 작용하나, 정신장애에서는 이 융합이 문제가 된다고 한다. 프로이트의 이 본능가설에 대해서는 찬부 양론이 있으나, 많은 학자는 공격성이나 자기 파괴성은 인정해도 사의 본능을 인정하지 않았다[간호학대사전(편), 대한간호학회, 1996.3.1.].

16) 이에 켈젠은 자연(가령 인간의 본성)으로부터는 어떤 불가변적인 정당한 행위규범이 도출될 수 없다면, 실정법 형성을 위한 확고한 절대적 기준으로서 봉사하는 것은 하나의 자연법일 수는 없고, 아마도 서로 모순되는 다른 자연법들(즉 상대적 가치만을 형성하는 정의 규범들)이 존재할 수밖에 없다고 한다.

2. 순환논법

이런 점에서 자연법론은 순환논법에 빠져 있다는 비판이 설득력을 얻게 된다. 즉, 자연법론이 내세우는 자연법은 자연에서 추론된 것이 아니라 주장자가 미리 옳은 것이라고 전제하고 있는 것을 자연 개념을 매개로 하여 다시 거기서 도출한 규범이라는 것이다. 이렇게 본다면, 자연법에서 자연 개념은 본질상 정당한 규범을 발견하거나 추론할 수 있는 근원이 아니라 자연법론자가 스스로(주관적으로) 설정한, 정당하다고 여기는 규범을 자연법 규범으로 내세울 수 있도록 하는 매개체 역할을 할 뿐이다. 즉, 자연 개념은 자연법론자의 주관적인 당위 요청(존재)을 (모두를 구속하는) 객관적인 당위 규범으로 만들어 주는 통로로 기능할 따름이다. 이런 점에서 자연법론에 대한 벨첼의 다음과 같은 진단은 매우 적절해 보인다. "자연법론자들은 가치 표상을 사물에 투입하고 나서, 그 가치 표상을 자연적인 것 또는 자연에 반하는 것으로서 다시 거기서 끄집어 내보인다. 지금까지 그 어떤 자연법론도 이 순환논법을 깰 수 없었다."[17]

그런데 사유 논리적 측면에서 자연법론에서 자연 개념이 수행하는 역할이나 기능과 흡사한 예는 다른 곳에서도 얼마든지 찾아볼 수 있다. 존재로부터 당위로의 이행을 꾀하는 과정에서 언제나 나타나는 문제이기 때문이다. 가령 대표적인 예로는 신앙의 영역에선 '신의 뜻'이라는 개념을, 그리고 정치·사회적 영역에선 '국민의 뜻'이라는 개념을 꼽을 수 있다. 후자를 예로 들어보자. 각각의 정치세력은 늘 스스로가 미리 또는 주관적으로 생각하는 바를 '국민의 뜻'이라고 내세우며 그에 따라야 한다고 주장하거나 강변한다. 물론 여기에는 '자연의 법이라면 그에 따라야 한다'라는 자연법론의 전제처럼 기본적으로 '국민의 뜻이라면 그에 따라야 한다'라는 당위 명제가 전제돼 있다. 하지만, 현실을 보면 각 정파나 세력이 생각하는 바가 정말 국민의 뜻에 부합하는지는 제대로 고려되지 않을 때가 많다. 경험적 조사나 합리적 근거 없이 제기되는 이런 주장이 얼마나 부적절한지는 재론이 필요 없다. 이처럼 국민의 다양한 목소리와 그에 따른 국민의 뜻이 마치 하나인 양 호도하는 정치권의 행태는 자연법론에서 자연 개념의 역할과 그 문제점을 연상시키기에 충분하다.

---

17) 벨첼, 앞의 책, 338쪽.

그런데 이런 문제 상황은 행위 준칙으로서 칸트의 정언명령[네가 의욕 하는 격률(格率)이 보편적 원칙에 타당하도록 행동하라']이 갖는 실천적 의의를 되새기게 한다. 이 명제는 개개인이 행위의 주관적 기준으로 삼는 격률을 그 자체 객관적으로도 당위적인 것으로 삼거나 내세울 것이 아니라 그러한 격률이 (모두가 동의할 수 있는) 보편적 법칙에 부합하는지를 다시금 성찰하고 그에 맞도록 행위할 것을 요구한다. 앞서 언급한 자연법적 사고나 그와 유사한 사유 방식에 깃든 문제점을 고려할 때, 비록 보편적 원칙이 무엇인지, 그리고 이를 어떻게 규정할 것인지는 과제로 남아있지만, 이는 매우 탁월한 규범적 제언이라 할 수 있다.

3. 이데올로기적 성격

그렇다면, 정당한 규범 또는 법 발견의 근원으로서의 자연 개념을 원용하여 저마다 정당한 규범 또는 법의 내용을 제시하면서 그에 구속될 것을 주장하는 자연법론은 허구가 아닌가 하는 의문이 제기될 수 있다. 이런 측면에서 제기되는 비판이 바로 자연법론의 이데올로기성이다. 가령, 벨첼은 다음과 같이 말한다. "자연에 근거한다는 것은 투쟁 수단, 공격과 방어의 무기를 얻는다는 것이다. 이는 사회 윤리적 현존재 설계에 아무런 새로운 실질적 근거를 부여해 주지 않고, 투쟁의 구호로서 자기 대열에서의 승리의 확신을 강화하고 적수의 저항 의지를 흔들리게 하려는 것이다. 그런 한에서 모든 자연법론은 이데올로기적이다."[18] 공감할 수 있는 일리 있는 지적이다. 다만, 이는 자연법론이 현실과 관련하여 드러내는 부정적인 측면에 방점을 둔 지적으로 이해하는 것이 좋을 듯하다. 왜냐하면 역사적으로 불법한 질서나 불법 상황이 만연한 현실에서 더 나은 법상태를 실현하기 위한 중요한 정치적 투쟁의 수단으로서 자연법사상이 수행한 순기능과 정치적·사회적 현실에서 그것이 지향해온 근본적 방향성 역시 무시할 수 없기 때문이다.

---

18) 벨첼, 앞의 책, 341쪽.

> **보충** 불법상황과 법적 사유의 귀책
>
> (법존재론에 기초한) 자연법적 사고가 과연 독재정이나 전제정 또는 그 아래에서 행해지는 불법상황에 대처할 만한 충분한 힘을 갖고 있는가? 만일 그렇다면 법실증주의적 사고는 그 반대인가? 이는 가령 참혹한 인권유린을 가져온 나치의 불법적 지배에 대해 두 사고 중 어느 쪽에 귀책사유가 있는가의 문제와도 깊이 관련돼 있다.
>
> 이와 관련해서는 법실증주의적 사고에 그 주된 원인이 있다는 주장이 적잖이 제기되곤 한다. 그런데 켈젠이나 베르그봄 등 법실증주의자도 불법국가에 대한 자연법적 투쟁에는 반대하지 않았다. 이들은 자연법론에 대한 비판을 기본적 관심사로 삼으며, 실정법만을 법으로 파악하고 법학과 법정책을 엄격히 구분하긴 했으나, 실정적인 모든 것이 동시에 좋고 올바르며 이성적인 법이라고 보지는 않았다. 17·18세기 자연법론의 정치적 투쟁 노력을 긍정적으로 평가하며, 이성법이 비록 실정법적 의미의 법은 아니지만, 이성법의 이름으로 엄청난 비판적 작업이 수행되었음을 인정한다.[19] 이는 현실의 불의한 법상태를 변화시키기 위한 자연법의 실천적 역할을 인정한 것이라 하겠다.
>
> 요컨대, 특정한 시대의 불법상황에 대해 각기 다른 사유나 진영에 책임이 있는 것처럼 비난하는 목소리를 낼 수도 있겠으나, 책임 소재를 일률적으로 재단하기는 어려울 듯하다. 각기 다른 법적 사유 형태를 놓고 어느 한쪽의 책임으로 돌리는 것은 적절치 않을 뿐만 아니라, 그렇다고 특정 시대의 정치적 난맥상을 해결하는 데 적합하다는 이유에서 나름의 탐색과 숙고를 통해 형성된 개인의 법적 소신이나 사유를 바꾸는 것 역시 바람직하지는 않기 때문이다. 그렇기에 그와 같은 불법상황에서 경계해야 할 것은, 특정한 사유 자체가 아니라, 평소 어떤 사유를 지지하든 그러한 사유를 특정 상황에서 지배 권력의 구미에 맞도록 그럴싸하게 각색하거나 재구성함으로써 권력의 부당한 행사나 남용을 정당화해주는 시도(이른바 사이비 이론이나 학자)일 것이다.

Ⅳ. 자연법론의 공적

이제 그러한 근본적 방향성을 살펴볼 차례다. 자연법론 또는 자연법적 사고가 지닌 위와 같은 문제점에도 불구하고 역사적으로 자연법론이 수행해온 공적, 즉 그 실천적 의의는 쉽게 무시될 수 없다. 가령 벨첼은 이를 두 가지로 요약하여 제시하고 있는데,[20] 매우 적절한 진단이라고 생각된다. 이들은 자연법적 사유 방식이 왜 현재까지도 역사의 뒷전으로 완전히 사라지지 않고 있는지, 또한 그것이 왜 미래에도 효

---

19) 가령 베르그봄은 이성법을 "법의 형성에 관한 투쟁에 있어 유용한 수단"이라고 보았다(Karl Bergbohm, Jurisprudenz und Rechtsphilosophie, Bd.1, Leipzig, 1892, 209–210쪽).

20) 벨첼, 앞의 책, 332쪽 이하.

용을 지닐 수 있는지를 잘 보여줄 것이라 본다.

1. 존재하는 법의 정당성에 대한 문제 제기

먼저, 자연법론은 존재하는 법 또는 법질서(혹은 사회질서)의 정당성에 대해 의문을 제기한다는 점이다. 자연법론에는, 법이란 단순히 존재하는 현실의 권력이 명하거나 금지하는 바와 같지 않다는 사고가 깃들어 있다. 앞서 본 바대로 정당한 것으로 보는 법 내용이 자연법에 따라 서로 일치하지 않기도 하지만, 자연법론이 제기하는 정법의 관념은 현재하는 (실정)법과 권력에 대한 비판적인 통제의 역할을 담당한다. 실정법이나 권력 자체로는 그에 대한 통제가 불가능하다. 이는 법실증주의가 도덕을 실정법에 대한 외재적인 비판적 척도로 삼는 데서도 잘 확인할 수 있다. 다만, 자연법론은 이와 다른 시각에서 그러한 비판적 척도를 (자연법이라는) 법의 이름으로 제시하는 사유 형태라는 점에서 구별된다. 이러한 정당성 척도가 필요함은 오늘날에도 마찬가지다. 군이 절차적 정당성 개념을 거론하지 않더라도 현존하는 법률이나 정치 권력은 그 자체로 정당화되는 것이 아니다. 가령, 어느 정도 발전적인 법체계를 갖춘 국가(민주적 법치국가)라도 정치 권력의 획득은 민주주의 원리에 의해, 그리고 그 행사는 법치국가 원리에 의해 정당화되며, 또한 이들 원리는 헌법에 기초하여 그 (정당성의) 근거를 갖는다. 이처럼 정당성 관념은, 이를 법체계 내에서 구하든 그 밖에서 구하든, 법적·규범적 사유와는 떼놓을 수 없는 것이다. 요컨대, 자연법론은 현실과 관련하여 실천적으로 이러한 정당성 관념이 불가피함을 말하고 있다고 하겠다.

2. 의무 지우는 당위라는 진리 내용의 제시

다음으로, 자연법론은 '의무 지우는 당위'(verpflichtendes Sollen)라는 진리 내용을 제시한다는 점이다. 벨첼에 의하면 의무 지우는 당위는 자연법의 핵심이자 자연법에 남아있는 진리 내용이다. 인간의 사회관계에는 우월한 힘에 따라 강요되거나 사실상으로 통용되는 것만이 아니라, 인간의 깊은 내면에서 행위를 의무 지우는 무언가도 존재함을 확인할 수 있다. 그는 바로 이 의무 지우는 당위가 의미 있는 인간 실존을 가능하게 하는 조건이라고 보며, 이러한 당위와 함께 '책임 있는 인격'도 밝혀진다고 한다. 즉, 의무 지우는 당위를 통해 인간 역시 책임적 인격으로 승인된다고 한다. 이런 측면에서 (힘에 의한) '강제'와 (자발적인) '의무 지움'은 구별된다.[21] 전자는 인간을 인과적 힘의 작용의 단순한 객체 또는 사물(물건)의 하나로 만드는 데 반해, 후자는 인간을 자신의 현존재 형성의 주체로 만든다. 따라서 사회질서가 단지 힘으로만 강제하는 것이 아니라 법으로서 의무 지우려고 하는 한, 인간을 책임적 인격으로 승인하는 것은 사회질서의 최소한의 전제조건이다. 이런 점에서 벨첼은 자연법론을 '선험적 당위[22]에 관한 해석의 시도'라고 본다. 달리 말해, 이는 모든 외적 힘에서 벗어나 이와는 별개로 인간 자신에게 의무를 부과하는 당위가 무엇인지를 규명하려는 시도라고 풀이할 수 있을 듯하다. 요컨대, 벨첼에 의하면 어떤 사회질서는 그것이 당대 권력(자)의 의사 표명을 넘어 사회적으로 올바른 것, 정의로운 것을 당대의 조건들 아래에서 실현하려는 시도를 담고 있을 때만 법(법질서)이 될 수 있다. 그리고 바로 그때에만 그 사회질서는 각 개인에게 ─ 단순한 강제에 따른 것이 아닌 ─ 양심상의 의무로 삼는 요구를 제시할 수 있다.[23] 이점은 비록 실정법 체계에 따른 규율이 지배하는 오늘날 우리의 현실에서도 시사하는 바가 매우 크다고 아니할 수 없다.

V. 자연법론의 미래

이상으로, 자연법론에 대해 살펴보았다. 그런데 (적어도) 지금 우리는 실정법의 시대와 체계 안에서 살고 있다. 그렇다면 자연법론은 법 역사의 의미 있는 유물로만 남게 될 것인가? 다시 말해, 자연법론은 이제 역사의 뒷전으로 물러났다고 단정할 수 있을 것인가? 확정적인 답을 내리기는 어려울 듯하다. 사유의 특성과 지향점에 비추

---

21) 이러한 구분은 ─ 법철학에서 통상 활용되는 ─ 필연(Müssen)과 당위(Sollen)의 구분과 상응한다고 볼 수 있다. 여기서 필연이란 현실적인 복종을 낳을 수는 있으나 복종해야 할 의무는 낳지 못하는 것으로 '~할 수밖에 없다.'라는 의미인 데 반해, 당위란 의무를 수반하는 개념으로 '~해야 한다.' 또는 '~해서는 안 된다.'라는 의미이다.

22) 선험적 당위란 현존재로서의 인간은 사회생활을 위해 스스로 그 의미를 설계할 수 있어야 한다는 차원의 당위를 말한다.

23) 벨첼, 앞의 책, 352쪽.

어 볼 때 자연법은 인간이 비인간으로 전락하는 상황에서 언제든지 부활의 기치를 높이 들고 등장할 법의 모습이다. 가령 2차 세계대전 이후 나치에 의한 참혹한 인권 유린을 겪은 독일에서 자연법 논의가 거세게 부활한 예나, 지금도 불법 상황이 만연한 나라나 실정법 체계가 제 역할을 하지 못하는 국가에서는 여전히 자연법이 활력을 갖기도 한다는 점은 이를 잘 보여준다. 따라서 자연법론에 대한 (특히 법실증주의자들의) 비판이 계속해서 유효하려면, 실정법을 통해 혹은 실정법의 이름으로 최소한 인간성이 근본적으로 말살되거나 인권이 광범위하게 침해되는 상황이 역사 속에서 다시 도래해서는 안 될 것이다. 이런 정도의 불법 상황이라면 어떤 형태의 실증주의 사고도 그에 대한 적절한 대응을 할 수 있으리라 기대하기는 어려울 것이기 때문이다. 인류의 역사는 탄탄대로만을 걷는 수월한 행로가 아니라 때로는 예기치 않은 거대한 불의가 엄습하는 굴곡과 시련의 과정이기도 하다는 점을 인정하는 한, 이로써 역사는 진보한다는 소박한 낙관론에 전적으로 기댈 수 없는 한, 더욱이 인간의 이성이 인간의 넘치는 욕망(특히, 특정 정치 집단이나 세력의 권력·지배 욕구)을 언제든 잠재울 수 있으리라고 신뢰할 수 없는 한, 이로써 설령 발전된 실정법 체계가 안정화되어 작동하는 나라라도 미래의 어느 땐가 그러한 법체계가 타락할 수도 있음을 받아들이는 한, 누구도 자연법의 침묵이 언제까지나 계속되리라고 장담하기는 어려울 것이다. '자연법의 영원한 회귀'를 말한 하인리히 롬멘(H. Rommen)의 오래전 지적이 이후에도 계속해서 힘을 얻을 수 있는 이유도 바로 여기에 있다.

생각해볼 문제

1. 자연법에서 말하는 자연이란 무엇인가?
2. 사물의 본성 사상은 무엇이며, 그것이 법에서 담당하는 역할은 무엇인가?
3. 자연법론에 의하면 자연법과 실정법은 어떤 관계에 놓여 있는가?
4. 자연법론이 역사적으로 갖는 실천적 의의는 무엇인가?
5. 자연법적 사고의 문제점으로 들 수 있는 것은 무엇인가?
6. 자연법론에 담긴 진리 내용은 무엇인가?
7. 자연법적 사고가 오늘날의 법체계에서도 어떤 유용성을 지닌다고 보는가? 그렇다면 그것은 무엇인가?

법실증주의란 무엇인가?
(법실증주의론)

1. 실정법과 실정법 체계
2. 법실증주의의 개념과 특징
3. 법실증주의의 유형
4. 법실증주의의 강점과 공적 및 한계
5. 자연법론과 법실증주의를 넘어서

법실증주의란 무엇인가?
(법실증주의론)

개요 법의 역사에서 법실증주의는 자연법론과 함께 법을 이해하는 핵심 사유 형태의 하나이다. 이는 근대의 실증주의 영향 아래 법 역시 실증적인 방식으로 이해하려는 태도로서 역사적으로 거대한 흐름을 형성하여 현재까지도 지대한 영향력을 미치고 있는 사고이다. 이에 의하면 법의 핵심 표지는 실정성이며, 이로써 실정적(實定的)인 법만이 법으로 여겨진다. 그런데 여기서도 실정성을 어떻게 파악하느냐에 따라, 가령 법률적 실증주의, 심리학적 실증주의, 사회학적 실증주의 등 다양한 형태의 법실증주의가 등장한다. 아래에서는 법실증주의의 공통 특징, 그 유형과 내용 등을 간략히 살펴본다. 이러한 학습 과정에서는 법실증주의적 사고가 자연법적 사고와 본질상 어떤 점에서 차이가 나는지, 또 그 유용성과 한계는 무엇인지를 적절히 이해·진단하는 것이 중요하다. 또한, 오늘날의 법체계에서도 과연 이들 두 사고에만 기대어 법을 규정하는 것이 충분한지도 숙고해 볼 문제이다.

1. 실정법과 실정법 체계

법실증주의(Rechtspositivismus, legal positivism)란 법을 실증적인 방식으로 이해하는 법적 사고를 말한다. 주지하다시피 이는 앞서 살펴본 자연법론에 대비되는 법이론이자 법적 사유 형태이다. 근대의 자연법(또는 이성법)의 붕괴 이후 오늘날 법이라고 하면 통상 실정법(positives Recht)을 지칭하는 것으로 이해된다. 여기서 실정법이란 대개 일정한 법정립 기관에 의해 합법적인 절차와 방식을 거쳐 만들어진, 성문의 형식을 띤 법을 말한다. 그러나 이것이 실정법의 대표적인 형태이긴 하지만, 이것만이 실정법에 속하는 것은 아니다. 개념상 실정법이란 인간의 오관 등 감각기관을 통해 실증적인 방식으로 지각 또는 인식할 수 있는 법, 즉 실정성을 핵심 표지로 하는 법을 말한다. 따라서 입법기관이 특정한 절차를 거쳐 제정한 법률 외에 가령 관습법과 같은 불문의 형식을 띤 법도 실정법에 포함된다. 그것 역시 사회학적 측면에서 실증적인 형태로 존재하고 있는 법이기 때문이다. 또한, 불문법 국가에 따르면 판례(법)도 실정법의 중요한 한 형태에 속한다. 나아가, 구체적인 사회적 생활 관계에서 비롯되는 (사물의 본성으로서의) 조리(條里) 역시, 비록 자연법적 사고에 기초한 것으로서 인식의 측면에서 그 내용에 다툼이 있을 수 있으나, 실정법 체계에 따라 이를 명시적인 보충적 법원(法源)으로 인정하는 한, 넓게는 여기에 포함된다고 볼 수 있다.

　　이처럼 인간 존재와 그 사회적 삶을 실정법에 기초하여 규율하는 방식을 취하는 국가, 특히 헌정질서를 근간으로 하는 국가에서 실정법 체계는 최상위규범인 헌법을 위시하여 그 하위규범인 법률, 명령, 규칙 등으로 짜여 있으며, 개별 규범의 효력 역시 그러한 위계적 관계에 따라 규정된다(실정법의 단계구조). 이러한 구조 이해에 따르면, 가령 우리의 경우, 헌법은 국가의 최상위규범으로 기본권 규정처럼 자연법 내용을 실정화(實定化)한 규정을 담고 있다. 법률은 헌법상의 입법기관이 일정한 절차를 통해 제정한 법규범으로서, 이는 헌법의 범위 안에서 제정되어야 하며, 헌법에 반하는 법률은 그 효력이 상실된다. 법률의 하위규범으로서 명령에는 위임명령(법률에서 구체적으로 범위를 정하여 위임받은 사항을 규정한 명령)과 집행명령(법률의 집행에 필요한 사항을 규정한 명령)이 있다.[1] 끝으로, 명령의 하위규범으로서 규칙에는 국회규칙, 대법원규칙, 중앙선거관리위원회규칙, 감사원규칙, 행정규칙 등이 있다.[2]

　　주지하다시피, 법질서의 구조에 관한 이러한 이해는 규범(주의)적 법실증주의자로서 실정법 체계 내에서 법 효력의 종국적 정당화 근거를 찾고자 했던 한스 켈젠의 사고와 노력(법단계설)에 힘입은 바 크다. 하지만, 오늘날 입헌적 법질서를 구가하는 나라들이 그러한 법체계에 기초하여 현실을 규율할 수 있는 것은 그와 같은 구조 이해와 함께 헌법이 그 내용적 측면에서도 대체로 정당한 규범들로 채워져 있기 때문이기

---

　1) 명령권자로는 대통령(대통령령), 국무총리(총리령), 장관(부령)이 있다. 다만, 대통령의 긴급명령은 법률과 같은 효력을 지닌다.

　2) 대법원규칙은 법률에 저촉되지 않는 범위 내에서 소송절차 및 법원의 내부규율과 사무처리에 관해 정한 규정을 말하며, 법률의 하위규범이나 명령에 우월하거나 그것과 같은 효력을 지닌다. 행정규칙은 행정 각부의 규칙으로서 지방자치단체의 조례와 규정을 말한다. 이는 법령의 범위 안에서 정하는 것이므로 명령보다 하위규범이다.

도 하다. 이런 점에서 근대의 자연법사상이 현재의 (발전적) 법체계 확립에 미친 긍정적 영향 역시 간과돼서는 안 될 것이다.

2. 법실증주의의 개념과 특징

(1) 개념의 의미

법실증주의는 법과 실증주의라는 두 가지 개념으로 이루어져 있다. 하지만 여기서 양자는 그 자체로 별도의 의미를 지닌다기보다 후자가 전자의 수식어 역할을 하는 관계에 있다. 즉, 법실증주의란 실증적 방식으로 법을 이해하는 모든 사고와 경향을 통칭하는 표현이다. 그렇다면, 이러한 법적 사유가 어떤 것인지를 파악하려면 먼저 공통으로 전제돼 있는 실증주의가 무엇인가를 이해할 필요가 있다. 어원상으로 실증주의(positivism)라는 용어는 '내려진'(laid down) 또는 '세워진'(posited)이라는 뜻의 라틴어 'positum'에서 유래했다고 한다.3) 이 점에서 우리는 법실증주의자들이 법을 누군가에 의해 명해지거나 정립된 규범으로 파악하는 태도를 이해할 수 있다. 그런데 실증주의 법이론의 사유 방식은 근대철학의 한 사조로서 등장한 실증주의(實證主義)의 지향점을 고려할 때 좀 더 수월하게 파악될 수 있다. 여기서 실증주의란 경험적인 사실의 배후에 있는 그 어떤 초경험적(또는 선험적) 실재도 인정하지 않고 모든 지식(또는 학문)의 대상을 오로지 경험적 소여(所與, Gegebenheit)인 사실에 국한하여 파악하는 경향을 말한다. 이러한 사조는 실증주의의 선구자라 칭하는 프랑스의 철학자 꽁트(A. Comte)의 실증철학(philosophie positive)에서 명확한 표현을 획득한다. 그는 지식발전의 단계를 신학적·형이상학적·실증적 단계로 나누고(지식발전 3단계론) 실증과학(현상 법칙의 기술에 관한 학)을 지식의 최고형태로 파악한다. 이러한 실증과학의 핵심 특징은 ⅰ) 모든 선험적·초월적 사변을 배척하고, ⅱ) 인식의 대상을 철저하게 경험적 사실에 국한한다는 데 있다.

이러한 실증주의 사조는 근대 자연과학의 비약적 발전에 힘입어 19세기 후반의 사상계 전반에 광범위한 영향을 미쳤는데, 이후 법의 영역 또한 그러한 영향을 비껴갈 수 없었다. 그에 따라 법 이해와 법적 탐구 역시 본격적으로 방향을 선회하게 되었

---

3) 레이먼드 웍스, 법철학(박석훈 옮김), 교유서가, 2021, 55쪽.

으며, 종래의 자연법적 사고에 의문을 품거나 이와 맞서 이를 비판하는 경향으로 나아가게 되었다.

(2) 공통된 특징

역사적으로 법실증주의 사고 또는 법이론 역시 다양한 형태로 전개되었다. 그런데 거기에는 기본적으로 다음과 같은 공통된 특징 또는 관념이 깃들어 있다. 첫째, 법을 이해함에 있어 형이상학적 전제를 포기하고 실정성(實定性)이라는 경험적 표지를 통해 법을 규정한다. 즉, 형이상학적 관념에 따른 법 이해는 배척되며 실정법만을 법으로 파악한다(법일원론). 이로써 법개념은 가변적 표지들을 통해 규정되며, 법 내용 역시 상대화된다(상대주의적 경향). 예컨대, 그때그때의 주권자가 정립한 것, 그때마다 시민의 다수가 승인한 것, 집단 내의 개인들의 그때그때의 행위 양식 등에 따라 규정된다. 둘째, 이러한 기본 태도에 정초하여 존재하는 법과 존재해야 할 법을 엄격하게 구분한다(실증주의적 분리 테제). 즉, 실증적인 형태로 존재하는 법(실정법)만이 법으로 인정되며, 가령 내용상 도덕적으로 정당한 규범으로 여겨지는 자연법처럼 당위적인(존재해야 할) 법은 (현행 실정법에 대한 비판적 척도로서 그 실천적 의의는 인정되지만) 법 이해와 논의의 영역에서 배제된다. 법의 내용적 또는 도덕적 정당성은 법을 이해하는 핵심 표지에서 뒷전으로 물러난다. 법실증주의가 법과 도덕의 관계에서 분리설을 취하는 이유도 바로 여기에 있다. 셋째, 자연법론에서 자연법이 그러하듯이 법실증주의라는 개념 역시 다의적(多義的)이다. 그런데 이러한 다의성은 법 개념 자체에서가 아니라 실정성에서 기인한다. 즉, 크게는 (법률적, 사회학적, 심리학적 측면 중) 어느 측면에 중점을 두고 실정성을 이해하느냐에 따라 그 형태 역시 다르게 나타난다.

3. 법실증주의의 유형

법실증주의는 실정성을 파악하는 관점에 따라 다양한 형태로 나뉜다. 가령 발터 오트(W. Ott)는 국가주의적 실증주의, 심리학적 실증주의, 사회학적 실증주의, (혼합형태로서) 하트의 법이론 등으로 구분한다.[4] 다른 구별방식도 있을 수 있으나, 여기서는

---

4) Walter Ott, Der Rechtspositivismus: Kritische Würdigung auf der Grundlage eines juristischen

기본적으로 이러한 분류에 터 잡아 각 내용을 짚어보기로 한다. 다만, 한스 켈젠의 순수법학과 하트의 법이론에 대해서는 특별히 장(제8장과 제9장)을 두어 별도로 살펴볼 것이다. 양자는 실증주의 법이론의 핵심 기둥으로서 인구에 널리 회자할 뿐만 아니라, 그만큼 그 법이론적 위상과 의의 또한 크기 때문이다. 또한, 미국의 법현실주의는 사회학적 실증주의의 아류이지만, 특별히 실천적 의의에 주목하여 별도로 분리하여 다루고자 한다.

(1) 국가주의적 실증주의

국가주의적 실증주의(etatistischer Positivismus)란 법의 실정성을 (전체를 대표하는 부분으로서의) 사회적 권위(대체로 국가기관)에 의한 규정의 정립으로 파악하는 관점이다. 여기서 실정성은 좁은 의미의 실정성(합법적 실정성)을 지칭하며,[5] 수범자에 의한 승인, 사실상의 준수, 법기관에 의한 적용과는 무관하다. 이에 이 형태의 실증주의는 법의 정립(Setzung)에 관한 이론이라 할 수 있다. 이에 속하는 것으로는 존 오스틴의 법이론, 법률 실증주의, 한스 켈젠의 순수법학을 들 수 있다. 그런데 켈젠의 순수법학은 국가 이전의 원시공동체의 법질서와 일반적 국제법이라는 초국가적 질서도 법질서로 파악하는 한 국가주의적이라 보기 어려운 면이 없지 않다. 하지만, 국가를 상대적으로 집중화된 법질서로 규정하면서 국가법 질서를 이들 질서와 구분하고 있다는 점에서 순수법학 역시 여기에 편입시킬 수 있으리라 본다. 다만, 앞서 언급했듯이 켈젠의 법이론은 제8장에서 상술하기로 한다.

1) 오스틴의 법이론

오스틴(John Austin)은 그의『법률학 강의』에서 법학을 특수한 법률학과 일반적 법률학으로 구분한다. 전자에서는 일정한 역사적 법체계를 다루고, 후자에서는 모든 법체계에 공통되는 원칙과 개념을 다룬다. 이 책의 대부분에서 그는 법을 구성하는 데 필요한 개념과 그 차이 및 법개념 상호간의 논리적 의존성을 탐구하고 그 결과를 체계화한다. 이 점에서 그의 이론은 분석적이라 할 수 있으나, 경험과의 관련성을 배제

Pragmatismus, 2.Aufl., Duncker & Humblot, 1992.

5) 이에 비해 넓은 의미의 실정성이란 좁은 의미의 실정성을 비롯하여 물리적(시간적·장소적) 또는 심리적 현실과 관련된 그 밖의 다른 실정성(사회학적 또는 심리학적 실정성)까지 포함하는 개념을 말한다.

하고 순전히 연역적 방법에만 기대어 작업한 것은 아니다.[6]

가. 존재하는 법과 존재해야 할 법의 구분

우선, 그는 존재하는 법과 존재해야 할 법을 구분한다. "어떤 법규범의 현존과 그것의 정당성 또는 부당성은 별개의 것이다. 법규범이 존재하는지와 그것이 그 기초가 되는 이념적 표상에 부합되는지는 별개의 문제이다. 존재하는 법률은 설령 그것이 우리 마음에 들지 않거나 우리의 승인·불승인 여부를 결정짓는 기준을 벗어나 있더라도 법률이다."[7] 예컨대 이러한 언급에 따르면 유익한 행위라도 그것이 권력자에 의해 사형이 부과되는 행위로서 금지돼 있다면, 그 행위는 소추되어 유죄판결의 대상이 될 것이다. 그리고 혹 그에 대해 이의가 제기되더라도, 법원은 법률에 그렇게 규정되어 있다는 논거를 들어 그러한 이의를 배척할 것이다. 또한, 그는 이러한 (존재·당위) 구분에 상응하여 법률학과 입법학을 구분한다. 전자는 실정법을 취급대상으로 하되 그것의 가치·반가치를 고려하지 않는 데 반해, 후자는 실정법이 어떻게 창조돼야 하는지(당위)의 문제를 취급한다.

나. 주권자의 명령으로서의 법

그에 의하면 한 마디로 법(law)이란 주권자의 명령이다(이른바 명령설, a theory of imperative). 즉, 법이란 주권자가 그에 종속돼 있는 자들을 대상으로 내린, (그 위반에 대해) 제재가 부가된 명령이다. 이는 불복종 시 해악(제재)을 가하겠다고 위협함으로써 준수를 지시하는 구조를 띤다. 여기서 주권자란 독립적인 정치적 공동체에서의 최고의 권력자 또는 정치기관을 말한다. 그리고 이러한 주권성은 사실적 혹은 존재적 측면에서 표명된다. 즉, 그것은 대내적 측면에서 신민의 다수가 최상위기관에 통상적으로(또는 관례상) 복종한다는 점에서, 그리고 대외적 측면에서 최상위기관은 통상적으로 다른 지배자의 명령에 복종하지 않는다는 점에서 나타난다. 따라서 주권성이 인정되기 위해 반드시 주권자의 절대적 권력 우위성은 필요치 않다. 즉, 신민의 일시적인 불복종도, 지배자의 일시적인 복종도 주관자의 지위를 위태롭게 하지는 못한다.

그리고 여기의 법에는 넓은 의미에서 실정법 외에 신법도 포함되나, 그는 두 가

---

6) Ott, 앞의 책, 34쪽. 이하의 내용에 관해서는 33–39쪽 참조.
7) John Austin, The Province of Jurisprudence Determined, ed. by H. L. A. Hart, London, 1954, 184쪽 (Ott, 앞의 책, 34쪽에서 재인용).

지 측면에서 실정법을 신법과 엄격히 구분한다. 첫째, 실정법은 인간의 법이라는 점이다. 실정법은 명령자의 인격(Person)의 측면에서 신법과 구분된다. 즉, 신법은 초월적 입법자가 인간을 대상으로 발한 명령인 데 반해, 실정법은 인간이 다른 인간에 대해 발한 명령이다. 둘째, 실정법은 국가의 법이라는 점이다. 실정법은 독립적인 정치적 공동체의 최고 심급에 있는 자(주권자)가 신민을 대상으로 정립한 모든 행위 규칙이며, 이 점에서 그것은 실정 도덕과도 구분된다.

다. 법적 명령의 본질

그에 의하면 법적 명령 또한 다른 명령과 마찬가지로 명령자의 의사 표현이다. 하지만, 불복종의 경우 해악(제재)의 부가가 예견되어 있다는 점에서 통상의 의사와는 구분된다. 그리고 그에게 있어 의무란 이러한 명령의 반대 측면이다. 즉, 강제(제재)로써 위협하는 모든 명령은 명령수령자에 대해 의무를 창조한다. 그런데 그에 따르면 법적 명령은 두 가지 측면에서 통상의 명령과 구분된다. 첫째, 일반적 명령만이 법 또는 법 규칙일 수 있다. 여기서 일반적이라는 말은 수범자의 수와 관련된 것이 아니라, 명령의 내용과 관련돼 있다. 하나의 일정한 작위나 부작위를 명하는 경우 그것은 개별적 명령(particular command)인 데 반해, 일단(一團)의 작위와 부작위를 명하는 경우 그것은 일반적 명령(general command)이다. 가령, 가정부에게 특정한 날 아침 특정한 시간에 일어나라고 하는 명령은 개별적 명령이고, 아침에는 언제나 특정한 시간에 일어나라는 명령은 일반적 명령이다. 둘째, 법적 명령은 독립적인 정치공동체의 최상위권력의 의사에 부합되어야 한다. 요컨대, 주권자에 의해 신민에게 발해진 일반적 명령만이 실정법이자 법적 명령이다.

라. 검토

오스틴의 명령설은 명령, 제재 및 주권자를 핵심 주제어로 한다. 먼저, 존재하는 법과 존재해야 할 법 및 법률학과 입법학을 구분하는 것은 다른 법실증주의자에게서도 볼 수 있는 특징이다. 실정법의 특징에 관한 언급 역시 마찬가지다. 이는 가령 법을, 국가 내에서 인간의 행위를 대상으로 한 강제 질서로 파악하는 켈젠의 생각과 근본적으로 다르지 않다. 또한, 법을 이성의 작용이 아닌 의사의 작용으로 이해하는 점, 법적 명령을 일반적 성격을 띤 법규범으로 보는 점 등도 다른 이들에게서 볼 수 있는 내용이다.

그런데 그의 구상은 여러 측면에서 (특히 오늘날) 실정법 체계의 현실과 맞지 않는다. 가령 법체계에는 제재를 확정하고 있지 않은 법규(비독립적 규범)도 존재한다.8) 또한, 명령의 적용 범위와 관련하여 강제적 명령에 가장 가까운 형사 실정법조차 명령 수령자는 물론 명령을 제정한 사람(명령자)에 대해서도 의무를 부과한다. 나아가, 법체계에는 의무를 부과하는 법규 외에 권한을 부여하는 법규도 존재하는바, 후자는 명령과는 그 성격을 달리한다. 그리고 가령 관습법처럼 의식적인 법 창설행위에 의존하지 않는 법규도 존재한다.9) 이런 점에서 그는 하트의 지적처럼 법의 다양한 형태를 단일하고 단순한 형태로 환원함으로써 겉치레의 통일성만을 꾀하고 있다고 볼 수 있다.10) 나아가, 사실상의 실력자를 뜻하는 그의 주권자 개념은 현대 국가(특히 민주적 법치국가)에서는 수용되기 어렵다.

2) 법률 실증주의

법률 실증주의(Gesetzespositivismus)는, 실무에 대한 영향력에 관한 한, 법실증주의의 가장 중요한 유형이다. 이에 의하면 법이란 합헌적 절차를 통해 제정된 국가의 법률적 법(Gesetzesrecht)을 말한다. 즉, 여기서 법이란 곧 법률 또는 법률 속에 표현돼 있는 법을 뜻한다. 일면 법이란 법률 속에서만 존재하고, 타면 각각의 법률이 곧 법이다. 따라서 법은 단지 실정적(實定的)인, 즉 국가적 권위에 의해 정립된 법만을 지칭한다. 그때그때의 국가권력자가 형식적으로 타당한 방법을 통해 법률로 제정한 것은 모두(그리고 이것만이) 법으로서의 성격을 지닌다. 그러므로 국가의 입법자는 법률이라는 외관을 빌려 모든 임의적인 내용을 법이 되도록 할 수 있다(입법자의 법적 전능). 그런데 만약 법의 세계에서 이러한 생각을 수용하게 되면, 형식적으로 타당하게 창조되기만 하면 극악한 법률이라도 구속력을 갖게 되며, 그로 인해 내용상 정당하다고 볼 수 없는 것도 법으로 승인할 수밖에 없는 고통스러운 상황이 펼쳐지게 된다.

이러한 시각에서는 통상 실정법의 효력 또는 구속력을 (내용적 정당성을 중시하는) 철

---

8) 오스틴은 주권적 강제 권한을 결한 국제법에 대해 그 법적 성격을 부정하면서 국제법 규정들을 (국제적인) 실정 도덕으로 파악한다. 이런 점에서 그는 보복이나 전쟁을 국제법상의 제재로 인정할 수 있다고 하면서 국제법을 인간 행위를 규율하는 주권적인 것으로 전제된 강제 질서로 볼 수 있다는 켈젠[한스 켈젠, 순수법학(변종필·최희수 옮김), 길안사, 1999, 475쪽]과 다르다.

9) 오스틴에 의하면 관습법은, 주권자에 의해 또는 (주권자의 묵시적 수인 하에) 법원에 의해 실정법으로 제시되지 않는 한, 실정 도덕에 불과하다.

10) 허버트 하트, 법의 개념(오병선 옮김), 아카넷, 2001, 37쪽 이하, 특히 65-66쪽.

학적 효력의 측면에서 근거 지우려 시도하지 않는다. 달리 말해, 법률 실증주의자들은 사물의 본성 등에 기초한 논증을 근본적으로 신뢰하지 않는다. 이들에게 있어 법이란 곧 법률이요, 이로써 법의 적용 역시 곧 법률의 적용이다. 법관의 역할 또한 법률 속에서 법을 발견하는 데 있지, 법을 창조하는 데 있지 않다.

오늘날 법치국가 형법의 기본원칙인 '법률 없으면 범죄 없고 형벌 없다'라는 죄형법정원칙은 바로 이 자유적·계몽주의적 법률 실증주의의 산물이다. 따라서 법률 실증주의는 실정법을 처리하는 방법에서도 법률 외적(가령 정치적·도덕적·사회학적) 원칙들을 원용함으로써 법률의 내용을 확대하거나 변경하려는 시도를 배척한다. 그렇기에 법관은 자신의 법적 결정이 법률에 기초해 근거 지어진 것임을 입증해야지, 가령 단지 도덕의 측면에서 근거 지워진 것임을 입증해서는 안 된다. 그런데 이러한 근거 지음은 비실정적인 원칙들이 아닌, 오직 실정적으로 정립된 법으로부터만 도출될 수밖에 없기에, 법률 실증주의는 필연적으로 법률의 무흠결(이로써, 법의 무흠결)을 요청하는 데로 나아간다.

요컨대, 법률 실증주의는 형식적 법치국가와 맞물려 법을 이해하는 사유 방식이다. 여기에는 법을 법률의 외관을 띤 것에 한정함으로 법의 엄밀성을 확보하려 한 점, 특히 형법상 중요한 의의를 지닌 죄형법정원칙을 유산으로 남긴 점 등 긍정적 측면도 없지 않다. 하지만, 이러한 사유에 내재한 한계는 비교적 매우 자명하다. 가령 법을 그 내용적(실질적) 정당성과 분리하고 있다는 점, 법률적 삼단논법에 깃든 법 적용상의 문제점(법관은 이제 더는 법률을 말하는 입이 아니다!) 등이 대표적 예이다.

(2) 심리학적 실증주의

심리학적 실증주의란 실정성을, 일정한 심리적 상태, 즉 가령 당위 체험, 승인, 필요적 의견 등 일정한 감정 및 의식내용에서 찾는 사조를 일컫는다. 이에 속하는 대표적 예로는 승인설과 스칸디나비아 법현실주의를 꼽을 수 있다.[11] 먼저, 법효력의 근거를 승인에서 찾는 승인설은 승인의 주체에 따라 다시 개별적 승인설, 일반적 승인설, 지도계층 승인설 등으로 나뉜다. 개별적 승인설은 비얼링(E. R. Bierling), 라운(R. Laun) 등의 견해로서 특정 공동체의 개별 구성원이 서로 승인하는 내용을 법이라고

---

11) 이에 관해서는 Ott, 앞의 책, 60쪽 이하.

본다. 여기서 승인이란 개개의 구성원 사이에서 정신적 점유물이 되어 관습적으로 지속해서 존중되는 상태를 뜻한다. 적극적 승인은 물론, 비자발적·간접적·무의식적 승인도 포함한다. 일반적 승인설은 메르켈(A. Merkel), 옐리네크(G. Jellinek) 등의 견해로서 구성원 다수의 의식에서 우세를 점하는 사실적·심리적 확신 또는 승인에서 법(또는 법효력)의 근거를 찾는다. 가령 옐리네크의 '사실적인 것의 규범력설' — 사실적인 것에 규범이라는 확신이 덧붙여지면 곧 법이 된다는 생각 — 은 익히 잘 알려져 있다. 그리고 지도계층 승인설은 벨링(E. Beling), 나비아스키(H. Nawiasky) 등의 견해로서 집단 내 지도계층의 표상이나 승인에 초점을 둔다.

그리고 알프 로스(Alf Ross)로 대표되는 스칸디나비아 법현실주의는 형이상학에 적대적인 태도를 보이며, 심리적 현상에서 실정성을 찾는다. 후술할 미국의 법현실주의자들이 규칙 회의주의자(rule-sceptics)에 속한다면, 스칸디나비아 법현실주의자들은 형이상학 회의주의자(metaphysics-sceptics)에 속한다.12) 이에 따르면 법규범은 법관에 의해 구속력 있는 것으로 감지되고(심리학적 측면) 이로써 적용된다(사회학적 측면)는 데 그 특징이 있다. 이 관점에 의하면 법학은 심리학 및 사회학의 분과에 속한다.

요컨대, 이 사조는 법이 그 특성상 심리학적 측면과도 밀접하게 연계돼 있음을 잘 보여준다는 점에서 일면 일리 있는 시각이다. 하지만, 법을 단순히 당위 체험이나 승인 등 심리학적 사실의 문제로 환원할 수 있을지는 의문이다. 특히 여기에는 논리적으로 수용하기 어려운 중대한 약점, 즉 존재(또는 존재하는 상태나 사실)로부터 당위를 도출한다는 문제점이 깃들어 있다. 비록 존재하는 당위(Seiendes Sollen)라는 표현을 표방하기도 하지만, 존재는 존재일 뿐이라는 점에서 보면 이는 형용의 모순이다. 그 밖에 승인의 이성적·합리적 (배후) 근거를 문제 삼지 않는다는 점, 승인하지 않는 구성원에게는 (그와 같이 파악된) 법의 효력을 설명하기 어렵다는 점 등도 문제점으로 지적할 수 있다.

(3) 사회학적 실증주의

사회학적 실증주의란 실정성을, 일정한 외적인 행위 양식, 즉 법에 대한 사실적 준수 또는 규제집단에 의한 법의 적용에서 찾는 사조를 말한다.13) 이는 상당히 광범

---

12) 레이먼드 웍스, 앞의 책, 208쪽.
13) 이에 관해서는 Ott, 앞의 책, 76쪽 이하 참조.

위한 지지 아래 하나의 큰 조류를 형성하고 있는 경향으로서 이른바 사회학적 법이론에 의해 대표된다. 이 사조의 대표자로는 에밀 뒤르켐, 오이겐 에를리히, 레옹 뒤기, 막스 베버, 테오도르 가이거, 로스코 파운드, 벤자민 카도조 등을 들 수 있다. 가령 오이겐 에를리히는 법률학의 사회학화를 시도한다. 사회학으로서의 법학을 명확히 하기 위해 종래의 법률학(제정법의 해석·적용이론)에 대한 비판에서 출발한다. 그에 의하면 법이란 이른바 살아 있는 법(lebendiges Recht)을 뜻하는바, 이는 제정법의 밖에서 — 실제의 사회적 삶에서 — 구성원들의 행위를 현실적으로 규율하는 행위 규칙들을 말한다. 또한, 막스 베버 역시 법을 파악하는 데 있어 특수한 법기관의 존재를 중시하며, 그에 따라 법을 특별히 조직된 규제집단이 규범 위반에 대해 특징적 강제로써 대응한다는 가능성을 통해 보장되는 질서라고 규정한다.

요컨대, 이들은 대체로 법을 사실적 힘의 표현 또는 관찰할 수 있는 사회적 사실이자 집단적 세력의 표현으로 본다. 사회변화 또는 그에 기초한 사회집단의 요구가 법의 변화를 요청하기 때문에 법은 그러한 요청에 따라야 하며, 그에 따라 법관의 임무 역시 사회현상과 법현상 간의 일치를 추구하는 데 있다고 한다. 그렇기에 여기서는 법을 규정하는 핵심도 합법성(법률적 실정성)이나 법 내용의 정당성이 아닌, 사회적 사실로서의 실효성(준수와 적용)에 있다고 본다.

이러한 사조는 법을 사회적 현실에서 찾아야 한다는 시각으로서 법의 중요한 단면, 즉 사회적 현상 또는 산물로서의 특징을 잘 보여준다. 하지만 여기서는 사회공동체를 위해 법이 어떤 내용이나 절차를 갖추어야 하는지 또는 국가권력을 제한할 수 있는 법의 객관적·합리적 근거는 무엇인지에 관해 다루지 않는다. 따라서 법에 대한 이런 시각은, 실정법의 존재의의 및 내용적 측면에서의 법의 지향성을 (전면적으로) 부정하지 않는 한, 법과 결부된 여러 차원을 전체적으로 고려하지 못하고 지나치게 일면적 측면에서 접근하고 있다는 점에서 한계가 있다고 본다.

(4) 미국의 법현실주의

1) 형식주의에 대한 비판과 근거

미국의 법현실주의는 우선 형식주의 관점에서 법을 이해하는 기존의 법관념[14)

---

14) 이에 따르면 법이란 법적 사례들에 관한 결정을 제공하는 토대가 되는, 포섭 능력 있는 구체적인 명제

에 대한 비판에서 출발한다. 그러면서 개개의 규범을 해석할 때는 법관의 몫으로 돌아가는 자유로운 영역(해석의 재량 여지)이 있음을 강조한다. 이렇게 보는 데는 다음과 같은 몇 가지 근거가 있다.

첫째, 법규범의 불명확성이다. 이런 점에서 법규들은 개방적 성격을 지니며, 그로 인해 법체계의 무결성(완결성) 관념은 좌초되고 만다고 한다. 개별 법규를 적용함에 있어 서로 완전히 다른 결론에 이를 수 있을 뿐만 아니라 심지어 같은 규정을 통해 서로 대립하는 결론마저 근거 지을 수 있다는 이유에서다. 따라서 종국적 효력을 갖는 선택은 법을 통해 결정되는 것이 아니라 법관의 재량에 맡겨져 있다고 한다. 이런 점에서 예컨대 로델은 다음과 같이 말한다. "그 어떤 개념도, 그 어떤 개념의 조합도, 개념 위에 세워진 그 어떤 규칙도 그 자체로는 가장 단순하고 명백한 문제에 대한 그 어떤 해결책도 제공할 수 없다. 의사의 처방전에 쓰인 부호와 마찬가지로, 그것은 법관이 내린 결정에 대한 인상적인 사후 서술만을 제공할 뿐이다. 법관이 내린 결정이 곧 법이다."[15]

둘째, 법관의 결정에 작용하는 법 외적 요소들의 영향이다. 법개념과 법규의 모호함으로 인해 법관의 결정에는 그의 정치관, 경제관, 도덕관, 개인적 특성, 동정이나 반감 등 법 외적 요소들(달리 말해, 법관의 선이해를 구성하는 요소들)이 도입된다는 것이다. 이에 따라 법규들은 이미 법관이 다른 고찰을 통해 발견한 결론을 논증적으로 정당화하는 데 봉사하는 수사적(修辭的) 의미만 지닐 뿐이며, 이로써 법체계는 일정한 법적 분쟁에서 확정적인 결론을 미리 말해줄 수 없다고 한다.

2) 법관상과 법이론의 변화

이러한 이유에서 법현실주의는 법관상 및 법이론의 과제 변화가 요구된다고 한다. 먼저, 법관상은 규범을 기계적으로 적용하는 자(몽테스키외의 이른바 '법률을 말하는 입'으로서의 법관)에서 사회적 현실을 형성하는 자로 바뀌어야 한다고 요구함으로써 법관에 대해 입법자의 역할을 분명하게 천명한다. 물론 여기에도 (구체적 사례에 대해 법관이 최종적으로 선택한 해석의 정당화와 관련하여) 크게 두 가지 관점이 있다고 한다. 하나는 개별 사례에 적합한 결정을 모색하는 것이다(온건한 노선). 이는 구체적 사례에서 사실의 특수

들의 구조이다.

15) 프레드 로델, 저주받으리라, 너희 법률가들이여!(이승훈 옮김), 후마니타스, 2014, 77쪽.

성에 초점을 두면서 단계적으로 그때마다 정당한 해결책을 발견하려는 시도이다. 다른 하나는 공익적 관점, 사회·정책적 목적 등을 토대로 당해 법관에게 사회공학도로서 임무를 수행하게 하는 것이다(급진적 노선). 즉, 법관에게 입법자의 역할을 부여하는 것이다. 다음으로, 법이론적 측면에서는 연구 방향도 이론적·도그마틱적 측면에서 법관의 사실적인 행위 양식을 분석·정당화하는 쪽으로 전환할 것을 요구한다. 아울러, 무엇이 법인가에 대한 해결책도 더는 분석적 방법이 아닌, 사회적 현실과 그 고찰에 기초한 경험적 방법으로 모색할 것을 주문한다.

가령, 올리버 홈즈(O. W. Holmes) 판사의 다음과 같은 언급에는 법현실주의가 지향하는 법관의 모습과 역할이 잘 드러나 있다. "시대의 현실적인 문제들, 지배적인 도덕적·정치적 이론들, 공익에 관한 관념들, 그리고 의식적이든 무의식적이든 법관이 동료 인간들과 공유하고 있는 선입견들마저 인간지배의 기초가 되는 규칙들을 정함에 있어 본질상 삼단논법보다 더 많은 영향을 끼쳤다. 법이란 한 국가의 수백 년에 걸친 발전의 역사를 구체화한 것으로서 이를 마치 수학 교과서의 공리와 추론만으로 이루어져 있는 것처럼 취급할 수는 없다."[16]

3) 검토

기존의 법형식주의가 지닌 근본적 문제점을 분명하게 밝힌 것은 법현실주의의 중요한 공적이다. 하지만 그러한 문제의 해결책으로서 법관에게 정면으로 입법자의 역할을 부여하는 것은 수용하기 어렵다고 하겠다. 그렇게 할 경우, 정책 논거들이 법관의 결정에 유입됨으로써 법과 정책 간의 경계가 무너질 뿐만 아니라(즉 권력분립 원칙에 반할 뿐 아니라), 특히 오늘날처럼 복잡성이 현저히 증대된 사회에서 법관에게 그러한 역할을 부여하는 것이 적절한지, 또한 설령 그렇게 한다고 하더라도 법관이 그러한 역할을 제대로 수행할 수 있을지는 매우 의문스럽다. 더욱이 그것이 유일하게 가능한 방법인지도 의문이다. 왜냐하면 그러한 다소 극단적인 방법을 취하지 않더라도 법 실현과정에서 발생하는 근원적 문제점을 해결할 수 있는 다른 방법(가령 법적 논증 이론이 시도하는 방법)을 모색할 수 있기 때문이다.

---

16) 카티야 랑엔부허, 영미 법이론에서 법관의 역할(변종필 역), 법철학연구 제6권 제1호, 2003, 314-315쪽.

4. 법실증주의의 강점과 공적 및 한계

법실증주의 사고는 이와 대립하는 사유 방식인 자연법론이나 비실증주의 진영과 논쟁을 거듭해 왔으며, 때로는 그로부터 격렬한 비판에 직면하기도 하나 여전히 강력한 영향력을 미치고 있다. 특히 안정적인 실정법 체계가 지배하는 오늘날의 민주적 법치국가에서는 더욱 그러하다고 하겠다. 이는 그것이 법에 대한 독자적 사유 형태의 하나로서 결코 포기하거나 쉽게 거부할 수 없는 위상과 존재의의를 지니고 있기 때문이다. 이 사고의 강점과 공적으로는 다음과 같은 것들을 들 수 있다.

첫째, 법 인식의 명확성과 수월성을 제공한다는 점이다. 앞서 언급했듯이 법실증주의에서 법 인식의 근간이 되는 것은 실정성(실정적 토대나 연원)이다. 즉, 여기서는 인간의 감각을 통해 지각할 수 있는 실정적인 법만이 법이다. 따라서 그것은 신학이나 형이상학에 기초해 법을 파악하려 했던 종래의 태도와 비교할 때 법 인식의 명확성과 함께 수월성을 보장하는 데 대단히 유익한 사고라 할 수 있다.

둘째, 법 상태를 안정화하는 데 매우 유익하다는 점이다. 이점은 첫째 내용과 밀접하게 연계돼 있으며, 그로부터 기인하는 것이라 할 수 있다. 가령 켈젠의 순수법학이 등장하게 된 배경에도 역사적으로 이러한 지향성이 바탕을 이루고 있다. 즉, 그의 순수법학은 정치적 색채를 띤 여러 자연법론이 우후죽순식으로 등장하여 제각각 그 정당성을 주장함에 따른 정치·사회적 혼란에 적절히 대응하고자 하는 기획에서 제기되었다. 실정법 체계가 안착(安着)된 나라에서는 대체로 법의 지향점으로서 법을 통한 안정성(법적 안정성)이 중시되며, 또 그러한 안정화 효과가 실제로도 나타나고 있다.

셋째, 실정법 체계 아래에서 담당하는 역할과 실천적 의의를 들 수 있다. 근대 이성법의 붕괴와 함께 그 핵심 내용이 실정화하면서 이후 실증주의적 사고는 결정적 의미를 지니게 되었다. 이는 법의 실정성(합법적 실정성)이 법 인식의 전부가 되었음을 뜻하기도 한다. 더욱이, 전통적인 자연법적 사고로는 과학기술 사회, 정보화 사회로 지칭되는 — 복잡성이 엄청나게 증대된 — 현대사회의 생활 관계를 규율하는 데 명백한 한계가 있음을 고려할 때, 그러한 사고가 지닌 의의와 효용은 훨씬 더 커졌다고 할 수 있다.

다만, 이러한 강점과 역할에도 불구하고 법을 이해하는 데 실정성만으로 충분한지는 되짚어봐야 할 일이다. 이 점은 현대의 입헌적 민주국가 또는 민주적 법치국가에서도 마찬가지다. 어떤 형태의 실정성이든 그것에서 법을 찾는 사고는 근본적으로 권력에 취약한 경향을 띠기 마련이다. 그 요소 자체에, 이미 적나라한 현실에서 작동하는 비합리적 혹은 비인간적인 요소들이 결부되어 있기 때문이다. 물론 도덕의식이 고양되어 있고 합리적 비판이 중단없이 이루어지는 열린 사회라면 이런 상황에도 어느 정도 효과적으로 대응할 수 있을 것이다. 하지만, 그렇지 않다면 사정은 매우 다를 수도 있다. 법에 있어 실정성을 무시할 수는 없으나 전적으로 그것만을 법의 표지로 삼아서는 안 되는 이유도 바로 이점에 있다고 하겠다.

5. 자연법론과 법실증주의를 넘어서

근대에 이르러 자연법의 내용이 실정화하여 이성법이 갖는 실천적 의의가 줄어듦에 따라 자연법은 역사의 무대에서 뒤로 물러나고 대신 실정법 체계가 사회현실을 규율하게 되었다. 그렇더라도 정당성 관념은 오늘날의 법체계에서도 여전히 포기할 수 없는 처분 불가능한 요소이다. 따라서 법의 정당성 문제는 자연법론이 표방하는 내용적 정당성 관념 대신에 새로운 차원에서 제시될 필요가 있다. 그 대표적인 예로는 이른바 절차(주의)적 법이론에 따른 정당성을 꼽을 수 있다. 이 이론은 법에 대한 실증주의적 태도를 배척하면서(법에 있어 함부로 처분할 수 없는 그 무엇이 있다는 점에서), 종래의 자연법적 사유 방식에 대해 비판적 입장을 견지하고 있는(법의 내용적 정당성을 문제 삼는 것이 아니라 법의 절차적 정당성을 문제 삼는다는 점에서) 오늘날의 새로운 법 패러다임이라 할 수 있다. 그런데 이 패러다임에 따른 정당성 이해는 앞에서도 언급했듯이 어느 정도 발전된 법체계와 법상태를 전제로 한다. 즉, 실정법 체계(특히 실정 헌법)가 대체로 정당한 규범들로 채워져 있고, 민주주의 원리, 실질적 법치국가 원리, 삼권분립 원칙 등 헌법상의 핵심적인 규범 원리가 현실적으로 제대로 작동하고 있음을 전제로 한다. 이런 경우, 체계 내재적 정당성(절차적 정당성) 관념은 전통적인 자연법론의 정당성 관념을 대체하는 새로운 차원의 규범적 통제 척도로서 충분히 의미를 가질 수 있을 것이다.

생각해볼 문제

1. 법실증주의의 공통된 특징은 무엇인가?
2. 실정성이란 무엇인가? 이는 서로 달리 파악될 수 있는가? 그렇다면, 그러한 시각의 차이가 함축하는 바는 무엇인가?
3. 오스틴의 명령설은 어떤 한계를 지니고 있는가?
4. 사회학적 실증주의의 강점과 약점은 무엇인가?
5. 미국의 법현실주의는 어떻게 평가될 수 있는가?
6. 법실증주의적 사고의 공적과 한계는 무엇인가?
7. 법에 있어 실정성 외에 고려해야 할 요소가 있다면 그것은 무엇인가?
8. 법실현에 있어 때로 법관에게 입법자의 역할을 부여하는 것은 불가피한가?

한스 켈젠의 순수법학

Ⅰ. 순수법학의 색채와 국가 이해

Ⅱ. 켈젠의 법이론

Ⅲ. 켈젠의 정의관

Ⅳ. 평가

한스 켈젠의 순수법학

개요 켈젠은 20세기의 가장 위대한 법학자이자 형식주의자 가운데 가장 예리한 학자로 꼽힌다. 통상 규범(주의)적 법실증주의로 지칭되는 그의 사상은 가장 영향력 있는 실증주의 법이론으로서 현재까지도 널리 그 영향을 미치고 있다. 가령 실정법 체계를 둘러싼 법효력 문제에 대한 오늘날의 인식 역시 그의 생각에 힘입고 있다. 그의 법이론은 순수법학으로 집약된다. 순수법학이 그 이전의 이론들과 본질상 다른 것은, 그것이 법 또는 법체계를 실정법 체계 내재적으로 정당화하려는 구상이라는 점이다. 이에 아래에서는 순수법학의 이론적 특징을 비롯하여, 그의 법이론의 핵심을 이루는 법단계설, 근본규범 이론, 정의관 등을 일별한 뒤, 이를 비판적으로 검토함과 동시에 그 실천적 의의도 함께 짚어본다. 여기서 중요한 것은, 그의 법이론의 특징, 특히 근본규범 이론의 내용과 그것이 실정법 체계 내에서 갖는 역할과 기능을 정확히 이해하고, 오늘날의 법체계에 비추어 그러한 근본규범을 새롭게 재구성하는 방안을 모색해보는 일이다.

켈젠의 법이론은 이른바 순수법학(Reine Rechtslehre)으로 대표된다. 켈젠 이전까지 전통 법학은 그 방법론에 있어 전반적으로 심리학, 사회학, 윤리학 및 정치 이론 등과 결합해 있었다. 하지만 그는 전통 법학의 이러한 방법론적 혼합주의를 배제한다. 즉, 법에 관한 이해에서 모든 비법적(非法的) 요소를 배제하고 오로지 법으로만 법을 인식하고자 한다. 이것이 바로 순수법학의 '순수'에 담긴 의미이다. 요컨대, 그의 순수법학은 오직 법으로 지향된 인식만을 보장하고 법으로 규정된 대상에 속하지 않는 모든 것은 법 인식에서 배제하고자 하는 법이론이다.[1]

---

1) 한스 켈젠, 순수법학(변종필·최희수 옮김), 길안사, 1999, 23쪽.

이에 그의 법이론은 법인식 또는 법형식의 순수성만을 고려하고 그 내용은 문제 삼지 않는다. 이 점에서 반대 진영(특히 자연법론)으로부터 내용상 아주 불순한 법학이 라는 비난을 받기도 한다. 심지어, 이런 점에 주목하여 그의 이론은 가령 나치와 같은 불법 국가의 지배를 정당화하는 데 봉사하는 이론적 도구일 수 있다는 의심이 가해지 기도 한다. 순수성에 대한 이런 류의 비판은 그의 순수법학에 대해 제기되는 핵심 비 판이라 할 수 있다. 그런데 켈젠 당대에도 이 순수성을 이유로 순수법학은 반대 진영 으로부터 많은 비판을 받았다. 즉, 그러한 순수성 요청은 결코 충족될 수 없으며 순수 법학 역시 그 자체 특정한 가치관의 표현일 뿐이라는 진단 아래 거의 모든 정치적 노선으로부터 그 순수성을 의심하는 비판을 받았다.[2] 하지만, 때로 일리 있는 비판도 없지 않으나, 단지 순수성을 이유로, 특히 법의 내용(내용적 정당성)을 고려하지 않는다 는 이유로 가해지는 일련의 비판을 모두 수긍할 수는 없으리라고 본다. 그러한 법이 론을 전개하게 된 시대적(정치·사회적) 배경, 그의 민주주의 이론과 삶의 궤적 등을 전 체적으로 고려할 때, 단편적 측면에만 주목하여 다소 극단적으로 제기된 비판이 적지 않다고 여겨지기 때문이다.

I. 순수법학의 색채와 국가 이해

1. 규범적 법이론 아니면 사회학적 법이론?

켈젠에 의하면 법질서란 인간에 의해 정립된 규범적이고 강제적인 실정법 질서 를 말한다. 이는 그의 법이론을 규범적 법실증주의로 파악하는 통상의 시각에 따른 정의이다. 그런데 켈젠이 순수법학에서 법을 어떻게 보았는가를 두고는 다른 시각이 존재한다. 이런 차이는 법효력과 실효성의 관계에 관한 켈젠의 언급을 둘러싼 해석에 서 비롯된다. 켈젠에 의하면, "실정법 질서의 규범들이 효력을 갖는 것은 그것들이 실효성이 있기 때문이 아니라 그 규범들의 창설 기초가 되는 근본규범이 타당한 것으 로 전제되어 있기 때문이다. 그러나 그 규범들은 그 법질서가 실효성이 있는 때에만

---

2) 켈젠, 앞의 책, 제1판 서문.

효력을 갖는다. 헌법 및 그에 근거하여 제정된 법질서 전체가 그 실효성을 상실하는 즉시 그 법질서와 모든 개별규범은 그 효력이 상실된다."3)

이에 따르면, 일면 전제된 근본규범이 법의 효력 근거가 되지만 타면 법의 효력은 실효성에 영향을 받는다. 이에 그는 실효성은 법의 효력 자체와 구분되나 대체적(또는 최소한의) 실효성은 법의 효력 조건(충분조건)이라고 본다. 그런데 이 점과 관련하여 양자의 관계 또는 한계가 분명하게 설정되지 못했다는 비판이 있다. 그리고 이를 놓고 서로 다른 해석이 존재한다. 가령 후자의 측면에 주목하여 그의 법이론을 존재 측면을 지나치게 부각한 '규범적 옷을 입은 사회학적 법이론'이라고 보는 시각4)이 있는가 하면, 전자의 측면에 주목하여 법의 규범성과 실정성을 강조한 나머지 존재 영역에 대해 무관심하다는 시각5)이 있다. 어디에 방점을 두느냐에 따라 양자 모두 가능한 진단으로 보이나, 전체적 구도에서 순수법학은 규범적 고찰에 무게가 실린 법이론으로 보는 것이 적절하리라 본다. 다만, 실효성 관련 언급은, 어떤 법이 진정 법이고자 한다면 실제의 사회생활에서 구성원들이 그에 대해 보이는 반응과 태도라는 사회적 현실 역시 무시할 수 없는 최소한의 한계 요소로서 중요한 의미를 지닌다는 점을 고려한 인식의 표현이라 할 수 있겠다.

2. 법과 국가의 동일성

켈젠은 이데올로기로부터 자유롭고, 모든 형이상학과 신비주의로부터 해방된 국가 인식을 지향한다. 그런데 이러한 인식은 국가라는 사회적 구성물을 '인간 행위의 질서'로 파악할 때만 가능하다고 한다. 따라서 그에게 있어 국가란 법과 별개로 존재하는 무엇이 아니라 통일된 실정법 질서의 체계 자체이다. 그에 따를 경우, 일정한 법질서가 국가이기 위해서는 ⅰ) 그 법질서를 구성하는 규범들을 창조·적용하기 위해 분업적으로 기능하는 기관(입법·사법기관)이 설치되어야 하고, ⅱ) 어느 정도의 집중

---

3) 켈젠, 앞의 책, 333쪽.

4) 가령 Ralf Dreier, Sein und Sollen: Bemerkungen zur Reinen Rechtslehre Kelsens, in: ders., Recht-Moral-Ideologie, Frankfurt a.M., 1981, 225쪽.

5) 가령 Michael Pawlik, Das Recht im Unrechtsstaat: Zur rechtstheoretischen Rekonstruktion des Verhältnisses von Recht und Politik, Rechtstheorie 25, 1994, 106쪽.

화가 이루어져야 한다. 집중화된 법 공동체란 그 질서가 오직 전체 영역에 걸쳐 배타적으로 적용되는 법규범들로 구성된 공동체를 말하고, 분권화(탈집중화)된 법 공동체란 그 질서가 부분 영역에만 적용되는 규범들로 구성된 공동체를 말한다. 그리고 국가는 상대적으로 집중화된 법질서라는 점에서 그렇지 못한 원시적 법질서나 일반적 국제법 질서와 구분된다. 국가를 극히 형식적 측면에서 파악하는 이런 시각에 대해서는 가령 자연법론으로부터 (법의 내용적 정당성을 문제 삼지 않는다는 점에서) 그런 국가는 법률국가(Gesetzesstaat)일 수밖에 없다는 비판이 가해지기도 한다.

II. 켈젠의 법이론

1. 법단계설과 그 구조

(1) 규범체계의 구분

1) 규범체계의 두 유형: 정적 규범체계와 동적 규범체계

먼저, 정적 규범체계란 일정한 규범체계에 속하는 제반 규범의 상호관계가 내용적 측면에서 이들을 포섭할 수 있는 최상위규범을 정점으로 서로 상·하위규범의 형태로 구성돼 있는 규범체계를 말한다. 가령, 우주와 조화롭게 살아라(최상위규범), 이웃을 사랑하라(상위규범), 이웃에게 해를 가하지 말라, 이웃이 곤경에 처하거든 도와주라(하위규범)는 형태의 규범들이 상하관계로 짜여 있는 체계가 그것이다. 이 규범체계에 속한 개별규범이 효력을 갖는 것은 그 내용 때문이다. 여기서 최고규범으로 전제돼 있는 근본규범은 그러한 규범체계에 속한 모든 규범의 효력 근거는 물론 효력 내용까지 제공한다. 반면, 동적 규범체계란 제반 규범의 상호관계가 그 내용을 통해서가 아니라 절차(규범정립 절차)를 중심으로 서로 상·하위규범의 형태로 짜여 있는 규범체계를 말한다. 그런데 이 체계에서 최고규범으로 전제돼 있는 근본규범은 그 체계에 속한 모든 규범의 효력 근거만을 제공할 뿐, 효력 내용은 제공하지 않는다. 이러한 동적 규범체계는 여기서 최고규범으로 전제돼 있는 근본규범이 그에 속한 개별규범의 창설요건을 설정하고 규범 정립의 권위를 부여함을 특징으로 한다.

2) 법질서의 동적 성격

켈젠은 정적 규범체계에서 최고의 것으로 전제돼 있는 근본규범은 그 내용이 직접적으로 해명될 수 있어야 한다고 본다. 하지만 그런 규범은 존재할 수 없다고 보면서 그처럼 직접 해명될 수 없는 규범을 근본규범으로 삼는 정적 규범체계를 수용하지 않는다. 반면, 그는 규범의 정립을 의사의 작용으로 이해한다. 이를테면 아버지가 아들에게 학교에 가라고 명한 경우, 왜 학교에 가야 하는가에 대해 그것은 아버지가 명령했기 때문이며, 다시금 왜 아버지의 말에 따라야 하는가에 대해 그것은 신이 부모에게 순종하라고 명령했기 때문이라고 한다. 이에 따라 그는 법질서로 표현되는 규범체계를 그 본질상 동적 성격을 지닌 것으로 파악한다. 즉, 어떤 법규범이 효력을 갖는 것은 그것이 특정한 내용을 지니고 있어서가 아니라, 그 규범이 전제돼 있는 근본규범에 의해 정해진 절차와 방식대로 창설되었기 때문이라고 한다. 그리고 바로 이러한 이유로 그 규범은 전체 법질서의 부분으로 편입되며, 이로써 어떤 임의적인 내용이라도 법이 될 수 있다고 한다.

(2) 법질서의 단계구조

1) 구조의 형태

국가의 법질서만을 고찰대상으로 삼을 경우, 일반적으로 질서 체계는 최고단계에 있는 헌법을 정점으로 대부분 다시 두 단계(법률과 명령) 또는 그 이상의 단계로 나뉜다. 법질서를 동적 규범체계로 파악하는 켈젠에 따르면 일정한 규범체계에 속해 있는 각 규범은 서로 상위규범과 하위규범의 관계에 있고, 각 규범의 성격은 상위단계로 올라갈수록 더 일반적이며 하위단계로 내려갈수록 더 구체적이다. 반면 하위단계로 내려갈수록 각 단계에 속하는 규범의 수는 상대적으로 더 많아진다. 이처럼 법질서는 서로 병렬적으로 효력을 갖는 규범들의 복합체가 아니라 상위규범과 하위규범의 관계에 있는 규범들의 단계구조(피라미드 또는 수형도 형태)를 이루고 있다.

2) 상하규범 간의 효력 관계

그런데, 켈젠의 이론에서 법질서가 갖는 이러한 외견상의 형태나 특징보다 더 중요하고 본질적인 것은 상위규범과 하위규범의 관계에서 작용하는 규범의 효력 문제이다. 이를 설명하기 위해 그는 돈을 내놓으라는 강도의 명령과 세무공무원의 명령 간의 차이를 비교하는 데서 출발한다. 이 경우 두 명령은 같은 주관적 의미를 지닌다. 즉, 양자는 명령을 받은 개인이 일정한 액수의 돈을 명령자에게 지급해야 한다는 의미를 지닌다. 하지만, 세무공무원의 명령만이 그 개인에게 의무를 부여하는 효력 있는 규범으로서의 의미를 지닌다. 그 이유는 무엇인가? 세무공무원의 명령은 규범정립 행위인 데 반해, 강도의 명령은 그렇지 않기 때문이라는 것이 그의 답변이다. 즉, 세무공무원의 행위는 법률(가령 세법)에 따라 수권을 받은 행위인 데 반해, 강도의 행위는 그와 같은 권한을 부여하는 규범(수권 규범)에 근거하고 있지 않은 행위이기 때문이라는 것이다. 이처럼 두 명령은 그 주관적 의미에서가 아니라 그 객관적 의미를 기술할 때 비로소 차이가 난다. 다시 말해, 누군가의 행위로서의 명령이 효력 있는 법규범으로서 의미를 띠고 나타나는 것은 그 명령이 수권 규범인 법률에 따른 것이기 때문이며, 다른 차이는 없다. 하위규범으로서 명령의 효력은 그 상위규범인 법률에서 비롯되는바, 이는 곧 법률이 명령의 효력근거(Geltungsgrund)로 작용함을 뜻한다. 개별규범의 효력에 관한 이러한 상호관계는 일정한 법질서에 속해 있는 상위규범과 하위규범의 관계에도 그대로 적용된다.

3) 헌법의 효력 근거

이와 같은 방식으로 상하규범 간의 효력 관계를 규정할 경우, 법질서의 최고단계에 놓여 있는 헌법의 효력은 어디서 구할 것인가? 즉, 법질서상의 모든 개별규범의 효력 근거가 되는 헌법의 효력 근거는 무엇인가? 이 물음에 답하기 위해 켈젠은 현행 헌법 이전의 헌법으로 돌아간다. 즉, 현행 헌법은 바로 그 이전 헌법 규정들에 따라 합헌적인 헌법개정의 방법으로 실현되었다고 함으로써 현행 헌법의 효력을 근거 지운다. 이러한 과정을 거듭하여 그는 역사상 최초의 국가 헌법, 즉 더는 합헌적인 헌법개정의 방법으로 성립되지 않은, 이로써 더는 그 효력을 법적 권위에 의해 정립된 실정 규범으로 환원시킬 수 없는 국가 헌법으로 돌아간다. 그렇다면, 이 역사상 최초의 국가 헌법의 효력 근거는 무엇인가? 이 물음에 대해 그는 그 헌법의 효력을 설명하기 위해서는 그 헌법이 구속력 있는 규범임을 근거 지우는 일정한 규범을 전제할 수밖에 없다고 한다. 이 경우 전제돼 있는 규범이 바로 근본규범(Grundnorm)이다. 그에 의하면 이러한 근본규범을 전제할 때야 현행 헌법의 효력 근거를 비롯하여 그 헌법에 따라 형성된 제반 일반적 또는 개별적 하위규범의 효력 근거 또한 설명될 수 있다. 이때의 근본규범은 다음과 같이 표현할 수 있다. (특정 국가에서 인간의 행위를 규율하는) '모든 강제 행위는 역사상 최초의 국가 헌법과 그 헌법에 따라 정립된 법규범들이 확정한 절차와 방식에 따라 정립돼야 한다.' 헌법의 변천 과정을 생략하면, 이는 다시 '모든 강제 행위는 헌법이 확정한 절차와 방식에 따라 정립돼야 한다.'로 축약할 수 있다.

(3) 종국적 근거 지움과 근본규범

이처럼 켈젠이 상정하는 법질서는 그 질서의 종국적 효력 근거인 근본규범을 정점으로, 헌법은 이 근본규범으로부터, 그 밖의 하위규범들은 그 헌법으로부터 그 효력의 근거를 구하고 동시에 헌법을 비롯한 그 밖의 상위규범들은 하위규범들의 효력 근거로 작용하는 동적 규범체계이다. 다시 말해, 그것은 실정법 규범들이 그 내용의 측면에서 이성적 인식으로 지향된 정적 구조가 아니라, 의사 작용으로서의 규범정립을 절차를 통해 논리적으로 정당화하려는 인식으로 지향된 동적 구조를 취한다. 이는 어떻게 하면 신이나 자연과 같은 초(실정)법적인 권위에 근거하지 않으면서도 일정한 사실들의 주관적 의미가 (실정)법 명제를 통해 서술할 수 있는 객관적으로 효력 있는 것으로 해석될 수 있을까 하는 순수법학의 근원적 문제 제기에서 비롯된 귀결이다. 요컨대, 그와 같은 해석은 근본규범을 전제함으로써만 가능하다는 것이 켈젠의 대답이다.

2. 근본규범 이론

(1) 방법론적 출발점

켈젠 법이론의 출발점은 신칸트학파의 방법 이원론이다. 이에 따르면 존재로부터는 당위가, 당위로부터는 존재가 도출될 수 없고 존재는 존재로부터, 당위는 당위로부터 도출될 수 있을 뿐이다. 그렇기에 어떤 규범 명제는 또 다른 규범 명제로부터만 도출될 수 있을 뿐, 존재 사실로부터는 도출될 수 없다. 따라서 어떤 규범의 효력 역시 다른 규범의 효력을 전제할 때만 가능하다. 이런 점에서 헌법의 효력 근거를 설명하자면 또 다른 규범인 이른바 근본규범을 전제할 수밖에 없다는 주장은 충분히 이해된다. 이처럼 켈젠은 존재와 당위 또는 인과성과 규범적 귀속을, 현실을 파악하고 이해하는 데 불가결한 두 가지 근원적인 선험적·논리적 사유형식이라고 본다. 그리하여 전자는 자연법칙의 영역에, 후자는 규범의 영역에 속하는 것으로서 양자를 엄격히 구분한다.

(2) 근본규범의 성격과 체계적 기능

근본규범은 그 형식상 무조건적 규범, 즉 어떤 것에 의해서도 그 효력에 제한을 받지 않는 규범이다. 실정법 이전의 최초·최고의 규범으로서 가설적 규범 또는 전제된 규범으로서, 실정법적 의미의 헌법과는 구분되면서, 구체적인 헌법과 법질서에 효력을 부여하는 선험적·논리적 의미의 헌법이다(법논리적 의미의 헌법). 이러한 근본규범은 그 기능상 최고의 법창설권자, 즉 헌법 제정권자를 설정한다. 여기서 헌법제정권력이란 실정법적 권력인 헌법상의 권력과는 다른 개념으로서 시원적·창설적 권력을 말한다. 그런데 켈젠에 따르면, 이러한 권력은 아무에게나 부여되는 것이 아니고 전체적인 사회질서를 유지하고 평화를 보호할 수 있는 자에게만 부여된다. 이 경우, 만일 그 자가 힘을 상실하면 다른 실력자에게 헌법제정권력이 이전된다. 이러한 인식은 켈젠 당시의 시대적 상황이 반영된 것으로서, 오늘날의 민주적 법치국가에서 국민이 당연히 헌법제정권력을 가진다는 인식과는 편차가 있다.

(3) 근본규범의 내용

이처럼 근본규범은 자유로운 법 발견의 산물이 아니라 사유적 규범이자 동시에 법질서의 종국적인 효력 근거로서 작용하는 선험적·논리적 규범이다. 그에 의하면 근본규범은 그 내용과 관련하여 완전히 중립적이다. 이점은 켈젠 자신의 인식관심과 '근본규범은 실정법의 효력 내용이 아니라 효력 근거를 규정할 뿐'이라는 그의 언급에서 분명하게 드러난다. 자연법론의 근본규범과는 달리, 순수법학의 근본규범에는 실정법을 초월한 어떤 가치도 인정되지 않으며, 이로써 어떤 임의적 내용도 법이 될 수 있다. 이런 점에서, 그의 표현대로, 순수법학의 근본규범 이론은 새로운 법학 방법이 아니라 실증주의적 법인식이 종전부터 적용해 왔던 절차를 분석한 결과이다.

(4) 근본규범의 역할: 범주 전환 기능

켈젠의 근본규범은 그 자체 윤리적·정치적 성격을 지닌 것이 아니라, 인식론적 성격을 지닌다(규범 인식론적 가설). 즉, 근본규범은 우리가 법의 효력 또는 법적 당위에 관해 말하고자 할 때 불가피하게 설정할 수밖에 없는 법인식의 선험적·논리적 전제이다. 그리하여 근본규범은 일정한 법질서에 속해 있는 모든 법규범의 종국적인 효력 근거로 작용한다. "우리가 일정한 법질서에 속하는 법규범의 효력 근거가 무엇이냐고 묻는다면, 그에 대한 대답은 단지 법질서의 근본규범으로 돌아감으로써만 행해질 수 있다. 즉, 그 규범이 근본규범에 따라 창설되었다는 언명에서만 그 대답을 얻을 수 있다."[6] 그런데 법체계에서 이 근본규범이 담당하는 가장 중요한 역할은 존재로부터 당위로의 이행을 가능하게 해준다는 데 있다. 즉, 근본규범을 전제할 때야 헌법의 제정이 허용되고, 그에 따라 제정된 헌법이 당위 규범으로서 다시 법률의 제정을 허용하며, 나아가 그 법률이 당위 규범으로서 다시 일정한 권리와 의무를 발생시킨다.

(5) 근본규범 이론에 대한 비판

근본규범에 대해서는 크게 방법론적 측면과 내용적 측면에서 비판이 제기되고 있다. 먼저, 방법론적 측면에서 근본규범 이론은 늪에 빠진 자가 자기 머리 위의 상투를 붙잡고 거기서 빠져나오려는 시도[7]에 지나지 않는다는 비판이 있다. 또한, 헌법의 효력을 설명하기 위해 근본규범을 전제하는 것은 불필요한 중복이라는 지적도 있다.[8] 가령 하트는 수범자들이 헌법을 승인하고 준수한다는 사실만으로 충분하다고 본다. 하지만, 존재로부터는 당위가 도출될 수 없다는 시각에 기초하여 체계의 논리

---

6) 켈젠, 앞의 책, 309쪽.

7) 이를 이른바 뮌히하우젠 트릴렘마(Münchhausen-Trilemma)라고 한다. 이 용어는 ⅰ) 근거를 구함에 있어 항상 거슬러 소급해야 할 필요성이 있는 듯 보이나 실제로는 관철될 수 없고 어떠한 확실한 토대도 제공하지 못하는 무한 소급, ⅱ) 근거 제시 절차에 있어 사전에 이미 근거 제시가 필요한 것으로 대두된 언명들에 의존함으로써 — 그 논리적 결함으로 인해 — 결코 확실한 토대에 이르지 못하는 추론상의 논리적 순환(이른바 petitio prinzipii), 그리고 ⅲ) 일정한 지점에서 원칙상 실행할 수 있는 듯한 절차의 파괴라도 그것이 충분한 근거 제시 원칙을 자의적으로 중단하는 등의 방법으로 이루어지는 경우를 지칭할 때 사용된다[H. Albert, Traktat über kritische Vernunft, 4.Aufl., Tübingen 1980, 13쪽(Eric Hilgendorf, Argumentation in der Jurisprudenz, Berlin 1991, 132-133쪽에서 재인용)].

8) H. L. A. Hart, The Concept of Law, 1961, 256쪽.

성을 엄격하게 관철하고자 하는 켈젠의 태도 자체에 어떤 근본적 문제가 있다고 보기는 어렵다. 즉, 다른 시각에 따른 비판에도 불구하고 그의 시도는 하나의 가능한 해석으로서 충분히 의미가 있다. 인간은 본질상 논리적 동물(homo logicus)이기도 하지 않은가! 다음으로, 켈젠의 근본규범으로는 실정법이 정의로운 것인지 불의한 것인지를 판단할 수 있는 어떤 기준도 제시할 수 없고, 이로써 근본규범은 실정법에 대한 어떤 윤리적·정치적 정당화도 수행하지 못해 불충분하다는 비판이 가해진다. 이는 주로 자연법론이 제기하는 비판으로서 근본규범의 내용적 중립성과 그로 인한 법 내용의 임의성에 주목한 지적이다. 가령 근본규범의 매춘부와 같은 성격으로 말미암아 그의 이론은 상대주의적 극단론에 빠질 우려가 있으며, 이로써 독재주의, 전체주의 및 공산주의 등도 정당화할 위험이 있다고 한다. 근본규범은 본질상 법(Recht)이 아니라 힘(Macht)이며, 이로써 어떤 내용이라도 법의 형식을 빌려 힘으로 강제하면 법으로서 효력을 갖게 된다는 지적 역시 같은 취지의 비판이다.9)

하지만, 내용적 측면에서 제기된 이러한 비판은 다소 과도한 것으로 보인다. 왜냐하면 순수법학은 민주주의 사상에 기초한 법이론으로서 특히 그의 당대의 정치 상황, 즉 민주주의를 근본규범으로 확립하였던 독일·오스트리아 공화국과 관련돼 있기 때문이다.10) 그는 민주주의를 정당한 국가형태로 신봉하며, 자신의 정의를 자유·평화·관용을 보장해주는 민주주의의 정의라고 말한다.11) 또한, 그의 법이론은 세기의 전환기를 특징짓는 학문사적 상황에도 일정한 제약을 받고 있음이 분명해 보인다. 즉, 그의 순수법학은 자연법론의 붕괴와 경험과학으로서의 사회학의 출현이라는 이론사적·시간사적 영향 아래 놓여 있었다. 이런 점에서 학문의 방법론적 순수성 요청 역시 시민사회 및 과학의 탈정치화라는 사회적 맥락에서 파생되었음을 짐작할 수 있

---

9) 켈젠은 이러한 비판에 대해 다음과 같이 반박한다: ⅰ) 자연법의 역사를 통해 볼 때 하나의 자연법만 존재한 것이 아니라 서로 매우 다르거나 때로는 서로 모순되는 여러 형태의 자연법이 존재해 왔는바, 그렇다면 자연법 역시 순수법학 또는 근본규범과 마찬가지로 실정법에 대한 확고한 정당성 기준의 제기와는 거리가 멀다. ⅱ) 논리적으로 볼 때 자연법론 역시 '자연의 명령에 복종해야 한다'라는 규범을 전제로 하는 때에만 자연법에 합치하는 실정법을 효력 있는 것으로 해석할 수 있으나 실상 그러한 근본규범은 직접적으로 해명될 수 없다. 나아가, ⅲ) 자연은 의지도 없을뿐더러 설령 신의 의지가 자연에 현현되어 있고 이를 통해 신이 일정한 방식으로 행위하도록 명령하더라도 이러한 방법은 형이상학적 전제로서 과학적 인식의 대상을 벗어난 것이다.

10) Ernst Bloch, Naturrecht und menschliche Würde, 1.Aufl., 1977, 170쪽.

11) 한스 켈젠, 정의란 무엇인가?(김영수 역), 삼중당, 1995, 45쪽.

다.[12] 이같이 볼 때 켈젠이 탐구의 대상으로 삼았던 그 실정법은 바로 민주주의국가 또는 시민적 자유주의 국가의 법으로서의 특징을 지닌 실정법이었다고 할 수 있다. 그렇다면, 실정법의 상위에 놓여 있던 법 영역(자연법)이 실정법 체계에 대해 갖는 정당화 기능 역시 외관상의 구조 붕괴와 더불어 사라졌다기보다 실정법 체계 안에 축약되어 있거나 용해되어 있다는 진단[13]이 더 설득력 있게 들린다.[14]

3. 정당화 근거로서 근본규범의 체계적 위상

(1) 근본규범은 자연법 규범인가?

1) 의문 제기와 켈젠의 답변

켈젠에 의하면 실정법의 효력은 정립된 실정법 규범이 아니면서 실정법의 효력을 근거 짓는 근본규범에 근거한다. 그런데 자연법론에 따르더라도 실정법의 효력은 실정법규범이 아니면서 실정법의 평가척도로 기능하는 일정한 규범에 근거한다. 그렇다면, 양자는 실정법규범이 아닌 규범을 통해 실정법의 효력을 근거 지운다는 점에서 (비록 상대적 차이는 있을지언정) 본질상 같은 것이 아니냐는 의문이 가능하다. 이 점에서 켈젠의 근본규범 이론은 자연법이론에 불과하다는 반론이 제기되었다. 순수법학이 실정법의 효력 근거를 실정법 외부에 있는 규범인 근본규범에서 파악한다는 이유 때문이다.[15]

이에 대해 켈젠은 근본규범은 자연법 규범이 아니라고 한다. 양 이론 사이에 일정한 유사성이 있음은 인정하나, 그것이 유일한 유사성일 뿐이고 다른 측면에선 서로 정반대로 대립한다는 이유에서다. 그에 의하면, 자연법론은 실정법 질서의 효력에 대해 정언적(무조건적)으로 대답하는 데 반해, 순수법학은 가설적(조건적) 대답만을 제공한다는 점에서 근본적으로 다르다. 즉, 전자는 실정법이 자연법의 내용에 합치하는지에

---

12) Ralf Dreier, Bemerkungen zur Rechtserkenntnistheorie, in: Rechtstheorie 1979(Beiheft 2), 231쪽 이하.

13) 볼프강 나우케, 법철학의 기본개념들(변종필·최희수 옮김), 지산, 2000, 84쪽.

14) 변종필, 법단계론의 구조와 정당화근거, 지안 김지수 교수 정년기념논문집, 법률출판사, 1996, 160쪽.

15) 근본규범이란 "어떤 법체계에 속한 모든 규범의 효력을 그 체계 '외부에서' 근거 지우는 규범"을 말한다(Alexy, Begriff und Geltung des Rechts, 1992, 155쪽).

따라 실정법의 효력 유무를 판단함으로써 실정법의 효력 근거를 그 내용과 결합하여 설명하는 데 반해, 후자의 근본규범은 실정법의 효력과 관련하여 그 효력 내용이 아닌 효력 근거만을 규정할 뿐이라는 것이다. 이로써, 순수법학의 근본규범은 실정법의 내용을 스스로 규정하지 않고 그 내용에 관한 결정을 헌법이 규정하는 실정법 창조 절차에 맡기는바, 이 점에서 실정법의 내용 규정은 그러한 절차의 고유한 기능에 해당한다고 한다. 따라서 순수법학의 근본규범은 실정법의 가치척도로서 기능하는 정의 규범이 아니며, 이로써 자연법이 실정법에 대해 지닌 윤리적·정치적 정당화 기능도 가질 수 없다고 한다. 요컨대, 이원적 법이론인 자연법론과는 달리 일원적 법이론인 순수법학은 실정법이라는 하나의 법만을 가지고 있으며, 이로써 근본규범 역시 실정법과 다른 규범이 아니라고 한다.

2) 검토

순수법학에 나타난 외관상 표현만 보자면 근본규범의 체계적 성격을 분명하게 규정하기 어려운 면이 없지 않다. 왜냐하면 켈젠 자신도 어떤 곳에서는 근본규범이 실정 규범이 아니라고 했다가 또 어떤 곳에서는 실정법과 다른 규범이 아니라고 말하고 있기 때문이다.[16) 우선, 그의 근본규범은 실정법 안에 있는 규범이 아니라 실정법 체계의 효력 근거로서 실정법 밖에 있는 규범이다. 이 점에서 — 자연법론의 주장처럼 — 근본규범을 자연법 규범이라고 볼 소지가 없지 않다. 하지만, 실정법 밖에 있다고 해서 반드시 자연법 규범이라고 규정할 수는 없다. 자연법론에서 말하는 자연법 규범은 실정법의 내용을 평가하는 토대로서 특정한 가치 관념이나 기준을 전제하는 데 반해, 켈젠의 근본규범은 규범의 내용과는 무관한 가치중립적 개념이자 사유 논리적인 개념일 뿐이기 때문이다.[17)

또한, 켈젠의 인식관심과 지향점을 보더라도 그의 근본규범을 자연법 규범으로 이해하기는 어려울 듯하다. 그는 종래의 자연법론과 그 근본규범에 대해 강력히 비판하면서, 이와는 전혀 다른 관점에서(법질서의 동적 성격을 바탕으로 실정법이 서로 충돌하는 개인의 자유의 유동성을 조절하는 불가피한 현실적 수단임을 인정하고 이로부터 오로지 인식론적 관점에서) 또 체계 내적인(과학적이고 실증적인) 방법을 통해 실정법 체계의 종국적 정당화 근거를

---

16) 켈젠, 앞의 책(주 1), 309, 642쪽.
17) 변종필, 앞의 논문, 156쪽.

찾고자 하였다. 즉, 그의 주된 관심은 내용상 정당한 실정법규범을 인식하는 데 있지 않고, 실정법 체계의 효력 근거를 실정법 내재적으로 설명하는 데 있었다. 이점은 그 역시 근본규범이 윤리적·정치적 성격이 아닌, 그 자체 인식론적 성격을 지님을 힘주어 강조하고 있는 데서 분명하게 드러난다.

이같이 볼 때, 비록 그 역시 한때 그의 근본규범을 법논리적 자연법이라 칭하기도 했으나, 그의 근본규범을 자연법 규범이라고 규정하는 데는 분명한 한계가 있다고 여겨진다. 이런 점에서 근본규범의 체계적 성격에 관한 논의는 그 자체 그다지 실익 있는 논쟁이라 보기도 어렵다. 굳이 그 성격을 규정하자면, 그 탄생 배경과 체계적 역할에 비추어 그의 근본규범은 메타-도그마적 정당화 근거라고 규정할 수 있을 것이다.[18] 다만, 이와 관련하여 다음과 같은 한 가지 의미 있는 의문은 제기될 수 있으리라 본다. 즉, 실정법 체계를 실정법 내재적으로 근거 지우려는 그의 시도가 결국에는 실정법 밖에 있는 규범을 원용하는 데로 나아갈 수밖에 없었음을 주목할 때, 과연 실정법 체계가 (그 어떤 다른 근거 없이도) 그 자체로 정당화될 수 있는가 하는 의문이 바로 그것이다. 법의 정당성을 문제 삼지 않는 법실증주의 사고의 한계를 엿볼 수 있는 대목이다.[19]

(2) 순수법학은 법형이상학인가?

1) 순수법학의 형이상학적 측면

나아가, 켈젠의 순수법학을 비롯한 순수법이론에도 형이상학이 은연중에 숨겨져 있거나 은폐되어 있다고 보는 시각이 있다.[20] 즉, 명시적으로 언급하고 있지는 않으나 형이상학적 문제들을 취급할 수 있게 해주는 언어와 사유 양식을 포함하고 있다는

---

18) 변종필, 앞의 논문, 157쪽.

19) 이런 점에서 하버마스 역시 켈젠의 법이론에서는 ⅰ) 객관적 법의 정당성이 법실증주의적으로 이해된 정치적 지배의 합법성으로 환원되며, 이로써 실정법이 어디에서 자신의 정당성을 끌어올 수 있는지의 문제가 해명되지 못했다고 비판한다[하버마스, 사실성과 타당성(한상진·박영도 옮김), 나남, 2007, 128쪽]. 이 외에도 그의 법이론에서는 ⅱ) 개인적 권리의 도덕적 내용이 그 준거점(도덕적 관점에서 사적 자율성을 보호받을 만한 가치가 있는 '인격체의 자유 의지'라는 준거점)을 상실하고 있으며, ⅲ) 법적 인격체의 개념을 도덕적 인격체로부터 분리함과 동시에 자연적 인격체의 개념으로부터도 분리함으로써(즉, 완전히 자율화된 법체계가 스스로 생산한 허구를 통해 존속하게 됨으로써) 법을 순전히 기능주의적으로 해석하는 길이 열려 있다고 비판한다(같은 책, 124-125쪽).

20) 나우케, 앞의 책, 206쪽.

것이다. 다시 말해, 순수법이론이 그 탐구대상으로 제한하고 있는 실정법은 내용을 문제 삼지 않는 실정법이 아니라 승인할 수 있는 좋은 실정법, 즉 개개인의 역동성 (각 개인의 이익이나 욕구 및 필요를 추구하는 특성)에 대한 불신에 근거하여 서로 충돌하는 자유의 안정적인 조직화를 목적으로 질서와 평화를 갈구하는 시민적 자유주의 국가의 법이라는 것이다.21) 그리고 이런 점에서 순수법이론의 상대주의는 각 개인의 자유 향유를 보장하면서 동시에 그 자유를 최대화하려는 절대적으로 설정된 무제한의 자유를 지향하는 법철학22)으로 이해될 수 있다고 한다. 이처럼 순수법이론은, 정의나 정당성의 문제를 정책에 떠넘기고 있어 정치적 비현실주의로 규정될 수 있으나, 실상은 그 주장처럼 순수하지도, 즉 비정치적이지도 비형이상학적이지도 않으며,23) 본질상 과학적 측면에서 새로운 정의 관념으로 지향된 정의론이라는 것이다.

2) 검토

19세기 이후 오늘에 이르기까지 형이상학(形而上學)24)은 점차 퇴조하는 추세다. 그 작용영역이 계속해서 축소되고 있으며, 이로써 그 영향력 역시 지속해서 약화해 가고 있다. 이런 까닭에 오늘날 형이상학은 우둔함, 답답한 종교성 및 낙후성을 대변하는 말로 비치며, 그에 따라 탈형이상학화 또는 비형이상학화는 현대 법철학이나 법이론의 가장 주목할 만한 특징을 이루고 있다. 법의 영역에서 이런 경향에 결정적으로 이바지한 것은 아마 칸트의 사유 방법에 영향을 받은, 순수법학을 위시한 순수법이론일 것이다. 그렇다면, 일단 순수법학과 형이상학은 서로 어울리기 어려운 개념쌍으로 보인다. 또한, 켈젠에 의하면 형이상학은 본질상 모든 경험적 인간 인식을 넘어 존재하는 초월적 심급의 존재에 대한 믿음을 전제로 하며, 이로써 인간 이성으로는

---

21) 이런 점에서 순수법이론의 과학성을 잔혹한 독재정이나 전제정(專制政)의 실정법에 비유하는 것은 다분히 의도된 책략이거나 정치적 웃음거리가 되는 행위라고 한다(나우케, 앞의 책, 207쪽).

22) 나우케, 앞의 책, 209쪽.

23) 나우케, 앞의 책, 205쪽.

24) 일반적으로 형이상학이란 경험 세계의 인식 가능한 대상들을 넘어서 존재하는 것들에 관한 궁극적 원인을 체계적으로 탐구하는 학문이라고 정의할 수 있다. 형이상학 개념을 최초로 사용했던 아리스토텔레스는 이를 천문, 기상, 동식물, 심리 등 자연에 관한 연구를 지칭하는 자연학(Physica)에 대비되는 개념으로 이해하였다. 그는 형이상학(Metaphysica)을 모든 존재 전반에 걸치는 근본원리, 즉 존재자로 하여 존재하도록 하는 원리를 연구하는 학문이라 규정하고 이를 제1철학 또는 신학이라고 불렀다. 그에 의하면 형이상학은 존재에 관한 학문, 제일 원인에 관한 학문, 만물의 궁극적 원인으로서의 신에 관한 학문이었다.

이해될 수 없다는 점을 특징으로 한다.[25] 이런 이유에서 그는 이러한 전제에서 출발하는 것을 애당초 거부한다.

이런 점에 비추어 볼 때 켈젠의 순수법학을 법형이상학의 일종이라고 규정하는 것은 양자 간의 근본적 차이에도 불구하고 그 유사성 측면을 지나치게 중시한 다소 무리한 해석이라 여겨진다.[26] 켈젠 스스로 그의 법이론을 형이상학과는 거리가 먼 과학적 이론이라고 언급하고 있는 데다, 그의 법이론은 분명하게 인식될 수 있는 실정법 체계를 그 사유의 출발점으로 삼고 있어, 설령 그것을 과학적으로 지향된 새로운 정의론이라고 칭하더라도 이때의 정의는 법관념론이나 자연법론이 추구하는 정의와는 명백히 구분되는 것이라고 여겨지기 때문이다. 그리고 그와 같은 해석은 형이상학의 개념을, 특정한 이론이나 체계에 내재해 있거나 그와 관련돼 있는 일정한 가치나 이념까지 통칭하는 사유형식으로 극히 완화해 파악할 때나 가능할 것이다. 다만, 켈젠의 법이론에 담긴 실정법을 시민적 자유주의 국가의 법으로 파악한 것은 매우 일리 있는 진단이라고 본다.

III. 켈젠의 정의관

1. 정의와 정의 규범

켈젠에 따르면 정의의 물음은 도덕의 영역에 속하는 물음이며, 정의는 인간의 미덕으로서 도덕적 성격을 지닌다. 그에게 정의란 인간에 대한 취급을 그 본질로 하는, 인간의 사회적 행위의 속성이다. 하지만 모든 도덕 규범이 정의 규범인 것은 아니며, 다른 인간(특히 입법자나 법관)에 의한 인간에 대한 일정한 취급을 규율하는 규범만이 정의 규범(Gerechtigkeitsnorm)에 속한다.

그는 역사상 주장되었던 정의 규범의 유형을 두 가지, 즉 형이상학적 정의 규범과 합리적 정의 규범으로 구분한다. 먼저, 전자는 모든 경험적 인간 인식을 넘어 존재하는 초월적인 심급으로부터 출발하여 그에 대한 믿음을 전제로 하는 정의 규범을

---

25) 켈젠, 앞의 책(주 1), 538쪽.
26) 변종필, 앞의 논문, 158-159쪽.

말한다. 그에 의하면 이 정의 규범은 그 기원과 관련해서는 물론, 인간 이성으로는 이해될 수 없다는 점에서 그 내용과 관련해서도 형이상학적이다. 또한, 이러한 정의 규범의 이상은 그 내재적 의미상 다른 정의 규범의 이상이 존재할 가능성을 원칙상 배제한다는 점에서 절대적 성격을 지닌다. 이 유형에 속하는 정의 규범의 대표적 예로는 플라톤의 정의론, 예수의 사랑의 원칙[27] 등이 있다. 반면, 합리적 정의 규범이란 (형이상학적 정의 규범과 대립하는 정의 규범으로서) 초월적 심급의 존재에 대한 믿음을 전제하지 않고, 경험 세계에서 정립된 인간의 행위를 통해 확정된 것으로 인간 이성에 의해 이해될 수 있는 정의 규범을 말한다. 켈젠은 형이상학적 정의 규범을 비과학적·비합리적이라고 보아 배척하고 합리적 정의 규범만을 분석의 대상으로 삼는다. 그러나 합리적 정의 규범에 대해서도 단지 상대적 가치만을 부여한다.

2. 합리적 정의 규범

(1) 합리적 정의 규범의 형태

그가 합리적 정의 규범이라고 분류하여 고찰대상으로 삼은 규범에는 여러 가지가 있는바, 구체적으로 열거하면 다음과 같다. 즉, ⅰ) 각자에게 그의 것을!(suum cuique)이라는 공식(각자에게 그의 것이 귀속돼야 한다는 규범), ⅱ) 적극적 황금률(남에게 대접받기를 원하는 대로 남을 대접하라!), ⅲ) 칸트의 정언명령(너의 의지의 격률이 보편적 원칙에 맞도록 행위하라!), ⅳ) 토마스 아퀴나스의 공식(선을 행하고 악을 피하라는 자연법의 제1원칙), ⅴ) 아리스토텔레스의 중용공식(정당한 행위는 지나치게 넘치지도 지나치게 부족하지도 않은 황금의 중용을 취하는 데 있다는 아리스토텔레스의 일반적 도덕 원칙), ⅵ) 응보 원칙(선을 행하는 자에게는 선을, 악을 행하는 자에게는 악을 부과해야 한다는 규범), ⅶ) 급부의 정의 원칙[각자에게 그의 급부에 따라!(누군가가 노무를 제공하거나 물품을 인도한 경우, 그는 그에 대해 반대급부로서 노무에 대해서는 보수를, 물품에 대해서는 대가를 받아야 한다는 규범)], ⅷ) 마르크스의 공식(각자가 그의 능력에 따라, 각자에게 그의 필요에 따라!), ⅸ) 평등의 정의 원칙(모든 인간은 평등하게 취급되어야 한다는 규범), 그리

---

27) 예컨대, 예수는 '눈에는 눈으로, 이에는 이로'라는 응보 원칙을 단호하게 거부한 뒤, 악을 악으로 갚지 말고 선으로 갚으며, 악에 대적하지 말고 행악자와 원수마저 사랑하라는 사랑의 원칙을 선포했으나, 이러한 정의 규범은 인간의 합리적인 논리적 인식으로는 이해될 수 없는 것으로서 믿음의 비밀 중의 하나일 뿐이라고 한다.

고 x) 자유의 정의 원칙(개인의 자유를 최고의 가치로 지향하는 규범)이 그것이다.[28]

(2) 정의 규범의 공허함

그런데 인간에 대한 취급과 관련하여 이처럼 다양한 정의 규범이 규정하고 있는 바를 볼 때 이들 간에는 어떤 공통적 요소도 확인할 수 없다는 것이 그의 생각이다. 이들 정의 규범이 규정하고 있는 인간에 대한 취급은 각기 너무 달라서 서로 다른 정의 규범 간에 충돌이 불가피하다는 것이다. 가령 응보의 정의 규범에 의하면 죄를 범한 자는 처벌받아야 하고 공적을 쌓은 자는 상을 받아야 하지만, '각자에게 그의 필요에 따라'라는 정의 규범에 의하면 죄와 공적은 고려될 여지가 없다고 한다. 또한, 대다수 정의 규범에 의하면 인간의 자유를 다소간 제한하는 실정 도덕 질서나 법질서가 전제되어 있지만, 자유의 정의 규범에 의하면 다른 모든 사회규범은 배제된다고 한다.

다만 이들 정의 규범에 공통적 요소가 있다면, 그것은 그들 모두가 일반적 규범 (allgemeine Norm), 즉 일정한 조건 아래에서 일정한 취급을 규정하는 일반규범이라는 것이다. 그런데 이러한 일반규범이 적용되려면 (일정한 조건 아래에서 일정한 취급을 규정하는) 실정 도덕 질서나 법질서가 전제돼야 하며, 그렇다면 일정한 조건과 일정한 취급 역시 (실정 질서를 통해) 다양한 정의 규범에 따라 다양한 방식으로 규정될 수 있다고 한다. 따라서 어떤 질서도 그들 정의 규범에 합치될 수 있다고 한다. 이런 이유로, 켈젠은 인간에 대한 취급이 정당한 것으로 여겨지려면 인간은 어떻게 대우받아야 하는가의 물음과 관련하여 정의라는 일반개념 또는 일반적 정의 규범은 완전히 공허한 것일 뿐이라고 본다.

나아가, 그에 의하면 (일반적으로 승인되고 있는) 평등의 정의 원칙 역시 정의 규범으로서의 의미가 부정된다. 그에 따르면 모든 인간은 평등하게 취급돼야 한다는 규범만이 (모든 사람에게 어떤 조건 없이 일률적으로 적용될 수 있다는 점에서) 평등 관련 정의 원칙으로 볼 수 있는 유일한 규범이고, 이를 제외한 나머지 정의 규범, 특히 같은 것은 같게 취급돼야 한다거나 같은 것은 같게, 같지 않은 것은 같지 않게 취급돼야 한다는 정의

---

28) 이에 관한 검토와 평가로는 변종필, 한스 켈젠의 정의관, 인제대학교 인문사회과학논총 제6권 제1호, 1999, 37쪽 이하.

규범은 평등의 정의 규범이 아니라고 한다. 왜냐하면 이들 원칙은 평등이라는 정의의 요청이 아니라 일정한 조건 아래에서는 일정한 취급이 이루어져야 한다고 규정하는 규범의 일반적 성격에서 비롯되는 논리적 결론일 뿐이기 때문이다.

3. 켈젠의 정의 규범

(1) 켈젠의 정의: 가치 상대주의에 입각한 민주주의의 정의

켈젠은 절대적 정의에 기초하는 형이상학적 정의 규범을 배척한다. 이는 모든 가치 또는 가치판단은 상대적일 뿐이라는 그의 가치 상대주의 측면에서 보면 당연한 귀결이다.[29] 그런데 도덕 또는 정의 원칙이 상대적 가치만을 가질 뿐이라는 관점이 전혀 아무런 가치도 구성하지 않는다는 뜻은 아니며, 도덕 체계에는 오직 하나의 도덕 체계만이 아니라 다양한 도덕 체계가 존재하며 이들 중 선택이 이루어져야 한다는 것을 의미한다. 이 점에서 켈젠은 상대주의가 오히려 인간에게 가장 성실한 도덕적 책임성을 부여한다고 본다. 상대주의는 무엇이 정당한 것인지에 관한 결정을 각 개인에게 떠맡기기 때문이다. 그리고 바로 여기에 도덕적 자율성의 진정한 의미가 깃들어 있다고 한다. 또한, 개인이 스스로 선택의 책임을 진다는 데 대한 두려움이 상대주의에 격렬하게 반대하는 가장 강력한 동기 중의 하나라고 본다.

이러한 상대주의 정의 철학의 핵심적 원칙은 관용이다. 이는 의견이 같지 않더라도, 더욱이 의견이 같지 않기 때문에 다른 의견의 표현을 방해하지 않는다는 뜻으로서, 실정법 질서 내에서의 관용이며, 사상의 자유를 의미한다. 그가 민주주의를 정당한 국가형태라고 보는 것도 바로 민주주의가 자유를 뜻하며, 이 자유란 곧 관용을 뜻한다고 보기 때문이다. 이에 상대적 정의가 사실상 매우 부분적인 만족만을 가져다줄 뿐이지만 그렇다고 하더라도 상대적 가치로 만족할 수밖에 없다고 한다. 요컨대, 자신의 천직은 학문이고 학문이 자신의 생활에서 가장 중요한 것이기에 그에게 있어

---

29) "우리가 과거의 지적 경험에서 무엇인가를 배울 수가 있다고 한다면 그것은 인간의 이성이 상대적인 가치밖에 파악할 수 없다고 하는 사실, 즉 무엇인가를 옳다고 하는 판단은 결코 그것과 반대되는 가치판단이 가능함을 배제할 수 없다고 하는 사실이다"[한스 켈젠, 앞의 책(주 11), 41쪽]. 따라서 초월적 권위인 신으로부터 비롯되는 절대적 정의는 비합리적 이상일 따름이며, 특히 그러한 신의 절대적 정의를 통해 약속되는 초현세적 행복으로써 상대적·현세적 정의로는 보장될 수 없는 현세적 행복을 대신하려는 시도는 영원한 환상의 간지일 뿐이라고 한다.

정의란 곧 자유로운 진리 탐구를 보장해주는 사회질서의 정의, 즉 자유의 정의, 평화의 정의, 관용의 정의인 민주주의의 정의라고 한다.[30]

(2) 자연법론과 가치 상대주의의 연결 가능성

켈젠은 합리적 정의 규범들을 배척하지는 않으나 이들이 실정법 형성의 척도로서 단지 상대적 성격을 지닐 뿐임을 힘주어 강조한다. 따라서 이들 정의 규범을 절대적인 것으로 파악하려는 시도, 예컨대 특정한 정의 규범에 대해 그것이 자연(가령 인간의 본성)이나 이성에 근거한 것임을 이유로 절대적 효력을 부여하려는 자연법론의 태도는 단호하게 거부한다. 그런 태도는 인간에게, 자신이 주장하는 정의 규범과 다르거나 모순되는 정의 규범은 그 효력이 전적으로 배제된다는 환상을 심어줄 수 있다는 이유에서다.

그런데 그에 따르면 상대주의와 자연법론이 서로 만날 수 있는 지점이 전적으로 봉쇄돼 있는 것은 아니다. 예컨대 인간의 본성이 불변의 것이 아니라면, 이로써 인간의 본성으로부터는 어떠한 불변의 정당한 행위규범도 도출될 수 없다면, 다시 말해 실정법 형성을 위한 확고한 절대적 평가 기준으로 봉사할 수 있는 것이 오직 하나의 자연법론일 수는 없고 아마 서로 다르거나 때로는 모순되는 자연법들(이로써 상대적 가치만을 형성하는 정의 규범들)이 존재할 수밖에 없다고 본다면, 이는 바로 그의 방법론적 출발점인 상대주의 관점과 같은 것이라고 한다. 그와 같은 태도는 절대적 정의의 이념을 포기함과 동시에 스스로 자연법론이기를 포기함으로써 상대주의의 토대 위에 서 있기 때문이다.[31]

Ⅳ. 평가

순수법학에 대한 온갖 비판의 내용, 즉 순수성을 각기 달리 채색하고 있는 각각의 정치적 노선이 우려하는 온갖 부정적 결과는 애당초 켈젠이 의도한 바가 아니다.

---

30) 켈젠, 앞의 책(주 11), 45쪽.
31) 켈젠, 앞의 책(주 1), 625-626쪽.

왜냐하면 그의 이론에 깔린 법체계는 순수법학 출판 당시의 권력적 기반, 즉 민주주의를 근본규범으로 확립하였던 독일 ─ 오스트리아 공화국과 관련되어 있으며, 그 역시 자신의 정의를 관용을 핵심 원리로 하는 민주주의의 정의라고 고백하고 있기 때문이다. 또한, 민주주의가 반민주주의적인 편협으로부터 자신을 지켜야 하는 사태에 이른 때에도 민주주의는 그것에 대해 관용할 수 있는가의 물음과 관련하여, 그는 반민주주의적인 의견이라도 그것이 평화적으로 표현됐을 때는 금지되지 않으나, 민주주의 역시 자신을 포기한 상태에서는 자신을 지킬 수 없기에 민주주의 체제를 무력으로 배제하려는 기도에 대해 이를 힘으로 제압하고 저지하는 것은 모든 체제의 권리이자 동시에 민주주의 체제의 승리라고 말한다. 그리고 이러한 권리행사는 민주주의 원리와도, 관용의 원리와도 모순되지 않는다고 한다.[32] 이런 점들은 그의 이론에 대해 가해지는 내용상의 비판이 다소 지나치거나 부적절한 것임을 잘 보여준다.

우리는 역사가 발전하리라는 믿음 속에서만 미래에 대한 희망을 지닐 수 있다. 하지만 역사는 뜻하지 않게 퇴보할 수도 있으며, 이 역시 역사가 우리에게 가르쳐 준 교훈이다. 따라서 민주주의가 현재로서 우리 모두에 의해 일반적으로 승인되고 공유된 정치체제라면, 그리고 그것이 우리가 계속해서 보존해야 할 필요가 있는 공유된 가치체계라면, 켈젠 역시 민주주의의 정의를 자신의 정의라고 고백했듯이, 이를 법체계의 근본규범으로 정립할 것이 요구된다. 그러자면, 켈젠식의 단순한 사유 논리적 의미의 근본규범은 최소한 (오늘날 어느 정도 발전된 법체계에서 법의 효력을 규정하는 데 불가결한 요소로 작용하는) 내용적 정당성, 합법적 실정성 및 실효성의 측면을 고려하여 재구성된 형태로 정립할 필요가 있다.[33] 그렇게 할 때만 근본규범은 현실의 적나라한 사실성이나 단순한 합법성을 법으로 인정할 위험을 확실히 차단하면서 실정법 체계 및 개별 실정 법규에 대한 효력 근거이자 동시에 규제적 원리로 작동할 수 있을 것이다.

---

32) 켈젠, 앞의 책(주 11), 44쪽.
33) 이에 관해서는 제5장 참조.

생각해볼 문제

1. 순수법학에서 '순수'가 뜻하는 바는 무엇인가?

2. 순수법학을 사회학적 법이론이라고 진단할 수 있다면 그 근거는 무엇인가?

3. 법단계설에서 상위규범과 하위규범은 서로 어떤 관계에 있는가?

4. 근본규범은 어떤 성격을 띤 규범인가?

5. 근본규범이 실정법 체계 내에서 담당하는 역할과 기능은 무엇인가?

6. 근본규범이 자연법 규범이라는 주장의 근거는 무엇인가?

7. 실정법 체계의 정당화 근거로서 근본규범은 반드시 필요한 것인가?

8. 켈젠이 종래의 정의 규범들이 공허하다고 보는 이유는 무엇인가?

9. 오늘날의 실정법 체계에서도 켈젠의 근본규범을 그대로 수용할 수 있는가? 만일 그렇지 않다면, 그것은 어떤 방식으로 재구성될 수 있는가?

하트의 법이론

1. 『법의 개념』과 방법론

2. 『법의 개념』의 중요 주제

3. 사법 재량의 허용 문제

4. 법과 도덕의 관계

| 제9장 | 하트의 법이론 |

개요 허버트 하트(H. L. A. Hart)는 현대 영미 문화권의 법철학을 대표하는 학자의 한 사람으로 한스 켈젠과 함께 가장 영향력 있는 법실증주의자이다.[1] 주저로는 1961년 발간된 『법의 개념』이 있다. 이 책은 법의 개념과 법체계에 관해 분석법학과 언어철학의 방법을 결합하여 쓴 것으로, 특히 영국의 실증주의 법학의 특성을 주요 대상으로 하고 있다. 그의 법이론은 주로 영국의 자유주의적 공리주의와 법실증주의에 바탕을 두고 있으며, 홉스와 흄으로부터 영향을 받았고, 더 직접적으로는 벤담, 오스틴, 밀의 이론적 전통을 계승하고 있다.[2] 아래에서는 『법의 개념』에 담긴 내용에 국한하여 그의 법개념, 사법 재량성의 문제, 법과 도덕의 관계에 관한 태도 등을 간략히 살펴본다. 특히 주목해서 봐야 할 것은 그의 법체계에서 법관의 지위와 역할, 그리고 승인규칙의 내용과 역할이다. 아울러 승인규칙의 한계도 숙고해 볼 사항이다.

1. 『법의 개념』과 방법론

『법의 개념』에 나타난 중요한 방법론적 착상으로는 크게 두 가지를 꼽을 수 있다.[3] 첫째, 언어분석 방법의 도입이다. 이런 점에서 그의 법이론은 분석법학 혹은 분석적 법리학(analytical jurisprudence)으로 불린다. 언어분석 방법은 법적 논의에서 사용되

---

1) 그는 영국의 유태계 가정에서 태어나 옥스퍼드 대학에서 고전·역사 및 철학을 공부하고, 대학 졸업 후 법조계에 진출하여 오랫동안 변호사로 법률실무에 종사했으며, 옥스퍼드 대학의 법철학 교수를 지냈다. 퇴임 후에는 영국의 철학자 벤담에 관한 연구에 몰두하기도 했다.
2) 오병선, 하트의 법철학 방법과 법의 개념, 현대법철학의 흐름(한국법철학회 편), 법문사, 1996, 21-22쪽.
3) 오병선, 앞의 논문, 23, 26쪽.

는 용어의 개별적 의미를 명확히 하는 데 유용하게 활용될 수 있으며, 언어의 명료한 인식을 통해 현상을 명확히 인식할 수 있게 해준다. 가령, 그에 따른 용어 구분의 예로는 ~할 의무가 있다는 것과 ~하지 않을 수 없다는 것의 구분, 사회적 행동의 단순한 규칙성과 규칙에 지배되는 사회적 행동의 구분, 규칙을 따르는 것과 규칙을 수용하는 것의 구분 등을 들 수 있다. 하트는 이 방법을 도입함으로써 법의 개념에 관한 현안 세 가지를 제시하는데, 특정 행위를 의무화하는 법의 구속성 문제, 법과 도덕의 차이 문제, 그리고 사회적·법적 행위에서 규칙이 지니는 성질과 역할의 문제가 그것이다.[4) 둘째, 사회학적 접근방법의 활용이다. 이 점은 이 책의 서문에서 분명하게 제시되고 있다. "이 책은 분석에 관심을 기울이고 있음에도 불구하고 기술사회학(descriptive sociology)에 관한 글이라고 볼 수도 있다."[5) 가령, 켈젠의 근본규범에 대해 불필요한 중복이라고 본 진단 역시 법체계의 근본규범을 이러한 사회학적 측면에서 보더라도 충분하다는 인식에서 비롯된 것으로 보인다.

2. 『법의 개념』의 중요 주제

(1) 1차 규칙과 2차 규칙의 결합으로서의 법

1) 사회 규칙으로서 법 규칙

일정한 사회 또는 집단이 규칙(rule, 에티켓, 경기규칙, 도덕 규칙 등)을 가지고 있다고 말하는 경우, 여기에는 두 가지 측면이 존재한다. 하나는 구성원들이 일반적으로 일정한 행위를 수행한다는 점이다. 하트에 의하면 이는 규칙의 '외적 측면'이다. 달리 말해, 이는 관찰자 관점이라고 할 수 있다. 만일 이 단계에 그친다면 이는 단지 습관에 불과할 것이다. 하지만 대부분 구성원은 거기서 더 나아가 그러한 행위에 대해 비판적인 성찰의 태도를 지닌다. 이것이 규칙의 또 다른 측면인 '내적 측면'이다.[6) 이는 (실천적인) 참여자 관점이라 할 수 있다. 그런데 이러한 태도는 가령 너는 이것을 해야

---

4) 오병선, 앞의 논문, 23-24쪽.

5) H. L. A. Hart, The Concept of Law, Oxford University Press, 1961, 서문 1쪽.

6) "법이나 어떤 다른 형식의 사회구조도 내가 '내적' 및 '외적'이라고 부르는 서로 다른 두 가지 언명 사이에 존재하는 중요한 차이를 평가하지 않고는 결코 이해될 수 없다. 이 두 가지 언명은 사회 규칙이 관찰되는 때는 언제나 행해질 수 있다"(Hart, The Concept of Law, 서문 1쪽).

한다나 이러이러한 행위는 옳다는 등 특별한 형태의 규범적 용어로 표시된다. 즉, 그들 규칙이 일정한 의무를 부과한다고 생각하거나 그렇게 말해진다(의무규칙). 그리고 이들 규칙을 어긴 사람에 대해서는 사회적 압력이 가해지는바, 그러한 압력이 물리적 제재를 수반하게 되면 '법'이라 불리며, 그 압력이 그 정도에 미치지 못하면 사회도덕을 이루는 규칙이 된다.7) 이러한 진단에서 우리는 하트 역시 법과 도덕을 외적 제재라는 그 형식을 통해 구분하고 있음을 확인할 수 있다.

2) 인간의 본성과 자연법의 최소내용

그런데 하트는, 가령 켈젠과는 달리, 법을 규정하는 데 있어 인간 본성의 일정 부분을 연계시킨다. 즉, 일면 이기적이면서 타면 협동적인 인간의 본성상, 그리고 기본적인 생존 욕구와 제한된 자원으로 인해 사회가 존속하려면 법적 의무규칙이 필요하다고 한다. 그리하여 '자연법의 최소내용'이라는 형태로 법이 고려해야 할 일정한 내용을 인정한다.

그러한 '자연법의 최소내용'은 인간 본성의 현저한 특징(다섯 가지 자명한 이치)에 따른 것으로 그 내용은 다음과 같다.8) 첫째, 인간의 취약성이다. 인간은 서로 신체적 공격을 가하는 경향이 있고, 또한 그러한 공격에 취약하다는 것이다. 하지만 이런 특징이 자명한 이치이긴 하나 필연적 진리는 아니라고 한다. 이런 점에서 (법과 도덕의 가장 특징적 규율인) 살인이나 신체적 해악을 가하는 폭력의 사용 등을 제한하는 명백한 이유가 존재한다. 둘째, 대략적 평등성이다. 그에 의하면, 인간은 저마다 신체적인 힘이나 민첩성이 다르며 더욱이 지적 능력에서 큰 차이가 있으나, 그렇더라도 어떤 개인도 협조 없이는 타인을 장기간 지배하고 복종시킬 만큼 강하지 않다. 즉, 가장 강한 자라도 때로는 잠을 자야 하며, 잠을 잘 때에는 일시적으로 그 우월성을 잃게 된다. 이러한 대략적 평등성 때문에 법적·도덕적 의무의 기초인 상호 자제와 타협의 체계가 필요하다는 것이다. 셋째, 제한된 이타성(利他性)이다. 그에 따르면 인간은 악마도 천사도 아니다. 인간이 이러한 양극단의 중간에 있는 존재라는 점이 상호 자제의 체계를 요구하면서도 가능하게 만든다. 인간의 이타성은 간헐적이고 제한된 범위에 그치는 데 반해 공격하고자 하는 성향은 빈번하기에, 만일 그러한 성향을 통제하지 않

7) 오병선, 앞의 논문, 34쪽.
8) 하트, 앞의 책, 252-260쪽.

으면 사회생활에 치명적인 위험이 초래될 것이라고 한다. 넷째, 제한된 자원이다. 인간이 필요로 하는 의식주는 무제한적이지 않고 희소하므로 인간의 노동을 통한 재배나 획득이 필요하며, 이로써 최소형태의 재산제도(반드시 개인소유일 필요는 없음) 및 이를 존중하도록 요구하는 규칙이 불가피하다. 다섯째, 제한된 이해력과 의지력이다. 사람들은 대부분 사회생활에서 사람, 재산 및 약속을 존중하도록 하는 규칙이 필요함을 이해할 수 있으며, 실제로 다양한 동기에서 그러한 규칙에 복종한다. 하지만 장기적 이익에 관한 이해, 의지의 강함이나 선함을 모든 사람이 똑같이 공유하는 것은 아니며, 때때로 자신의 즉각적 이익을 우선하려 한다. 이러한 상시적인 위험 속에서 이성은 법과 같은 강제적 체계를 통한 자발적 협력을 요구한다.

이는 인간의 본성과 능력에 관해 대략적 수준에서 공감할 수 있는 경험적 인식과 한계를 제시한 것으로 보인다. 하지만, 그렇다고 하여 하트가 제시한 '자연법의 최소내용'이 전통적인 자연법론과 그 궤를 같이한다고 볼 수는 없을 것 같다. 왜냐하면 전자는 인간의 '자연적 필요성'에 근거한 것으로서 '자명한 자연의 원리'에 근거하고 있는 후자와는 본질상 다르다9)고 보아야 하기 때문이다.

3) 1차 규칙과 2차 규칙

하트는 법 또는 법체계를 사회 규칙의 체계로 파악한다. 법 규칙은 도덕 규칙과 마찬가지로 의무와 관련되어 있지만, 도덕 규칙과는 달리 1차 규칙과 2차 규칙으로 세분되며, 이 두 규칙의 상호관계에 의존한다.10) 먼저, 1차 규칙(primary rule)이란 어떤 행위를 해야 하거나 해서는 안 될 의무를 부과하는 규칙(의무부과규칙, rule of obligation)을 말한다. 예컨대, 제재의 압력을 통해, 위험에 처한 타인을 구조하도록 명령하는 규칙이나 불법행위 또는 범죄행위를 금지하는 규칙을 들 수 있다. 다음으로, 2차 규칙(secondary rule)은 특정 행위를 할 수 있도록 공적·사적 권한을 부여하는 규칙(power-conferring rule)을 말한다.

그런데 이 2차 규칙은 재판규칙, 변경규칙, 승인규칙으로 이루어져 있다. 첫째, 재판규칙(rule of adjudication)은 1차 규칙이 지닌 문제점, 즉 사회적 압력의 분산으로 인한 비효율성에 대한 구제책으로서, 1차 규칙을 위반하는 불법행위나 범죄행위가 있는

---

9) Michael Martin, The Legal Philosophy of H. L. A. Hart, 1987, 177쪽.

10) 오병선, 앞의 논문, 35쪽. 이들 규칙에 관해 좀 더 자세한 것은 하트, 앞의 책, 120쪽 이하.

경우 특정인에게 그에 대해 심판할 권한을 부여하는 규칙을 말한다. 즉, 제재를 행사하는 기관(사법부)을 지정하고, 그에 따라 소송절차의 개시·진행 및 심판에 관한 권한을 부여하는 규칙이다. 둘째, 변경규칙(rule of change)은 주로 1차 규칙 체계의 정적 특성에 대한 구제책으로서, 1차 규칙과 재판규칙을 변경할 수 있도록 특정한 개인이나 집단에 변경권을 부여하는 규칙을 말한다. 즉, 법 규칙을 개정·폐지·신설하는 등의 권한을 부여하는 규칙이다. 셋째, 승인규칙(rule of recognition)은 1차 규칙 체계의 불확정성에 대한 구제책으로서, 특정 법체계에 속한 규칙들의 효력을 결정하는 판단기준의 역할을 담당한다. 즉, 1차 규칙과 2차 규칙(재판규칙, 변경규칙) 및 그에 따른 의무나 권한은 오직 승인규칙(및 그에 포함된 승인 기준)에 따라 유효한 것으로 평가받게 된다. 다시 말해, 여러 규칙을 포함하는 법체계가 하나의 법체계로 존재하려면 모든 사회구성원이 그 규칙들을 구속력(효력) 있는 사회 규칙으로 승인(하고 이들을 준수)해야 한다.

(2) 승인규칙과 그 문제점

1) 법효력 근거로서 승인규칙

이처럼 하트에게 있어 법(체계)이란 사회 규칙의 체계로서 1차 규칙과 2차 규칙의 결합체계이다. 즉, 법체계란 켈젠처럼 동적인 체계로서 시간에 따라 변화하며 1차 규칙과 2차 규칙의 내적 관계 속에서 설명된다. 그런데 그는 법효력의 근거를, 법체계 내재적으로 찾으려 한 켈젠과 달리, 법체계 이외의 사회 규칙 또는 인간의 사회적 관행 속에서 찾으려 한다. 최소한의(또는 대체적) 실효성을 법 효력의 조건(충분조건)으로 파악함으로써 법효력 문제에서 사회학적 측면을 부분적으로만 고려한 켈젠과는 달리, 사회학적 차원을 정면으로 수용하여 법의 개념이나 현상은 저변에 깔린 사회적 사실을 고려할 때만 적절하게 설명될 수 있다고 한다. 이에 따라 법효력의 정점에 있는 그의 승인규칙은 켈젠의 근본규범처럼 가설적으로 전제돼 있는 규범이 아니라 (사실적 승인과 준수라는) 사회적 사실로 존재한다. 이에 따라 그는 법체계의 효력 근거로서 켈젠식의 근본규범은 불필요하다고 한다. 즉, 근본규범을 전제하는 것은 '불필요한 중복'이라고 본다.11)

11) "법의 다양한 소재를 열거하고 있는 헌법이 그 체계 내에 속해 있는 법원과 공무원이 실제로 그 헌법이 제공하는 기준에 따라 법을 확인한다는 의미에서 살아있는 실재라면, 그 헌법은 승인되고 존재한다. 헌법에 복종해야 한다는 취지에서 그 이상의 규칙이 존재한다고 제안하는 것은 불필요한 중복으

2) 문제점

하지만, 과연 그런가? 하트는 '법체계의 참여자들이 헌법을 승인하고 준수한다.' 라는 사실적 존재의 언급만으로 법적 당위의 근거가 충분히 제시된 것으로 보는데, 과연 그런 언급만으로 '헌법(또는 법질서)에 따라 행위해야 한다.'라는 당위가 도출될 수 있는가? 요컨대, 사유 논리적으로 보면 사실적으로 승인되고 준수된다는 사실로부터 그에 따라야 한다는 당위는 도출될 수 없다. 실정법 체계의 최상위규범인 헌법의 효력에 관한 의문 제기는 일상적인 물음이며 또 가능한 물음이다. 또한, 수범자라면 헌법의 효력 문제를 무의미한 것으로 배척하기도 어려울 것이다. 그렇다면(특히 존재·당위 방법이원론에 따르면) 법체계의 참여자들이 헌법을 승인하고 준수한다는 사실만으로는 불충분하다. 따라서 법체계의 참여자들이 헌법을 승인하고 준수한다면 그 헌법에 따라 행위해야 한다는 식의 근본규범을 전제하는 것이 논리상 불필요한 중복이라 보기는 어렵다. 오히려 이런 측면에서 보면, 켈젠과는 다른 것이지만, 하트 역시 사실적 승인과 준수에 기반을 둔 위와 같은 근본규범을 사유 논리상 전제하고 있다고 볼 수도 있을 것이다.[12]

3. 사법 재량의 허용 문제

(1) 법현실주의의 거부

하트는 법은 본질상 여러 가지 규칙을 포함하고 있음을 확인하고, 법률적 업무의 대부분은 이들 규칙을 준수하여 적용하고 집행하는 것이라고 한다. 그러면서도 사회 규칙과 법 규칙을 발견하는 데는 상대적 불명확성이 있다고 본다. 하지만 그렇다고 해서 그러한 불명확성을 이유로 20세기 미국의 현실주의 법학(법현실주의[13])처럼 규칙 회의주의[14]로 나아가지는 않는다. 즉, 규칙이 모든 문제를 다 해결할 수는 없다는 점

로 보인다"(Hart, The Concept of Law, 246쪽).

12) 변종필, 법의 효력과 근본규범, 안암법학 제5호, 1997, 16-17쪽.

13) 이에 관해 적절히 요약·제시한 것으로는 카티야 랑엔부허, 영미 법이론에서 법관의 역할(변종필 역), 법철학연구 제6권 제1호, 312-321쪽.

14) 규칙 회의주의(Regelskeptizismus)란 법 규칙으로는 구체적 사례에 대한 해결을 제시할 수 없다고 보는 태도를 말하는 데 반해, 규칙 신봉주의(Regelplatonismus)란 규칙으로써 모든 구체적 사례를 해결

에서 부분적으로 법현실주의에 동의하지만, 이로써 법체계 내에는 법관이 정치적으로, 더욱이 입법자처럼 행위할 수밖에 없는 일정한 영역이 존재함을 인정하지만,15) (급진적 노선의) 법현실주의처럼 법관에 대해 거의 전면적으로 입법자의 역할을 인정하는 데까지 이르지는 않는다.

(2) 법관의 입법자로의 역할 인정

하트는 법개념의 의미와 관련하여 이를 의미의 핵심(core)과 의미의 뜰(주변부, penumbra)로 구분한다. 의미의 핵심이란 개념 의미의 명료성이 지배하는 영역을 말한다. 그에 의하면 법적 분쟁은 대체로 이러한 의미의 핵심과 관련되어 있기에 대다수의 분쟁은 법 규칙에 따른 결정을 통해, 즉 연역적 방법이나 삼단논법적 추론을 통해 문제 해결이 가능하다고 본다. 그리고 의미의 뜰은 개념 의미의 불명확성이 지배하는 영역을 말하는데, 여기서는 그러한 방법으로 문제 해결을 꾀하는 것이 불가능하다고 한다. 언어 자체에 내재해 있는 불명확성으로 인해 어떠한 개념도 의미의 뜰로부터 완전히 자유로울 수는 없다는 이유에서다. 그는 공원에서 차량의 통행을 금지하는 규칙을 예로 들어 이점을 설명한다. 그러면서 먼저, 자동차와 오토바이의 통행이 금지됨은 의심의 여지가 없다고 한다. 이 경우는 개념 의미의 핵심에 속하는 사례이기 때문이다. 반면, 자전거, 롤러스케이트, 장난감 자동차 등의 통행이 금지 대상에 속하는지는 분명치 않다고 한다. 의미의 뜰의 문제에 속하는 사례들이기 때문이다. 따라서 이 영역에서는 연역적 추론이 거부되며, 삼단논법적 추론과는 다른 방식으로 근거 제시가 이루어져야 한다고 본다. 그리고 의미의 뜰에서 생기는 법관의 결정에서의 흠결 문제는 전통적인 해석 카논16)(해석방법)으로도 해결될 수 없다고 한다. 왜냐하면 해석 카논 역시 언어 규칙으로서 그 자체 다시 해석되어야 하며 그 본래의 주변적 불명확성을 보여주기 때문이다.

그럼, 의미의 뜰의 영역에서 법관은 어떻게 결정을 해야 하는가? 이에 대해 하트

할 수 있다고 보는 태도를 뜻한다. 전자가 언어 현실을 규칙에서 분리한 데 문제가 있다면, 후자는 규칙을 언어 현실에서 유리시킨 데 문제가 있다.

15) 랑엔부허, 앞의 논문, 325–330쪽.

16) 가령 해석 카논과 관련된 주된 문제로는 적지 않은 해석 카논의 존재, 이들 간의 서열(우선순위) 문제, 해석 카논의 불명확성 등을 꼽을 수 있다.

는 이 영역에서는 법관에게 마치 입법자처럼 행위해야 할 과제가 있음을 인정한다. 즉, 의미의 뜰의 영역에서 의심이 생길 경우, 법관은 열려 있는 대안 중에서 자신의 재량에 따라 마치 그가 입법자인 양 선택을 해야 한다고 본다. 가령, 위 예시에서 장난감 자동차가 문제 되는 경우라면, 법관은 장난감 자동차 통행의 자유를 중시할 것인가 아니면 공원에서의 휴식과 평화의 유지를 중시할 것인가를 고려하여 재량에 따라 결정해야 한다. 이처럼 그는 의미의 뜰의 영역에서 법관의 법 창조적(입법적) 활동을 인정한다. 동시에, 이 영역에서 법관이 입법적 역할을 한다는 점은 모든 법질서에 내재해 있는 불가피한 특성이라고 한다. 요컨대, 이 영역에서는 법관이 재량을 행사할 수밖에 없고, 유일하게 정당한 대답이 존재하는 것처럼 문제를 취급할 가능성도 없다고 본다.

(3) 비판: 다른 방법의 가능성

그런데 법관에게 재량권을 부여하여 입법자의 역할을 하도록 하는 것이 의미의 뜰의 영역[달리 말해, 판결하기 어려운 사안(hard case)]에서 법관이 취할 수 있는 유일한 방법인가? 그동안 논의의 전개 과정과 내용을 고려하면, 그렇다고 말할 수 없다. 가령 로날드 드워킨을 필두로 하여 알렉시에 의해 전개된 법규칙·법원리 구별론이나 종래의 법 해석·적용 이론이 안고 있는 문제 상황을 정확히 진단하면서 일정한 규칙들과 형식에 따른 합리적 논증(근거 제시)에서 해결방안을 구하는 알렉시의 법적 논증 이론은 하트 식의 방법을 대체할 만한 충분히 의미 있는 대안이 될 수 있을 것이다. 가령, 드워킨은 위와 같은 사안에서 법관은 비법적 기준이나 정책에 근거해서 판단해서는 안 되고 법원리에 따라 판단해야 한다고 전제하면서,[17] 하트처럼 법관에게 강한 재량을 인정하는 것은 권력분립 원칙(이로써 민주주의 원칙)에 반한다고 본다. 집단적 또는 정책적 논거를 고려하는 것은 비선출직인 법관의 권한이 아니라 선출직인 입법자의 권한이라는 이유에서다. 그렇다면, 이들 관점에 비추어 볼 때, 법현실주의의 태도는 물론이거니와 (법관에 대해 부분적으로 입법자의 역할을 부여하는) 하트의 방법 역시 너무 손쉽게

---

17) 랑엔부허, 앞의 논문, 333쪽. 드워킨에게 있어 법관은 법으로부터 자유로운 영역에 있지 않다. 따라서 법관의 임무는 새로운 정치적 목적을 기획하거나 정책을 설계하는 것이 아니라 개별 사례에 관한 결정을 위해 법규칙과 법원리를 해석·적용하는 데 있다. 그에 의하면 정책은 공동체 전체의 집단 목표 증진 및 보호에 관련돼 있음에 반해, 원리는 개인이나 집단의 권리 보호 및 존중에 관련돼 있다는 점에서 양자는 구별된다(Ronald Dworkin, Taking Rights Seriously, Cambridge 1978, 17쪽 이하).

탈출구를 찾으려 한 시도가 아니었나 하는 의문에서 벗어나기는 어려울 듯하다.[18]

4. 법과 도덕의 관계

(1) 법·도덕 분리론

양자의 관계에 대해 하트 역시 법실증주의의 공통된 태도인 구별설을 따른다.[19] 일단, 법 규칙은 도덕 규칙과 내용 면에서 중복되는 부분이 있고, 도덕이 법에 대해 영향을 미친다는 점은 인정한다. 따라서 법실증주의자라 하더라도 법체계의 안정성이 부분적으로는 그 내용상 도덕과의 조화에 의존하고 있음을 부인하지 못하리라고 한다. 하지만, 그렇다고 하여 그 점이 법이 도덕원리로부터 유래함을 뜻하는 것은 아니라고 본다. 즉, 법과 도덕은 그 내용상의 중복에도 불구하고 상호간에 어떠한 개념적 연관 없이 독자적 존재로 성립해 왔다고 한다. 요컨대, 법률은 어디까지나 법률로서 입법자에 의해 합법적 절차를 거쳐 정립되면 이미 법이며, 즉 법으로서 효력을 가지며, 그 내용의 선악은 차후의 문제라고 본다.[20]

(2) 법·도덕 일치설에 대한 비판

그리하여 이런 입장에서 법개념의 도덕화를 비판한다. 특히 법개념의 도덕화는 극단적 보수주의나 혁명적 무정부주의로 흐를 위험을 안고 있다고 지적한다.[21] 여기서 극단적 보수주의란 법이 무엇이든 간에 그것은 도덕적이어야 하며, 이로써 모든 법은 도덕적으로 구속력이 있다고 보는 태도를 말한다. 그리고 혁명적 무정부주의란

---

18) 그런데 법실증주의 진영에서도 법규칙을 통해 문제를 해결하는 것이 어려운 경우, 이른바 비판적 법실증주의라는 이름 아래 법 규칙 외에 법원리를 활용할 필요가 있다는 견해가 제시되고 있다. 하지만, 그 경우에는 법원리의 법적 성격을 분명히 하는 것이 중요하리라 본다. 우선, 법실증주의 입장에서 법원리가 특정한 법체계에 속한 법규범이 아니라고 본다면, 그런데도 법원리를 원용하여 문제 해결을 꾀하는 것은 법실증주의의 근본 태도와 맞지 않을 것이다. 다음으로, 법원리가 특정한 법체계에 속한 법규범이라고 본다면 이는 법실증주의 관점에서도 일종의 실정 규범 혹은 넓은 의미의 법규칙에 해당한다고 볼 수 있을 것이고, 그렇다면 '비판적'이라는 수식어는 전혀 독자적인 의미를 지니지 못할 것이다.

19) 오병선, 앞의 논문, 42쪽; 하트, 앞의 책, 260쪽 이하.

20) 오병선, 앞의 논문, 46쪽.

21) 오병선, 앞의 논문, 42쪽.

법이 무엇이든 간에 그것은 도덕적이어야 하므로, 만일 법이라는 것이 도덕적으로 정당화될 수 없다면 그 법에 기초한 국가의 명령에 복종할 수가 없고 심지어 전복시킬 수도 있다고 보는 태도를 말한다. 나아가, 법적 강제의 계기나 법 준수의 동기도 다양하다고 한다. 많은 이들이 도덕적으로 구속력 있다고 보지 않는 그런 법에 따라 강제가 이루어지는 경우도 매우 많을 뿐 아니라, 사실상 체계에 대한 사람들의 충성(즉 법을 준수하는 동기) 역시 가령 장기적 이익의 계산, 타인에 대한 사심 없는 관심, 지각없이 전승된 전통적 태도, 타인처럼 행동하고 싶다는 단순한 희망 등 다양한 이유에 기초하고 있다고 한다.

이런 측면에서, 사악한 법은 어떤 경우에도 효력 있는 법이라고 볼 수 없다는 (주로 자연법론자에 의해 제기되는) 협의의 법효력개념은 미묘하고 복잡한 도덕적 문제를 지나치게 단순화하는 오류를 범하고 있다고 비판한다. 그리고 만일 이러한 태도에 의하면 사회현상으로서의 법에 대한 이론적 또는 과학적 연구에서 얻을 것이라곤 아무것도 없을 것임이 분명하다고 한다.

(3) 실정법에 대한 비판척도로서의 도덕

그렇다고 하여 도덕이 법에 대해 갖는 역할이나 기능을 부인하지는 않는다. 법은 복잡한 사회적 사실에 기초하여 실제로 존재하는 것이고, 이 존재하는 법(실정법)은 당위적인 법(존재해야 할 법)과는 별개의 것으로서 상호 개념적 연관이 없는 것이긴 하나, (법의 개선을 위해서는) 모든 존재하는 법에 대한 도덕적 비판의 문을 열어놓아야 한다고 본다.[22]

---

22) 1961년 출판된 하트의 『법의 개념』은 그의 유고인 '후기'(postscript)를 덧붙여 1994년 다시 출간되었는데, 여기서 하트는 법효력의 기준으로서 도덕원리에 부합하는 것도 승인규칙에 포함될 수 있음을 받아들인다. 이를 두고 그가 연성 실증주의의 길로 접어든 듯하다고 평가하는 것으로는 레이먼드 웍스, 법철학(박석훈 옮김), 교유서가, 2021, 93쪽.

생각해볼 문제

1. 하트가 말하는 자연법의 최소내용은 무엇인가? 그리고 이것은 전통적인 자연법론과 어떤 관계에 있는가?

2. 하트의 법체계를 이루는 규칙에는 어떤 것들이 있는가?

3. 하트의 법체계에서 승인규칙의 역할은 무엇인가? 또한, 승인규칙은 성격상 켈젠의 근본규범과 어떻게 구별되는가?

4. 하트가 법관에게 입법자의 역할을 인정하는 경우와 그 이유는 무엇인가?

5. 법의 적용에 있어 하트의 법이론과 미국의 법현실주의 간에는 어떤 차이가 있는가?

6. 하트는 법과 도덕의 관계를 어떻게 규정하는가?

불법과 불법 상황에 대한 대응

1. 법적 항의
2. 양심 거부
3. 시민불복종
4. 저항권

제10장 불법과 불법 상황에 대한 대응

개요 특정한 법체계가 존재하는 경우 통상 그에 속한 개별 규범들은 강제력을 갖고 집행되며, 이를 통해 어느 정도의 안정화 기능을 담당한다. 물론 이때의 안정화 기능은 상대적이다. 가령 그것이 내용상 정당한 규범들로 채워져 구성원들의 기본적 자유와 권리를 적절히 보장함으로써 그들의 삶을 영위하는 데 만족스러운 실존 조건으로 봉사하는 법이라면, 그러한 기능은 비교적 오랫동안 유지될 것이다. 반면, 그렇지 못한 경우라면, 즉 법 자체가 내용상 부당하다거나, 설령 내용상 문제는 없더라도 현실적으로 거의 관철되지 않거나 권력에 의해 무시된다면, 안정화 기능은 그다지 오래 유지되지 못할 것이다. 더욱이, 그 법이 본래의 목적이나 정신을 잃고 구성원들의 자유와 권리를 옥죄거나, 심지어 법의 이름으로 광범위하게 불의한 행위를 정당화하거나 반대로 정당한 행위를 억압하는 등의 이른바 불법 상황에까지 이르게 되면, 법의 안정화 기능은 기대하기 어려울 뿐만 아니라 그러한 기능 자체가 더는 의미를 지니지 못할 것이다. 그런데 이런 경우에는 사회적으로 법에 대한 근본적 의문이 제기됨은 물론, 구성원들은 그러한 각성에 따라 그 법에 항의·불복 또는 저항할 수 있다. 불법에 대응하는 이러한 방법 중 대표적인 것으로는 법적 항의, 양심 거부, 시민불복종 및 저항권을 들 수 있다. 이에 여기서는 이들 방법과 관련하여 각각의 의미와 성격, 내용 및 그 실천적 의의 등을 살펴본다. 이러한 학습 과정에서 중점은, 이들 각각의 방법이 어떤 점에서 어떻게 구별되는지, 즉 어떤 조건이나 상황에서 활용될 수 있는 수단인지를 정확히 이해하는 일이다. 또한, 바람직한 법상태의 안정화를 위해 이들 각 방법에 따른 실천적 법 투쟁이 갖는 중요성도 곰곰이 새겨봐야 할 점이다.

1. 법적 항의

법적 항의(legaler Protest)란 현행법의 테두리 내에서, 즉 헌법상 보장된 언론·출판·집회·결사·시위의 자유 등을 통해 일정한 이슈에 반대하거나 항의할 수 있는 권리를 말한다. 반대권(opposition)이라고 불리기도 한다. 그런데 이는 헌법에 보장된 국민의 기본권을 행사하는 것이기에 법치국가 헌법을 전제로 한다. 법치국가에서 법적이고 비폭력적인 모든 항의나 반대는 허용될뿐더러, 필요하기도 하다. 왜냐하면 그런 항의나 반대는 다원적 민주주의의 본질적 요소이자 법치국가를 실현하는 요소이기 때문이다.

법적 항의는 헌법 내적 저항권 또는 예방적 저항권이라 불리기도 한다. 하지만 이는 본래 의미의 저항권으로서 불법국가에 대항하는 저항권을 지칭하는 헌법 외적 저항권과는 엄격히 구분된다. 헌법 내적 저항권은 항의와 반대의 자유가 보장된 상황에서 이를 행사함으로써 저항상황이 도래하지 않도록 예방하는 기능을 하는 데 반해, 헌법 외적 저항권은 그러한 자유가 보장되지 않거나 침해된 상황에서 그것을 다시 획득·쟁취하기 위해 투쟁하는 권리를 말한다. 또한, 전자는 헌법상 허용된 합법적 행위로서 기존 질서의 합법성과 정당성을 부인하지 않는 데 반해, 후자는 비합법적 자구행위로서 자유와 인권을 보호하기 위한 최후수단으로 기능한다.[1]

그런데 본래 의미의 저항권 개념과 구분하여 법적 항의를 헌법 내적 저항권이라고 칭하는 것이 적절한지는 의문이다. 본래의 저항권에 비추어 볼 때 그것은 일종의 형용의 모순일 수 있기 때문이다. 또한, 헌법 내적 저항권 또는 법치국가 내의 저항권이라는 표현은 불법 국가 내의 반대권이라는 표현만큼이나 모순적이다. 불법국가 상황에서는 현실적으로 반대권이 허용될 수 없듯이, 법치국가 상황에서는 현실적으로 저항권이 허용될 수 없기 때문이다.[2]

2. 양심 거부

양심 거부[3](conscientious objection)란 특정한 법 또는 법의 요구에 복종함이 종교적·도덕적·윤리적 차원에서 형성된 양심에 반함을 이유로 그 법에 복종하기를 거부

---

[1] 심재우, 열정으로서의 법철학: 심재우 교수 법철학 선집 I, 박영사, 2020, 291쪽.
[2] 심재우, 앞의 책, 292쪽.
[3] 양심상의 거부 또는 양심에 따른 거부라고 표현하는 것이 적절하리라 생각하나, 여기서는 관례적 용례대로 양심 거부라 표현하기로 한다.

함으로써 이루어지는 법위반 행위를 말한다. 통상 이러한 이유로 법을 위반한 사람을
양심범이라 칭한다. 넓은 의미에서 보면, 양심범은 (정치적 신념이나 확신을 이유로 법 위반행
위를 하는) 확신범의 일종이다. 양심 거부의 전형적 예로는 초대 기독교인들의 로마 황
제 숭배 거부, 평화주의자의 군 복무 및 집총 거부, 시민의 납세 거부나 시청료 납부
거부 등을 들 수 있다. 우리 사회에서 사회적 이슈로 문제가 된 여호와 증인 신도의
병역거부[4] 역시 이에 속한다.

　이러한 양심 거부에 대해서는 정당화 문제가 제기될 수 있다. 시민불복종의 경우
와 마찬가지로, 이 경우에도 윤리적 정당화, 기본권적 정당화, 개별법상의 정당화 등
의 방법이 거론될 수 있을 것이다. 이들 정당화 방법은 아래의 시민불복종에서 상세
히 다룰 것이다. 다만, 양심 거부에 대해서는 시민불복종과 마찬가지로 다른 방식의
정당화가 불가능하다고 보는 필자로서는 개별법(형법)적 정당화에 국한해 간략히 언
급하고자 한다. 법치국가 형법에서 양심 거부에 따른 법 위반행위(또는 양심범)는 어떻

---

[4] 관련 사안으로는, 여호와의 증인 신도인 피고인이 지방병무청장 명의의 현역병 입영통지서를 받고도
입영일부터 3일이 지나도록 종교적 양심을 이유로 입영하지 않고 병역을 거부하여 병역법 위반으로
기소된 사안을 들 수 있다(대판 2018.11.1, 2016도10912 전원합의체). 이에 대해 대법원은 진정한 양
심에 따른 병역거부도 병역법 제88조 제1항의 '정당한 사유'에 해당한다고 보았다(다수의견). 다수의
견은 우선, 병역법 제88조 제1항의 '정당한 사유'를 구성요건 해당성을 조각하는 사유로 보았다. 다음
으로, 여기서 '정당한 사유'는 구체적 사안에서 법관이 개별적으로 판단해야 하는 불확정개념으로서,
실정법의 엄격한 적용으로 생길 수 있는 불합리한 결과를 막고 구체적 타당성을 실현하기 위한 것이
라고 한다. 그리고, 그러한 정당한 사유가 있는지를 판단할 때는 병역법의 목적과 기능, 병역의무의
이행이 헌법을 비롯한 전체 법질서에서 가지는 위치, 사회적 현실과 시대적 상황의 변화 등은 물론
행위자가 처한 구체적이고 개별적인 사정도 고려해야 한다고 판시하였다.
　하지만, 여기서 '정당한 사유'란 — 반대의견처럼 — 입영 통지를 통해 지정된 기일과 장소에 집결할
의무를 부여받았음에도 즉시 이에 응하지 못한 것을 정당화할 만한 사유로서, 병역법상 입영을 일시적
으로 연기하거나 지연시키기 위한 요건으로 인정된 사유, 즉 질병·재난 등과 같은 개인의 책임으로
돌리기 어려운 사유에 한정된다고 보는 것이 옳다. 따라서 개인의 양심을 이유로 입영 또는 소집에
응하지 않은 행위는 '정당한 사유'에 해당하지 않으며, 위 조항의 구성요건에 해당하는 행위로 보아야
한다. 또한, 다수의견은 '정당한 사유'가 형평의 이념과 연계된 것으로 이해한다. 그러나, 설령 그렇게
볼 수 있다고 하더라도 행위자가 처한 구체적이고 개별적인 사정에 차이가 있다고 하여 이를 이유로
일반적인 형식적 정의에 따른 취급과는 다른 (예외적) 취급이 형평의 이념에 따라 곧바로 정당화되는
것은 아니다. 그렇게 취급할 수 있는 사회적 중대성이 있어야 함은 물론, 그러한 중대성에 대한 일반
적인 동의 또는 동의 가능성이 있어야 하기 때문이다. 이에 따르면 양심적 병역거부는 전자의 요건은
충족한다고 하겠으나 후자의 요건은 아직 충족하지 못하고 있다. 그런데 다수의견은 형평의 이념을
내세워 예외 인정의 필요성만을 강조할 뿐, 이점에 대한 근거는 제대로 제시하지 않고 있다. 나아가,
다수의견이 판단기준의 제시와 관련하여 중요한 판단 요소로 제시한 행위자의 구체적·개별적 사정
(양심의 긴장 또는 양심에 배치된다는 내심의 사정)은 행위자가 입영 또는 소집에 응할 수 없도록
영향을 미친 사정으로 책임과 관련된 사정으로 보아야 할 것이다.

게 취급될 수 있는가? 이견이 없지는 않으나, 양심범 역시 통상 위법성의 인식은 있다고 본다. 즉, 행위자는 자신의 행위가 현행 법규범에 위반된다는 점은 알고서 그러한 법 위반행위를 한다는 것이다. 우리의 경우 문제 되는 양심적 병역 거부자들 역시 마찬가지다. 따라서 개인의 양심상 사정을 이유로 법 위반행위를 하는 자는 법규범의 요구에 대해 그러한 양심의 긴장 또는 충돌이 극심하여 도무지 적법한 행위로 나아갈 것을 기대할 수 없다고 볼 수 있는 때에 한정하여, 즉 기대불가능성을 이유로 하여 면책될 수 있을 것이다. 요컨대, 양심 거부에 따른 행위는 이러한 면책사유가 존재하지 않는 한 원칙상 처벌을 면하기 어렵다고 본다.

3. 시민불복종

시민불복종에 관한 논의는 1960년대 미국의 월남전 참전에 반대하여 전개되었던 대대적인 반전 시민운동을 계기로 촉발되었다. 이후 미국의 사회철학, 분석윤리학 및 헌법 이론 등에서 지속해서 논의되다가 존 롤즈의 정의론[5]의 영향 아래 유럽에서도 학문적 관심의 대상이 되었다. 가령 독일에서는 1983년 가을 폭력과 정당성에 관한 광범위한 학문적 논의가 촉발되기도 했다. 그런데 미국이나 독일 모두에서 논의의 출발점은 그들의 역사적 상황 및 그에 대한 인식과 무관하지 않았다. 우리나라에서도 2000년 초 총선을 계기로 시민단체의 낙천·낙선운동이 펼쳐지면서 관련 논의가 일기도 하였다. 오늘날과 같이 다원화된 민주사회에서 국가의 불의에 대한 통일적인 저항 가능성은 점차 희석되어 가는 편이나, 시민불복종 상황이 대두될 가능성은 더 크다고 볼 수 있다. 개별집단이나 소수의 이익을 요구·쟁취하기 위한 항의와 시위의 필요성은 오히려 점점 더 증대해 가는 추세이기 때문이다.

(1) 시민불복종의 의미

시민불복종(civil disobedience)이란 공적·비폭력적·양심적이며 윤리적·규범적으로 근거 지어진 상징적 항의를 목적으로 하는 의식적인 법 위반행위를 뜻한다. 여기서 '공적'이란 말은 공익이 아닌, '다수의 공개적인'이라는 의미로서 절차적 측면에서

---

5) John Rawls, A Theory of Justice, 1973, 363-391쪽.

파악된다. 폭력이라는 말도 형법상 범죄에 해당하는 폭력과는 차이가 난다. 시민불복종은 오늘날 법치국가에서 행사할 수 있는 투쟁의 한 형태로서 저항상황(예외적인 불법 상황)이 도래하지 않도록 이를 사전에 방지하기 위해 일상에서 펼쳐지는 법수호 방법이라 할 수 있다. 이 점에서 이는 작은 저항권이라 불리기도 한다. 그 일반적 형태로는 연좌시위, 도로점거·차단, 기술설비나 시설의 봉쇄·포위, 납세 거부, 징병 거부, 국세조사의 협력 거부 등이 있다. 시민불복종은 여기서 다루는 저항권, 양심 거부, 법적 항의와는 구분된다.

1) 저항권과의 차이

양자는 개혁적 의도나 노력을 수반하는 정치적 행위라는 점에서 공통된다. 하지만 다음과 같은 점에서 양자는 구별된다. 첫째, 목적의 측면이다. (본래 의미의) 저항권은 단순히 헌법수호를 넘어 불법 국가의 혁명적 변화(기존 지배체제의 종식 또는 제거)를 지향한다. 이에 반해, 시민불복종은 체제변화에까지는 이르지 않고 헌법수호의 상태에도 미치지 않는다. 즉, 기존 체제의 대체·전복이 아니라 법치국가 헌법 내에서 법이나 공공정책의 개선을 도모하고자 한다. 둘째, 수단의 측면이다. 저항권은 폭력적 방법을 불사하지만, 시민불복종은 작은 저항권으로서 비폭력적·호소적이며 체계 내재적인 방법을 사용한다. 이런 점에서 시민불복종의 본래 중점은 불복종에 있다기보다 시민(성)에 있다고 할 수 있다.

2) 양심 거부와의 차이

양자는 법 위반행위를 수반한다는 점에서 공통된다. 하지만, 시민불복종은 정치적 행위, 즉 다수에 의해 정치적 효과를 의도하면서 행해지는 공적인 행위인 데 반해, 양심 거부는 개인에 의한 사적 행위로서 도덕적으로 (개개의 또는 부분적으로) 불의한 법 또는 악법에 복종함으로써 도덕적 오류를 범하는 것을 피하려는 의도에서 행해진다는 점에서 구별된다. 물론, 이러한 구분이 전적으로 엄밀한 것이라 보기 어려운 면도 없지 않다. 양심 거부 역시 일 개인이 아닌 다수에 의해 행해지기도 하기 때문이다. 또한, 실제상황에서는 양자가 엄격하게 구분되어 나타나지 않고 결합해서 나타나는 경우도 적지 않다. 예컨대, 1960년대 미국의 월남전 참전 반대 시위에서는 양자가 동시에 등장하기도 했다.

3) 법적 항의와의 차이

양자의 차이는 분명하다. 법적 항의는 목적달성을 위해 합법적인 제도적 장치를 이용하는 데 반해, 시민불복종은 목적달성의 상징적 수단으로서 법 위반행위를 이용한다는 점에서 양자는 결정적으로 구별된다. 그런데 시민불복종이 법 위반행위를 이용한다고 해서 이를 여느 범죄와 마찬가지로 취급해서는 안 된다. 그러한 법 위반행위가 정당화된다고 보는 시각도 있거니와, 시민불복종은 통상의 범죄행위와 달리 법적 항의와 (형법상) 범죄 사이에 놓여 있는 행위6)이기 때문이다.

(2) 시민불복종의 본질: 다수결 원리의 침해

시민불복종의 침해대상은 다수결 원리라는 절차적 원리이다. 불복종에 수반되는 의식적 법 위반이 다수의 지배와 충돌한다는 점, 그리고 헌법이 다수결 원리를 확고하게 지지하고 있다는 점은 논란의 여지가 없다.7) 특히 의회의 다수 결정의 산물인 법률로 눈을 돌릴 때 시민불복종의 침해대상은 더 극명하게 드러난다. 법률의 합법성(Legalität)은 때론 정당성(Legitimität)과 대비되어 실정법의 효력을 부정하게 만드는 징표로 쓰이기도 한다. 즉, 비록 합법성의 요건은 갖추고 있더라도 정당성을 결하면 법이라 할 수 없고, 이로써 의식적으로 그 법을 위반하더라도 문제 될 것이 없다는 논리가 작동할 때 그러하다. 그런데 이런 논리는 가령 권위적 합법주의(autoritärer Legalismus)가 폭넓게 지배하는 반민주국가에서는 통할 수 있다. 여기서는 법체계가 전반적으로 내용적 정당성을 갖추고 있지 않은 까닭에 실정법의 효력 자체가 심각하게 문제 될 수 있기 때문이다. 따라서 이런 나라에서는 다른 나라와 비교해 불복종상황이 다소 빈번하게 또 손쉽게 발생할 수 있고 때론 저항권의 발동상황이 생길 수도 있다.8)

---

6) S. Langer, Staatliches Gewaltmonopol und Ziviler Ungehorsam, Rechtstheorie 17, 1986, 240쪽.
7) G. Frankenberg, Ziviler Ungehorsam und rechtsstaatliche Demokratie, JZ 1984, 273쪽.
8) 하지만, 이 경우 정치 권력의 외부적 억압으로 인해 불복종이 실제로 얼마나 가능할 것인지, 또 가능하다고 하더라도 어느 정도 효과를 거둘 수 있을지는 의문이다. 시민불복종은 자유주의 원칙이 법 가운데서 적절히 인식·보호되지 못하는 국가에서 주로 생겨나지만, 그것이 제대로 자리를 잡으려면 그 나라의 정치문화가 어느 정도 성숙해 있어야 하기 때문이다. 이런 점에서 시민불복종이 빈번히 발생할 수 있는 상황을 제공하는 국가는 그 정치력과 정치문화에 있어 국민이 만족할 만한 정도의 흡족한 수준에 이르지 못한 국가임을 짐작하게 한다[변종필, 시민불복종과 국회의원 후보 낙천·낙선운동의 정당화문제, 법치국가와 시민불복종(한국법철학회 편), 법문사, 2001, 202-203쪽].

반면, 그런 논리는 발전된 민주국가에서는 적용되기 매우 어렵다. 그러한 국가의 정치문화에서는 다수결 원리에 기초한 실정법의 구속력이 균형 잡힌 공동체의 상징으로 여겨지며, 이로써 그 구속력이 부정되거나 의문시되는 경우는 극히 드물기 때문이다. 따라서 정치문화가 민주화되어 성숙한 나라일수록 다수결 원리에 도전하는 현상은 그만큼 나타나기 어렵다. 물론 이런 나라에서도 때로 정의에 다소 심각한 위반이 일어날 수 있음을 고려할 때 그에 대한 반발로서 시민불복종이 펼쳐질 수도 있다. 하지만 그렇더라도 그것은 전반적인 법체계의 내용 및 그 빈도수에 비추어 지엽적이고 예외적인 현상이라 하겠다.

이처럼 볼 때, 오늘날의 민주적 법치국가에서 시민불복종의 본질은 다수결 원리라는 절차적 원리를 침해하는 데 있다. 이런 점에서 다수결 원리 및 그에 기초하여 형성된 실정법의 구속력을 다투는 불복종의 이면에는, 법 내용과 그 정당성에 관한 다른 시각을 토대로 기존의 법 내용과 그 형성 절차를 무시하려는 엘리트적 요소가 깃들어 있는 셈이다. 그런데 그러한 시도는 과연 정당화될 수 있는가?

(3) 시민불복종의 정당화 문제

시민불복종이 정당화될 수 있는가를 놓고는 크게 체계 초월적 정당화 방법과 체계 내재적 정당화 방법이 있다. 아래에서는 이들 각각의 내용을 소개하고 그에 대해 비판적으로 검토해 보고자 한다.

1) 체계 초월적 정당화

이는 실정법 체계 외부에 근원을 둔 정당화 방법으로, 가령 윤리적 정당화와 초실정법적 정당화가 있다. 먼저, 윤리적 정당화란 정당한 것으로 여겨지는 윤리·도덕 규범을 통해 시민불복종을 정당화하려는 시도이며, 이는 주로 신학 논문에서 발견된다. 그런데 여기서 윤리적 정당화 문제는 불복종의 법적 결과에 대한 책임이 배제되는가의 문제와는 엄격히 구분된다. 이런 점에서 이 방법은 시민불복종과 관련해 (실천적 측면에서) 만족스러운 해답을 제시하지 못한다는 문제점이 있다. 현실에서 일어나는 불복종이 실정법상의 제반 문제(손해배상, 가벌성, 소추 가능성 등)를 초래함을 고려할 때 불복종에 대한 구상 역시, 현실에서 벗어나 있지 않고 현실의 인간관계 및 그 결과에 주목하는 한, 불복종이 구체적·현실적 측면에서도 정당한지에 관심을 기울여 그에 대한 나름의 답을 제시할 필요가 있기 때문이다.

다음으로, 초실정법적 정당화란 이른바 정당한 법(정법)을 원용함으로써 시민불복종을 가장 고차적 단계에서 정당화하려는 시도이다. 여기서는 법률의 실정성(합법적 실정성)을 원칙상 이와 비판적으로 대립하는 정당성 개념에 대비시키거나 그때마다 문제 되는 당해 실정법(규범)을 더 나은 법이나 정당한 법 또는 이른바 자연법에 대비시킨다.9) 그리고 합법성과 정당성 사이의 긴장 관계에서 정당성 차원에 무게를 두어 불복종 문제를 해결하려 한다. 그런데 실정 법규와 대비시켜 이런 식의 법을 원용하는 것은 종래 시민불복종을 정당화해 온 모든 이론에 공통되는 방식이라 할 수 있다. 시민불복종의 권리는 원초적으로 이러한 정법이나 정의 규범에 기초하며, 다수결 원리의 위반을 정당화할 수 있는 근거도 바로 여기서 비롯된다. 이런 시각에 따르면 다수라 하더라도 불법을 법으로 규정할 수는 없고 형식적 절차에 따른 법률이라도 불의하다면 그에 복종하도록 요구할 수는 없다.

하지만, 이러한 정당화 방법은 심각한 법이론적 딜레마에 봉착하게 된다. 즉, 그러한 초실정적 법이 그것의 존재를 주장하는 사람에게만 아니라 다른 모든 사람이나 적어도 다수에게도 인식될 수 있는가 하는 근원적 물음에 직면하게 된다. 이는 초실정적 법의 존재 문제가 아니라 인식가능성의 문제이다. 이런 방법으로 시민불복종을 정당화하려는 사람은 다수의 결정에 대한 위반을 정당화해주는 초실정적 법이나 권리가 존재함을 확신하거나 주장하는 것만으로는 부족하고, 그러한 법이나 권리가 다른 이들에게도 인식 가능하며 매개될 수 있음을 제시해야 한다. 그렇지 않고 그러한 법이나 권리의 존재가 주장자에게만 확실하고 다른 사람들에게는 확실하지 않다면 불복종을 정당화하는 길은 차단되고 말 것이다. 요컨대, 이 방법을 통해 시민불복종을 정당화하려는 자들도 불복종을 통해 거부되지 않고 유효한 것으로 남아있는 법질서의 나머지 부분이 내포하고 있는 정당화 원리를 수용해야 한다. 그리고 그들이 불복종의 근거로 원용하는 더 나은 법이나 정당한 법을 적어도 다수가 인식할 수 있도록 해야 한다. 민주적 법치국가에서 그러한 법에 관한 논의의 결과를 정당화해주는

---

9) 저항권 역시 시민불복종과 마찬가지로 정당한 법 또는 더 나은 법을 추구한다고 볼 수 있다. 하지만, 저항권은 정당한 법에 비추어 기존의 법질서 내에서의 정당화 시도를 포기하고 그것을 혁명적으로 거부함으로써 그러한 딜레마를 회피하는 데 반해 시민불복종은 법률의 제한된 부정에만 관계한다는 점에서 양자는 구별된다.

기본적 절차원칙이 바로 다수결 원리이기 때문이다.[10] 다수결 원리의 준수를 포기하면서 동시에 법질서 내에서의 정당화를 고집하는 것은 자기모순이다.

2) 체계 내재적 정당화

이는 실정법 체계 내에서 시민불복종을 정당화하려는 시도로, 크게 기본권적 정당화와 개별 법영역에서의 정당화로 나눌 수 있다.

가. 기본권적 정당화

기본권적 정당화의 대표적 예로는 랄프 드라이어(R. Dreier)[11]와 프랑켄베르크(G. Frankenberg)의 구상을 들 수 있다. 먼저, 드라이어에 의하면, 홀로 또는 타인과 공동하여 공적·비폭력적으로 정치적·도덕적 이유에서 금지규범의 구성요건을 실현한 사람의 행위는, 그 행위가 중대한 불법에 항의하는 것이고 그 항의가 비례성에 부합할 때, 기본권적으로 정당화된다(정당화 공식). 시민불복종 행위가 정당화되려면, 그것은 일단 공적·비폭력적이며 정치적·도덕적으로 근거 지어진 행위여야 한다(불복종의 일반적 요건). 또한, 표현의 자유나 집회의 자유 등 기본권 보호의 범위에 해당해야 하고 기본권 제한의 테두리 내에서 행해져야 한다(기본권적 정당화 구조의 구비). 그리고 그 경우 항의는 국가의 중대한 불법에 대한 것이어야 하며, 목적달성의 수단으로서 비례성에 부합해야 한다(추가적인 정당화 척도). 이러한 구상은 실체법 규범과 같은 정당화 요건을 표현하고 있다는 데서 특징적이다. 시민불복종의 정당성 여부는 최종적으로 사법기관에 의한 재판을 통해 결정되며, 이런 점에서 그의 구상은 실체법적(헌법적)으로 시민불복종을 정당화하는 사유가 무엇인지에 관한 설계라고 할 수 있다.

하지만, 그의 구상은 시민불복종의 본질과 직결돼 있는 쟁점인 불복종대상의 절차 관련성은 고려하지 않고 있다.[12] 그리고 시민불복종의 정당화사유를 이처럼 실정법적(헌법적)으로 합법화하는 것이 바람직한지도 의문이다. 불복종은 결코 단순한 의사 표현이나 시위는 아니며, 이로써 불복종의 구성요소인 법위반도 이를 단순히 해석만으로 해결하기는 곤란하다. 또한, 합법화는 불복종하는 시민들의 의도에는 반하는

---

10) Winfried Hassemer, Ziviler Ungehorsam: Ein Rechtfertigungsgrund?, FS f. R. Wassermann, 1985, 341쪽.
11) Ralf Dreier, Widerstandsrecht und Ziviler Ungehorsam im Rechtsstaat, in: Ziviler Ungehorsam und Rechtsstaat(Hrsg. von Glotz), 1973, 60쪽 이하.
12) Hassemer, 앞의 논문, 342쪽.

것이어서 항의의 도덕적 성격을 왜곡하거나 진부한 것으로 만들 수 있다.13) 항의자에게 개인적 위험(법위반의 대가를 치르게 되리라는 부담)이 사라진다면 법을 위반하는 항의의 도덕적 토대가 의문시되고 그에 따라 호소의 효과도 떨어질 수 있음이다.

다음으로, 프랑켄베르크는 다수결 원리의 한계를 설정한 뒤 소수 보호의 이념에 근거하여 불복종을 정당화하려고 시도한다. 주지하다시피, 다수결 원리는 민주적 법치국가의 핵심 문제14)이나, 그 이면에는 동시에 소수 보호라는 한계가 관련돼 있다. 다수의 결정이라 하여 무조건 정당하며 그에 따라야 하는 건 아니라는 생각도 이점에 근거한다고 볼 수 있다. 이런 점에서 프랑켄베르크는 다수결 원리에 선행하는 몇 가지 한계를 설정한다.15) ⅰ) 잠정적 소수가 항구적 소수로 남아서는 안 되고(즉, 다수 형성을 위한 정치적 절차가 개방돼야 하고), ⅱ) 정치적 평등의 원칙은 단지 소수의 동의 아래서만 변경 가능하며, ⅲ) 변경될 수 없는 결정은 존재하지 않는다는 것이 그것이다. 요컨대, 그는 이들 도덕 원칙에 근거해 시민불복종을 정당화한다.16) 다시 말해, 그는 이들 원칙을 보편적인 것으로, 즉 모든 관련자에게 동의를 얻을 수 있는(모든 사람에게 인식되거나 인식될 수 있는) 것으로 이해하고, 그에 기초하여 (불복종에 의한) 다수결 원리와 실정법의 침해를 정당화한다.

---

13) Frankenberg, 앞의 논문, 270쪽; J.Habermas, Ziviler Ungehorsam: Testfall für den demokratischen Rechtsstaat. Wider den autoritären Legalismus in der Bundesrepublik, in: Ziviler Ungehorsam und Rechtsstaat(Hrsg. von Glotz), 1973, 429쪽.

14) 다수결 원리와 법치국가를 별개의 것으로 보아 반론에 대답하려는 시도도 있으나(박은정, 법치국가와 시민불복종, 법과사회 제3호, 1990, 87쪽 이하), 이는 실질적 법치국가의 관점에서 본 결론으로 짐작된다. 하지만, 민주적 법치국가를 규정하는 핵심적 법원리이자 절차원칙인 다수결 원리를 통해 법률이 제정되고 그 내용이 정해진다는 점을 고려해 볼 때 법을 위반한 것과 그 법에 담긴 다수 의사를 위반한 것을 별개로 보는 것이 적절한지는 의문이다.

15) Frankenberg, 앞의 논문, 274쪽.

16) 가령 하버마스나 롤즈 역시 시민불복종의 정당화 요건으로 이러한 일반적 도덕원칙을 제시하고 있다. 먼저 롤즈는, 첫째 불복종은 정상적인 민주적 절차가 실패한 때에 최종적 대책으로서 시도되어야 한다, 둘째 불복종은 다수의 정의감에 호소하는 정치적 행위이므로 정의에 대한 침해가 구체적이고 명백한 때에 국한되어야 한다, 셋째 불복종은 다른 사람도 같은 정도의 부정의에 처하면 유사한 방식으로 항의할 수 있는 권리가 있음을 불복종하는 자가 인정하는 때에 국한되어야 한다, 넷째 불복종은 항의자가 소기의 목적을 달성할 수 있도록 합리적이고 적절하게 행해져야 한다는 네 가지 요건을 제시한다(Rawls, 앞의 책, 371쪽 이하). 하버마스는 시민불복종이 실정법의 기준에 따라 정당화되는 것은 아니지만, 국가권력의 자제를 강제하기 위해서는 다음의 세 가지 요건을 충족시켜야 한다고 본다. 첫째 불복종은 법질서 전체를 혼란스럽게 해서는 안 되고, 둘째 규범 위반자는 자기 행위의 법적 결과에 책임을 져야 하며, 셋째 규범 위반자는 자신의 주관적 확신이 무엇이든 간에 헌법을 정당화하는 승인된 원칙들로부터 불복종의 근거를 제시해야 한다(J.Habermas, Recht und Gewalt: ein deutsches Trauma, in: ders., Die neue Unübersichtlichkeit, Frankfurt a.M., 1985, 100쪽 이하).

하지만, 그의 구상은 도덕 원칙에 대한 동의 가능성(원칙의 일반화 가능성)과 그 원칙에 대한 현실적 동의(사실적인 일반화)를 적절히 구분하지 못했다는 점에서 문제가 있다.[17] 즉, 양자를 동일시함으로써 동의 가능한(일반화 가능한) 원칙의 절차 관련성(일반적 원칙으로 승인되기 위해서는 단순한 자기주장만으로는 부족하고 다수결 원리라는 절차를 통한 현실적인 결정이 있어야 한다는 점)을 간과한 것이다. 이런 점에서 그의 구상 역시 자연법 원칙이 빠져 있는 이론적 딜레마를 벗어나지 못했다고 하겠다. 시민불복종은 (다수결 원리를 통해 정당화된) 일반화된 원칙이 아닌 일반화 가능한 원칙에 의해서는 정당화될 수 없다.

나. 개별 법영역에서의 정당화

개별 법영역에서 시민불복종의 정당화는 원칙상 시민불복종을 정당화사유로 수용할 때만 가능하다. 왜냐하면 위법성 판단에 관한 법질서의 통일성을 고려할 때, 개별 법영역은 헌법적 정당화인 기본권적 정당화에 따르지 않을 수 없기 때문이다. 이런 점에서 특별히 의미를 갖는 법영역은 형법이라 할 수 있다. 형법적 정당화에 관해 논의를 펼친 대표적 예로는 하쎄머(W. Hassemer)를 꼽을 수 있다.[18] 형법상 불복종의 정당화 여부는 구성요건해당성, 위법성, 책임, 양형 등 다양한 귀속 단계를 통해 검토할 수 있다.

먼저, 구성요건해당성 단계에서 불복종의 정당화 문제는 별다른 의미를 지니지 못한다. 왜냐하면 이 단계에서 입법화를 통해 제시된 행위 형태들은 애당초 법적으로 문제 되지 않는 허용된 영역에 속하기 때문이다. 형법 체계상 시민불복종이 문제 되는 실질적 위치는 위법성 단계이다. 왜냐하면 여기서는 존재하는 법규범(허용규범)을 토대로 하여 불복종행위가 그에 해당하여 허용될 수 있는지를 본격적으로 논의할 수 있기 때문이다. 가령, 우리의 경우 대법원은 시민단체의 불복종 운동에 대해 위법성이 조각하지 않는다고 본 바 있다.[19] 나아가, 책임 단계에서는 불복종의 허용 문제가 예외적으로만 논의될 수 있다. 왜냐하면 형법상 면책사유는 시민불복종에 적합한 면

17) Hassemer, 앞의 논문, 343쪽.
18) Hassemer, 앞의 논문, 333쪽 이하.
19) 시민단체가 단체의 선거운동을 제한하고 있는 공직선거 및 선거 부정 방지법을 위반하여 확성장치 사용, 연설회 개최, 불법 행렬, 서명날인운동, 선거운동 기간 전 집회 개최 등의 방법으로 특정 후보자에 대한 낙선운동을 전개한 경우, 위 각 행위가 시민불복종 운동으로서 헌법상의 기본권 행사 범위 내에 속하는 정당행위이거나 형법상 사회상규에 위반되지 않는 정당행위 또는 긴급피난의 요건을 갖춘 행위로 볼 수는 없다고 한다(대판 2004.4.27, 2002도315).

책유형은 아니기 때문이다. 그리고 양형 단계에서는 양형기준의 범위와 개방성에 따라 형의 가중이나 감경이 문제 될 뿐이다.

그런데 개별 법영역에서의 이러한 단계별 검토는 나름 필요한 것일 수도 있으나 전체 법체계의 측면에서 보면 그다지 의미 있는 것이라 보기 어렵다. 왜냐하면 — 하쎄머 교수의 지적대로 — 위법성 판단에서 법질서의 통일성이 갖는 중요성에 비추어 볼 때 개별 법영역에서의 정당화는 헌법상의 기본권적 정당화에 따라야 하는바, 시민불복종은 앞서 언급했듯이 (다수결 원리라는 절차 원리의 침해를 본질로 하고 있어) 이미 기본권적 단계에서 정당화되기 어렵다고 할 수 있기 때문이다. 따라서 형법상 시민불복종을 정당화할 수 없는 근본 이유도 바로 여기에 있다고 하겠다.

(4) 낙선운동의 정당화 가능성(예시)

우리의 경우 지난 2000년 초 총선을 앞두고 시민단체에 의해 국회의원 후보 낙천·낙선운동이 전개된 바 있다. 시민불복종으로서 이러한 운동이 펼쳐질 가능성은 현재뿐 아니라 미래에도 여전히 존재한다. 비리와 부정에 연루되어 국민의 대표자로서 자질이나 품격이 의심되는 공직자나 정치인이 적지 않음을 고려할 때, 운동의 대상 범위 또한 국회의원을 넘어 고위 공직자에게까지 확대될 수 있다. 이에 여기서는 이들을 대상으로 하여 전개되었거나 전개될 불복종 운동의 양상을 염두에 두고, 이 경우 제기될 수 있는 (정당화) 주장과 그 성격을 간략히 짚어보고 검토해 본다.

1) 정당화 주장과 그 성격

시민단체 등의 낙천·낙선운동이 시민불복종으로서 문제 되는 것은 공직선거법 등 실정법 위반을 수반하기 때문이다. 여기서 이러한 법 위반의 정당화 근거로 들고 있는 논거로는 크게 두 가지를 들 수 있다. 하나는 이른바 악법론(惡法論)이다. 즉, 2000년 운동에서 단체의 선거운동을 금지하는 (당시의) 공직선거법 제87조가 문제 되었듯이, 위반 대상인 해당 법규가 반이성적인 법 또는 악법이라는 것이다. 이러한 언어적 표현에 비추어 볼 때, 이 경우의 정당화 주장은 더 나은 법(가령 이성법이나 자연법)에 근거한 방법, 즉 초실정법적 정당화 단계에 기대고 있다. 그밖에, 선진 외국의 입법례 등을 근거로 삼을 수도 있으나, 이는 하나의 참고자료에 불과할 뿐 핵심 근거나 궁극적 근거라 보기는 어렵다. 우리 정치문화의 수준이나 유권자의 의식 성향 등을 고려할 때 외국의 입법례와 반드시 같게 규율해야 할 필연성은 없기 때문이다. 그리고 다른 하나는 과잉입법론이다. 즉, 위반 대상 법규가 헌법에 반하는 과도한 입법이라는 것이다. 2000년에도 낙천·낙선운동을 전개한 시민단체는 (시민단체의 선거운동을 제한하는) 공직선거법 제87조가 국민의 알 권리나 표현의 자유를 지나치게 제한함으로써 비례성 원칙을 벗어난 과잉입법이라 주장한 바 있다. 그런데 이런 식의 정당화 주장은 기본권적 정당화 방법과 연계되어 있다.

2) 법이론적 검토

먼저, 악법론에 대해 살펴보자. 이성법이나 자연법을 정당화 근거로 삼을 때는 초실정법적 정당화 단계에 대해 제기될 수 있는 문제점이 그대로 적용된다. 따라서 위반 대상 법규가 이른바 악법이라는 점, 그리고 이를 대체할 (다른 내용의) 법이 정당한 법 또는 더 나은 법이라는 점이 주장자들뿐 아니라 그 밖의 다른 사람들 또는 적어도 다수에 의해 인식되어야 한다는 문제가 발생한다. 이에 대해 그러한 식의 정당화를 주장하는 측에서는 가령 국민 다수의 현실적인 동의나 지지를 근거로 하여 다수가 낙천·낙선운동을 동의·지지하고 있는 만큼 그러한 법 위반은 이미 정당화될 수 있지 않으냐며 반문할 수 있다.

하지만, 여기에 대해서는 다음과 같은 반론이 제기될 수 있다. 먼저, 사회학적 측면에서 국민의 다수가 실제로 지지하고 있는지를 확인할 필요가 있다. 국민의 뜻을 정치적으로 악용할 수 있음이다. 그리고 설령 해당 법규를 폐지하거나 개정하는 것이 국민 다수의 의견이라 하더라도, 민주적 법치국가에서 그러한 다수는 절차 밖의 다수이지 절차 안의 다수는 아니다. 즉, 그것은 결집한 힘으로서 사회학적 다수이지 법적 다수는 아니다. 사회학적 다수를 법적 다수로 대체하는 것은 — 비록 사회학적 법실증주의는 이를 수긍할지 몰라도 — 때에 따라 아주 위험한 생각이다. 왜냐하면 그것은 민주주의의 핵심인 다수결 원리의 침해라는 대가를 치르고서야 얻을 수 있는 것이며, 그런 경우 민주적 법치국가의 토대를 부정하는 방향으로 나아가기 때문이다. 그런데 만일 다수결 원리의 침해가 정당화될 수 있는 상황이라면 그런 법상황은 이미 심각한 불법 상황일 가능성이 크다. 그렇다면 이는 단순히 시민불복종이 문제 되는 차원을 뛰어넘는 상황일 수 있다.[20]

---

20) 변종필, 앞의 논문, 214-215쪽.

다음으로, 과잉입법론에 대해 짚어보자. 이런 주장 역시 다른 가능한 주장들과 마찬가지로 우리의 주장이 정당하다는 나름의 효력 주장일 뿐, 실제 효력 있는 것은 아니다. 현행 법질서가 대체로 정당한 것으로 인식되고 또 대체로 실효성을 지닌다면, 시민단체가 어떤 명분을 내세우더라도, 그런 주장이 입법기관이나 사법기관의 권한을 대체할 수는 없다. 따라서 그런 주장의 정당성 여부는 결국 사법부의 판단으로 귀착된다. 만일 해당 법규의 위헌성을 다투고자 한다면, 그것의 위헌 여부를 판단하는 기관이 현존하는 만큼, 위헌소원을 내면 될 일이다.

요컨대, 현재의 법상황에 비추어 특정 법규가 가령 악법이니 준수할 필요가 없다고 하거나 개정논의가 있으니 준수하지 않아도 좋다는 식의 주장은 민주적 법치국가에서 다수결 원리가 갖는 의미를 지나치게 과소평가한 것이라 하겠다. 국민이 시민단체의 낙천·낙선운동을 지지하는 이면에는, 관련 법규가 부당하다는 인식에 공감한다는 의미도 담겨 있을 수 있으나 오히려 부패하고 무능한 기존 정치권에 대한 깊은 불신에서 비롯된 부정적 감정이 더 크게 자리하고 있을 수도 있다.

3) 평가와 과제

그런데 이러한 법이론상의 난점에도 불구하고 남은 가능성이 없지는 않다. 그것은 바로 이른바 악법론을 정치적 투쟁의 유효한 수단으로 활용하는 것이다. 즉, 위반 대상 법규를 반이성적인 법 혹은 악법으로 규정하면서 현행법에 따른 처벌을 감수한 채 불복종 운동을 전개하는 것이다. 물론 한번 법이었던 것은 그대로 법으로 남아있어야 한다는 생각은 권위주의적 합법주의의 사유 방식이며, 이는 법 또는 법인식에 내재한 근원적 불명확성을 인정하지 않는 처사로서 분명 잘못된 것이다. 민주적 법치국가는 비명료성이라는 인간적 실체를 먹고 살며,[21] 현행법을 정당한 법 또는 더 나은 법으로 바꿔야 한다는 주장의 근거 역시 바로 여기에 있다. 하지만, 대체로 안정적인 민주적 법치국가, 즉 실정법 체계가 내용 면에서 극도로 불의하지 않고 대체로 실효성을 지니면서 작동하는 국가에서는 어느 정도 부당한 개별 법규도 일단은 법으로서 존중되어야 할 것이다. 이는 곧, 법체계와 법현실이 전반적으로 불의한 불법 국가에서와는 달리 이런 국가에서는 다수결 원리라는 민주적 절차가 존중되어야 함을 뜻한다. 이런 상황에서도 법체계가 다수결 원리를 무시한 채 혼탁한 의견의 공

---

21) Habermas, 앞의 논문(주 13), 52쪽.

적 표출을 태연자약하게 허용한다면, 결정의 정당성 토대는 그만큼 더 빈약해질 수밖에 없다.

그리고 불복종으로서의 시민운동은 순수성(도덕적 성격)을 유지하는 것이 그 생명이라 할 수 있다. 물론, 운동의 결과를 예상치 않고 동기의 순수성만을 강조하는 것은, 복잡성이 엄청나게 증대된 오늘날에는 무책임한 일일 수도 있다. 하지만 결과로 초래될 어느 정도의 사회적 혼란은 민주적 법치국가에서 시민불복종이 갖는 역할이나 의의를 고려할 때 불가피한 것일 수 있다. 그렇기에 사회적 혼란의 우려를 최소화하면서 불복종의 실천적 취지를 살리는 길은 운동의 순수성과 함께 그로 인한 법적 처벌을 감수하려는 태도를 견지하는 것이라 본다.[22] 그렇다고 해서 불복종에 참여한 시민을 모두 엄벌하는 것도 적절한 대응은 아니다. 때에 따라 기소유예 처분 등 탄력적인 대응도 얼마든지 고려할 수 있을 것이다.

다만, 유념해야 할 것은, 민주적 법치국가에서 다수결 원리가 갖는 법체계적 의의를 고려할 때 시민불복종이 그 자체로 정당화될 수는 없으며, 이로써 시민이 그에 수반되는 법위반 행위를 당연히 허용되는 행위로 여기게 해서는 안 된다는 점이다. 불복종행위에 대해 유연하고 불명확하게 대응하게 되면 이로써 사법행위의 명료성과 비판 가능성 및 통제 가능성이 위협받게 될 것임은 뻔히 예상할 수 있는 일이다. 따라서 불복종 운동을 펴는 시민단체 역시 그 목적달성을 위해 (모호하면서 정치적 편향성을 띨 수 있는 개념인) 국민의 뜻을 표방하며 전면에 내세울 것이 아니라, 진정 국민을 같은 주체로서 판단 능력을 지닌 독립적 유권자라고 여긴다면 자신의 역할을 국민의 선택을 돕기 위한 각종 정보제공(가령 의원들의 의정활동이나 비리 내용 등)에 국한하고 그에 따른 선택은 국민 개개인의 몫으로 남겨두어야 할 것이다.

---

22) 변종필, 앞의 논문, 219쪽.

4. 저항권

(1) 저항권의 의의와 유형

1) 의의

저항권은 법치국가 헌법을 쟁취·유지·회복하는 수단으로서 법치국가 헌법의 구성원리를 이룬다. 아직 법치국가 헌법이 마련되어 있지 않은 곳에서는 그 쟁취의 수단으로, 이미 법치국가 헌법이 마련되어 있는 곳에서는 그 유지의 수단으로, 그리고 독재자나 폭정에 의해 법치국가 헌법이 상실된 곳에서는 그 회복의 수단으로 원용되는 헌법상의 제도이다.[23] 그리고 여기서 법치국가란 형식적 의미의 법치국가를 말하는 것이 아니라, 인간의 존엄과 가치 및 인권을 존중·보호할 것을 목적으로 하는 실질적 의미의 법치국가를 말한다.

2) 유형과 의미

가. 광의의 저항권

저항권(Widerstandsrecht)이 무엇인지는 다소 넓게 규정될 수 있다. 예컨대, 권력에 대한 공공연한 비판이나 불법적 권력 행사에 대한 단호한 거부도 일종의 저항으로 읽힐 수 있다. 앞서 보았듯이, 법적 항의(반대권)와 시민불복종 역시 각각 예방적 저항권과 작은 저항권으로 불리기도 한다. 하지만 이런 형태들까지 저항권의 범주에 포함하는 것은 적절치 않다고 본다. 저항권이라 불리는 것 모두가 같은 성격과 의의를 지니고 있지도 않을뿐더러, 그 의미를 확대하게 되면 저항권의 본래 의미와 본질이 흐려질 수 있음이다. 물론 광의로 보면 반대권도 저항권에 포함될 수 있을 것이다.

나. 본래 의미의 저항권

본래 의미의 저항권은 대체로 다음과 같이 규정될 수 있다. 즉, 그것은 법치국가 헌법이 마비된 상태[헌법의 기본원리가 침해되어 권력에 의한 거의 전면적인 폭정과 불법이 행해지는 불법 상황(불법 국가)]에서 국민이 기본권(자유와 권리)을 지킬 목적으로 그에 맞서 그러한 불법적 지배체제를 무너뜨리기 위해 행사하는 초실정적·혁명적 성격을 띤 권리를 말한다. 헌법재판소 역시 저항권을 "국가권력에 의하여 헌법의 기본원리에 대한 중대한

---

23) 심재우, 앞의 책, 288쪽.

침해가 행하여지고 그 침해가 헌법의 존재 자체를 부인하는 것으로서 다른 합법적인 구제 수단으로는 목적을 달성할 수 없을 때 국민이 자기의 권리·자유를 지키기 위하여 실력으로 저항하는 권리"24)라고 규정하고 있어, 이와 다르지 않은 듯하다.

다. 헌법수호권으로서의 저항권

이와는 달리, 가령 심재우 교수는 저항권의 유형을 헌법 정책적 관점에 따라 좀 더 세분화하여 제시한다.25) 이에 따르면 저항권은 헌법파괴의 단계에 따라 네 가지로 구분된다. 즉, ⅰ) 법으로써 국가권력을 제한하는 법치국가 원칙 일반으로서의 저항권,26) ⅱ) 헌법파괴의 전단계에서 법치국가 헌법을 유지하기 위해 행사되는 모든 항의와 반대 및 시위로서의 저항권,27) ⅲ) 헌법파괴의 진행단계에서 법치국가 헌법을 수호하기 위해 행사되는 헌법수호권으로서의 저항권, 그리고 ⅳ) 헌법파괴 후의 단계에서 법치국가 헌법을 회복하기 위해 행사되는 저항권(본래 의미의 저항권)이 그것이다. 이러한 구분에서 특징적인 것은, 본래 의미의 저항권28) 외에 헌법수호권으로서의 저

---

24) 헌재 1997.9.25, 97헌가4. 대법원은 저항권을 자연법에 기초한 자연권으로 보는 듯하다. 하지만, 헌법과 법률에 근거가 없어 저항권을 재판규범으로 삼을 수는 없다고 한다: "현대 입헌 자유민주주의 국가의 헌법 이론상 자연법에서 우러나온 자연권으로서의 소위 저항권이 헌법 기타 실정법에 규정되어 있든 없든 간에 엄존하는 권리로 인정되어야 한다는 논지가 시인된다고 하더라도 그 저항권이 실정법에 근거를 두지 못하고 오직 자연법에만 근거하고 있는 한 법관은 이를 재판규범으로 원용할 수 없다고 할 것인바, 헌법 및 법률에 저항권에 관하여 아무런 규정이 없는 우리나라의 현 단계에서는 저항권 이론을 재판의 근거 규범으로 채용·적용할 수 없다"[대판 1980.5.20, 80도306(다수의견), 같은 취지로는 대판 1980.8.26, 80도1278; 대판 1975.4.8, 74도3323]. 반면, 반대의견은 가능하다고 본다: "형식적으로 보면 합법적으로 성립된 실정법이지만 실질적으로는 국민의 인권을 유린하고 민주적 기본질서를 문란케 하는 내용의, 실정법상의 의무이행이나 이에 대한 복종을 거부하는 등을 내용으로 하는 저항권은 헌법에 명문화되어 있지 않았더라도 일종의 자연법상의 권리로서 이를 인정하는 것이 타당하다 할 것이고 이러한 저항권이 인정된다면 재판규범으로서 기능을 배제할 근거가 없다."
25) 심재우, 앞의 책, 289쪽.
26) 이 단계의 저항권은, 비록 이를 저항권의 범주에 포함할 수는 있을지라도, 그 행사가 직접적으로 문제되진 않는다는 점에서 실천적으로 특별한 의미는 없는 듯하다.
27) 이는 반대권으로서의 저항권으로, 기능적 측면에서 제도화된 저항권 또는 헌법 내적 저항권으로 불리기도 한다. 법질서의 테두리 내에서 행사되는 권리라는 점에서 이것 역시 본래 의미의 저항권과는 구별된다.
28) 이는 인권을 보호하기 위한 인권으로서 혁명적·공격적 성격을 띠며, 그 예로는 프랑스 인권선언 제2조(모든 정치적 결합의 목적은 생래적이고 불가양의 인권을 보호하는 데 있다. 그것은 자유권과 소유권과 안전권 그리고 압제에 대한 저항권이다)를 들 수 있다(심재우, 앞의 책, 295-296쪽). 그런데 여기서 저항은 (정치권력에 의한) 혁명과 구분된다. 형식적으로 보면 양자 모두 기존 질서를 부인하고 폭력을 사용한다는 점에서 공통된다. 하지만, 혁명은 국가권력을 장악하기 위한 권력투쟁을 본질로 하는 데 반해 저항은 국가권력의 횡포를 타파하기 위한 법 투쟁을 본질로 한다는 점, 그리고 혁명은 권력을 장악하기 위한 공격적 폭력행위인 데 반해 저항은 (국가권력 측의 공격을 전제한) 국가권력

항권29)을 인정하고 있다는 점이다. 여기서 헌법수호권이란 쿠데타나 혁명을 통해 국가권력의 작용이 배제돼 있는 권력 진공상태에서 자유민주주의 헌법 질서를 수호하기 위한 저항권을 말한다. 그리고 이 경우의 저항상황은 (법치국가 헌법의 기능이 완전히 마비되긴 했으나 아직 불법국가 헌법이 확립된 상황은 아니기 때문에) 반대권처럼 법치국가 내에 위치하는 것도, 본래 의미의 저항권처럼 불법국가에 위치하는 것도 아니며, 양자의 중간단계에 위치한다.30)

그런데 이러한 구분방식을 고려할 때 가령 저항권을 명문화한 독일과는 달리 그렇지 않은 우리의 경우 헌법수호권을 행사할 만한 저항상황이 발생한다면 어떻게 대응할 것인가 하는 의문이 제기될 수 있다. 우선, 명문규정이 없는 상태에서 정면으로 그와 같은 권리를 인정할 수는 없을 것이다. 다만, 앞서 언급한 본래 의미의 저항권 개념(대체적 관점과 현재의 태도)에 비추어 본다면 헌법수호권 발동상황 역시 거기서 전제하고 있는 불법상황에 포함될 수 있을 것이다. 따라서 그 경우 본래 의미의 저항권을 행사할 수 있으리라고 여겨진다.

(2) 저항권의 규범화 문제

주지하다시피, 가령 헌법수호권을 명문화하고 있는 독일과는 달리 우리의 경우 본래 의미의 저항권이나 헌법수호권을 명문화하고 있지 않다. 그렇다면 이런 형태의 저항권을 명문화하는 것이 필요한 일인가? 먼저, 헌법수호권은 헌법 질서가 위기에 처해 있기는 하나 아직 헌법의 효력이 완전히 상실되지는 않은 상태에서 현행 헌법을 수호하기 위해 행사하는 권리이기에 이를 명문화하는 것은 헌법 정책적 문제로서 특별히 문제 될 것은 없어 보인다. 하지만, 본래 의미의 저항권은 이와 다르다. 이는 헌법 외적 저항권으로서 헌법이 마비되어 더는 그 기능을 하지 못하는 불법 상황에서 행사되는 권리이기에 이를 명문화하는 것은 바람직하지 않다. 설령 이를 명문화한다고 하더라도, 단순히 선언적 의미만을 지닐 뿐, 이미 헌법 질서가 침해·마비되

남용에 대한 방어적 폭력행위라는 점에서 양자는 구별된다(같은 책, 298-299쪽).

29) 이는 보수적·방어적 성격을 띠며, 그 예로는 독일 헌법 제20조 제4항[이 질서(자유민주주의 헌법 질서)를 배제하려고 시도하는 모든 자에 대해 다른 구제 수단이 불가능한 경우 모든 국민은 저항할 권리를 가진다]을 들 수 있다(심재우, 앞의 책, 293쪽).

30) 심재우, 앞의 책, 294쪽.

어 그 효력을 잃은 상황에서 이를 행사한다는 것은 무의미하다. 효력이 전체적으로 상실된 헌법 안에 담긴 개별 규정이 전체 헌법과 별개로 독자적인 효력을 갖는다는 건 어불성설이다. 헌법이 그 규범력을 상실한 곳은 자연상태와 다를 바 없고, 그러한 자연상태를 법으로써 규율한다는 것은 자기모순이다. 다시 말해, 실정 헌법의 효력이 끝나는 곳에서 비로소 시작될 수밖에 없는 권리를 명문화하는 것은 그 자체 모순이다.[31]

> **보충** 사회계약론과 저항권[32]
>
> 저항권에 대한 사회계약론자들의 태도는 일치하지 않는다. 가령 칸트는 저항권을 부정한다. 그는 자연 상태를 부정의의 자연 상태와 무법의(무정부적) 자연 상태로 구분하고, 후자를 이유로, 즉 폭군에 의한 탄압보다 그에 대해 저항할 때 생기는 무정부상태를 더 우려하여 저항권을 부정한다. 반면, 로크와 루소는 인간의 자기보존권(자연권)에서 저항권의 정당화 근거를 찾는다. 가령, 루소는 국가권력 남용의 형태를 두 가지, 즉 폭정(통치자가 법률에 따르지 않고 자기의 자의에 따라 다스리는 경우)과 찬탈(법률에 근거하여 통치권을 획득하지 않고 비합법적 방법으로 왕권을 손에 넣는 경우)로 나누면서 두 경우에 사회계약은 무효이며 국가는 해체된다고 한다. 이 경우 각자는 자연권을 재획득하는데, 이 자연권은 저항권으로 변모한다. 동양의 경우, 가령 역성혁명론(易姓革命論)을 편 맹자는 민본주의와 왕도주의에 기초한 국가윤리에 근거하여 저항권을 인정한다. 통치자가 그의 권력을 남용하여 폭정이나 학정을 행하면 그는 이미 왕이 아니라 한낱 필부에 지나지 않으므로 이 경우 그를 제거하거나 살해하더라도 반역이 아니라 오히려 정당화된다고 본다.

---

31) 심재우, 앞의 책, 303-304쪽.
32) 이에 관해 자세한 것은 심재우, 앞의 책, 303, 307쪽 이하.

생각해볼 문제

1. 민주적 법치국가에서 불법에 대응하는 수단에는 어떤 것들이 있는가?
2. 양심적 병역 거부는 형법상의 범죄 체계론에서 어디에 위치하는가?
3. 시민불복종을 정당화하는 방법에는 어떤 것들이 있는가?
4. 시민불복종에서 다수결 원리가 갖는 함의는 무엇인가?
5. 시민불복종 운동이 나아가야 할 바람직한 방향은 무엇이라고 보는가?
6. 민주적 법치국가에서 본래 의미의 저항권이 갖는 의의는 무엇인가?
7. 헌법수호권과 본래 의미의 저항권은 어떻게 구별되는가?
8. 본래 의미의 저항권을 명문화하는 것은 필요한가?

법규범과 법체계

Ⅰ. 법체계의 구성요소로서의 법규범
Ⅱ. 법규칙·법원리 구별 논의
Ⅲ. 법규칙과 법원리의 관계 및 구별
Ⅳ. 법규칙, 법원리, 법체계

법규범과 법체계

일정한 법체계는 법규범들로 구성돼 있다. 그런데 이들 규범에 어떤 법규범이 있는지를 두고는 법실증주의와 비실증주의에 따라 시각 차이가 존재한다. 전자는 (대체로) 법규칙만을, 그리고 후자는 법규칙 외에 법원리나 절차를 규율하는 규칙까지 법체계를 이루는 법규범으로 파악하고자 한다. 그리고 그에 따라 법체계 모델 역시 달리 나타난다. 이에 여기서는 이와 관련된 세부 논제들, 즉 법규칙·법원리 구별 논의와 구별의 실천적 의의, 구별방식과 그 기준의 적합성, 양자 외 다른 구성요소의 필요성, 그리고 구성요소의 차이에 따른 법체계 모델의 유형 등을 다룬다. 이를 통해 어떤 착상이나 사유 방식이 적절한지, 특히 실천적 측면에서 현실의 법적 문제를 해결하는 데 더 나은지도 짚어본다. 어떤 법체계 모델을 취할 것인가는 매우 중요하다. 왜냐하면 그에 따라 구체적인 법적 문제를 해결하는 실천적 방법에 있어 상당한 차이가 나기 때문이다. 따라서 학습 과정에서는 모델 간의 차이점을 정확하게 이해하고 어떤 방식이 법을 합리적으로 실현하는 데 적절하고 유용한지를 숙고·검토해 보는 것이 필요하다.

I. 법체계의 구성요소로서의 법규범

법체계는 그 구성요소로 개개의 법규범을 포함한다. 그리고 이들 개별 규범의 효력은 전체 법체계의 효력에 의존한다. 즉, 개별 법규범은 그것이 효력 있는 특정한 법체계에 속해 있다는 점에서 대체로 그 효력이 인정된다. 종래 법실증주의 관점에 의하면 이들 개별 규범은 (법률적 삼단논법에 따라 적용되는 법규범의 성격을 띤) 법규칙(legal rule)으로 이해돼 왔다. 그런데 최근 비실증주의 진영에서는 법체계에는 성격상 법규칙과 구별되는 법규범도 존재하며 이것 역시 법체계를 이루는 법규범으로 보아야 한다는 주장이 제기되고 있다. 이런 주장을 통해 불붙은 것이 바로 이른바 법규칙 – 법원리 구별 논쟁이다. 주지하다시피, 실증주의와 비실증주의 논쟁은 법의 역사를 관통하면서 현재에도 여전히 진행 중이다. 양 진영 간의 다툼은 각기 다른 시각에서 무엇이 법인가에 답하려는 시도로서, 일면 법과 법인식에서 사회적 연원(실정성)을 중시하는 시각과 타면 정당성 요소를 법의 핵심 표지로 파악하는 시각 사이의 비판적 교류라 할 수 있다. 그런데 법규칙·법원리 구별 논의는 근자에 양 진영 간에 행해진 가장 치열한 논쟁으로서, 그 포문을 연 사람은 (우리 시대의 가장 중요한 법철학자의 한 사람으로 꼽히는) 드워킨(Ronald Dworkin)이다. 그에 따르면 법규칙 외에 법원리(legal principle)도 법체계를 구성하는 법규범에 속한다. 또한, 여기서 한 단계 나아가, 알렉시는 드워킨의 착상을 토대로 절차의 차원까지 포함하는 법체계 이론을 펼친다. 그에 따르면 법규칙과 법원리를 비롯하여 법적용 절차를 통제·규율하는 합리적 규칙도 법체계를 이루는 법규범에 해당한다.

이처럼 법체계를 구성하는 개별 법규범이 무엇인가를 두고는 법규범의 성격을 고려한 다른 시각이 제기되면서 논의의 양상과 차원이 변화되고 있다. 그런데 이러한 변화에는, 법의 흠결이 있는 경우 이를 어떤 방식으로 해결할 것인가에 대한 시각의 차이와 함께, 어떻게 하면 법의 실현과정에서 드러나는 법적 결정권자인 법관의 자의성을 합리적으로 통제할 수 있을 것인가에 대한 인식과 방법의 차이가 반영돼 있다.

II. 법규칙·법원리 구별 논의
– 법실증주의 테제에 대한 드워킨의 비판

1. 법실증주의에 대한 비판

법규칙·법원리 구별 논의는 실증주의에 대한 드워킨의 비판에서 출발한다. 그는 먼저 법실증주의의 핵심적 신조를 세 가지로 요약하여 제시하고, 그런 다음 이들 테제가 잘못되었음을 비판적으로 논증한다.[1] (비판의 대상이 된) 첫 번째 테제는, 실증주의

---

1) Ronald Dworkin, The Model of Rules I, in: Taking Rights Seriously(7 edit.), 1994, 17쪽 이하.

는 공동체의 법을 규칙들의 집합으로 본다는 점이다. 가령 법실증주의의 대표자 중 하나인 하트는 법체계를 이런 규칙들의 체계로 파악한다. 실증주의에 의하면 이들 규칙은 그 내용이 아니라 그 유래나 이들이 채택·발전되는 방식 및 기준2)에 힘입어 확인될 수 있다. 이 테제는 법체계의 구조와 한계에 관한 것이다.

두 번째 테제는, 실증주의는 이들 규칙의 모호성으로 인해 법관이 법효과를 확정할 수 없는 경우 (사법) 재량에 의존한다는 점이다. 그런데 이 테제는 첫 번째 테제에서 비롯된다. 법이 오직 실정적인 사회적 연원에 따라 확인된 규칙들로만 구성되어 있다면, 규칙에 내재한 불명확성과 모호성 때문에 법관이 법적 결정이나 효과를 확정할 수 없는 사안들이 존재하는 경우, 법규칙들로만 구성된 법은 법관에게 결정을 위한 어떠한 기준도 제시하지 못하며, 이로써 법질서에 속하지 않는 법 외적 기준에 따라 판단할 수밖에 없게 된다. 즉, 이 경우 법관은 결정에 있어 법질서에 구속되지 않게 된다. 그런데 실증주의 사고에 의하면 이러한 사법 재량은 불가피하다. 가령, 하트 역시 일정한 사례들(법개념의 의미의 틀에 속하는 사례들)에서 법관은 마치 그 자신이 규범 정립자인 것처럼 선택을 내림으로써 스스로 입법자로서 관여해야 하며, 법관의 이러한 입법적 기능은 모든 법질서에 내재해 있는 불가피한 특성이라고 한다.3)

세 번째 테제는, 실증주의는 누군가에게 법적 의무가 있음을 인정하려면 그러한 의무를 규정하는 법규칙이 존재해야 한다고 본다는 점이다. 이에 따르면 효력 있는 법규칙이 없으면 법적 의무도 없다. 그런데 이 테제에 기초해서 보면, 가령 '판결하기 어려운 사안'(hard case)에 있어 법관은 법규칙에 따라 이미 존재하는 어떤 의무를 말하는 것이 아니라 판결에 이르기까지 존재하지 않는 (새로운) 의무를 비로소 확정하는 꼴이 되고 만다.

---

2) 이 기준은 법규칙을 사이비 법규칙(가령 법률가나 소송당사자가 주장하는 규칙)이나 도덕 규칙과 구별하는 척도로 기능한다[로널드 드워킨, 법과 권리(염수균 옮김), 한길사, 2010, 76쪽]. 이런 기준의 대표적 예로는 하트의 승인규칙(rule of recognition)을 들 수 있다[Robert Alexy, Zum Begriff des Rechtsprinzips, in: Argumentation und Hermeneutik in der Jurisprudenz(Hrsg. v. Werner Krawietz 외 3인), Berlin, 1979, 60쪽].

3) 카티야 랑엔부허, 영미 법이론에서 법관의 역할(변종필 역), 법철학연구 제6권 제1호, 세창출판사, 2003, 325쪽 이하; 이에 관해서는 제9장 참조.

2. 권리 및 정답 테제와 법원리

법실증주의에 대한 드워킨의 비판에서 핵심을 이루는 것은 그의 권리 테제이다. 권리 테제란 사법적 판결은 언제나 (제도적 권리로서) 법적 권리를 좇아서 행해져야 한다는 견해를 말한다.[4] 이에 의하면 판결에 있어 법관의 임무 역시 새로운 권리를 창조하는 데 있지 않고 그러한 권리를 발견하는 데 있다. 나아가, 그는 이 테제의 연장선상에서 판결하기 어려운 사안에서도 유일하게 정당한 하나의 대답이 존재한다(유일하게 정당한 결정-테제 또는 정답 테제)고 보며, 이 경우 최선의 법이론을 통해 가장 잘 근거지어진 대답은 정당하다고 한다. 그런데 그가 말하는 최선의 법이론이란 헌법 규정들, 제정된 법규범들 및 선례들을 가장 잘 정당화해주는 원리들과 이들 원리 간의 비중을 포함하고 있는 이론을 의미한다.[5] 또한, 그가 말하는 법원리란 법규칙이 아니면서 개인의 권리를 위한 논거로 봉사할 수 있는 모든 규범적 척도를 말한다.

3. 법원리의 역할과 사법 재량의 부정

드워킨의 이런 생각은 법률가들이 판결하기 어려운 사안에서 실상은 법규칙으로 기능하지 않는 다른 형태의 기준들(원리나 정책 등)을 활용하여 결정을 내린다는 점에 대한 통찰에서 기인한다.[6] 이에 법질서나 법체계를 규칙들로만 구성된 체계로 파악하는 실증주의자들은 법규칙만을 알고 있어 법규칙이 아닌 기준들(법원리들)이 갖는 중요한 역할을 제대로 이해하지 못한다고 지적하면서,[7] 법질서는 단지 규칙들로만 구성된 체계(규칙 모델)가 아닌, 법원리들까지 포함하는 체계(규칙-원리 모델)로 파악돼야 한다고 한다. 규칙들과는 달리 원칙들은 법관에게 언제나 해결의 실마리를 제공해주

---

4) 로널드 드워킨, 법과 권리(염수균 옮김), 한길사, 2010, 28, 197, 220쪽.

5) Robert Alexy, Zum Begriff des Rechtsprinzips, in: Rechtstheorie, Beiheft 1, 1979, 61쪽.

6) 가령, 1889년 뉴욕법원 관할의 릭즈 대 팔머(Riggs v. Palmer) 사건을 들 수 있다. 상속인(손자)이 피상속인(할아버지)의 재산을 상속받기 위해 피상속인을 살해한 사건이었는데, 법규정에 따르면 재산이 살인자에게 주어질 수밖에 없었다. 하지만 여기서 법원은 누구도 그 자신의 범죄로 인해 이득을 얻어서는 안 된다는 기준을 원용하여 살인자가 유산을 물려받지 못하게 결정하였다. 드워킨은, 이 경우 법원이 제시한 기준은 법원리로서 우리가 통상 법규칙이라고 생각하고 있는 것과는 다른 류의 기준이라고 보았다(Dworkin, 앞의 논문, 23-24쪽).

7) Dworkin, 앞의 논문, 22쪽.

기 때문이다. 즉, 사안에 관한 결정이 규칙들에 근거해서는 가능하지 않더라도 원리들에 근거해서는 가능하기 때문이다. 이런 점에서 법관은 판결하기 어려운 사안에서도 법질서에 구속되지 않는다는 의미의 재량은 결코 지니고 있지 않다고 한다.

Ⅲ. 법규칙과 법원리의 관계 및 구별

1. 원리와 정책의 구분

(1) 원리와 정책, 원리 논거와 정책논거의 구분

드워킨은 법원리를 법규칙과 다른 기준이라고 봄으로써 법원리를 법규칙과 구별하면서, 동시에 법원리는 법정책과도 엄밀하게 구분할 필요가 있다고 본다. 그에 의하면 정책(policy)이란 달성해야 할 목적(어떤 목적은 현재의 어떤 국면이 그 반대로 바뀌지 않도록 보호될 것을 요구한다는 점에서 소극적 형태를 띠기도 한다), 즉 경제적·정치적 또는 사회적 국면에서 공동체의 개선을 설정하는 그런 류의 기준을 말한다. 반면, 원리(principle)란 경제적·정치적 또는 사회적 상황을 바람직하게 보이도록 개선하거나 보장하기 위해서가 아니라, 정의나 공정성의 요구 또는 어떤 다른 차원의 도덕적 요구라는 이유에서 준수되어야 하는 기준을 말한다.[8] 가령, 자동차 사고를 줄여야 한다는 기준은 정책이고, 누구도 그 자신의 잘못으로 이득을 보아서는 안 된다는 기준은 원리에 해당한다.

그리고 양자는 사법적 결정에 있어 원리 논거(argument of principle)와 정책논거(argument of policy)로 작동한다.[9] 원리 논거란 결정이 어떤 개인이나 집단의 권리를 존중하거나 보호한다는 것을 보여주는 논거를 말한다. 가령 소수 보호는 원리 논거인

---

8) Dworkin, 앞의 논문, 22쪽. 하지만 가령 일정한 원리가 일정한 사회적 목적(예컨대, 누구도 그 자신의 잘못으로 이득을 보지 않는 그런 사회의 형성이라는 목적)을 진술하고 있는 것으로 파악될 경우, 일정한 정책이 일정한 원리(예컨대, 그 정책이 포함하고 있는 목적은 가치 있는 목적이라는 원리)를 진술하고 있는 것으로 파악될 경우, 정의의 목적은 최대 다수의 최대행복을 확보하려는 목적의 위장된 진술이라는 공리주의적 테제를 도입하는 경우, 그러한 구분은 무너질 수 있다고 한다.
9) 로널드 드워킨, 판결하기 어려운 사안(장영민 역), 법철학과 사회철학 제3집, 교육과학사, 1993, 67쪽 이하.

데, 왜냐하면 이를 통해 소수에 속하는 구성원의 개별적 권리들이 보호되기 때문이다. 정책논거란 결정이 사회 전체의 집단적 목적이나 이익을 증진 또는 보호한다는 것을 보여주는 논거를 말한다. 예컨대 비행기 제작자에 대한 원조를 정당화함에 있어 그렇게 하는 것이 국가의 방어력을 증강한다는 근거 제시는 정책논거이다. 이 경우 비행기 제작자는 할당된 원조를 받을 수도 있는데, 이는 그러한 권리가 존재하기 때문이 아니라 그렇게 하는 것이 공동체에 유익이 되기 때문이다. 반면, 항공기 회사가 법률이 규정하는 보조금을 청구하는 소를 제기하는 경우, 그의 보조금에 대한 권리 주장은 원리 논거에 해당한다.

(2) 판결하기 어려운 사안과 원리 논거 활용의 근거

이러한 구분에 기초하여 드워킨은 판결하기 어려운 사안에서도 법관은 정책논거가 아닌 원리 논거에 의해 결정해야 한다고 주장한다.[10] 그 근거로는 두 가지를 든다. 첫째 근거는 권력분립 원칙이다. 법이 무엇인지를 확정함에 있어 대체로 선출직이 아닌 법관이 선출직인 입법기관을 대리 또는 대체하는 것은 문제가 있다는 생각에서다. 집단적 논거들을 고려하는 것은 입법부만이 갖는 권한이므로 법관은 새로운 정치적 목적을 기획해서는 안 되며 단지 이미 존재하는 권리만을 실현해야 하는 임무를 띠고 있기 때문[11]이다. 둘째 근거는 소급효 금지원칙이다. 소급입법 및 소급 적용에 의한 사후적인 의무창설의 위험성 때문이다. 만일 법관이 사후적으로 법을 말한다면 의무규범 또는 행위규범을 소급해서 설정하는 위험이 발생하게 되며, 더욱이 이 경우 정책논거를 활용할 수 있게 된다면 그러한 위험은 더욱더 증대될 것이기 때문이다.

(3) 구분의 실천적 의의

법제도적 측면에서 이러한 구분은 민주적 법치국가에서 입법자와 법관의 역할이 분명하게 구별됨을 다시금 확인한 것이라는 점에서 의의가 있다. 동시에, 법이론적 측면에서는 이른바 법의 흠결이 문제 되는 (규칙들만으로는 해결할 수 없는) 판결하기 어려운 사안에서 법관이 유념해야 할 법적용의 한계와 합리적인 근거 제시라는 방향성을

---

10) 드워킨, 앞의 논문, 71쪽.
11) 랑엔부허, 앞의 논문, 333쪽.

보여준다는 점에서 매우 중요한 의의를 지닌다고 하겠다. 우리의 예를 보면 법적 결정이나 판단에서 정책적 논거를 원용하거나 이를 주된 요소로 고려하는 경우가 적지 않다.[12] 가령 형법 영역에서 처벌의 공백을 메우기 위해 법의 목적을 근거로 제시하는 경우가 그러하다.[13] 판결하기 어려운 사안에서 법관은 정책논거를 원용해서 결정을 내려서는 안 되고 원리나 원리 논거에 기대어 판결해야 한다는 드워킨의 주장은, 원리와 정책 또는 원리 논거와 정책논거의 구분 및 그 적절성을 넘어 이제 또 다른 차원의 문제, 즉 법원리를 법규칙과 어떻게 구별할 것인가 하는 문제에 직면하게 된다.

2. 양자의 관계: 세 가지 테제

양자의 구별기준을 살펴보기에 앞서 법규칙과 법원리의 관계 문제에서 취할 수 있는 태도를 먼저 짚어보는 것이 필요할 듯하다. 이에는 크게 세 가지 관점이 있을 수 있다.[14] 첫째, 법규칙과 법원리 사이에는 좁은 의미에서든 넓은 의미에서든 어떠한 논리적 차이도 존재하지 않는다는 관점이다(일치 테제, Übereinstimmungsthese). 이에 따르면 법원리라고 불리는 규범에서 나타날 수 있는 모든 논리적 속성은 법규칙이라고 불리는 규범에서도 나타날 수 있다. 둘째, 법규칙과 법원리가 논리적 측면에서 서로 구분될 수 있으나 그러한 차이는 단지 정도의 차이에 불과하다고 보는 관점이다(약한 분리 테제, schwache Trennungsthese). 셋째, 법규칙과 법원리는 서로 전혀 다른 논리적 구조를 지닌 규범이며, 양자 간에는 정도의 차이가 아니라 질적 차이가 존재한다는 관점이다(강한 분리 테제, strenge Trennungsthese). 이에 따르면 어떤 규범이 법규칙이나 법원리일 수 있다면 그것은 언제나 규칙이든지 아니면 원리이다.

가령 사람을 살해한 자는 사형, 무기 또는 5년 이상의 징역에 처한다는 우리 형법 제250조 제1항의 규정은 법규칙에 해당한다. 여타의 다른 살인죄 규정도 마찬가지

---

12) 책임원칙과 관련하여 헌재 판례에서 나타나고 있는 이러한 형태의 일부 문제점에 관해서는 변종필, 형벌조항에 대한 위헌심사와 책임주의, 헌법실무연구 제11권, 2010, 449쪽 이하.

13) 이러한 문제점에 관해서는 변종필, 형법해석에서 법정책적 논거원용의 타당성문제, 형사법연구 제26호 특집호, 한국형사법학회, 2006, 509쪽 이하.

14) 이에 관해서는 Alexy, 앞의 논문, 64-65쪽.

다. 그런데 입법자가 이들 규정을 명문화한 보호 목적(법익)을 고려하면 이들 살인죄 규정의 배후 또는 배경을 이루는 법원리는 적극적으로는 타인의 생명을 존중해야 한 다는 형태로, 소극적으로는 타인의 생명을 침해해서는 안 된다는 형태로 표현될 수 있다. 이처럼 법규칙은 규율대상이나 보호 방법 등을 통해 법원리를 구체화한 것이라 할 수 있다. 이런 점에서 양자는 일반성의 정도에서 차이를 보인다. 이런 점에서 일단 법원리를 법규칙과 질적으로 다른 어떤 규범이라고 규정할 수 있는가의 문제와는 별 개로, 법원리를 그 구조상 법규칙과 같다고 보기는 어려울 듯하다. 그렇다면 양자 간 에서는 단지 정도의 차이만 있는가 아니면 어떤 질적 차이가 있는가? 드워킨은 양자 의 구분이 결코 일반성의 정도에 따른 구분이 아님을 분명히 한다. 즉, 양자를 구별하 는 기준들은 상대적인(komparativ) 성격이 아닌, 엄격히 범주를 달리하는(klassifikatorisch) 성격을 띤다고 한다.15)

3. 양자의 구별

법원리와 법규칙을 구별하는 데는 다양한 방법이나 기준이 있다. 예컨대, 양자의 성립방식(가령 창조된 것인지 아니면 전승된 것인지), 평가내용의 명료성, 도덕적 내용이나 법 이념과의 관련성, 법질서에 대해 갖는 중요성, 인식의 확실성, 보편타당성이나 편재성 등에 따라 구별할 수 있다. 또한, 규칙을 지지하는 근거인지 아니면 그 자체 규칙인지 또는 그 규율대상 여하(가령 논증 규칙인지 아니면 행위 규칙인지)에 따른 구분도 가능하 다.16) 그리고 이에 따라 원리의 유형 역시 구별기준의 다양성만큼 다양하게 나타날 수 있다. 그런데 여기서는 대표적 예로 드워킨과 알렉시의 구별방식에 국한해 살펴보 기로 한다. 이들의 구별방식이 논의의 주제와 관련하여 특별히 중요한 의미를 지닌다

---

15) Ronald Dworkin, The Model of Rules Ⅱ, in: Taking Rights Seriously, 78쪽. 법규칙과 법원리의 구별문제를 일반성의 정도 문제로 보지 않고 질적 문제로 보고 있는 또 다른 견해로는 Josef Esser, Grundsatz und Norm in der richterlichen Fortbildung des Privatrechts, 3.Aufl., Tübingen 1974, 50-51, 95쪽: 규칙은 "'적용 가능한' 것이어야 한다. 즉, 그것은 그 범위 및 작용방식에 있어 ─ 규제기 관이 심사 가능한 방식에 따라 주어진 또는 주어지지 않은 것으로 확인할 수 있는 ─ 일정한 기준들에 의해 확정되어 있어야 한다." 반면, 원리는 "일정한 문제영역에 대해 직접적인 형태의 구속력 있는 지시를 하고 있지 않으며," 그것은 "그 자체 지시가 아니라 지시의 근거나 기준 및 정당화이 다."(Alexy, 앞의 논문, 67쪽에서 재인용).

16) Alexy, 앞의 논문, 65-66쪽.

고 볼 수 있기 때문이다. 이들에게 양자의 구별문제는 넓은 의미에서 양자의 적용형식과 충돌형식까지 포함하는 그 논리적 구조와 관련돼 있다.

(1) 드워킨의 구별방식

1) 전부-아니면-전무로서의 성격

드워킨에 의하면 법원리와 법규칙 간에는 먼저 논리적 차이(logical distinction)가 존재한다.[17] 즉 양자는 특별한 상황에서의 법의무에 관한 특별한 결정을 지시해주지만, 각각이 제시하는 방향의 성격에서는 서로 다르다. 규칙은 전부-아니면-전무의 방식(all-or-nothing-fashion)으로 적용될 수 있다. 즉, 일정한 규칙이 규정하고 있는 요건사실이 존재하는 경우, 그 규칙은 유효하게 적용되든지[그 규칙이 정하고 있는 법적 효과(제재)가 인정되든지] 아니면 적용되지 않든지 둘 중의 하나이다. 그는 규칙들의 작용방식에 비추어 이러한 성격은 대부분 자명하다고 한다. 물론, 규칙이 예외를 가질 수 있음도 인정한다. 또한, 이론적으로는 적어도 예외들이 모두 열거될 수 있으며, 존재하는 예외들이 많으면 많을수록 그 규칙에 관한 언급은 더 완전하다고 한다.

반면, 원리는 이와 같은 방식으로 작동하지 않는다. 즉, 원리는 제시된 일정한 요건들이 충족되더라도 자동으로 귀결되는 법적 결론을 설정하고 있지 않으며, 심지어 어떤 원리(예: 누구도 그 자신의 잘못으로부터 이득을 얻어서는 안 된다)는 그 적용을 위해 필요한 요건의 설정조차 의도하고 있지 않다. 원리는 한 방향에서 주장되는 일정한 근거를 언급하지만, 어떤 특별한 결정이 필요하지는 않다. 물론 일정한 원리와 다른 방향에서 주장되는 다른 원리들이 존재할 수 있는데, 이 경우에는 전자의 원리가 우세를 점하지 못할 수도 있다. 하지만 그렇다고 하여 그 원리가 효력 없는 것으로 법체계에서 배제되는 것은 아니다. 후자의 원리들이 비중을 덜 갖는 사례에서는 그 원리가 결정적으로 중요성을 띨 수 있기 때문이다.

2) 비중의 차원

드워킨에 의하면, 양자 간의 이러한 논리적 차이는 또 다른 차이를 포함한다. 즉, 원리는 규칙이 지니지 않은 비중(weight)이나 중요성(importance)의 차원을 지닌다.[18]

---

17) 이 점에 관해서는 Dworkin, 앞의 논문, 24-26쪽.
18) 이 점에 관해서는 Dworkin, 앞의 논문, 26-28쪽.

원리들이 서로 경합하는 경우(예: 자동차 소비자를 보호하는 원리가 계약자유의 원리와 경합하는 경우) 법관은 그러한 충돌을 해결하기 위해 각 원리의 상대적 비중을 고려해야 한다. 물론 상대적 비중에 대한 정확한 형량이 어렵고 특정 원리가 다른 원리보다 더 중요하다는 판단은 논란의 대상이 될 수 있다. 하지만 그렇더라도 원리가 이러한 비중의 차원을 지닌다는 점은 원리개념에 불가결한 것이라고 한다. 반면, 원리와 달리 규칙은 이러한 차원을 지니고 있지 않다. 가령 어떤 규칙은, 그것이 특정한 상황에서 수행하는 역할에 비추어, 다른 규칙보다 더 중요하다고 말할 수 있다. 하지만 일정한 규칙이 규칙들의 체계 내에서 다른 규칙보다 더 중요하다고 말할 수는 없다. 따라서 규칙 충돌의 경우에는 어떤 규칙이 그 비중 때문에 다른 규칙에 우선한다고 말할 수는 없다. 규칙들이 충돌하는 경우 그중의 하나는 유효한 규칙일 수 없다.[19]

(2) 알렉시의 구별방식

알렉시는 법원리와 법규칙의 구별기준에 관한 드워킨의 주장을 비판적으로 검토하면서 한층 더 설득력 있는 형태로 양자의 구분을 시도한다. 그에 의하면 양자의 본질적 차이는, 법원리는 최적화 명령(Optimierungsgebote)으로서의 성격을 지니는 데 반해 법규칙은 확정적 명령(definitive Gebote)으로서의 성격을 지닌다는 데 있다. 나아가, 그는 법원리가 비중의 차원을 가진다는 드워킨의 생각을 수용하면서도 충돌 문제를 해결하는 방법에서는 일정한 보완 필요성을 제기함으로써 다른 방안을 제시한다.

1) 최적화 명령과 확정적 명령

알렉시는, 드워킨이 제시한 전부-아니면-전무라는 성격은 규칙과 원리를 구별하기 위한 엄밀한 기준은 되지 못한다고 한다. 만일 유보조항의 활용을 포기한다면 규칙이든 원리든 전부-아니면-전무의 문제가 제기되지 않겠지만, 만일 유보조항을 활용한다면 규칙은 물론 원칙도 전부-아니면-전무의 방식으로 적용될 수 있다는 이유에서다.[20] 가령 '모순적 결론을 초래하는 어떤 다른 원리가 우선하지 않는 한'과

---

19) 드워킨은, 규칙들이 충돌하는 경우 어느 것이 유효한가, 또 어느 것을 포기하고 버려야 하는가의 결정은 규칙들 자체를 넘어서 있는 고려사항들에 호소하는 방법으로 이루어져야 한다고 한다. 가령, 더 높은 권위에 의해 제정된 규칙이나 최근에 제정된 규칙 또는 좀 더 특별한 규칙 또는 이와 유사한 어떤 것을 선호하는 규칙 등이 그러한 방법에 해당한다.

20) Alexy, 앞의 논문, 71쪽.

같은 조건을 지닌 원리들을 예상한다면, 원리들 역시 전부-아니면-전무의 방식으로 적용될 수 있다는 것이다. 즉, 일정한 구체적 사례에서 모순적 결론을 초래하는 어떤 다른 원리도 당해 원리에 우선하지 않는다면, 결정은 불가피하게 그 원리로부터 도출된다는 것이다.

이에 따라 알렉시는 법원리와 법규칙의 결정적 차이는, 원리는 최적화 명령으로서의 성격을 갖는 데 반해 규칙은 확정적 명령으로서의 성격을 갖는다는 데 있다고 본다.[21] 법규칙은 완전히 실현될 수 있거나 전혀 실현될 수 없는 성격의 규범이기에 일정한 요건사실이 발생하면 그 규칙이 정한 효과가 발생하든지 않든지 둘 중의 하나이다. 따라서 법규칙은 사례들의 결정을 위한 확정을 포함하며, 이런 점에서 규칙은 역사적 실존을 지니고 있다. 나아가, 그는 단지 충족되거나 충족되지 못할 뿐인 법규칙의 이러한 명령적 성격을 현실적 당위(reales Sollen)라고 칭한다.[22] 그리고 원리와는 달리 규칙의 적용에는 형량하는 것이 가능하지도 필요하지도 않다. 즉, 규칙의 특징적인 적용 형태는 형량이 아니라 포섭(Subsumtion)이다.[23]

반면, 법원리는 법규칙과 달리 일정한 확정을 포함하고 있지 않다. 즉, 일정한 원리는 그와 상반되는 다른 원리들과 관련하여 확정된 내용을 포함하고 있지 않다. 원리들은 구체적 사례와 관련하여 그 상대적 비중이 달리 규정될 수 있다. 이런 점에서 원리는 역사적 실존을 지니고 있지 않다. 이에 사례와 관련된 그 확정 내용에 비추어 모든 원리는 동등하며, 처음부터 어떤 원리가 다른 원리에 우선해야 할 근거는 존재하지 않는다.[24] 그렇기에 법원리는 그 내용이 법적 및 사실적 가능성 하에서 가장 높은 정도로 실현될 것을 명령하는 규범, 즉 최적화 명령으로서의 성격을 지닌다.[25] 이점은, 모든 법원리가 각기 다른 정도로 실현될 수 있으며 그에 따른 명령의 실현 정도가 사실적인 가능성뿐만 아니라 법적인 가능성에 의해서도 영향을 받음을 뜻한

---

21) 알렉시, 법체계와 실천이성(박정훈 역), 법철학과 사회철학 제3집, 교육과학사, 1993, 90-91쪽.

22) Alexy, 앞의 논문, 81쪽.

23) 물론 이는 대체로 그렇다는 것이며, 오늘날 자명한 것으로 밝혀진 포섭이론의 한계에 비추어 볼 때 법규칙 역시 모든 경우에 포섭이라는 일도양단의 방식으로 적용될 수 있는 것은 아니다.

24) Alexy, 앞의 논문, 79쪽.

25) 가령 보도의 자유는 보장되어야 한다는 규정(법원리)은 충돌하는 다른 규정들에 직면하여 좀 더 높은 정도나 좀 더 낮은 정도로 충족될 수 있는데, 여기서 보도의 자유 보장이 명해진다는 것은, 그러한 자유가 그 어떤 특정한 정도로 보장되도록 명해지는 것이 아니라 법적·사실적 가능성과 관계하여 가급적 높은 정도로 보장되도록 명해지는 것이라고 한다(Alexy, 앞의 논문, 80쪽).

다. 법적인 가능성은 법규칙들에 의해 규정되기도 하지만, 주로 당해 법원리에 상반되는 원리들에 의해 규정된다.[26] 알렉시는 서로 충돌하는 이러한 원리들을 목적 규정이나 가치들과 흡사한 것으로 파악하면서[27] 최적화 명령을 이상적 당위(ideales Sollen)라고 칭한다. 여기서 이상적 당위란 당위적이어야 할 것이 충분한 정도로 사실적·법적으로 가능함을 전제하고 있지는 않으나 가급적 광범위하게 또는 근사적으로 충족될 것을 요구하는 당위를 말한다.[28] 이들 원리에 대해서는 형량(Abwägung)이 가능하고 또 요구된다.

2) 충돌의 문제

충돌의 문제는 크게 규칙 충돌과 원리충돌로 나눌 수 있다. 이러한 충돌 문제는 원리와 규칙의 논리적·구조적 차이를 가장 분명하게 보여준다. 먼저, 규칙 충돌의 경우를 보자.[29] 이 경우는 크게 유보조항 없는 규칙 간의 모순과 유보조항 있는 규칙 간의 모순으로 나누어 볼 수 있다. 전자의 전형적인 것으로는 규율 내용이 상호 모순되는 경우를 들 수 있다. 가령 일방의 규칙이 타방의 규칙이 허용하고 있는 것을 금지하고 있는 경우이다. 이러한 모순은 양 규범 중 일방을 무효로 선언하고 법질서로부터 축출함으로써 해결될 수 있다. 또한, 금지와 예외적 허용 사유를 각기 별도로 규정하고 있는 규칙 간의 모순도 상정해 볼 수 있으나 이는 충돌사례에 해당한다고 보기 어렵다. 예컨대 살해행위를 금지하고 있는 형법 제250조 제1항(보통 살인죄)과 예외적으로 이를 허용하고 있는 제21조 제1항(정당방위) 간의 관계를 들 수 있다.

그리고 유보조항 있는 규칙 간의 모순은 다시 원리들과 관련된 유보조항 있는 규칙 간의 모순, 규칙들과 관련된 유보조항 있는 규칙 간의 모순으로 나눌 수 있다. 원리들과 관련된 유보조항, 가령 '일정한 원리에 따라 이와 다른 것을 법적으로 요구하지 않는 한'이라는 내용을 지닌 유보조항을 활용한다면, 모순을 내포하고 있는 사

---

26) 이에 관해서는 C.-W. Canaris, Systemdenken und Systembegriff in der Jurisprudenz, 2.Aufl., Berlin, 1983, 53쪽 이하.

27) 알렉시는 원리들과 가치들은 구조적으로 널리 일치하므로, 모든 원리충돌은 가치충돌로, 모든 가치충돌은 원리충돌로 표현될 수 있다고 한다. 다만 양자 간의 유일한 차이는, 원리충돌에서는 무엇이 확정적으로 당위인가의 문제에 초점을 둔다면, 가치충돌에서는 무엇이 확정적으로 더 좋은 것인가의 문제에 초점을 두는 데 있다고 한다(알렉시, 앞의 논문, 93쪽).

28) Alexy, 앞의 논문, 81쪽.

29) 이에 관해서는 알렉시, 앞의 논문, 91쪽; Alexy, 앞의 논문, 72쪽 이하.

례들의 수는 물론 훨씬 줄어들 수 있다. 하지만 이 경우에도 모순이 쉽게 해결될 수 없는 경우가 존재하는데, 서로 대립하는 규칙들을 지탱해주는 원리들이 같은 비중을 지니는 경우가 그러하다. 이 경우의 모순은 근거로 작용하는 원리들이 갖는 비중에 따라 해결될 수 있다. 따라서 이 경우는 원리충돌의 문제와 관련된다. 그리고 유보조항이 규칙들과 관련된 때에는 충돌이론의 의미에서 충돌은 발생하지 않는다.[30] 이렇게 볼 때 규칙 간의 충돌이 의미를 갖는 경우는 원리들과 관련된 유보조항을 지닌 충돌의 경우인데, 이는 원리충돌의 문제로 귀착된다.[31]

다음으로, 원리충돌의 경우를 보자. 원리들이 충돌하는 때에는 구체적 사례에서 더 큰 비중을 가지는 원리가 적용되어야 하는데, 그렇다고 하여 이 경우 물러서는 원리가 무효로 되는 것은 아니다. 원리충돌의 경우에서 우선 문제 되는 것은, 어떤 원리가 법질서에 속해 있는가이다. 이 문제에 대해 알렉시는, 원리는 언제나 그 적용 범위에서 정당하게 배제되는 경우에만 ― 그것이 유보조항 없이 수용 가능한 모든 선례 및 규범들과 조화될 수 없기 때문이든, 대립하는 원리들이 모든 사례에서 더 큰 비중을 갖기 때문이든 간에 ― 법질서에 속하지 않는다고 답한다. 하지만 ― 그도 인정하듯이 ― 이로써 원리들의 소속성 문제에 대해 특별히 얻어진 것은 없다. 그것은, 법체계가 법원리로 채택할 수 있는 일련의 관점목록을 지니고 있다는 확정과 다르지 않기 때문이다.[32]

원리충돌에서 두 번째로 문제 되는 것은, 어떤 원리가 법질서나 법체계에 속해

---

30) 만일 유보조항이 절대적이라면, 이로써 가령 그것이 '모든 경우에 있어 그에 대해 좀 더 중요한 규칙을 통해 그와 다른 것을 요구하지 않는 한'이라는 내용을 지니고 있다면, 일방의 규칙을 모든 경우에 있어 더 중요한 것이라고 지칭함으로써 타방의 규칙은 효력 없는 것으로 선언되거나, 아니면 그 규칙에 대한 하나의 예외가 확정될 것이다. 만일 유보조항이 상대적이라면, 이로써 가령 그것이 '구체적인 사례에 있어 그에 대해 좀 더 중요한 규칙을 통해 그와 다른 것을 요구하지 않는 한'이라는 내용을 지니고 있다면, 두 규칙은 결과적으로 하나의 새로운 규칙, 즉 서로 배척하는 두 개의 법효과를 개별사례에서의 중요성에 따라 선택할 수 있게 하는 규칙과 다르지 않을 것이다(Alexy, 앞의 논문, 74쪽).

31) 이러한 예로는 형사소송법 제308조의2 규정("적법한 절차에 따르지 아니하고 수집한 증거는 증거로 할 수 없다.")를 들 수 있다. 이 규정은 외관상 법규칙처럼 보이며, 이 점에서 이를 법규칙이라고 보는 이도 없지 않다. 하지만 이런 태도는 이 규정에 내재한 충돌의 본질을 제대로 파악하지 못했다고 할 수 있다. 왜냐하면 여기서 '적법한 절차'란 법원리에 해당하는 헌법상의 적법절차 원칙을 말하는바, 그렇다면 이 원칙은 그 적용에 있어 (형사절차상 이와 일반적으로 대립하는 원리인) 진실규명원칙과의 형량이 요구되기 때문이다. 이런 측면에서 이 규정을 그 본질에 있어 법원리로 이해하는 것으로는 변종필, '적법한 절차'를 위반한 사법경찰관 작성 피의자신문조서의 증거능력, 형사법연구 제25권 제4호, 한국형사법학회, 2013, 337쪽 이하.

32) Alexy, 앞의 논문, 83쪽.

있음이 확인되더라도, 개별 사례에서 어떤 원리에 우선순위가 주어져야 하는가이다.[33] 이 점에서 원리충돌은 효력 차원의 문제가 아니라, 효력을 갖는 원리들만이 충돌할 수 있음을 고려할 때, 법체계 내에서 원리들이 차지하는 비중 차원의 문제이다.[34] 모든 사례를 대상으로 한 우선순위 관계가 중요한 의미를 띠는 규칙 충돌의 경우와는 달리, 원리충돌의 경우에는 우선순위 관계가 사안마다 달라질 수 있다.[35] 우선순위 문제를 어떻게 해결할 것인가는 상반되는 원리들이 구체적 사례에서 갖는 비중에 달려 있다. 그런데 법관에 대해 원리들의 상대적 비중까지 포함하는 법이론을 발전시킬 것을 기대하는 드워킨과 달리, 알렉시는 그러한 이론은 가능하지 않다고 한다.[36] 원리들 상호간의 관계와 규칙들의 등가성에 비추어 볼 때, 그때마다 효력 있는 규칙들로부터 모든 사례의 해결을 위해 필요로 하는 규칙들이 도출될 수 없듯이, 그때마다 승인된, 원리들 상호간의 관계로부터 모든 새로운 관계들이 도출될 수는 없다는 이유에서다. 특히 그러한 등가성에 비추어 볼 때, 어떤 일반적 규칙으로부터 그 의미론적 작용영역 내에서의 확정을 위해 좀 더 특수한 규칙이 도출될 수 없는 것처럼, 원리 간의 일반적 관계로부터 그 의미론적 작용영역에서의 확정을 위해 좀 더 특수한 관계가 도출될 수도 없다고 한다. 나아가, 알렉시에 의하면 원리이론에서는 원리 간에 종래의 관계가 아닌 새로운 관계가 원리들로부터 도출될 수도 있다. 그런데 이 경우에도 문제는 여전히 남게 된다. 가령, 두 가지 원리(P_1과 P_2) 간의 새로운 관계에 대한 근거 제시를 위한 매개 원리로서 제3의 원리(P_3)가 제시될 수 있는데, 이 경우 P_1이 P_3에 기초하여 P_2에 우선한다는 것은, P_1과 P_3가 함께 P_2에 우선함을 의미하는 것과 다르지 않으며, 이러한 새로운 관계에 대해서는 다시금 근거 제시가 필요하다. 또한 그러한 근거 제시를 위해 P_4가 도입된다면 똑같은 문제가 발생하게 되며, 이후의 과정도 마찬가지다.

3) 보충의 필요성

이러한 고찰에 근거하여 알렉시는 규칙들과 원리들 및 원리 간의 관계로만 구성

---

33) Alexy, 앞의 논문, 72쪽.
34) 알렉시, 앞의 논문, 92-93쪽.
35) Joseph Raz, Legal Principles and the Limits of Law, in: The Yale Law Journal 81, 1972, 832-833쪽 (Alexy, 앞의 논문, 72쪽에서 재인용).
36) Alexy, 앞의 논문, 83쪽 이하.

된 소재들로부터는, 추가적인 전제들을 덧붙이지 않는 한, 판결하기 어려운 사안에서 결정을 내리는 데 필요한 원리 간의 관계는 도출되지 않는다고 한다. 물론 그 역시 법적 판단의 도덕 관련성을 인정한다. 즉, 법적 쟁점이란 법적 사실이나 전략이 아닌 도덕적 원리가 그 핵심을 이루는 쟁점이라는 드워킨의 생각에 동의한다. 하지만, 이러한 드워킨의 생각은— 그가 제시한— 원리들로 구성된 최선의 법이론 및 이와 결합한 공동체 도덕의 개념만으로는 충분히 관철될 수 없으므로 일정한 보충이 필요하다고 본다. 요컨대, 그러한 생각은 일반적인 실천적 논증 이론 또는 도덕적 논증 이론을 법적 논증 이론 안에 포함하면서 후자를 전자에 기초하여 근거 지우는 이론 내에서만 충분하게 전개될 수 있다고 한다.[37]

(3) 검토

법이 무엇인가의 문제나 법에 있어 객관성의 문제는 관습적이고 제도화된 틀의 범위 내에서만 이해될 수 없다. 법 이해와 실현에서도 모든 인간이 주체이자 주체로서 행위할 수 있어야 한다는 측면에서 본다면 이 문제는 법 실현에의 실천적 참여와 이에서 비롯되는 인식과 연계하여 답하지 않을 수 없다. 이런 점에서 볼 때 법이란 법적 명제나 판단의 타당성을 보여주기 위해 "법적 실천의 참여자들에 의해 채택된 논증적 뼈대"[38]라고 할 수 있다. 그런데 이러한 논증은— 강한 의미로든 약한 의미로든— 도덕 관련성을 지니고 있다. 이 점에서 법과 도덕의 엄격한 분리를 지향하는 전통적인 실증주의 테제는 유지되기 어렵다.[39] 법실증주의는 특히 판결하기 어려운 사안에서 사법 재량을 인정하고 그 범위 내에서 법관 자신이 입법자라고 상정했을 때 원용할 수 있는 기준(조리)에 따라 법적 결정을 할 수 있도록 한다. 하지만, 이러한 방법은 법적 판단의 자의성을 낳을 우려가 있을 뿐만 아니라 무엇보다 실천적 측면에서

37) Alexy, 앞의 논문, 87쪽. 그러한 법이론의 전개와 내용에 관해서는 로베르트 알렉시, 법적 논증 이론(변종필·최희수·박달현 옮김), 고려대학교출판부, 2007.
38) Dennis Patterson, Normativity and Objectivity in Law, in: Wittgenstein and Law(edited by Dennis Patterson), 2004, 10쪽.
39) 물론 최근에는 법실증주의 진영에서도 도덕 기준에 따라서 법의 존재(효력)와 내용을 판정하는 승인규칙이 있을 수 있다고 보는 경향(이른바 포용적 법실증주의)이 있으나, 이러한 경향이 비실증주의적 태도와 어떻게 구분될 수 있는지, 나아가 이를 과연 실증주의라고 칭할 수 있는지는 의문스럽다. 포용적 법실증주의에 관해서는 안준홍, 비실증주의 법원리론 비판, 서울대학교 법학박사학위논문, 2008, 97쪽 이하.

법을 합리적 근거 제시와 다르지 않다고 보는 인식에 부합하지 않는다. 따라서 그 경우 법관은 재량이 아닌 법원리에 기대어 문제를 해결해야 한다는 드워킨의 주장은 충분히 설득력을 지닌다. 다만, 알렉시의 지적대로, 그가 제시한 최선의 법이론 — 원리들의 상대적 비중까지 포함하는 이론 — 은 현실적으로 가능하지 않다는 점에서 일정한 보충이 필요한 미완의 프로젝트라 할 수 있다.

또한, 드워킨은 판결하기 어려운 사안에서도 유일하게 정당한 하나의 대답이 가능하며, 그러한 최선의 법이론을 통해 가장 잘 근거 지어진 대답이 정당하다고 한다. 하지만 이점 역시 최선의 법이론이 지닌 약점 때문에 관철되기 어려워 보인다. 그렇다고 하여 이로부터 '유일하게 정당한 결정' 테제가 불가능하다는 결론이 곧바로 도출되는 것은 아니다. 여기서 이 문제를 상세히 다룰 수는 없지만, 가령 알렉시의 구상대로 절대적 정당성 개념과 상대적 정당성 개념을 구분하여 접근한다면,[40] 적어도 그 테제에 대해 일정 정도의 의미는 부여할 수 있을 것이다. 비록 여러 가지 가능한 대답이 존재하더라도 법관은 — 판결하기 어려운 사안에서도 — 정당한 하나의 대답이 존재함을 사유상 전제하면서 합리적인 근거 제시를 통해 그러한 대답을 찾으려 할 것이다. 물론 이 경우 그 대답이 가장 잘 근거 지어진 대답이라고 확정할 수는 없을 것이다. 하지만, 그렇더라도 '유일하게 정당한 결정' 테제가 적어도 법관의 근거 제시와 결정을 위한 규제적 지향점으로 작용한다고 볼 수는 있을 것이다.[41]

나아가, 법원리와 법규칙의 구별을 위해 드워킨이나 알렉시가 제시한 기준들은 양자 간에 존재하는 차이가 단순한 정도 차이 그 이상의 것임을 적절하게 보여주고 있다. 더욱이 그러한 구별은, 법규칙 외에 법원리까지 법체계에 속한 법규범으로 파악함으로써 법의 흠결이 문제 되는 경우 사안 해결을 위한 토대로 작용한다는 점에서 실천적으로 중요한 의미를 지닌다. 그런데 그러한 논의에서 결정적으로 중요한 문제는 원리충돌에서의 해결방안에 관한 것이라 할 수 있다. 드워킨은 최선의 법이론을 구하는 것으로 그치는 데 반해 알렉시는 그에 대한 보완적 해결책의 필요성과 함께

---

40) 이에 관해서는 알렉시, 앞의 책, 431쪽 이하.
41) 하지만 실증주의적 재량 테제를 반박하는 데는, 드워킨과 같은 '유일하게 정당한 하나의 대답' 테제가 아니더라도, 가령 좀 더 느슨한 테제, 즉 '법원리에의 구속을 통한 법관의 자유재량 배제' 테제만으로도 충분할 것이다(Jan-Reinard Sieckmann, *Regelmodelle und Prinzipienmodelle des Rechtssystems*, 1.Aufl., Baden-Baden, 1990, 16쪽).

실제로 그러한 법이론을 제시하고 있다는 점에서 알렉시의 구상은 드워킨의 그것보다 진일보한 것이라 하겠다. 또한, 이상적 당위로서의 법원리와 현실적 당위로서의 법규칙을 대비시킨 알렉시의 착상은 법원리를 통해 성긴 법체계를 통일적으로 해석할 수 있는 이론적 토대를 제공해준다는 점에서 특징적이다. 다만, 알렉시의 생각처럼 법원리를 일정한 목적이나 가치와 동일시할 수 있을지는 미지수다.[42] 그럴 경우, 법과 법체계를 이해하는 데 불확실성이 더욱 가중될 수 있을 뿐 아니라, 입법자가 사전에 특정한 가치나 가치체계를 반영하여 설정한 법의 테두리를 적정하게 확인하는 일은 상대적으로 더 힘들어질 수도 있기 때문이다.[43]

IV. 법규칙, 법원리, 법체계

이상의 논의 내용, 즉 실증주의에 대한 드워킨의 비판과 법규칙·법원리의 구별 및 그의 법이론에 대한 알렉시의 비판과 보충적 제안 등을 고려할 때, 특정한 법체계[44]는 그것이 어떤 법규범들로 구성되어 있느냐에 따라 크게 세 가지 모델로 나뉠 수 있다. 즉, 법규칙으로만 구성된 법체계(규칙 모델), 법규칙 외에 법원리도 포함하는 법체계(규칙-원리 모델), 그리고 법규칙과 법원리 외에 합리적 근거 제시를 보증하기 위한 절차(일정한 형식과 규칙)까지 포함하는 법체계(규칙-원리-절차 모델)가 그것이다.

---

42) 이런 점에서 포르스트호프는 "법률해석이 삼단논법에 따른 정확한 포섭을 탐구하는 것임을 무조건 고수하지 않으면 법학은 자멸한다. 가치이론은 기본법의 자유주의적 내용을 가치의 전제정(專制政)을 위해 없애 버릴 위험을 안고 있다."라고 비판한다[E.Forsthoff, Die Umbildung des Verfassungsgesetzes, in: H.Barion/E. Forsthoff/W. Weber(hrsg.), Festschrift für C.Schmitt, Berlin, 1959, 41, 69쪽(알렉시, 앞의 논문, 88쪽에서 재인용)].

43) 그런데 알렉시는 ― 필자가 보기에 ― 엄격한 헌법주의가 아닌 '완화된' 헌법주의를 취함으로써 이러한 비판에 대응하고 있는 것 같다(알렉시, 앞의 논문, 87-89, 107쪽).

44) 여기서 법체계란 상호 일정한 관계나 구조를 맺고 있는 요소들, 즉 법규범들의 집합체를 말한다. 그리고 이러한 요소들이 어떤 방식과 성격 및 구조를 취하고 있는지, 이로부터 체계 전체에 대해 어떤 구조가 생겨나는지, 규범들의 효력기준은 무엇인지, 이들 규범의 적용은 어떻게 이루어지는지 등의 문제를 다루는 이론을 법체계 이론이라 한다(Sieckmann, 앞의 책, 21쪽 참조). 법체계 이론에 관해서는 안준홍, 앞의 논문, 5쪽 이하.

1. 규칙 모델

존재하는 법과 존재해야 할 법의 분리라는 법실증주의의 핵심 테제는 법학이나 법이론의 취급대상을 존재하는 법에 국한하며, 이로써 법적 결정을 규범 근거 제시의 문제에서 벗어나게 한다. 이러한 태도는 근본적으로 합리적인 근거 제시 가능성에 대한 회의에서 비롯된다.[45] 법체계에 대한 법실증주의의 특징은 대체로 다음 몇 가지로 요약할 수 있다.[46] 첫째, 법체계는 특별한 규칙들로 구성되어 있다. 그리고 이들 규칙은 그 내용과 관련해서가 아니라 그 계보나 유래에 관한 특별한 기준에 따라 확인되고 그 효력 여부가 판명되며, 이로써 법 외적인 규칙들과 구분된다. 둘째, 법이 무엇인지는 오직 이러한 규칙들에 따라 규정된다. 따라서 이들 규칙이 결정을 확정하지 못하는 경우 법관은 재량을 갖는다. 셋째, 법적 의무와 권리는 단지 이들 규칙에 기초해서만 성립한다. 넷째, 포섭이 법적용의 주된 방법으로 활용된다. 즉, 법의 적용은 일정한 사태를 법규칙에서 정한 일정한 구성요건에 포섭함으로써 이루어진다.[47]

그런데 이 모델에서는 필연적으로 법의 흠결이 나타날 수밖에 없다. 물론 법의 흠결은 모든 법체계에서 나타나는 현상이지만, 규칙 모델에서는 이러한 흠결을 메울 방법이 없다.[48] 여기서는 흠결 문제의 해결을 법관의 재량에 맡기지만, 재량 행사에서 도입되는 척도는 법 외적 기준과 다르지 않다. 그렇다면 이 경우 법원리에 따른 해결의 필요성은 충분히 존재하며, 이로써 그 방법이 법관에게 근거 제시의 부담을 지운다는 점에서 더 합리적일 수 있다. 나아가, 법이념의 측면에서 볼 때 규칙 모델은 법체계에 대해 주로 법적 안정성의 요청만을 실현하도록 한다. 따라서 그 밖의 요청들, 특히 정의의 요청은 법체계 외적인 성격을 지닌다. 즉, 입법기관에 대한 정치적 또는 도덕적 요청으로만 존재할 뿐이다.[49]

---

45) Sieckmann, 앞의 책, 13쪽.

46) 알렉시는, 법체계의 규칙 모델이 법실증주의와 결합돼 있음은 분명하지만 그러한 결합이 필연적인 것은 아니라고 한다. 가령 칸트가 주장한 법의 엄격성 명제는 이성법적 이론도 규칙 모델을 지향할 수 있음을 보여준다고 한다(알렉시, 앞의 논문, 94쪽 각주 24).

47) 이러한 포섭모델의 극단적 형태는 연역의 요청과 무흠결성의 요청을 특징으로 하는 개념법학에서 잘 나타난다.

48) 알렉시는 이를 '개방성 흠결'(Offenheitslücke)이라 칭한다(알렉시, 앞의 논문, 95쪽).

49) 그 밖에 알렉시는 공전 논거(Leerlauf-Argument)를 들고 있다. 가령 일면 일정한 기본권을 보장하는 헌법 규정을 두고, 타면 이 기본권을 법률을 통해 제한할 수 있는 권능을 입법자에게 부여하는 헌법

2. 규칙-원리 모델

앞서 보았듯이 법원리의 법체계에의 편입 문제는 드워킨의 실증주의 비판으로부터 본격적으로 제기되었으며, 드워킨은 판결하기 어려운 사안에서도 법관은 재량을 갖는 것이 아니라 법원리에 기초하여 결정해야 한다고 주장하였다. 이에 의하면 법원리 역시 법체계를 구성하는 일부에 해당한다. 이 모델의 특징으로는 다음 몇 가지를 들 수 있다.[50] 첫째, 법체계는 법규칙 외에 법원리도 포함하고 있다. 원리는 규칙과는 구분되는 논리적 속성을 지니고 있으며, 이러한 속성 때문에 원리와 그 비중은 형식적 기준에 따라 확인될 수 없다. 둘째, 법관은 판결하기 어려운 사안에서도 원리에 구속된다. 원리는 규칙에 따라서는 해결될 수 없는 사례에서도 결정을 확정할 수 있으며, 이로써 법관은 그 경우에도 결코 재량을 갖지 못한다. 따라서 법관은 법으로부터 자유로운 영역에 처해 있지 않으며, 법해석을 통해 법으로부터 얻어질 수 있는 대답을 언제나 확정해야 하는 과제 앞에 서 있다.[51] 셋째, 법적 권리와 의무는 원리에 기초해서도 성립할 수 있다. 넷째, 이 모델에서는 포섭 외에 형량이 법적용의 방법으로 활용된다. 즉, 법규칙에 대해서는 포섭이 일반적으로 활용되나, 판결하기 어려운 사안과 같이 법원리의 원용이 문제 되는 때는 원리 간의 형량을 통해 법적용이 이루어진다.[52]

이 모델은 규칙 모델이 안고 있는 핵심 문제, 즉 흠결의 문제를 해결하는 데 매우 적합한 것으로 보인다. 하지만, 여기서는 법원리들이 충돌하는 경우 이들의 상대적 비중과 서열 등의 문제를 해결하는 방법이나 규칙들은 제시되지 않고 있다. 드워킨은 원리들의 상대적 비중까지 포함하는 법이론에 따른 해결을 구하고 있으나, 그러

규정을 둔 경우에 있어, 이들 헌법 규정을 두 개의 규칙으로 이해한다면, 기본권은 완전히 또는 그 본질적 내용의 한계에 이르기까지 입법자의 처분에 맡겨지는 결과가 될 것이며, 이로써 그 기본권은 공허한 내용이 되고 말 것이라고 한다. 따라서 이러한 결과를 피하고 입법자의 기본권에의 기속을 확고히 하기 위해서는 기본권보장규범을 원리로 파악해야 한다고 본다(알렉시, 앞의 논문, 96쪽).

50) 물론 원리들로만 구성된 법체계(순수한 원리 모델)는 그 불확정성과 유연성으로 인해 법적 안정성이라는 법의 불가결한 요청에 반할 것이기 때문에 규칙 모델에 대한 대안이 될 수 없을 것이다.

51) 랑엔부허, 앞의 논문, 336쪽. 이러한 해석론의 전개는 그의 '구성적 해석'이론에 잘 나타나 있다[로널드 드워킨, 법의 제국(장영민 옮김), 아카넷, 2004, 특히 73쪽 이하].

52) 이와 관련하여 원리들의 경우에는 우선순위가 확정된 이후에야 비로소 그에 따라 '포섭'이 이루어지며, 이로써 포섭의 이상이 아직 실현되지 못한 한에서는 형량 모델이 적용되고, 포섭의 이상이 이미 실현된 한에서는 포섭모델이 적용된다고 보는 관점으로는 Sieckmann, 앞의 책, 18-19쪽.

한 부분까지 완전하게 체계화한 법이론은 가능하지 않다. 다만 법원리에 기초한 결정을 정당화하기 위한 합리적 기준들을 제시하려는 시도, 즉 법원리에 기초한 근거 제시의 합리성을 보장하기 위한 일련의 형식과 규칙에 관한 대강의 골격을 제시하는 것은 가능할 것이다. 우리는 이 모델을 보완하는 측면에서 이들 형식과 규칙을 제시하려는 기획을 알렉시에게서 찾아볼 수 있다.

3. 규칙-원리-절차 모델

이 모델은 알렉시가 제안하는 법체계 모델이다. 그는 규칙-원리 모델을 수용하면서도 그 모델이 안고 있는 문제점을 해결하기 위해 법규칙과 법원리 외에 절차의 차원을 추가한다. 규칙-원리 모델의 문제점에 대한 진단은, 규칙이나 원리는 스스로 자신의 적용을 규율할 수 없다는 인식에 정초하고 있다. 따라서 완전한 법체계 모델이 되려면 규칙이나 원리를 적용하는 절차와 관련된 또 다른 차원이 추가되어야 한다고 본다. 그것은 다름 아닌, 법적용의 합리성을 보장하는 절차이다.53) 그런데 이러한 절차는 법적용절차뿐만 아니라 법정립 절차(입법 절차)와도 관련되어 있다. 여기서 법적용절차란 특정한 법체계 내에서 특정 사건과 관련하여 법적으로 요구되는 바가 무엇인가 하는 물음에 대한 답을 찾고 그에 대한 근거를 제시하고자 하는 사람들에 의해 수행되는 제도화되지 않은 논증 절차 및 이러한 절차를 포함하는 제도화된 사법절차를 말한다. 가령 전자에 해당하는 예로는 원리충돌에서 상대적 비중의 크기를 가늠하기 위해 요구되는 근거 제시 절차를 들 수 있다. 알렉시에 따르면 이러한 근거 제시 이론 또는 논증 이론은 법적용절차의 합리성을 보장하기 위해, 동시에 법적용절차에서 불가피하게 행해지는 (도덕 관련적) 평가에 대한 합리적 통제를 위해 요구된다. 이러한 논증 이론은 절차적 성격을 지니며, 그 핵심은 법적용 과정 및 그에 따른 법적 결정의 합리성을 보장하기 위해 실천적 논증 참여자가 준수해야 할 논증 대화의 형식과 규칙에 있다.54)

---

53) 알렉시, 앞의 논문, 104쪽.
54) 이에 관해 자세한 것은 알렉시, 앞의 책, 266쪽 이하 참조.

4. 평가

법 또는 법체계란 무엇인가, 이로써 일정한 법체계가 어떤 규범들로 구성되어 있는가의 물음은 대단히 중요한 문제이다. 그런데 이 문제는— 앞서 본 것처럼 — 서로 다른 모델들이 가능하다는 현상적 측면에서 보면 '열린' 문제이며, 법을 관찰자의 관점에서 바라볼 것인가 아니면 참여자의 관점에서 바라볼 것인가에 따라[55] 그 대답 역시 달라질 수 있다. 실증주의처럼 법을 객관적으로 관찰하고 서술하는 데 만족하지 않는다면, 즉 법이 무엇인지 또 법이 어떻게 실현될 수 있는지의 물음에 대한 실천적 합리성을 추구한다면, 규칙-원리 모델이나 규칙-원리-절차 모델은 그러한 합리성을 구현하는 데 매우 유용한 인식의 틀이 될 수 있을 것이다. 물론 이 경우 일련의 법원리나 합리적 논증 절차에 따르더라도 법 또는 법적 결정의 확실성은 완전하게 보장될 수 없을 것이며, 그러한 확실성은 실천이성에 따른 합리적 근거 제시가 가능한 정도만큼만 확보될 수 있을 것이다. 하지만 이러한 정도의 확실성 및 이를 보장하는 합리적 근거 제시 가능성은 — 만일 우리가 법학에서도 객관적인 것에 관해 말할 수 있다면 — 법의 객관성과 다를 바 없는 것이다. 법의 객관성은 합리적인 법적 논증의 형식과 규칙이 법적 정당화를 위한 정당한 형식으로 끊임없이 인식되고 활용되는 정도에 의존한다.[56] 법에 규범성을 제공하는 것은 바로 이러한 형식과 규칙이며,[57] 이것들은 법률가들에 의해 지속해서 활용되는 정도만큼만 존재한다. 규칙 모델은 법의 이러한 논증적 속성과 측면을 간과하고 있는 법체계 모델이라 할 수 있다. 물론, 규칙 모델의 태도는 법의 영역에서 실천적 합리성의 실현 또는 합리적 근거 제시의 가능성에 대한 회의와 연계돼 있다. 하지만, 이런 회의는 법적 결정 과정에서 이 모델이 허용하는 사법 재량과 (그로 인한 법실현의) 자의성을 염두에 둘 때 그다지 의미 있는 것이라 보기는 어렵다. 반면, 규칙-원리 모델과 규칙-원리-절차 모델은 법의 이러

---

55) 법을 보는 관점의 문제에 관해서는 안준홍, 앞의 논문, 112쪽 이하.

56) 이런 점에서 객관성은 '영역'에 관련된 개념이라 할 수 있다. 서로 다른 학문영역이나 실천 또는 논의에서 우리는 서로 다른 논증형식, 즉 명제의 진리성이나 타당성을 보여주는 서로 다른 방법을 발견한다. 어떤 영역 내에서의 주장의 진리성이나 타당성은 다른 분과들의 논증형식으로는 입증될 수도 반증될 수도 없다. 또한, 주어진 일련의 논증형식을 유일하게 옳은 논증형식이라고 확인할 수 있는 '형식의 형식'이나 메타원리는 존재하지 않는다(Patterson, 앞의 논문, 45쪽).

57) 패터슨은 논증의 이러한 형식들을 '법의 규범적 문법'이라고 칭한다(Patterson, 앞의 논문, 37-38쪽).

한 속성과 측면을 잘 간파하고 있는 법체계 모델이라 할 수 있다. 특히 법학의 학문성
(과학성) 및 그에 따른 법실현의 합리성이라는 측면에서 본다면, 법체계 모델로는 합리
적 논증의 형식과 규칙을 통해 그러한 이상을 실현하려고 꾀하는 규칙-원리-절차
모델이 적어도 우월적 지위를 가질 수 있으리라 본다.

생각해볼 문제

1. 법체계와 법규범은 어떤 관계에 놓여 있는가?
2. 법원리와 법정책은 어떻게 구별되는가?
3. 법규칙과 법원리를 구별하는 기준으로는 어떤 것을 들 수 있는가?
4. 법규칙과 법원리 구별이 갖는 실천적 함의는 무엇인가?
5. 법적용과 관련하여 법규칙과 법원리 간에는 어떤 차이가 있는가?
6. 법실현 과정에서 사법 재량을 허용하는 것은 불가피한가?
7. 규칙-원리 모델이 지닌 강점과 한계는 무엇인가?
8. 규칙-원리-절차 모델에서 법규칙과 법원리 외에 법적용 절차를 규율하는 규칙이
   필요하다고 보는 이유는 무엇인가?

법적 결정과 논증
(법적 논증 이론)

Ⅰ. 법적 논증의 필요성과 중요성

Ⅱ. 법적 논증 이론의 발단과 성격

Ⅲ. 재판절차와 법적 논증

Ⅳ. 논증 이론의 유형

Ⅴ. 판결의 논증 구조 및 방법

법적 결정과 논증(법적 논증 이론)

> **개요** 법의 실현과정에서 법적 논증은 불가피하다. 구체적 사안에 대한 법적 결정은 관련 법규를 토대로 그에 대한 해석·적용을 통해 이루어지며, 이 과정에서 어떤 형태로든 논증이 행해질 수밖에 없기 때문이다. 더욱이, 법적 논증의 설득력이나 합리성은 그러한 법적 결정의 타당성에 결정적으로 영향을 미친다는 점에서 논증은 매우 중요한 실천적 의의를 지닌다. 특히 법 해석·적용 과정에서 전통적인 법률적 삼단논법이 지닌 한계가 분명히 드러난 오늘날, 법적 논증을 둘러싼 다양한 이론들이 제시되고 있다. 이에 여기서는 법적 논증 이론의 전개 과정과 그 성격을 간략히 짚어보고, 논증 이론 중 가장 잘 알려져 있고 영향력 있는 알렉시의 법적 논증 이론을 살펴본다. 그리고 여기서 제시하는 정당화 구상에 기초하여 몇몇 대법원 판례를 예시로 그 논증 구조를 분석하고 비판적으로 검토해 본다. 학습 과정에서 중요한 것은 종래의 법적용 방법의 한계를 정확히 인식하고 법적 논증의 실천적 의의를 제대로 이해함과 동시에, 이를 바탕으로 현재 학계와 실무의 논의 과정과 방식에 깃든 문제점을 진단하고 법의 합리적 실현을 위한 방안을 지속해서 성찰하는 일이다.

Ⅰ. 법적 논증의 필요성과 중요성

한 마디로 법적 논증(論證)이란 판결 등 법적 결정의 타당성 또는 정당성을 논리적으로, 즉 합리적 근거 제시를 통해 증명하는 것을 말한다. 달리 말해, 이는 어떤 법적 결정이 타당하거나 정당함을 내세우려면 논증이 불가피함을 뜻한다. 법적 결정에서 논증이 필요하고 중요함은 특히 다음 몇 가지 측면에서 확인될 수 있다.

1. 실천적 측면

첫째, 실천적 측면이다. 법 해석·적용 및 법적 결정은 해석자나 결정권자의 의도와는 무관하게 그 결과로 언제나 이해당사자의 재산·자유·생명 등에, 또한 일반 시민의 법규에 관한 이해와 행위방식에, 그리고 이후의 유사한 법적 문제의 해결에 직간접으로 영향을 미친다. 이런 점에서 이들 일련의 행위는 실천적 성격을 띤다.[1] 그런데 이러한 실천적 행위는 규범적 문제로서 언제나 타당성 혹은 정당성 문제를 수반하며, 여기서 그 근거로서 결정적 역할을 담당하는 것이 바로 법적 논증이다.

구체적 사례에서 법은 해당 법규에 관한 해석·적용을 통해 실현된다. 즉, 개별 사례에 대한 법적 결정은 해석·적용의 과정을 수반한다. 현상적으로 보면 일정한 법규나 법문에 관한 해석은 — 드물게 하나로 귀결되기도 하지만 — 다양하게 나타난다. 이런 점에서 법률 텍스트는 법규범의 창고가 아니라 경쟁하는 해석의 각축장이며, 법률은 법인식의 대상이 아니라 언어의 영역에서 법을 확보하기 위한 투쟁의 마당[2]이라 할 수 있다. 그런데 법해석이 대립하는 경우, 특정한 해석과 그에 따른 법적 결정은 부득불 타당성(정당성) 문제에 부딪힌다. 이 경우 결정권자(법관)는 여러 해석 중 어느 하나를 선택할 수 있으나, 선택 자체로 문제가 끝나는 것은 아니다. 가령 판결례에서 보듯 '~라고 보는 것이 상당하다.'(즉, '~라고 본다.')라는 식의 언명만으로는 부족하며, 그 해석을 정당화하기 위해 근거를 제시해야 한다. 이는 법도그마틱에서 학자들이 제시하는 해석에 대해서도 마찬가지다. 이처럼 법관의 법 해석이나 법적 결정은 제도적으로 주어진 권한을 단순히 행사·확인하는 것 이상의 의미를 지닌다. 그것은 언제나 정당성 요청(Richtigkeitsanspruch)을 띠며, 이로써 합리적 논증을 통해 그러한 요청을 근거 지울 때 비로소 그 본래의 의미를 지닌다고 하겠다.

물론, 이 경우 결정권자인 법관이 일정한 논증을 통해 제시한 해석이라 하여 그 자체 타당하다고 보기는 어렵다. 만일 그렇다고 한다면, 다양한 법인식 및 해석 가능성에도 불구하고 법관이 일정한 근거를 통해 제시한 해석은 언제나 그 자체로 정당화될 것이며, 이로써 해석의 타당성을 둘러싼 논쟁은 특별한 의미를 지니지 못할 것이

---

1) 변종필, 형법해석과 정당화, 형사법연구 제29권 제4호, 한국형사법학회, 2017, 6-7쪽.
2) F. Müller 외, 법텍스트와 텍스트작업(이덕인 역), 법문사, 2005, 5, 61쪽.

기 때문이다. 그런데 이와 관련해서는 드워킨이 제시한 이른바 '유일하게 정당한 결정' 테제가, 인식론적 측면의 문제점에도 불구하고, 실천적 측면에선 매우 유용할 수 있으리라 본다. 그 테제는 해석과 결정에 관여하는 모든 참여자가 지향해야 할 사유 논리적 전제를 지시함과 동시에, 해석과 결정 과정을 통제하는 포괄적인 규제적 이념으로 작용할 수 있을 것이기 때문이다. 즉, 그것은 구체적 사안에 관한 법적 해결에 있어 해석자나 결정권자가 마치 수학 문제를 풀이하듯 오직 하나의 해석과 결정만이 가능한 것으로 여김으로써 좀 더 신중하고 충실한 해석론을 전개하여 최선의 결정을 내리도록 하는 데 봉사할 수 있다.[3] 만일 법관이 그러한 전제 없이 해석이나 결정의 상대성을 처음부터 당연한 것으로 여기고 접근한다면, 그러한 법관에게서 더 나은 해석·결정을 찾기 위한 고민과 노력을 기대하기란 어렵게 될 것이다.

2. 이론적·방법론적 측면

둘째, 이론적·방법론적 측면이다. 오늘날 법률적 삼단논법에 기초한 전통적인 법적용 방법론(포섭이론)에 한계가 있음은 익히 드러난 바이다. 특히, 판결하기 어려운 사례들(hard cases)에서 포섭이론이 분명한 한계를 지닌다는 데는 거의 이견이 없다. 가령 법실증주의자인 하트 역시 법개념의 의미의 핵심(core) 영역에선 연역적 방법이나 삼단논법적 추론을 통해 문제 해결이 가능한 데 반해 의미의 뜰(주변부, penumbra)의 영역에선 언어 자체에 내재한 불명확성으로 인해 연역적 추론이 거부되며, 이로써 삼단논법적 추론과는 다른 방식으로 근거 제시가 이루어져야 한다고 피력한 바 있다. 그는 법적 결정과 관련하여 의미의 뜰에서 생기는 문제(흠결 문제)는 해석 카논(해석방법)으로도 해결할 수 없다고 하면서(해석 카논 역시 언어규칙일 뿐이어서 그 자체 다시금 해석되어야 하기 때문이다) 그 영역에선 법관에게 입법자의 역할을 인정할 수밖에 없다고 한다. 즉, 해석 카논의 활용 가능성 문제는 별개로 하더라도, 그 또한 법 해석·적용에서 단순한 포섭만으로는 해결될 수 없는 영역이 있음을 인정한 것이다. 그런데 하트처럼 법개념의 일부 영역에서든 아니면 미국의 법현실주의처럼 전면적 영역에서든, 법 해석·적용자인 법관에게 입법자의 역할을 부여하는 것은 권력분립 원칙에 정면으

---

3) 변종필, 앞의 논문, 12-14쪽.

로 배치된다. 이에 이런 문제점을 피하면서 이와 다른 방식의 해결방안으로 새롭게 등장한 것이, 합리적 논증에 기대고자 하는 법적 논증 이론이다. 이러한 법적 논증은 특히 절차적 정의 이론에서 중시되는바, 그에 따르면 합리적 논증의 조건과 규칙들은 법 해석·적용의 정당성뿐만 아니라 입법의 정당성을 보증하는 데도 핵심 요소로 작용한다.

3. 법학의 학문성의 측면

이처럼 법적 논증은 법 해석이나 법적 결정의 합리성을 보장하는 데 결정적으로 중요한 역할을 담당한다. 이런 점에서 법적 논증은 궁극적으로는 법학의 학문성 또는 과학성과도 연계돼 있다. 법학의 과학성은 법의 합리적 실현을 보장함으로써 실천적으로 이를 가능하게 하는 데 있으며, 이러한 법 실현의 합리적 조건이나 근거로 작용하는 것이 바로 합리적인 법적 논증이기 때문이다. 법학은 실정법 체계 그 자체도 아니거니와 법 현실이나 실무 자체는 더더욱 아니다. 즉, 법실무와 연계된 법적 태도나 고찰(가령 판례 위주의 학습)은 이를 법학의 범주에 포함시킨다고 하더라도 법률가의 법학 또는 광의의 법학의 한 부분일 뿐, 그것이 곧 고유한 의미의 법학은 아니다. 학문으로서의 법학은 실정법 체계에 관한 취급과 고찰을 넘어, 그 배후에 놓인 근본 문제와 원리 등 그 근간이 되는 내용을 함께 다루고 탐구하면서 좀 더 나은 법 혹은 올바른 법을 찾아 제시함은 물론, 그에 기초하여 현행 실정법 또는 체계에 깃든 문제점을 진단하고 그에 대해 끊임없는 비판을 수행함으로써 법의 내용 및 그 실현과정을 더 합리적으로 짜고 형성하는 것을 (궁극적) 목적으로 한다. 바로 이점에 법학의 진정한 과학성이 있다. 그런데 이러한 과학성이 몰각·실종되거나 제대로 보장되지 않는다면 법학은 현실의 정치 권력이나 사회적 현실의 추이에 봉사하는 도구로 전락하고 말 것이다. 이에 법의 실현과정에서 (실천이성에 기초한) 합리적 논증을 중시·강화하는 일은 법학의 과학성을 유지·고양하는 데도 매우 중요한 의미를 지닌다고 하겠다.

II. 법적 논증 이론의 발단과 성격

1. 위상과 발단

법적 논증 이론은 규범적 문제를 실천이성(절차적 정의론에서는 의사소통적 이성)을 통해 파악하려는 자유주의적이고 절차적인 노선과 결부돼 있다. 이는 지난 40년 이상 법철학과 법이론 논의에서 주도적 지위를 점해 왔으며, 독일을 비롯한 대륙법계뿐 아니라 영미의 법철학 논의에서도 핵심 논제로 제기돼왔다.[4] 그리고 현재에도 여전히 법적 판단이나 결정의 정당화 문제와 관련하여 학계와 실무에 지대한 영향력을 행사하고 있음은 물론이다. 법적 논증 이론이 이러한 위상을 지니게 된 데는 역사적 맥락에서 크게 세 가지 측면이 작용했다고 할 수 있다.[5]

첫째, 법철학적 측면으로 법철학적 논의 자체에서 비롯된 문제상황이다. 종래 법철학의 영역에서는 자연법적 사고와 법실증주의적 사고가 대립해왔다. 하지만, 근대에 이르러 자연법의 내용이 대부분 실정화(實定化)하면서 양자택일적 사고를 지양하고 실정법 체계 안에서 법의 정당한 실현을 꾀하려는 인식이 제고되었다. 그와 함께 법을 둘러싼 근본적 물음 역시 법의 존재와 그 내용의 문제에서 실정법 체계 아래에서의 정당한 법 인식과 실현의 문제로 방향이 바뀌게 되었다. 이에 따라 지금 여기서(ad hoc) 행해지는 법적 결정에 작용하는 정의의 구체적 기준이 중시되고, 이를 찾으려는 노력이 판결의 논증 구조나 그 정당성 근거를 분석하는 데로 나아가게 되었다.

둘째, 도덕 철학적 측면으로 도덕철학의 발전과정에서 나타난 법철학·도덕철학 간의 논의맥락의 유사성이다. 법적 논증 이론이 대두되었던 시기에 도덕철학의 영역에서도 논증 이론 일반의 문제들이 활발하게 논의되는 등 논증이 지니는 중요성이 재발견되었다. 도덕철학에서는 종래의 가치낙관론과 가치 회의론이라는 대립 구도를 극복하기 위해 합리적 논증에 주목하게 된 데 반해, 법철학·법이론에서는 종래의 법적 결정론과 법적 결단론[6]이라는 대립 구도를 극복하기 위해 합리적인 법적 논증에

---

4) 김영환, 법적 논증이론의 전개과정과 그 실천적 의의, 현대법철학의 흐름(한국법철학회 편), 법문사, 1996, 126쪽.

5) 김영환, 앞의 논문, 127-130쪽.

6) 법적 결정론(juristischer Determinismus)은 판결 등 법적 결정이 이미 대전제인 법률에 모두 포함되어 있다는 사고방식으로, 법규 또는 법규칙을 통해 모든 구체적 사례에 대한 해결이 가능하다고 보는 규

관심을 기울이게 되었다. 법적 결정론과 법적 결단론에서는 논증이 중요한 의미를 지니지 못한다. 먼저, 전자에서는 법적 결정(결론)을 법적 삼단논법을 통해 생활사태(소전제)를 법규(대전제) 아래 기계적으로 포섭하는 작업에 불과하다고 보기에 법적 논증은 전혀 의미를 지니지 못한다. 따라서 여기서 법관은 몽테스키외의 표현처럼 단지 '법률을 말하는 입'에 불과하다. 그리고 후자에서는 법적 결정을 법관의 임의적인 결단행위로 보기에 법적 논증은 그러한 결정을 외관상 그럴듯하게 포장하는 수사적 의미만을 지닌다. 그런데 법적 논증 이론은 법적 결정이 법률이나 법규를 통해 미리 확정돼 있는 건 아니라고 보는 데서 전자와 다르며, 이성적인 논증 규칙들을 발견할 수 있다는 신뢰 아래 합리적 논증을 통해 구체적 사례에 대한 해결을 제시할 수 있다고 보는 데서 후자와 다르다. 이런 점에서 그것은 전통적인 두 극단을 지양하는 제3의 노선이라 할 수 있다.

셋째, 사회·정치적 측면으로 권위적 사회에서 민주적 사회로의 발전에 따른 정치적 요청의 영향이다. 물론 소통과 참여(민주성)를 강조하는 이러한 요청은 인식론적 측면의 변화, 즉 전통적인 주체-객체 모델에서 인식의 상호주관성(주체-주체 모델)을 중시하는 흐름과 밀접하게 연계돼 있다. 권위적 사회에서 법관의 법적 결정은 그것이 법률에 따른 것이라는 사실 자체를 통해 정당화될 수 있다. 동시에 그 경우 법관 역시 판결에 대한 논증 의무를 지지 않는다고 생각하여 굳이 근거 제시의 필요성을 느끼지 못하기 마련이다. 하지만 민주화된 사회에서는 사정이 다르다. 여기서는 법관의 법적 결정이 단순히 법률에 기초한 것이라는 사실만으로는 정당화될 수 없고, 합리적이고 설득력 있는 근거 제시를 통해 뒷받침될 것이 요구된다. 즉, 법적 결정의 정당성은 그 결정에 대한 합리적 논증과 분리해서 생각할 수 없으며, 합리적 논증은 법적 결정의 정당성을 가늠하는 불가결한 요소로 인식된다. 상대적인 차이는 있겠지만, 민주화의 정도가 점증할수록 논증을 통한 정당화 요청은 그만큼 더 높아진다. 이러한 척도에 비추어 볼 때, 외관상 민주화가 진척된 것처럼 보이나 실상 법적 결정이 여전히 권위적 방식으로 이루어지는 사회라면 그 사회는 어떤 이유에서건 제대로 된 민주주

칙 신봉주의와 연계돼 있다. 반면, 법적 결단론(juristischer Dezisionismus)은 법적 결정이 (법의 구체적 실현이 아니라) 법관의 임의적인 결정에 불과하다는 사고방식으로, 법언어의 불명확성 때문에 법규 또는 법규칙에 기초하여 구체적 사례에 대한 해결을 꾀하는 건 불가능하다고 보는 규칙 회의주의와 연계돼 있다.

의 사회라 보기 어려울 수 있다.

2. 성격

(1) 법철학·법이론의 한 분과

법적 논증 이론이란 특정한 학설이나 학파가 아니라 법철학 또는 법이론의 한 분과를 지칭한다. 이는 가령 규범 논리, 법언어 이론, 법의 과학이론, 법 인식이론, 법적 결정이론, 토픽적 법학, 법수사학, 입법이론, 법해석학, 법논리학 등과 함께 전통적인 정법(正法)의 문제가 실정법 체계 내로 옮겨지면서 등장한 논의 영역 중 하나이다. 물론 이 영역을 법철학에 속한 것으로 볼 것인지 아니면 법이론에 속한 것으로 볼 것인지에 관해서는 이견이 없지 않으나(제1장 참조), 어떻게 보든 실천적으로 특별한 차이나 실익이 있는 것은 아니다. 요컨대, 법적 논증 이론은 법적 결정의 정당성 근거를 추구·모색하는 다양한 시도의 집합개념[7]이라 할 수 있다. 이 점에서 이 이론의 본질적 성격은 적극적으로 규정하기보다 소극적으로 규정할 때, 특히 전통적인 법학 방법론과 비교할 때 적절히 드러날 수 있을 것이다.

(2) 전통적 법학 방법론과의 차이

법적 논증 이론 역시 넓게는 법학 방법론의 문제로서 법적용 과정에 초점을 둔다는 점에서 전통적인 법학 방법론과 공통된다. 하지만, 양자 간에는 다음과 같은 중대한 차이가 있다.[8] 먼저, 후자는 법적용의 방법으로 법률적 삼단논법(관련 법규를 대전제로 하여 생활사태인 소전제를 그에 포섭함으로써 결론을 끌어내는 방법)을 근간으로 삼는 데 반해, 전자는 그러한 방법에 내재한 문제점과 한계[9]를 지적·비판하면서 합리적인 법적 논증을 제시한다. 이에, 전통적 방법론에 따르면 법 획득 과정 역시 입법자가 법률을 통해 이미 예정해 놓은 법을 인식·발견하는 과정으로 보는 데 반해, 법적 논증 이론은 이를 합리적 근거 제시를 통해 법적 결정을 정당화하는 과정으로 파악한다. 또한,

---

7) Ulfrid Neumann, Juristische Argumentationslehre, 1986, 1쪽 이하.
8) 김영환, 앞의 논문, 130–133쪽.
9) 이에 관해 상세하게는 이상돈, 법이론: 법인식의 사회적 지평과 근대성, 박영사, 1996, 32쪽 이하.

구체적 사안에 대한 법적 결정의 정당성 여부도, 전통적 방법론은 법적 결정권자가 법을 올바로 인식했는지에 의존한다고 보는 데 반해, 법적 논증 이론은 법적 결정을 위해 제시된 논증의 합리성(얼마나 합리적인 논거와 규칙들에 근거한 것인지)과 그에 따른 설득력에 달려 있다고 본다.

3. 실천적 의의

법적 논증 이론의 실천적 의의로는 다음 몇 가지를 들 수 있다. 첫째, 진퇴양난에 빠진 법의 기본 문제들(특히 정의의 문제)을 새로운 방식으로 제기한다는 점이다. 종래 정의의 문제는 자연법론이나 법실증주의에 따라 실체적·선험적인 것 아니면 법정책의 문제로 다루어졌다. 하지만, 법적 논증 이론은 이를 절차적 차원의 문제로 접근하며(절차적 정의론), 이에 따를 때 정의는 합리적인 절차 및 그 조건과 결부돼 있다.

둘째, 법적용(넓게는 법 실현) 과정에서 전통적인 법학 방법론이 지닌 한계를 인식하고 이를 극복하기 위해 합리적인 법적 논증을 새로운 대안으로 제시하고 있다는 점이다. 즉, 법적 논증 이론은 법적 결정의 정당성을, 더는 단지 관련 법률이나 법규에 기초하여 이루어졌다는 데서 구하지 않고 합리적 논거 형식이나 논증 규칙들에 따른 합리적 논증에서 구하려 한다. 또한, 그에 따라 법원(法源)에도 새로운 변화가 초래되었다. 종래에는 실정법을 주된 법원으로 하여 여기에 관습법이나 조리 등이 보충적 법원으로 활용됐으나, 법적 논증 이론에서는 실정 법규(법규칙) 외에 법원리도 중요한 법원으로 여겨지며, 때로는 일반적인 실천적 도덕원리도 법적 논증의 근거로 활용된다.

셋째, 현재의 법실무에 대한 비판적 시사점을 제공한다는 점이다. 현재의 실무는 판결의 정당성 근거를 개념법학적인 법률해석에서 발췌하면서도 이런 방식이 법률의 흠결이나 법개념의 모호성 등으로 한계에 봉착하면 거침없이 법 외적인 사회규범으로 치닫는 양상을 보인다.[10] 이런 태도는 최근 다소 완화된 듯하기도 하나 여전히 법규보다 더 일반적인 개념이나 비합리적 기준을 판단의 근거로 원용하는 경향은 사라지지 않고 있다. 이에 법적 결정의 정당성을 합리적 논증에서 구하려는 이 이론은

---

10) 김영환, 앞의 논문, 181쪽.

이러한 실무의 태도를 비판적으로 성찰하게 하는 좋은 계기가 될 수 있을 것이다.

끝으로, 전체적으로 볼 때 법적 논증 이론은 법적 합리성에 대한 새로운 시각을 보여줌으로써 법학의 과학성을 기존의 방식과는 달리 합리적 절차(와 이를 규율하는 일련의 형식과 규칙들)를 통해 해명하려고 시도한다는 점에서 큰 의의가 있다.[11] 그에 대해서는 이상적 성격의 이론적 설계라는 비판도 제기되지만, 법의 전체적 실현과정에서 생기는 흠결의 문제를 ─ 법실증주의자들처럼 ─ 단지 결정권자인 법관의 재량에 맡기는 대신 (실천이성에 기초한) 합리적 논증에 기대어 해결하려는 노력은 충분히 주목할 만한 의미 있는 시도라 하겠다. 오늘날의 민주적 법치국가에서, 특히 정치 및 사법 민주화의 요청에 비추어 이 이론이 지닌 실천적 의의는 결코 과소 평가될 수 없으리라 본다.

III. 재판절차와 법적 논증

1. 법적 결정에서 법적 논증의 의의

(1) 법적 논증의 의미

법적 논증은 법학적 논의와 법 실무 모두에서 중심적 역할을 담당한다. 법적 논의에서는 실천적인 문제, 즉 무엇을 행해야 하고 무엇을 행해서는 안 되는지 혹은 무엇이 행해질 수 있는지의 문제가 논의의 대상이 된다. 그리고 이러한 문제는 언제나 정당성 요청을 띤 채 논의된다. 다시 말해, 논의에 참여하여 일정한 근거를 제시하며 법적 논증을 펼치는 자는 자신의 주장이 정당한 것임을 요청하면서 그와 같이 행한다. 이에 법적 논증에서는 규범적 언명의 정당성 문제가 결정적으로 중요한 입지를 차지하며, 이로써 법적 논증을 수반하는 논의는 실천적 논증 대화로서의 성격을 띤다. 또한, 법적 논증은 일반적인 실천적 논증과는 달리 현행 법질서의 테두리 내에서 법률에 구속된 채 법도그마틱과 선례를 고려하여 행해진다. 나아가, 법학적 논의와는 달리 실무상으로는 소송절차를 규율하는 일련의 조건들, 가령 역할 관계의 불균형,

---

11) 변종필, 알렉시의 법적 논증 이론, 한국형사법학의 오늘, 이영란교수 화갑기념논문집, 64-65쪽.

당사자의 비자발적 참여와 자신의 이익 추구, 논증 절차의 시간적 제한, 소송 규칙에 따른 제한 등과 같은 일정한 제약 아래에서 수행된다.[12] 따라서 이런 측면을 종합적으로 고려할 때 법적 논증이란 현행법에의 구속 등 일정한 제약들 하에서, 일정한 실천적 문제들을 대상으로 하여, 정당성 요청을 띤 채, 참여자들(소송절차에서는 당사자와 소송관련자들) 사이에서 행해지는 일련의 근거제시적 언어행위라고 규정할 수 있다.

(2) 법 해석·적용과 논증

법관의 법 해석·적용 절차는 통상 법률적 문제라고 일컬어지는 것으로 법적 논의의 대표적 형태에 속한다. 이는 일정한 법체계 안에서 관련 법규를 토대로 구체적 사안과 관련하여 법적으로 요구되는 바가 무엇인가를 결정하기 위해 일련의 사고 과정을 통해 합리적 논증을 수행하는 절차이다. 이로써, 법관의 법 해석·적용의 정당성은 합리적인 논증 또는 근거 제시에 좌우된다. 즉, 합리적 논증은 법 해석·적용의 정당성을 보증하는 필수적 전제이다. 그런데 여기서 법적 논증은 법관의 법적 소양(legal mind)에 따른 직관적 (선)결정에 대해 이를 다시금 되돌아보며 성찰하는 계기이자 도구로서의 의미를 지닌다. 법적 결정에 대한 합리적 논증을 수행하고자 할 경우, 법관은 앞서 행한 자신의 직관적 판단이 잘못되었거나 미흡한 것임을 확인할 수 있음이다. 더욱이, 법관의 선이해를 구성하는 불합리한 혹은 비법적 요소가 법적 결정 과정에 작용하여 자의적(恣意的) 판단을 낳지 않도록 하려면 법관으로 하여 법 해석·적용 과정에서 합리적 논증에 의존하도록 하는 것은 불가피하고도 중요한 일이다.

2. 사실인정 과정과 논증

이처럼 구체적 사안을 둘러싸고 행해지는 법관의 법 해석·적용 과정이 — 전통적인 법률적 삼단논법에 따른 단순한 포섭에 지나지 않는다는 견해를 따르지 않는 한 — 합리적 논증의 과정임은 의문의 여지가 없다. 그렇다면 이와 달리 사실문제라고 일컬어지는 사실인정 과정은 어떠한가? 이것 역시 논증적 성격을 지니고 있는가?

---

12) 로베르트 알렉시, 법적 논증 이론(변종필·최희수·박달현 옮김), 고려대학교출판부, 2007, 297쪽 이하.

(1) 적나라한 사실과 구성된 사실

일정한 역사적 시공에서 발생했던 사건으로서 가공되지 않은 적나라한 사실(raw truth)은 논리적으로 보면 존재한다고 볼 수 있다. 하지만, 인식론적 측면에서 볼 때 인간이 이러한 사실을 전적으로 혹은 완전하게 인식하는 것은 불가능하다. 물 자체는 인식할 수 없기 때문이다. 주지하다시피, 이러한 사실문제는 소송절차에서 법적 판단의 전제로서 가장 중요한 핵심을 이룬다. 가령 민사소송에서는 형식적 진실에 만족하지만, 형사소송에서는 통상 이른바 실체적 진실의 발견을 절차의 목적으로 삼고 있다. 그런데 후자의 실체적 진실이란 적나라한 진실과 다르지 않다. 따라서 형사소송의 진실을 절차 이전의 사실과 동일시하여 이를 소송절차를 통해 발견할 수 있다고 보는 건 적절치 않다. 그것은 여러 가지 요소, 즉 언어, 참여자 개인의 인격과 상호작용, 절차 등에 영향을 받기 때문이다.[13)]

형사소송에서 법관이 사건을 처음 접하는 것은 서면에 기재된 언어를 통해서이다. 그런데 여기에 나타난 사실관계는 과거에 법정 밖에서 발생한 다듬어지지 않은 적나라한 사실(실체적 사실)이 아니라, 일정한 목적이나 방향, 의도 등에 따라 일정한 형태로 가공된, 즉 구성된 사실이다. 통상 사람이 사건을 접하는 경로는 직접적인 관찰(오감에 의한 체험), 직접 사건을 경험한 자(당사자)의 진술, 당사자의 경험을 관찰한 자(증인)의 진술, 사건과 관련되어 작성된 문서, 전문감정인의 의견이나 감정서 등의 증거방법을 통해서이고, 이는 재판절차의 법관에게도 마찬가지다. 이처럼 소송에서 문제 되는 역사적 사실로서의 진실은 직접적으로 관찰될 수 없고(특히 사건을 직접 관찰한 법관은 법률상 재판에 관여할 수도 없다), 간접적인 방식, 즉 일정한 소송자료와 관련자들의 진술 등을 통해 (증거재판주의와 자유심증주의에 기초해) 추론할 수밖에 없다. 더욱이, 간단한 사실 주장조차 때론 쉽게 증명되지 않는다. 이런 점에서 형사소송에서 진실 역시 구성된 진실(절차적 진실)로서의 의미를 지닌다.

(2) 법관의 사실확정

형사소송에서 법관은 법적 구성요건 표지에 따라 가공되기 전의 사실을 부분적

---

13) 이에 관해서는 변종필, 형사소송의 진실개념, 세종출판사, 1999, 190쪽 이하.

으로 축소하거나 보충하는 등의 방법을 통해, 즉 사실의 재구성과정을 거쳐 최종적 사안을 확정한다. 하지만, 이렇게 확정된 사안이 가공되기 전의 사실에서 법관이 임의로 선택한 것은 아니다. 법관은 가공되기 전의 사실을 완벽하게 인식할 수도 없을뿐더러, 그러한 사실은 일종의 가정으로서 사유상 전제돼 있는 것이기 때문이다. 따라서 법관에 의해 확정된 사실은 과거에 발생한 것으로 여겨지는 모종의 사건을 염두에 두고 적법한 절차를 통해 '무엇이 법적으로 의미 있는 것인가'를 고려하여 (주장과 입증 등의 방식을 통해) 이루어진 취사선택의 결과물이다.

그런데 무엇이 법적으로 의미 있는 사실인가는 당해 사안에 적용해야 할 법규에 기초하여 가려진다. 법관은 소송에서 당사자(형사소송에서는 검사)가 제기하는 사실 주장에서 출발하여 어떤 법규가 적용될 수 있는가를 검토한 다음 해당 법규(이에 규정된 요건사실)를 고려하여 종국적 사안을 확정한다. 물론, 해석학적 통찰에 의하면 이 과정에서 개별 사례에 적용될 법규범 역시 평가 대상인 사안과의 관련 아래 함께 정해진다. 즉, 이 경우 종국적 사안 확정과 적용 규범의 구체화는 동시적으로 진행된다. 다시 말해, 법규상의 추상적 · 일반적 문언은 사안과의 시선 교류('법규범과 생활사태 간의 시선 왕래')를 통해 종국적으로 확정된 사안에 적용될 수 있는 구체적 규범으로 바뀐다.

(3) 사실 주장의 상이와 논증

법관의 이러한 사실확정 과정에서 당사자나 소송참여자에 의해 서로 다른 사실 주장이 제기되는 것은 소송의 일반적 현상이다. 이 경우 사실에 대해 간접적으로 인식을 형성하는 법관은 그러한 주장의 진실성 여부를 판단해야 하는바, 이 문제는 결국 법관이 제시된 증거들과 그에 따른 사실 주장을 얼마만큼 신뢰할 수 있는가의 문제로 귀착된다. 이것이 바로 증거재판주의와 자유심증주의를 규정한 이유이자 취지이다. 그렇다면 이 경우 법관은 어떤 사실 주장이 더 과학적이고 합리적인가, 다시 말해 어떤 주장이 합리적 논증을 통해 뒷받침될 수 있는지에 따라 판단할 수밖에 없다. 따라서, 사실인정의 적절성 역시 (과학적 증거와 합리적 근거 제시에 기초한) 논증에 의존할 수밖에 없다. 가령, 횡단보도에서 발생한 교통사고에서 사고 당시 신호등이 빨간불이었는지 여부가 쟁점이 된 경우, 당사자나 관련자의 주장이 서로 다르다면 그러한 사실 주장은 불가피하게 논증적 성격을 띠게 되며, 이 경우 우월한 또는 더 나은 논거에 기초한 논증을 통해 뒷받침되는 주장이 진리성을 띠어 사실로 확정될 것이다.

Ⅳ. 논증 이론의 유형

1. 다양한 접근방법

논증 이론은 접근방식에 따라 다양한 형태로 나타난다. 가령 논리적 방식을 취하는 코흐(H. J. Koch)와 뤼스만(H. Rüßmann)의 이론, 토픽적(문제변증적) 방식을 취하는 피벡(Th. Vieweg)의 이론, 수사학적 방식을 취하는 페를만(Ch. Perelmann)의 이론, 규범적·분석적 방식14)을 취하는 알렉시(R. Alexy)의 논증 이론, 그 밖에 다원적 접근방식을 따르는 법이론으로 맥코믹(N. MacCormick), 아르니오(A. Aarnio), 페쩨닉(A. Peczenik) 등의 이론을 들 수 있다.15) 여기서는 이들 이론을 모두 소개할 수는 없고, 논증 방식의 새로운 지평을 여는 데 토대를 제공한 툴민(S. Toulmin)의 모델을 간략히 소개함과 동시에, 이들 이론 중 최근 법적 논증에서 가장 큰 영향을 미치고 있는 알렉시의 법적 논증 이론을 중심으로 그 내용과 함의를 짚어보기로 한다.

2. 툴민의 모델

(1) 논리학에 대한 새로운 자리매김

툴민은 그의 저서 『논거의 사용법』16)에서 사실적으로 이루어지는 논증의 논리를 탐구대상으로 삼는다. 그런데 여기서 논리란 수학적 논리나 형식논리를 지칭하는 것이 아니라, 논거의 주장과 그에 대한 평가의 정당화에 관한 이론을 말한다. 이런

---

14) 알렉시, 앞의 책, 39쪽.

15) 이에 관해서는 김영환, 앞의 논문, 133쪽 이하. 논증 이론에 관한 문헌(특히 유럽의 경우)은 매우 많다. 그 밖에 다양한 형태의 이론을 소개·검토한 것으로는 알렉시, 앞의 책, 57쪽 이하; Eric Hilgendorf, Argumentation in der Jurisprudenz, Berlin 1991, 43쪽 이하 참조.

16) S. Toulmin, The Uses of Argument, Cambridge, 1958.

점에서 그는 아리스토텔레스 이후의 전통 논리학을 비판하고 논리학을 새롭게 자리매김하고자 한다. 그에 따르면 전통 논리학은 일면적으로 삼단논법의 패러다임을 지향하고 있는데, 이러한 패러다임은 실천적 논증을 평가하는 데 그다지 의미 있는 논거 형식이 아니다. 즉, 전통 논리학에서는 논리학과 실천적 논증 간의 관련성이 상실되어 있으며, 이로써 그것만으로는 비분석적(실질적, substantial) 논거들의 강점과 약점을 평가하기에 충분하지 못하다고 본다. 이에 그는 이러한 관계를 회복하기 위해 논리학에 대한 새로운 자리매김이 필요하다고 한다. 그리고 이러한 목적을 위해 물리학, 법학 및 윤리학과 같은 서로 다른 영역에서 사용되는 논거들을 탐구하고, 그 결과 이들 영역의 논증은 본질상 같은 구조를 지니고 있다는 결론에 도달한다. 즉, 모든 영역에 있어 '주장'이라는 언어 행위 속에는 승인될 것을 바라는 '요청'이 제기되고 있으며, 이러한 요청이 의심을 받게 되면 그 요청은 근거 지어져야 하는데, 그러한 근거 지움(Begündung)은 사실들을 근거로 도입함으로써 행해진다고 한다.[17]

(2) 논증의 구조

그가 제시한, (모든 영역에서 본질상 같다고 본) 논증의 형식적 구조는 다음과 같다. 먼저, 그는 구체적 예(〈예시 1〉)를 제시하고 이를 일반화한 기본모델을 제시한다.

〈예시 1〉

해리는 버뮤다에서 태어났다(D) ──────▶ 해리는 영국의 시민이다(C)

↑

버뮤다에서 태어난 사람은 영국의 시민이다(W)

↑

일정한 관련 법률이나 법규 제시(B)

---

17) 알렉시, 앞의 책, 128–129쪽.

〈일반화〉(기본모델)

D(자료) ──────────▶ C(결론)

↑

W(근거, 추론규칙)

(정당화) ↑

B(배경, 보강 논거)

여기서 추론규칙(근거, W)은 자료(D)에서 결론(C)으로 이행하도록 해주는 규칙이나, 그것은 어떤 내용적인 정보도 갖고 있지 않으므로 그러한 이행과정을 근거 지우지는 못한다. 따라서 D로부터 C로의 이행이 형식적 추론이 아니라 실질적 논증이 되려면 그 추론규칙(W)은 보강 논거(B)에 의해 뒷받침되어야 한다.

또한, 그는 논증의 형태를 분석적 논증과 실질적 논증으로 구분한다. C가 D와 B로부터 도출되는 경우 그 논증은 분석적(analytical)이고, C가 D와 B로부터 도출되지 않는 경우 그 논증은 실질적(substantial)이다. B와 W간에는 어떤 연역적 관계도 존재하지 않지만(논리적 불연속성), 그렇더라도 B가 W를 납득시킬 만한 충분한 근거(설득력을 주는 논거)일 경우 그 논증은 실질적이다. 분석적 논증(〈예시 2〉)과 실질적 논증(〈예시 3〉)을 예로 들면 다음과 같다.

〈예시 2: 분석적 논증의 예〉

앤은 잭의 여동생 중의 하나다(D) ──────────▶ 앤은 빨간 머리이다(C)

↑

잭의 모든 여동생은 빨간 머리일 것이다(W)

↑

잭의 각 여동생은 빨간 머리이다(B)

(개별적으로 빨간 머리임이 확인되었다)

이 경우, 결론 C는 자료 D와 보강 논거 B에 의해 도출된다. 따라서 이 논증은 분석적이다.

〈예시 3: 실질적 논증의 예〉

甲은 살인자다(D) ────────────▶ 甲은 종신형에 처해져야 한다(C)

↑

모든 살인자는 종신형에 처해져야 한다(W)

↑

독일 형법 제211조 제시(B)

이 경우, 甲이 종신형에 처해져야 한다는 결론(C)은 D와 B로부터 직접 도출되지 않는다. 하지만 보강 논거 B는 추론규칙 W를 확인할 수 있는 중요한 배경으로 작용한다. 따라서 이 논증은 실질적이다.

다음으로, 논증 구조의 연쇄 형태를 제시한다. 이는 추론규칙의 정당화 문제, 즉 추론규칙을 근거 지우기 위해 또 다른 추론규칙을 사용하는 문제와 연계돼 있다.

〈예시 4: 논증 구조의 연쇄〉

A는 거짓말을 하였다(D) ────────▶ A는 도덕적으로 나쁘게 행위한 것이다(C)

↑

거짓말의 나쁜 효과 제시(B) ────▶ 거짓말을 하는 것은 도덕적으로 나쁘다(W)

↑

준수했을 경우 회피 가능한 고통을 회피하게 해주는 규칙은 좋다(W')

〈일반화〉

D(자료) ────────────▶ C(결론)

↑

$B(=D')$ ────────────▶ $W(=C')$

↑

$W'(=C'')$

이 경우 D에서 C로의 이행은 추론규칙 W에 의해 정당화되며, 여기서 B는 W를 뒷받침하는 보강 논거이다. 그리고 W'는 D'에서 C'로의 이행을 가능하게 하는 추론규칙이다. 그렇다면 여기서 추론규칙 W'는 어떻게 정당화될 수 있는가 하는 문제가 제기된다. 그런데 툴민에 의하면 이러한 물음은 거부되어야 한다. 합리적 논증을 분석적 논거에 국한하지 않으려면 추론규칙 모두를 의문시할 수도, 정당화할 수도 없다는 이유에서다. 달리 말해, 이는 몇몇 추론규칙이 대화 당사자들에 의해 처음부터 승인되지 않으면 논증은 시작될 수 없음을 의미한다. 그런데 이점은 (도덕적 또는 법적) 논증에서 논증 규칙의 합리성이 대단히 중요한 역할을 지님을 함의한다.

(3) 의의

툴민의 이러한 구상에 대해서는, 그의 평가적 추론규칙[18]은 논리적 규칙이 아니라는 점, 평가적 추론규칙을 정당화하는 과정이 모호하다는 점 등이 문제점으로 제기된다. 또한, 법적 논증의 측면에서 그의 모델을 활용해 재판절차에서 행해지는 다양하고 복잡한 논증을 분석하는 데는 한계가 있다[19]는 지적도 있다. 크게 틀린 진단은 아닌 듯하다. 하지만, 그의 논증 구조는 단순히 전통적 형식논리에 기초한 분석적 추론 과정이 아니라 비분석적 논거를 포함하는 실질적 성격을 지닌다는 점, 이로써 법률적 삼단논법에 따른 구조보다 논증의 현실적인 구조를 더 정확하게 반영하고 있다는 점에서 매우 주목할 만하다. 또한, 도덕적 논증은 아무것도 없이 시작할 수는 없고 역사적으로 형성된 규범적 소재와 연계돼 있음을 보여준다는 점, 이로써 논증 일반이 진행될 수 있으려면 그 어떤 전제나 규칙이 전제될 수밖에 없다는 인식을 보여준다는 점, 그리고 단순한 규범적 언명의 정당화와 추론규칙의 정당화를 구분하여 보여준다는 점[20] 등은 법적 논증에서도 대단히 중요한 의의를 지닌 시사점이라 여겨진다.

---

18) 평가적 추론규칙이란 사실적 논거로부터 규범적 결론으로의 추론을 가능하게 해주는 규칙을 말한다 (알렉시, 앞의 책, 122쪽).

19) 이런 지적 아래 툴민의 모델은 대중적 삼단논법[전제(대전제, 소전제)마다 근거를 통해 증명을 덧붙이는 확장된 삼단논법]을 통해 확장될 수 있다고 보면서 확장된 논증 구조를 제안하는 것으로는 이용구, 사실인정 과정의 논증, 법적 논증(2010 법관 세미나 자료집), 법원행정처 사법정책실, 2010, 70쪽 이하. 이에 따르면 논증의 구조는 다섯 부분(대전제, 대전제의 근거, 소전제, 소전제의 증명, 결론)을 포함하는 담론으로 확장된다.

20) 알렉시, 앞의 책, 137-138쪽.

3. 알렉시의 모델

여기서는 『법적 논증 이론』에서 그가 제시하고 있는 정당화 구상(내적 정당화와 외적 정당화) 및 그러한 정당화에 활용되는 논증 규칙들을 소개하고 그에 따른 정당화 구조를 그려본다.

(1) 법적 논증의 합리성

그에 의하면 일정한 근거 제시가 합리적 논증(근거 제시)인지 여부는 — 그가 제시하는 — 일련의 규칙과 형식(그는 이를 '실천이성의 법전'이라고 부른다)을 충족하는지 여하에 달려 있다. 즉, 이들 규칙과 형식의 준수가 논증의 합리성을 보장함과 동시에 결과의 정당성을 보장한다. 그런데 그에게 있어 이들 논증 규칙은 논증의 합리성을 보장하는 절차만을 규율할 뿐, 어떤 경우에도 논증의 결론을 확정해주지는 않는다는 데 그 특징이 있다. 이들 규칙은 관련 당사자가 어떤 전제로부터 출발해야 하는지도 규정하지 않으며,[21] 진행단계들이 사전에 모두 규정돼 있지도 않은 그러한 절차를 규정한다. 이런 점에서 그의 이론은 절차적 이론의 성격을 띤다.

(2) 정당화 구상과 논증 규칙

그의 법적 논증 이론은 현행 법질서의 테두리 내에서 이루어지는 합리적 근거 제시에 관한 이론이다. 따라서 법적 논증은 규범적 언명의 특수한 경우인 법적 결정이나 판단에 대한 정당화를 문제 삼는다. 이와 관련하여 그는 내적 정당화와 외적 정당화를 구분한다. 내적 정당화에서는 일정한 법적 판단이 근거 제시를 위해 도입된 전제들로부터 논리적으로 도출되는지가 문제 되며, 외적 정당화에서는 그러한 전제들의 정당성을 논의대상으로 한다.

1) 내적 정당화

먼저, 내적 정당화의 가장 단순한 형식으로는 전통적인 법률적 삼단논법을 들수 있다. 이는 소전제(생활사태)를 대전제(관련 법규)에 포섭하여 결론(법적 판단)을 내는

---

21) (이른바 선이해로 규정되는) 화자가 지닌 사실적인 규범적 확신, 욕구, 필요에 대한 해석 및 그의 경험적 정보 등이 논증 대화의 출발점을 형성한다.

방법이다. 가령, '변호사는 그 품위를 손상하는 행위를 하여서는 아니 된다'(변호사법 제24조 제1항)라는 대전제 아래 'K는 변호사이다.'라는 소전제를 포섭시켜 'K는 그 품위를 손상하는 행위를 하여서는 아니 된다.'라는 법적 판단을 끌어내는 식의 방법이 그것이다. 그는 이러한 형식에 따른 법적 판단의 정당화를 위해 두 가지 규칙[22]을 제시한다.

내적 정당화의 또 다른 형식으로는 발전된 법률적 삼단논법이 있다. 이는 대전제인 관련 법규에 규정된 요건사실을 소전제인 당해 사안에 근접하도록 그 전개 단계를 최대한 늘리는 방법이다. 가령, 특수폭행죄(형법 제261조)에서 '위험한 물건을 휴대하여'라는 요건사실이 문제 되는 경우, 사안을 포섭하여 결론을 내리자면 이 문구에 관해 좀 더 많은 단계로까지 나아간 해석론의 전개가 필요하다. 그는 이 형식에 따른 법적 판단의 정당화를 위해 두 가지 규칙[23]을 제시한다.

요컨대, 내적 정당화 과정에서 제시된 이들 규칙은 법규범과 생활사태 간에 존재하는 틈을 메워 주는 매개 역할을 담당한다. 그런데 법적 판단은 이처럼 간단한 형식에 따라 연역적 추론의 방식으로만 이루어지는 건 아니다. 또한, 연역적 추론에만 기대는 것은 법형성의 창조적 부분을 은폐하는 효과를 낳기도 한다. 상대적으로 복잡한 사안의 경우 법적 판단을 근거 지우려면 실정법률로부터 직접 도출될 수 없는 일련의 전제들이 요구되며, 이들 전제를 정당화하는 일은 외적 정당화의 과제에 속한다.

2) 외적 정당화

외적 정당화에서는 내적 정당화에서 사용된 전제들을 근거 짓는 것이 문제 된다. 이러한 근거 제시를 요구하는 전제들에는 실정법 규정들, 경험적 언명들, 그리고 경험적 언명도 실정법 규정도 아닌 전제들이 있을 수 있다. 법적 논증은 특히 실정법 규정도 경험적 언명도 아닌 전제들을 근거 지우는 데 봉사할 수 있다. 알렉시는 외적 정당화의 유형으로 여섯 가지 논거 형식과 규칙을 제시한다. (ⅰ) 경험적 논증의 규칙과 형식[경험적 논증], (ⅱ) 해석의 규칙과 형식[해석 카논], (ⅲ) 도그마틱적 논증의 규칙과 형식[도그마틱적 논증], (ⅳ) 선례사용의 규칙과 형식[선례사용], (ⅴ) 일반적인 실천

---

22) ⅰ) 법적 판단의 근거 제시를 위해 적어도 하나 이상의 보편적 규범이 제시돼야 한다. ⅱ) 법적 판단은 그 밖의 다른 언명과 결합해 적어도 하나 이상의 보편적 규범으로부터 논리적으로 도출돼야 한다.

23) ⅰ) 일정한 표현들이 문제 된 사안의 경우 그 적합성에 대해 더는 다툼이 없을 정도로 많은 전개 단계가 필요하다. ⅱ) 가능한 한 많은 전개 단계가 제시되어야 한다.

적 논증의 규칙과 형식 및 (ⅵ) 특별한 법적 논거 형식이 그것이다.

가. 경험적 논증

법적 논증에서 경험적 논증은 중요하다. 왜냐하면 거의 모든 법적 논거 형식이 경험적 명제들을 포함하고 있기 때문이다. 이에 법적 논증에서는 경험적 지식에 관한 거의 모든 문제와 논쟁을 하는 것이 불가피하다. 하지만, 경험적 지식은 종종 바람직한 정도의 확실성을 띠지 못하므로 법적 논증에서 경험적 지식이 갖는 중요성을 과대평가할 수는 없다. 경험적 논증에는 가령 각종 증거법 원리나 규칙과 같은 합리적 추론의 규칙들이 필요하다.

나. 해석 카논

해석 카논(해석방법)의 과제와 역할은 일정한 해석의 정당성을 근거 짓는 데 있다. 나아가, 그것은 비실정적 규범뿐만 아니라 그 밖의 수많은 법적 명제를 근거 지우는 데도 직접 활용될 수 있다. 알렉시에 의하면 해석 카논은 법적 논증의 구조를 특징짓는 논거 형식으로서 법적 논증에서 제기되는 정당성 요청을 충족하고자 할 때 활용할 수 있는 형식이다. 그는 이를 의미론적 논거 형식, 발생학적 논거 형식, 역사적 논거 형식, 비교법적 논거 형식, 체계적 논거 형식, 목적론적 논거 형식으로 구분한다. 그런데 이들 논거 형식은 경험적 언명과 함께 법률로부터 직접 도출될 수 없는 규범적 전제들도 포함하고 있다. 이 경우 해석 카논 사용의 합리성은 이른바 충족의 요청을 통해 보장된다. '충족의 요청'이란 일정한 해석이 법규의 문언이나 입법자의 의사 또는 규범의 목적과 합치된다고만 주장하면 그 논거는 불완전한데, 이에 그 해석이 정당함을 주장하려면 문언의 의미가 무엇인지, 입법자의 의사가 무엇인지, 규범의 목적이 무엇인지에 관한 추가적 논증을 수행함으로써 충족되어야 한다는 것을 말한다.[24]

이들 해석 카논 간의 우선순위에 관해서는 오랜 논쟁에도 불구하고 아직 확정적인 방향으로 의견이 수렴되지 않고 있다. 가령 단계별 목록을 제시하거나 주관적 해석론 또는 객관적 해석론에 방점을 두기도 하지만, 이들 중 어느 하나를 중시하는 방

---

24) 알렉시, 앞의 책, 334쪽. 예컨대 해석자가 입법 취지나 입법목적 등을 원용하여 자신의 해석을 정당화하고자 할 경우, 그는 그 취지나 목적의 내용이 무엇인가를 언급해야 함은 물론, 나아가 입법 취지나 목적을 그와 같이 보는 근거들을 제시해야 한다. 다시 말해, 해석 카논에 덧붙여져 있는 일정한 (경험적 또는 규범적) 전제를 충족시켜야 한다.

향으로 문제를 해결할 수는 없다. 우선순위 문제는 일반적인 실천적 논증을 매개로 해서 해결될 수 있는 문제이다. 다만, 그는 이점을 인정하면서도 잠정적으로 문리해석이나 주관적 해석에 방점을 두면서, 해석 카논 사용의 합리성을 보장하기 위한 몇 가지 규칙[25]을 제시한다.

다. 도그마틱적 논증

도그마틱이란 (정립된 법률 및 판례와 관련성은 있으나 그에 관한 단순한 서술과는 구분되는 것으로서) 제도적으로 추진되는 법학의 테두리 내에서 제기되고 논의되는, 규범적 내용을 지닌 명제들의 집합체를 말한다.[26] 사회 제도적 측면에서 법학 교육과 법 실무 간의 유기적 관련성을 고려할 때 도그마틱은 법 관련 기본 인식과 지식에 있어 법률가와 법 실무의 근간을 형성하는 중요한 영역이라 할 수 있다. 이런 측면에서 알렉시 또한 법적 논증에서 도그마틱적 논거들(명제들)을 활용하는 것은 논증 이론과 그 원칙들에 모순되지 않으며, 특별한 상황에서는 논증 이론에 의해 요청되는 논증 방식이라고 규정한다. 그러면서 도그마틱 명제를 활용할 경우, 그것이 정당화되기 위한 규칙 몇 가지를 제시한다.[27]

라. 선례사용

법적 논증에서도 선례(판례)는 중요한 역할과 의미를 지닌다. 성문법 국가냐 판례법 국가냐에 따라 선례가 갖는 비중에는 차이가 있으나, 성문법주의를 따르는 나라라도 (최고법원의) 선례는 일정한 기속력을 갖고 시민의 법적 일상에 영향을 미치기 때문이다. 이런 점에서 선례는 학습되어야 할 뿐만 아니라 또한 존중되어야 한다. 이에 법적 논증에서도 원칙상 선례 존중의 요청이 제기된다. 하지만, 결정의 정당성 요청

---

25) ⅰ) 해석 카논에 넣을 수 있는 모든 논거 형식은 충족되어야 한다. ⅱ) 법률 문언에의 구속 또는 역사적 입법자의 의사를 표현하는 논거는, 다른 논거들에 우선순위를 두어야 할 합리적 근거가 제시될 수 없는 한, 그 다른 논거들에 우선한다. ⅲ) 서로 다른 형식을 띤 논거 간의 비중은 '중요성 규칙'에 따라 규정되어야 한다. ⅳ) 해석 카논에 넣을 수 있는 형식을 띤, 혹시나 제시될 수 있는 논거는 모두 고려될 수 있다. 여기서 중요성 규칙이란 근거로부터 규범적 언명으로의 이행을 가능하게 해주면서 중요한(혹은 관련) 사실을 찾아내는 데도 봉사하는 규칙을 말한다(알렉시, 앞의 책, 141쪽).

26) 알렉시, 앞의 책, 357쪽.

27) ⅰ) 모든 도그마틱적 명제는, 그것에 의심이 있는 경우, 적어도 하나 이상의 일반적인 실천적 논거를 사용함으로써 근거 지어져야 한다. ⅱ) 모든 도그마틱적 명제는 협의의 체계적 심사는 물론, 광의의 체계적 심사까지도 견뎌낼 수 있어야 한다. ⅲ) 도그마틱적 논거들이 가능한 경우, 이들 논거는 사용되어야 한다. 협의의 및 광의의 체계적 심사에 관해서는 알렉시, 앞의 책, 366-369쪽.

의 충족이라는 점에서 볼 때 선례에서 벗어나는 것도 허용된다. 그런데 선례에서 벗어나고자 하는 자는 그에 대한 논증의 부담을 져야 한다(논증 부담 규칙). 이 점에서 기존의 최고법원 판례를 폐기하고자 하는 자는 이를 유지하고자 하는 자보다 훨씬 더 강화된 논증을 펼침으로써 그 주장을 정당화해야 한다. 또한, 선례 관련해서는 선례에 기초한 논거들과 다른 측면에서 제기될 수 있는 다른 논거들과의 관계도 중요하다. 이 경우 '구별의 가능성'과 '파기의 가능성'이 문제 될 수 있기 때문이다. 다만, 어느 방향에서 문제를 제기하더라도 그에 대해 합리적 근거 제시를 하는 것이 중요함은 의문의 여지가 없다. 알렉시는 선례사용과 관련하여 두 가지 정당화 규칙을 제시한다.[28]

마. 특별한 법적 논거 형식의 사용

특별한 법적 논거 형식이란 유추, 역추론, 물론해석 등 법학 방법론에서 다루고 있는 특별한 논거 형식을 의미한다. 법적 논증에서 이들 논거 형식이 갖는 의의는 단순히 보편타당한 논리적 추론형식을 사용하는 것 그 이상의 의미를 지닌다는 데 있다. 가령 유추의 경우 그 본래 문제는 대전제와 소전제로부터 결론을 추론한다는 데 있지 않고 전제들을 근거 지우는 데 있다. 따라서 유추는 논증을 통해 충족되는 경우에만 도입할 수 있다. 이 점에서 형법상 '법 문언의 가능한 의미'를 통해 유추 여부를 가리고자 하는 태도는 이와 아주 먼 거리에 있음이 분명하다. 이들 논거 사용의 정당화와 관련해 알렉시는 '특별한 법적 논거 형식은 충족돼야 한다.'라는 규칙을 제기한다.

바. 법적 논증에서 일반적인 실천적 논거의 역할

법적 논증에서 일반적인 실천적 논거를 원용하는 것은 불가피하다. 알렉시는 법적 논증에서 일반적 실천적 논증이 요청되는 경우로서, 서로 다른 논거 형식을 충족하기 위해 요구되는 규범적 전제들을 근거 지우기 위한 경우, 서로 다른 결론을 초래하는 서로 다른 논거 형식 중에서 선택을 근거 지우기 위한 경우, 도그마틱 명제들을 근거 지우고 심사하기 위한 경우, 선례와 관련하여 구별 또는 파기를 근거 지우기 위한 경우, 내적 정당화에 사용된 명제들을 근거 지우기 위한 경우 등을 든다. 물론,

---

28) ⅰ) 결정을 지지하거나 반박하는 선례가 도입될 수 있다면, 그것은 도입되어야 한다. ⅱ) 선례에서 벗어나고자 하는 자는 논증의 부담을 져야 한다.

이들 경우에 반드시 일반적인 실천적 논거들을 사용해야 하는 것은 아니며, 도그마틱 명제들이나 선례에 따른 명제들을 사용할 수도 있다. 하지만 도그마틱 명제들 역시 언제까지나 계속해서 도그마틱 명제들로부터 근거 지어질 수는 없기에 결국 일반적인 실천적 논거들에 의존하게 된다.

3) 정당화 구조

이상의 내용에 비추어 '법적 결정의 정당화 구조'에 관한 알렉시의 생각은 아래의 〈표〉와 같이 도식화할 수 있을 것 같다. 일반적 법규범인 대전제(D)로부터 결론(C, 법적 판단)으로의 이행은 원칙상 연역적 추론에 따라 이루어지지 않는다. 앞서 보았듯이, 법률적 삼단논법에 따라 법적 판단을 내리는 때에도 정당화를 위해 일정한 규칙이 필요할 수 있다. 그리고 법적 논증의 핵심을 이루는 외적 정당화에서 제기되는 문제들을 고려하면 그러한 이행과정에서 합리적인 논증이 불가피함을 확인할 수 있다. 물론, 정당화 과정에서 그가 제시한 규칙이나 형식의 합리성에 대해서는 의문이 제기될 수도 있을 것이다. 하지만, 이와는 별개로 그의 (정치한 이론적) 구상을 통해 법적 결정에서 법적 논증이 지닌 중요성과 실천적 의의를 이해하는 데는 크게 부족함이 없으리라 여겨진다.

[표] 법적 결정의 정당화 구조

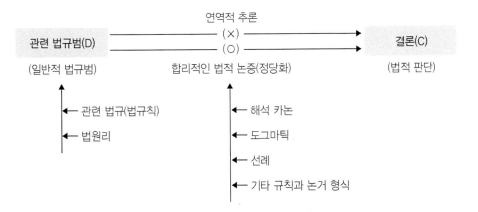

그런데, 이 도식은 나름의 한계를 지닌다. 왜냐하면 이는 소전제인 사안(생활사태)을 고려하지 않은 상태에서 최종적인 법적 판단에 이르는 과정에서 요구되는 정당화, 특히 규범적 언명과 관련한 절차적 정당화의 측면에 주목하여 제시된 것이기 때문이다. 그렇더라도 법적 논증에서 고려해야 할 다양한 차원 및 주된 논거 형식과 요소를 일목요연하게 개관하는 데는 어느 정도 도움을 줄 수 있으리라 본다.

보충 법적 논증 이론의 특징과 한계: 법적 결정의 불확실성과 법적 합리성

알렉시에 의하면, 법적 논증은 일정한 제한 하에서 일정한 규칙과 형식에 따라 행해지지만, 때로는 불가피하게 일반적인 실천적 논증에 의존한다는 점에서 일반적인 실천적 논증이 지닌 약점과 불확실성을 감수할 수밖에 없다. 하지만, 이것은 그러한 불확실성 때문에 법적 논증에서는 일반적인 실천적 논증을 활용할 수 없음을 뜻하는 것이 아니라, 그러한 불확실성으로 인해 결정의 정당성에 관한 판단이 언제나 잠정적인 성격을 지님을, 이로써 반박될 수 있음을 의미한다. 그런데 이와 관련하여 실천적인 법적 논증 이론이 결과의 확실성을 보장하는 절차를 규율하는 것이 아니라는 이유로, 그 이론의 합리성에 비판이 제기될 수 있다. 하지만, 합리성과 확실성을 동일시하는 건 근거 없는 것이다. 자연과학에서조차 종국적 확실성에 관해 말할 수 없음을 볼 때, 결과의 확실성을 보장할 수 없다는 이유만으로 법학의 합리적 성격을 부정할 수는 없다. 특히 실천적인 문제들에 관한 한, 절대적인 (정당성의) 확실성을 요청하는 건 잘못이며, 어떤 절차도 이러한 확실성을 보장해 줄 수는 없다. 법학의 합리적 성격을 형성하는 것은, 확실성의 창조가 아니라 (결과의 합리성을 보장하는 절차적 조건인) 일련의 기준과 규칙을 충족하는 것이며, 일정한 규범이나 법적 결정은 이들 규칙과 기준을 통해 규정된 절차의 결과일 때 정당하다고 할 수 있다(절차적 정당성).

V. 판결의 논증 구조 및 방법

앞에서 살펴본 툴민의 모델과 알렉시의 모델은 논증 구조를 분석하는 데 유용하게 활용될 수 있다. 전자는 평가적 추론의 구조로서 일정한 사실로부터 다른 사실을 끌어내는 과정(사실 판단)에는 물론, 일정한 사실로부터 규범적(특히 도덕적) 판단을 도출하는 과정(평가적 판단)에도 활용될 수 있다. 그리고 후자는 법적 판단의 논증 구조로서 주로 법 해석·적용 등 법적 결정을 도출하는 과정에 널리 활용될 수 있다. 아래에서는 주로 후자에 기초하여 몇몇 대법원 판례를 대상으로 그에 나타난 논증의 구조와

방법을 살펴보고 비판적으로 검토해 본다.

1. 준강도죄의 미수·기수 판단기준과 논증

— 대상 판례: 대판 2004.11.18, 2004도5074 전원합의체[29]

(1) 사실관계

피고인(甲)은 공소외인(乙)과 합동하여 양주를 절취할 목적으로 장소를 물색하던 중, 2003.12.9. 06:30경 부산 부산진구 부전2동 522−24 소재 5층 건물 중 2층 피해자 1이 운영하는 주점에 이르러, 乙은 1층과 2층 계단 사이에서 甲과 무전기로 연락을 취하면서 망을 보고, 甲은 위 주점의 잠금장치를 뜯고 침입하여 위 주점 내 진열장에 있던 양주 45병 시가 1,622,000원 상당을 미리 준비한 바구니 3개에 담던 중, 계단에서 서성거리고 있던 乙을 수상히 여겨 위 주점 종업원 피해자2가 주점으로 돌아오려는 소리를 듣고서 양주를 그대로 둔 채 출입문을 열고 나오다가 피해자2 등이 甲을 붙잡자, 체포를 면탈할 목적으로 甲의 목을 잡고 있던 피해자의 오른손을 깨무는 등 폭행하였다.

(2) 쟁점과 법적 판단

이 사안에서는 준강도죄의 미수·기수를 어떤 규범적 기준에 따라 판단할 것인가가 법적 쟁점이 되었다. 이에 대해 다수의견은 준강도죄의 미수·기수 여부는 절도행위의 미수·기수 여부를 기준으로 하여 판단해야 한다(언명 M)고 보았다.[30] 그 판단의 요지는 다음과 같다.

---

29) 논증의 측면에서 이를 대상으로 한 자세한 분석·검토에 관해서는 변종필, 형법해석과 논증, 세창출판사, 2012, 248쪽 이하.

30) 반면, 반대의견은 준강도죄의 기수·미수의 구별은 준강도죄의 구성요건 행위인 폭행·협박 행위의 종료 여부에 따라 판단해야 한다고 보았다. 그리고 별개 의견은 폭행·협박 행위를 기준으로 준강도죄의 기수·미수를 구별하되, 절취행위가 미수에 그친 경우에는 강도 미수범과의 균형상 준강도죄의 미수범으로 봐야 한다고 하였다.

"형법 제335조에서 절도가 재물의 탈환을 항거하거나 체포를 면탈하거나 죄적을 인멸할 목적으로 폭행 또는 협박을 가한 때에 준강도로서 (a) 강도죄의 예에 따라 처벌하는 취지는, 강도죄와 준강도죄의 구성요건인 재물 탈취와 폭행·협박 사이에 시간적 순서상 전후의 차이가 있을 뿐 실질적으로 위법성이 같다고 보기 때문이다.

그러므로 피해자에 대한 폭행·협박을 수단으로 하여 재물을 탈취하고자 하였으나 그 목적을 이루지 못한 자가 강도미수죄로 처벌되는 것과 마찬가지로, 절도 미수범이 폭행·협박을 가한 경우에도 강도 미수에 준해 처벌하는 것이 합리적이다. 만일 강도죄에 있어서는 재물을 강취하여야 기수가 됨에도 불구하고 준강도의 경우에는 폭행·협박을 기준으로 기수와 미수를 결정하게 되면 재물을 절취하지 못한 채 폭행·협박만 가한 경우에도 준강도죄의 기수로 처벌받게 됨으로써 (b ⇒ a′) 강도미수죄와의 불균형이 초래된다.

위와 같은 준강도죄의 입법 취지, 강도죄와의 균형 등을 종합적으로 고려해 보면, (M) 준강도죄의 기수 여부는 절도 행위의 기수 여부를 기준으로 하여 판단하여야 한다."

다수의견이 언명 M을 도출하기 위해 제시한 논거는 크게 두 가지로 압축된다. 하나는, 입법 취지, 즉 준강도죄를 강도죄의 예에 따라 처벌하는 취지에 대한 고려이다[위 (a)]. 강도죄와 준강도죄는 재물 탈취와 폭행·협박 간에 시간적 순서상 전후의 차이만 있을 뿐 실질적 위법성은 같다는 것이다. 다른 하나는, 처벌에 있어 강도죄와의 균형 고려이다[위 (b)]. 강도죄에서는 재물을 강취해야 기수가 됨에도 불구하고 준강도의 경우에는 폭행·협박을 기준으로 기수·미수를 결정하게 되면 재물을 절취하지 못한 채 폭행·협박만 가한 경우에도 준강도죄의 기수로 처벌받게 되어 강도미수죄와의 불균형이 초래된다는 것이다.

(3) 검토

이에 다수의견의 논증 구조는 다음과 같이 간략히 도식화할 수 있다.

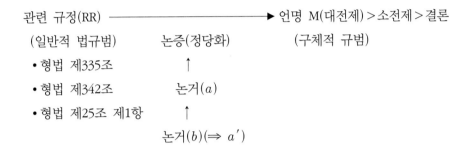

여기서 언명 M은 위 사안에 적용될 구체적 법규범(판결 요지)으로서 관련 규정(RR) 으로부터 논증을 통해 도출된 것이다. 이에 다수의견은 이러한 법규범을 위 사안에 적용하여 甲에게 준강도죄의 미수를 인정하였다(기존 판례를 변경함). 그런데 다수의견이 제시한 두 가지 논거 중 (a)는 독자적 성격을 띤 데 반해, (b)는 (a)로부터 비롯되는 부수적·종속적 성격을 띤(이런 점에서 a') 논거라 할 수 있다. 그렇기에 이들 논거를 '종합적으로' 고려했다는 언급은 특별한 의미를 지니지 못한다고 본다. 또한, 입법 취지라는 목적론적 해석 카논을 핵심 논거로 활용하고 있으나, 가령 반대의견처럼 (법 문언의 문법적·존재적 구조를 고려하는) 문리해석을 활용하여 문제해결을 꾀할 수 있음에도 그러한 가능성에 대한 진단이나 반박은 찾아보기 어렵다. 더욱이, 입법 취지를 원용한 다수의견의 논증은 '충족의 요청'에 비추어 볼 때 불충분하다. 입법 취지를 그와 같이 보는 이유에 관해 추가적 논증이 없을 뿐만 아니라, 해석론상 입법 취지를 달리 보는 시각(독자적 구성요건설)이 있음에도 그에 대한 검토는 전혀 하고 있지 않기 때문이다. 그리고 처벌 불균형의 해소라는 논거는 일종의 결과 지향적 논거로서 원칙상 형법해석의 논거로는 적절치 않다. 나아가, 논증 부담 규칙에 비추어 볼 때 다수의견은 기존 판례를 변경하는 법적 판단임에도 그에 상응하는 정도의 충분한 논증을 수행했다고 보기는 어렵다.

2. 실화죄 관련 해석과 논증

- 대상 판례: 대결 1994.12.20, 94모32 전원합의체[31]

(1) 사실관계

甲은 乙 소유의 사과나무밭에 바람이 세게 불어 담뱃불을 붙이기 어렵게 되자 마른 풀을 모아 놓고 성냥불을 켜 불을 붙인 뒤 그 불의 소화 여부를 확인하지 않은 채 자리를 떠났는데, 남은 불씨가 주변에 옮겨붙어 乙 소유의 사과나무 200여 그루를 소훼(燒燬)하였다.

(2) 쟁점과 법적 판단

사안과 관련하여 쟁점이 된 것은 형법 제170조 제2항[32](실화죄) 소정의 '자기의 소유에 속하는 제166조(일반건조물 방화죄) 또는 제167조(일반물건 방화죄)에 기재한 물건'에 타인 소유의 일반물건이 해당하는지였다. 이에 대해 다수의견은 "자기의 소유에 속하는 제166조에 기재한 물건 또는 자기의 소유에 속하든, 타인의 소유에 속하든 불문하고 제167조에 기재한 물건을 의미한다."라고 봄으로써 甲에게 실화죄의 성립을 인정하였다. 그런데 이러한 판단에서 다수의견은 '관련 조문에 대한 전체적·종합적 해석방법'에 기대고 있는데, 이는 이른바 체계적 해석방법을 원용한 것이라 여겨진다. 이에 따라 다수의견은 제170조 제1항과 제2항의 관계에 비추어 제166조에 기재한 물건(일반건조물 등) 중 타인의 소유에 속하는 것에 관해서는 제1항에서 규정하고 있기에 제2항에서는 그중 자기의 소유에 속하는 것에 관하여 규정하고, 제167조에 기재한 물건에 관하여는 소유의 귀속을 불문하고 그 대상으로 삼아 규정하고 있다고 봄이 타당하다고 한다. 그리고 이러한 해석이 법규의 가능한 의미를 벗어난 법 형성이나 창조 행위로서 죄형법정원칙상 금지되는 유추해석이나 확장해석에 해당한다고는 볼 수 없다고 한다.

반면, 반대의견은 "'자기의 소유에 속하는'이라는 말은 '제166조 또는 제167조에

---

31) 논증의 측면에서 이를 대상으로 한 분석·검토에 관해서는 변종필, 앞의 책, 141-144쪽.
32) 형법 제170조 제2항: "과실로 인하여 자기의 소유에 속하는 제166조 또는 제167조에 기재한 물건을 소훼하여 공공의 위험을 발생하게 한 자도 전항의 형과 같다."

기재한 물건'을 한꺼번에 수식하는 것으로 볼 수밖에 없고, 같은 규정이 '자기의 소유
에 속하는 제166조에 기재한 물건 또는, 아무런 제한이 따르지 않는 단순한, 제167조
에 기재한 물건'을 뜻하는 것으로 볼 수는 없다."라고 하면서 甲에게 실화죄의 성립을
부정하였다. 이러한 판단에 활용된 해석 카논은 '우리말에 따른 보통의 표현 방법'이
라고 밝히고 있음을 볼 때 문리해석의 방법임을 알 수 있다. 이점은 형벌 법규의 해석
은 문언 해석으로부터 출발해야 하고 문언의 가능한 의미의 범위를 넘어서는 것은
법 창조 또는 입법행위로서 허용될 수 없다는 점에서 분명히 드러난다. 또한, 타인의
소유에 속하는 제167조에 기재한 물건을 소훼하여 공공의 위험을 발생하게 한 경우
도 처벌의 필요성은 인정되나, 법 개정이 아닌 해석을 통해 처벌을 인정하면 죄형법
정주의를 훼손할 우려가 크다고 본다.

(3) 검토

가능한 해석이라는 측면에서 보면 양자 모두 허용될 수 있는 해석이라 여겨진다.
하지만, 법적 논증의 측면에서 보면 몇 가지 문제점이 눈에 띈다. 우선, 다수의견이
들고 있는 '처벌의 필요성'(불처벌로 인한 불합리성) 논거는 결과 지향적 논거로서 법정책
적 성격을 띠는 것인바, 이를 법규 해석에 도입한 건 부적절하다고 본다. 다음으로,
반대의견은 '우리말에 따른 보통의 표현 방법'을 원용하여 법적 판단을 내리고 있는
데, 위 사안의 경우 (다수의견처럼) 관련 규정 간의 체계적 관련성을 고려하여 달리 해석
할 수 있는 여지도 있음을 감안하면, 그러한 해석은 근거 제시 면에서 다소 일면적이
라 여겨진다. 또한, 결정적인 문제점은 (통상 형법상 유추와 해석을 구별하는 척도로 삼고 있는)
'문언의 가능한 의미'라는 기준과 관련하여 나타난다. 양 해석론이 모두 이 기준을 원
용하고 있으면서도 각기 서로 다른 결론에 이르고 있기 때문이다. 그렇다면, 이 기준
을 형법해석의 한계를 규율하는 합리적 척도로 활용하는 것이 과연 적절한가 하는
의문이 제기될 수밖에 없다.

3. 법규칙·법원리 구별의 활용과 논증

- 대상 판례: 대판 2013.3.28, 2010도3359[33)]

(1) 사실관계

[사례 ①] (피고인이 된) 피의자 甲에 대한 사법경찰관 작성 피의자신문조서에 "피의자는 진술거부권을 행사할 것인가요?"라는 사법경찰관의 질문에 "아니요, 진술할 것입니다"라는 甲의 답변이 기재되어 있기는 하나, 그 답변은 甲의 자필로 기재된 것이 아니었고, 답변란에 甲의 기명날인 또는 서명도 되어 있지 않았다.

[사례 ②] (피고인이 된) 피의자 乙에 대한 사법경찰관 작성 피의자신문조서에 의하면 "피의자는 변호인의 조력을 받을 권리를 행사할 것인가요?"라는 사법경찰관의 물음에 "예"라고 답변하였음에도, 사법경찰관은 변호인이 참여하지 아니한 상태에서 계속하여 乙을 상대로 혐의사실에 대해 신문을 하였다.

(2) 쟁점과 법적 판단

이들 사례에서 쟁점이 된 것은 피의자에 대한 사법경찰관 작성 피의자신문조서가 증거능력이 있는가 하는 점이었다. 대법원은 양자 모두에 대해 증거능력을 부정하였다. ①에 대해서는 "특별한 사정이 없다면 형사소송법 제312조 제3항에서 정한 '적법한 절차와 방식'에 따라 작성된 조서라 할 수 없으므로 그 증거능력을 인정할 수 없다."라고 하였고, ②에 대해서는 "형사소송법 제312조 제3항에 정한 '적법한 절차와 방식'에 위반된 증거일 뿐만 아니라, 형사소송법 제308조의2에서 정한 '적법한 절차에 따르지 아니하고 수집한 증거'에 해당하므로 이를 증거로 할 수 없다."라고 보았다.

(3) 검토

증거능력을 인정하지 않은 결론에는 문제가 없다. 다만, 그 법적 판단 과정과 관련하여 다음과 같은 의문이 제기될 수 있다. 즉, 수사기관이 피의자신문 과정에서 형

---

33) 법규칙·법원리 구별의 관점에서 이를 대상으로 분석·검토한 것으로는 변종필, '적법한 절차'를 위반한 사법경찰관 작성 피의자신문조서의 증거능력, 비교형사법연구 제7권 제1호, 한국비교형사법학회, 2013, 325쪽 이하.

사소송법에 규정된 특정한 절차나 방식을 위반하였다는 점에서는 마찬가지임에도 불구하고 어떤 경우(①)에는 제312조에 의해서(만) 증거능력이 부정되고 또 어떤 경우(②)에는 제308조의2에 의해서(도) 그 증거능력이 부정되는가 하는 것이 그것이다. 그런데 이점에 대해 대법원은 별도의 명시적인 근거를 제시하지 않고 있다.

이 물음에 대해, 필자로서는 법규칙·법원칙 구별[34]에 따른 논증을 통해 나름의 답을 제시할 수 있으리라 생각한다. 여기서 관건은 제312조에 규정된 '적법한 절차·방식'과 제308조의2에 규정된 '적법한 절차' 간의 차이와 그 적용 범위이다. 그런데 전자의 적법한 절차·방식은 수사 과정에서의 모든 절차와 방식을 뜻한다. 그리고 이러한 형태의 절차와 방식을 규정한 제312조 제3항은 이미 입법자가 적법절차 원칙에 무게중심을 두고 구체적인 요건사실을 명문으로 규정한 법규범, 즉 법규칙의 성격을 띤다. 따라서 이 규정을 적용함에는 특별히 (실체적) 진실원칙과의 형량도 필요치 않다. 반면, 후자의 적법한 절차는 헌법상의 적법절차를 뜻한다. 이에 제308조의2는 — 외견상 법규칙처럼 보이나 — 헌법상의 적법절차 원칙을 포함하고 있고 이것이 그 적용 범위에 직접적으로 영향을 미친다는 점에서 원리충돌을 전제로 한 법규범, 즉 법원리의 성격을 띤다. 이 경우 적법절차 원칙과의 충돌이 문제 되는 원리는 (형사소송의 목적 중의 하나로 꼽히는) 이른바 (실체적) 진실원칙이다. 주지하다시피, 원리의 적용 방식은 포섭이 아니라 형량이다. 따라서 제308조의2의 적용에서도 이러한 형량이 요구되는바, 그렇다면 제308조의2의 적용대상은 중대한 절차 위반에 한정된다고 볼 수 있다. 이에 변호인의 참여권을 침해한 ②의 경우는 제312조 제3항 위반에 해당하는 외에 중대한 절차 위반으로서 제308조의2의 적용대상에도 해당하며, 이로써 제308조의2에 의해서도 증거능력이 부정될 수 있다.

4. 목적론적 해석 카논의 활용과 논증

목적론적 해석 방법은 해석 카논의 왕좌로 불리며, 학계나 실무 모두 이를 중요한 해석방법으로 빈번하게 활용하고 있다.[35] 그런데 판례나 도그마틱을 보면 법해석

---

34) 이에 관해 자세한 것은 제11장 참조.
35) 목적론적 해석 카논의 활용과 관련한 문제점에 관해서는 변종필, 형법해석에서 법정책적 논거원용의 타당성문제, 형사법연구 제26호 특집호, 한국형사법학회, 2006, 509쪽 이하.

에서 (주관적·객관적) 목적론적 해석 방법, 예컨대 입법목적이나 입법 취지 등을 원용하면서도 그에 관한 부가적인 논증을 수행하지 않는 경우가 다반사다. 즉, 현재 목적론적 해석 카논은 법적 판단을 정당화하기 위해 불확실한 법정책적 논거를 임의로 끌어들일 수 있는 주된 통로 역할을 하고 있다. 물론, 이 해석 카논은 바람직한 법상태에 관한 해석자의 독자적인 견해에 따라 해당 법규를 해석·적용하는 데 매우 친숙하고 유용한 방법일 수 있다. 하지만, 이 방법은 그 활용 과정에서 해석자에게 내재한 주관적인 관심(가령, 형사정책적 또는 법정책적 동기나 관심)을 분명하게 드러내지 않고 외견상 진부한 문구 뒤에 은폐함으로써 법 해석·적용의 종국적 타당성에 많은 의구심을 낳게 하는 근거 제시 방법으로 변질될 우려가 상존한다.

　　합리적 논증의 측면에서 볼 때 이 해석방법이 그 활용 과정상 드러나는 문제점은 다음과 같이 정리할 수 있다. 먼저, (ⅰ) 가령 입법 취지나 입법목적 등과 같은 목적론적 개념은, 해석자에 따라 그 내용이 달리 이해될 수 있는 것으로서 그에 관한 부가적 논증이 수반되지 않는다면, 즉 입법의 취지나 목적이 무엇인지를 구체화하여 제시하지 않는다면, 그 자체 불확실한 결과를 지향하고 있는 말이다. 다음으로, (ⅱ) 이러한 불확실성이 해소되지 않은 채로 이를 매개로 해석이 이루어지면 — 비록 해석자의 견해는 표명되겠지만 — 그 과정에서 해석자에게 깃든 그의 주관적 혹은 정책적 관심은 명료하게 드러나지 않고 은폐된다. 그 결과, (ⅲ) 전제(해석 카논)로부터 결론(법적 판단)에 이르는 논리 전개는 불합리성을 띠게 된다. 이로써, (ⅳ) 법적 판단의 타당성은 합리적으로 보장되지 않으며 그에 대한 의문을 낳게 된다. 요컨대, 목적론적 해석 카논은 이에 포함돼 있는 전제들(경험적 혹은 규범적 전제)에 대한 나름의 충실한 근거 제시가 이루어질 때 비로소 법적 판단을 위한 적절한 논거 형식으로 작용할 수 있을 것이다.

생각해볼 문제

1. 법적 논증이 필요한 이유는 무엇인가?
2. 법적 논증 이론은 종래의 전통적 법학 방법론과 어떤 차이가 있는가?
3. 법적 논증 이론을 제3의 길이라고 칭하는 이유는 무엇인가?
4. 법적용 과정에서 법률적 삼단논법이 지닌 한계는 무엇인가?
5. 법적 논증은 사실인정 과정에서도 필요한가? 그렇다면 그 이유는 무엇인가?
6. 툴민의 논증 모델이 논증 이론에서 갖는 의의는 무엇인가?
7. 알렉시의 '충족의 요청'이 지닌 실천적 의의는 무엇이라고 생각하는가?
8. 알렉시의 논증 이론에서 외적 정당화의 역할은 무엇인가?
9. 재판 실무에서 법적 논증이 강화되어야 할 이유는 어디에 있다고 보는가?
10. 법적 논증의 합리성과 법학의 과학성 사이에는 어떤 연관성이 있는가?

인명색인

[ㄱ]
꽁트 181

[ㄴ]
나우케 19, 158
노이만 148
노직 73
니버(라인홀트) 44
니버(리처드) 66

[ㄷ]
데카르트 11
드라이어 149, 243
드워킨 228, 258, 265, 272, 275, 283

[ㄹ]
라드브루흐 9, 46, 83, 94, 96, 99, 106,
   110, 140
라즈 148
러셀 91
로델 131, 190
로스 92, 188
로크 253
롤즈 75, 244

롬멘 175
루만 21, 60
루소 54, 253
리쯜러 93

[ㅁ]
마르크스 44
마이호퍼 159, 163
맹자 54, 253
몽테스키외 190, 286
밀 79

[ㅂ]
베르그봄 172
베버 45, 189
벤담 79
벨첼 96, 119, 159, 162, 170, 171, 172
볼프 162

[ㅅ]
사르트르 12
순자 54
슈탐믈러 91
심재우 251

심헌섭 86, 149

[ㅇ]
아리스토텔레스 72
아퀴나스 29, 30, 88, 168
알렉시 17, 47, 124, 129, 132, 133, 150,
   228, 258, 266, 272, 276, 303
야스퍼스 6, 10
야콥스 28
에를리히 189
엥겔스 44
예링 96
옐리네크 188
오스틴 183
오트 182
울피아누스 29, 83

[ㅈ]
젤만 85

[ㅋ]
카우프만 19, 78, 81, 86
칸트 28, 36, 37, 42, 55, 66, 67, 107, 110,
   253
켈젠 49, 68, 73, 86, 113, 117, 139, 141,
   146, 168, 225

쿤 6

[ㅌ]
툴민 293, 297

[ㅍ]
패터슨 277
페를만 68
포르스트호프 273
포퍼 7, 45, 71, 81
프랑켄베르크 244
프로이트 168
플라톤 70

[ㅎ]
하버마스 46, 77, 121, 128, 139, 144, 209,
   244
하쎄머 245
하이데거 9
하트 28, 115, 116, 129, 205, 259, 283
헤겔 38, 40, 41, 42
헨켈 93
홈즈 191
홉스 31, 54
화이트헤드 96
후프만 157

사항색인

[ㄱ]

가치 관계적 태도 47
가치낙관론 285
가치 맹목적 태도 46
가치 상대주의 68, 82, 94, 99, 214
가치의 임의성·상대성 68
가치 초월적 태도 47
가치 평가적 태도 46
가치 회의론 285
가톨릭 자연법 157
각자에게 그의 것을 83
강한 분리 테제 263
강한 자연법론 140
같은 것은 같게, 다른 것은 다르게 85
개념법학 274
개방성 4, 7
개별 법영역에서의 정당화 245
개별선 30
개별적 명령 185
개인가치 99
객관적 목적론적 해석 98
객관적인 당위 규범 170
객관적 자연법 165
객관적 정신 40, 41, 42

객관적 해석론 300
객관주의 10
결과 지향적 논거 307, 309
결과 지향적 사고 80
결핍의 존재 55
경제구조 43
경험적 논증 300
경험적 인간관(인간학) 32, 67
경험적 인식 132
고유한 의미의 법학 284
공동선 30, 81
공존 세계 12, 163
과잉입법론 247, 248
과학기술의 위험성 5
과학의 발전과정 7
과학의 중립성 6
과학의 특수성 6
관례 45
관습 45
관습법 180, 288
관용 214
관용의 원칙 82
관행 45
광의의 법적 안정성 59

광의의 법효력개념 115, 116

광의의 저항권 250

구별설 229

구성된 사실 291

구체적 사례에서의 정의 89

구체적 자연법 157, 158

구체적 타당성 88, 89

국가범죄 95

국가의 목적 33

국가주의적 실증주의 183

국민의 뜻 170, 247

국민주권의 원리 120

국회의원 후보 낙천·낙선운동 246

권력분립 원칙 129, 228, 262, 283

권리 테제 260

권위적 합법주의 240, 248

규범의 존재 형식 49

규범의 효력 문제 202

규범적 법실증주의 198

규범적 언명의 정당성 문제 289

규범적 언명의 정당화 297

규범적 합의 125

규범적 행위기대의 안정화 60

규칙 모델 273, 274

규칙 신봉주의 156, 226, 286

규칙－원리 모델 273, 275

규칙－원리－절차 모델 273, 276

규칙의 내적 측면 222

규칙의 외적 측면 222

규칙 충돌 268

규칙 회의주의 226, 286

규칙 회의주의자 188

극단의 자유주의 69

극단의 평등주의 69

극단적 보수주의 229

근대 법질서 28

근본규범 202, 203

근본규범의 내용 204

근본규범의 성격 204

근본규범의 역할 205

근본규범의 재설정 149

근본상황 13

기대불가능성 238

기본권적 정당화 243, 245, 247

[ㄴ]

낙선운동의 정당화 가능성 246

내용적 정당성 140

내적 정당화 298

넓은 의미의 실정성 183

논리적 동물 206

논증 구조의 연쇄 296

논증 규칙의 합리성 297

논증 부담 규칙 302, 307

논증 의무 62

논증의 합리성 298

논증의 형식적 구조 294

논증 이론의 유형 293

[ㄷ]

다수결 원리 240

다수결 원리의 한계 244

당위 49

대중적 삼단논법 297

대체적인 실효성 149

도구적 절차 127

도구적 합리성 100

도그마로서의 법적 안정성 64

도그마틱 301

도그마틱적 논증 301

도덕은 법의 정당화 근거 113

도덕의 자율성 110

도덕적 의무 114

도덕적 입법 107

도덕적 자율성 214

도덕적 행위 107

도덕철학 285

동굴의 비유 70

동등한 자유의 원칙 75

동적 규범체계 200, 203

두려움 56

듣는 마음 4

딱딱한 유토피아 45

[ㄹ]

라드브루흐의 공식 94

라드브루흐의 법개념 46

로고스 157

리바이어던 33

[ㅁ]

마르크스·엥겔스의 법개념 43

마이호퍼의 존재해석 164

만인의 만인에 대한 투쟁상태 164

명령설 184

목적론적 해석 방법 307, 311, 312

목적적 행위론 96

무지의 베일 77

문리해석 307, 309

물신화 44

뮌히하우젠 트릴렘마 205

미국의 법현실주의 131, 189

미뇨네트호 사건 81

민주적 법치국가 173, 249, 289

민주주의의 정의 206, 215

[ㅂ]

반대권 236

반질서적 인간상 164

발전된 법률적 삼단논법 299

발전된 법체계 47, 173, 193

방법론적 혼합주의 197

법감정 92

법개념의 다의성 27

법개념의 도덕화 229

법개정상의 안정성 63

법과 국가의 동일성 199

법과 도덕의 관계 110

법과 도덕의 구별 106

법관념주의 70

법관상 190

법관의 사실확정 291

법관의 선이해 190, 290

법관의 역할 187

법관의 재량 190

법규범의 불명확성 190

법규범의 인플레이션 59

법규칙 311

법규칙과 법원리의 관계 263

법규칙·법원리 구별론 228, 258

법규칙·법원칙 구별 311

법논리적 자연법 209

법단계설 180

법도그마틱 17, 282

법·도덕 분리론 229

법도덕주의 140

법률가의 법학 284

법률가의 철학 15

법률국가 200

법률만능주의 59

법률실증주의 141, 186

법률을 말하는 입 190

법률의 무흠결 187

법률적 불법 94

법률적 삼단논법 128, 283, 287, 297, 298

법률적 입법 107

법률적 효력설 141

법률주의 156

법률 텍스트 282

법률학 184

법 문언의 가능한 의미 302, 309

법사회학 20

법실증주의 11, 138, 156, 173, 179, 181, 257, 271, 274

법실증주의의 강점 192

법실증주의의 핵심 테제 258, 274

법실증주의적 사고 285

법실현의 합리성 278

법 외재적 비판척도 117

법원(法源) 288

법원리 258, 260, 275, 288, 311

법원리의 역할 260

법으로부터 자유로운 영역 275

법은 도덕의 최소한 111

법의 객관성 277

법의 계속성 61

법의 구속력 137

법의 도덕성 111

법의 도덕성 테제 117

법의 명확성 요청 60

법의 목적성 96

법의 실정화 58

법의 실현상의 안정성 61

법의 적용 187

법의 정당성 문제 193

법의 정향상의 안정성 60

법의 효력 22, 47, 113, 137, 199

법의 효력과 실효성 145, 198

법의 효력 근거 138

법의 효력 조건 148, 199

법의 흠결 262, 272, 274
법이념으로서의 법적 안정성 63
법이론 18
법이원론 112
법인식의 순수성 198
법인식의 명확성 192
법일원론 116, 182
법적 결단론 285
법적 결정론 285
법적 결정의 불확실성 304
법적 결정의 안정성 62
법적 결정의 정당성 286
법적 결정의 정당화 구조 303
법적 결정의 확실성 277
법적 논증 281, 290
법적 논증 규칙 133
법적 논증의 필요성 281
법적 논증 이론 228, 284, 285, 287
법적 논증 이론의 실천적 의의 288
법적 다수 247
법적 명령 185
법적 사실의 안정성 62
법적 안정성 58, 94, 274
법적용의 합리성 276
법적용절차 276
법적 의무 114, 259
법적 평화 58
법적 합리성 304
법적 합목적성 97
법적 항의 235, 240

법정책 97, 100, 261
법정책적 논거 312
법존재론 10, 163
법질서 198
법질서의 단계구조 201
법질서의 필연성 57
법질서의 확신성 61
법철학 3, 9, 16
법철학과 법도그마틱 17
법철학과 법사회학 20
법철학과 법이론 18
법철학함의 근원 10
법체계 257
법체계의 자율성 123
법체계의 효력 근거 225
법체계 이론 273
법치국가 250
법치국가 원리 173
법치국가 헌법 236, 239, 250
법학 방법론 128
법학의 과학성 284, 289
법학의 학문성 278, 284
법학의 합리적 성격 304
법 해석·적용과 논증 290
법현실주의 31, 131, 139
법형식주의 191
베버의 법개념 45
변경규칙 225
변신론 39
변증법 41

변증법적 과정 41, 42

병역거부 237

보수적 자연법 160

보유의 정의 74

보충적 법원 180

본래 의미의 저항권 236, 250, 251, 252

본래적 인간상 166

부드러운 유토피아 45

분리설 113, 122, 182

분배적 정의 72, 83

분석법학 221

분석적 논거 295

불법 국가 248, 250

비관주의적 인간관 32, 39

비독립적 규범 109, 186

비례성 원칙 98, 247

비사교적 본성 36

비사교적 사교성 55

비실증주의 138, 156, 257

비중의 차원 265

비판적 법실증주의 229

[ㅅ]

사교적 본성 36

사랑 56, 89

사물의 본성 157, 158, 159

사법 재량 259, 271

사실상의 규범력 165

사실인정 과정 290

사실인정 과정과 논증 290

사실인정의 적절성 292

사실적인 것의 규범력설 188

사적 유물론 43

사회계약 32, 36

사회계약설 54, 253

사회적·경험적 인간학 36

사회적 법치국가 69

사회적 인간학 39, 67

사회통념 132

사회학적 결정론 45

사회학적 다수 247

사회학적 법실증주의 21, 139, 188, 247

사회학적 법이론 21, 189

사회학적 접근방법 222

사회학적 효력설 139

살아 있는 법 189

삼단논법적 추론 227

상대적 자연법 158

상대적 정당성 개념 272

상대주의적 가치론 114

상부구조 43

선례사용 301

선례 존중의 요청 301

선을 행하고 악을 피하라 158

선이해 28, 130

선한 사마리아인 규정 위반행위 110

선험적·논리적 규범 204

선험적·논리적 사유형식 204

선험적·논리적 의미의 헌법 204

선험적 당위 174

성악설 54
세계-내-존재 163, 164
세계정신 39, 40
소극적 공리주의 82
소극적 금지의무 110
소극적 안정 58
소극적 황금률 82, 109, 110
소급효 금지원칙 262
소수 보호의 이념 244
소유 중심적 자유주의 75
수권 규범 202
순수법학 197
순수법학과 형이상학 210
순수법학의 근본규범 208
순수한 원리 모델 275
순수한 절차적 정의 74, 76, 78
순수한 효력개념 140
순환논법 170
스칸디나비아 법현실주의 188
스콜라철학 157
스토아학파 157
승인규칙 225
승인설 187
시민불복종 238
시민불복종의 본질 240
시민불복종의 정당화 문제 241
시민불복종의 정당화 요건 244
신법 185
신의 뜻 170
신의성실원칙 62

신의재판 29
실정법 179, 185, 288
실정법의 단계구조 180
실정법의 도덕적 정당성 123
실정법의 효력 근거 112
실정성 180, 182
실정화 이후의 법적 안정성 59
실존 12
실존적 자연권 164
실존적 자연법 159
실존 조건 35, 166
실존철학 12, 163
실증주의 181
실증주의적 법이론 113
실증주의적 분리 테제 182
실증철학 181
실질적 논거 295
실질적 법치국가 87, 142
실질적 정의 87
실천이성 88, 121, 144, 277, 285
실천이성의 법전 298
실천적 논증 대화 126, 289
실체적 진실 291
실효성 22, 47, 61, 113, 139, 189, 199
심리학적 실증주의 187

[ㅇ]
아퀴나스의 법개념·법체계 30
악법론 246, 247
안전 31

알렉시의 모델 298
알렉시의 법개념 47
약한 분리 테제 263
약한 자연법론 140
양심 거부 236, 239
양심범 237
언어분석 방법 221
역사적 자연법 158
연성 실증주의 230
연역적 추론 299, 303
열린 사회 193
열린 사회의 적 45
영구법 30
예방적 저항권 236, 250
오스틴의 명령설 185
오스틴의 법이론 183
외적 정당화 298, 299
외적 정당화의 과제 299
외적 정당화의 유형 299
원리 261
원리 논거 261
원리충돌 269, 311
원초적 입장 76
위법성의 인식 238
유용성 79, 81
유용성 원칙 79
유일하게 정당한 결정 260, 272, 283
유추 302
유추해석 308
윤리적 정당화 241

율법주의 156
응보의 정의 규범 213
의무 지우는 당위 119, 173
의미의 틀 227
의미의 핵심 227
의사소통적 이성 144, 285
의사소통적 합리성 100
의사의 작용 201
의학적 자연 개념 161
이념적 자연법 159
이념적 합목적성 97, 99
이상적 당위 268
이상적 대화 상황 77, 123
이성주의적 자연법 157
2차 규칙 224
인간상 28
인간의 도구화 5
인간의 본성 54, 157, 158
인간의 선험적 본성 55
인간의 존엄성 37, 67
인격의 자율성 164
인습 45
인식론 11
인정법 31
일반적 명령 185
일반적 실천적 논증 302
일반적으로 되어라 164
일반적인 실천적 논거 302
일반적인 실천적 논증 규칙 133
일반적인 형식적 정의 88

1차 규칙 224

일치설 112, 117, 122, 229

일치 테제 263

입법의 현실 127

입법 절차 126

입법 절차와 논증 대화 127

입법 절차와 도덕적 정당성 126

입법학 184

입헌적 법치국가 47

[ㅈ]

자기보존권 32

자기보존 충동 168

자기 자신이 되어라 164

자기 존재 163, 164

자기파괴 충동 168

자비 89

자연 개념 170

자연 개념의 변천 160

자연과학적 진리 6

자연법 30, 157

자연법론 11, 119, 138, 140, 161, 173

자연법론의 공적 172

자연법론의 미래 174

자연법론의 성격 161

자연법론의 이데올로기성 171

자연법의 다의성 162

자연법의 실정화 20, 142

자연법의 영원한 회귀 175

자연법의 최소내용 223

자연법적 사고 112, 118, 157, 285

자연상태 32, 36, 39, 77, 253

자유 35, 37

자유민주적 법치국가 100

자유의 정의 규범 213

자유주의적 법치국가 69

자유지상주의 73

자율적 규범 108

작은 저항권 239, 250

작품가치 99

재량 274, 275

재판규칙 224

저항권 239, 250

저항권의 규범화 문제 252

적극적 공리주의 79, 82

적극적 안정 58

적극적 요구의무 110

적극적 황금률 82, 109, 110

적나라한 사실 291

적대형법 28

전략적 절차 127

전체성 8

전통 논리학 294

전통적인 법학 방법론 287, 288

전통적인 자연법 사고 156

전환기의 철학 13

절대적 자연법 158

절대적 정당성 개념 272

절대적 정신 41, 42

절차를 통한 정당화 21

절차적 법이론 193, 298

절차적 정당성 304

절차적 정의 87, 100

절차적 정의론 156, 284, 288

절차적 진실 291

절차적 합리성 123

절차주의 관점 47

절차주의적 정당성 이해 144

정답 테제 260

정당성 22, 47, 240

정당성 요청 282, 289

정법 242

정상과학 6

정신 39

정신의 자기 전개 40

정신철학 41

정언명령 164

정의 29, 88

정의감 93

정의 규범 211

정의와 법감정 91

정의와 형평의 관계 91

정의의 여건 76

정의 이데아 70

정적 규범체계 200

정책 261

정책논거 261, 262

정치적 비현실주의 210

제도적 자연법 165

제3의 노선 286

제재 49

제재의 방식 109

존재·당위 방법 이원론 36, 57, 167, 168, 203

존재론 10

존재와 당위의 관계 36

존재하는 당위 165, 167, 188

존재하는 법 182, 184, 230, 274

존재해야 할 법 182, 184, 230

좁은 의미의 실정성 183

죄형법정원칙 60, 187

주관적 목적론적 해석 98

주관적인 당위 요청 170

주관적 자연권 165

주관적 정신 41

주관적 해석론 300

주관주의 11

주권자 184

주권자의 명령 184

주변 세계 163

주체－객체 모델 286

주체－주체 모델 286

준칙 45

지식 4

지식발전의 단계 181

지혜 4

직분설 70

직분 존재 163, 165

진리가 아니라 권위가 법을 만든다 34

질서 45

질서의 효력 45
집단가치 99
집단선 30

[ㅊ]
차등원칙 75
창조 질서 존재론 157
철학 4
철학과 과학 5
철학과 철학함 8
철학의 근본 조건 6
철학의 사유적 특성 7
철학적 효력설 140
체계 내재적 정당성 193
체계 내재적 정당화 243
체계적 해석방법 308
체계 초월적 정당화 241
초법률적 법 94
초실정법적 정당화 242, 246
최대 다수의 최대행복 79
최소국가 73, 74
최소한의 실효성 148, 149
최적화 명령 266
최협의의 법적 안정성 58
추론규칙 295
추론규칙의 정당화 296, 297
추상적 자연법 158
충족의 요청 300, 307

[ㅋ]
칸트의 법개념 35
칸트의 인식론 82
칸트의 정언명령 67, 82, 171
켈젠의 근본규범 141
켈젠의 법이론 197, 200
켈젠의 순수법학 183, 192
켈젠의 정의관 211

[ㅌ]
타율적 규범 108
타인에 대한 존중 의무 109
툴민의 모델 293
특별한 법적 논거 형식 302

[ㅍ]
판결의 확정력 62
판결하기 어려운 사안 129, 228, 259, 260,
    262, 272, 275
판례(법) 180
평가의 객관성과 합리성 131
평가의 객관화 가능성 132
평가의 도덕 관련성 129, 130
평가의 선이해 의존성 130
평가적 추론규칙 297
평균적 정의 72
평등원칙 85, 88
평등의 이념 69, 74
평등의 정의 원칙 213
평등주의적 정의 관념 85

평등 중심적 자유주의   78
포섭   267, 274
포섭이론   283
포용적 법실증주의   271
필연   39

[ㅎ]
하늘이 무너져도 정의는 서야 한다   66
하부구조   43
하이데거의 존재해석   164
하트의 법이론   221
한계상황   13
합리적 논증   228, 290
합리적 논증 대화   123
합리적 대화 조건   123
합리적 인간   77
합리적 정의 규범   211, 212
합리주의적 자연법   157
합목적성   96
합법성   22, 47, 117, 141, 240
합법적 실정성   141
해석 카논   227, 300
해석 카논 사용의 합리성   300
해석 카논의 우선순위   300
해태   29
행복   79, 81
행정행위의 공정력   62
허위의식   43
헌법 내적 저항권   236
헌법 외적 저항권   236, 252

헌법수호권으로서의 저항권   251, 252
헌법의 효력   141
헌법의 효력 근거   202
헌법제정권력   204
헤겔의 법개념   38
헤겔의 법철학   38
혁명적 무정부주의   229
혁명적 자연법   160
현실적 당위   267
현실적 합목적성   96
현실적 합의   125
협의의 법적 안정성   58
협의의 법효력개념   115, 116, 230
형량   267, 268, 275
형법적 정당화   245
형법해석의 한계   309
형사소송의 진실   291
형식적 법치국가   187
형식적 정의   83, 84, 87
형식적 정의 원칙   85, 86, 88
형식적 진실   291
형식주의   89, 91, 189
형이상학   19, 210
형이상학적 정의 규범   211, 214
형이상학 회의주의자   188
형평   88, 89
형평의 이념   89, 237
홉스의 법개념   31
확신범   237
확장해석   308

확정적 명령 266
효력 근거 200
효력 내용 200

효력의 근거 147
효력의 조건 147

저자소개

변종필(卞鍾弼)

고려대학교 법학과를 졸업하고 같은 대학에서 법학박사 학위를 받았다. 현재 동국대학교 법학과 교수로 재직 중이며 형법, 형사소송법, 법철학을 강의하고 있다. 사법시험 등 국가고시 출제위원과 한국비교형사법학회 회장을 역임하였다.

지은 책으로는 『형사소송의 진실개념』, 『법치국가와 시민불복종』(공저), 『법치국가와 형법』(공저), 『형법연습』(공저), 『형법』(객관식, 공저), 『형법해석과 논증』, 『세상을 지키는 순수한 법의 힘』이 있고, 옮긴 책으로는 『순수법학』(공역), 『법철학의 기본개념들』(공역), 『법적 논증 이론』(공역), 『규범·인격·사회』(공역), 『회복적 정의의 비판적 쟁점』이 있다.

논문으로는 「결과적 가중범에서 기본범죄가 미수인 경우의 법해석」, 「형벌이란 무엇이며, 무엇을 지향해야 하는가?」, 「형법해석과 정당화」, 「법의 효력과 형법의 장소적 효력범위」, 「사회윤리와 정당화사유」 등 다수가 있다.

법철학강의
- 법의 기초에 관한 이해 -

초판발행	2022년 9월 1일
중판발행	2024년 8월 1일
지은이	변종필
펴낸이	안종만·안상준
편 집	이승현
기획/마케팅	오치웅
표지디자인	이영경
제 작	고철민·김원표
펴낸곳	(주) **박영사**
	서울특별시 금천구 가산디지털2로 53, 210호(가산동, 한라시그마밸리)
	등록 1959. 3. 11. 제300-1959-1호(倫)
전 화	02)733-6771
f a x	02)736-4818
e-mail	pys@pybook.co.kr
homepage	www.pybook.co.kr
ISBN	979-11-303-4218-4 93360

copyright©변종필, 2022, Printed in Korea

정 가	26,000원